中国石油天然气集团公司统编培训教材

工程建设业务分册

油气田地面工程施工

《油气田地面工程施工》编委会 编

石油工业出版社

内 容 提 要

本教材以现行的相关专业工程施工规范、规程、质量验收标准为准绳，汲取了各专业工程的新技术、新工艺、新材料、新机具成果，按照合理的施工程序，对油气田地面工程施工的全过程进行了介绍。本教材共分11章，从油气田地面工程施工内容、特点及施工程序开始，到施工准备、进场施工直至最终竣工验收均进行了详细介绍，其中涉及土建工程、动静设备安装工程、电气安装工程、自动化仪表安装工程、防腐保温工程、道路工程等多项专业工程。

本教材适用于从事油气田地面工程施工的中高级技术人员和管理人员学习。

图书在版编目（CIP）数据

油气田地面工程施工/《油气田地面工程施工》编委会编．
北京：石油工业出版社，2016.1
（中国石油天然气集团公司统编培训教材）
ISBN 978-7-5183-0748-7

Ⅰ．油…
Ⅱ．油…
Ⅲ．油气田开发—地面工程—工程施工—技术培训—教材
Ⅳ．TE4

中国版本图书馆 CIP 数据核字（2015）第 112946 号

出版发行：石油工业出版社
　　　　　（北京安定门外安华里2区1号　100011）
　　　　　网　址：www.petropub.com
　　　　　编辑部：（010）64523580　图书营销中心：（010）64523633
经　　销：全国新华书店
印　　刷：北京中石油彩色印刷有限责任公司

2016年1月第1版　2016年1月第1次印刷
710×1000毫米　开本：1/16　印张：27.75
字数：488千字

定价：97.00元
（如出现印装质量问题，我社图书营销中心负责调换）
版权所有，翻印必究

《中国石油天然气集团公司统编培训教材》
编审委员会

主任委员： 刘志华

副主任委员： 张卫国　金　华

委　　员： 刘　晖　　　　翁兴波　王　跃

马晓峰　闫宝东　杨大新　吴苏江

赵金法　　　　古学进　刘东徐

张书文　雷　平　郑新权　邢颖春

张　宏　侯创业　李国顺　杨时榜

张永泽　张　镇

《油气田地面工程施工》
编 委 会

主　　　任：白玉光
副 主 任：杨庆前　李崇杰　杨时榜
委　　　员：陈　广　辛荣国　于国锋　孙　申
　　　　　　陈中民　赵彦龙　徐　鹰　刘春贵
　　　　　　朱广杰　李松柏　孟　博　李明华
　　　　　　刘晓明　周　平　陶　涛　魏斯钊

《油气田地面工程施工》编审人员

主　　　编：刘家发

副　主　编：任国强　何守伟　赵洪元

编写人员：贺长河　胡国江　王潮海　王怀庆
　　　　　叶喜太　刘文彦　马士锋　王忠哲
　　　　　张宏志　郜玉新　李英华　刘　絮
　　　　　刘　聪　罗小军　马卫东　田东日
　　　　　于　洋　代宋宁　金朝文　鲍　旭
　　　　　张春森　呼延鑫　邱　鹏　孙　健

审定人员：张会武　徐风刚

序

企业发展靠人才，人才发展靠培训。当前，集团公司正处在加快转变增长方式，调整产业结构，全面建设综合性国际能源公司的关键时期。做好"发展"、"转变"、"和谐"三件大事，更深更广参与全球竞争，实现全面协调可持续，特别是海外油气作业产量"半壁江山"的目标，人才是根本。培训工作作为影响集团公司人才发展水平和实力的重要因素，肩负着艰巨而繁重的战略任务和历史使命，面临着前所未有的发展机遇。健全和完善员工培训教材体系，是加强培训基础建设，推进培训战略性和国际化转型升级的重要举措，是提升公司人力资源开发整体能力的一项重要基础工作。

集团公司始终高度重视培训教材开发等人力资源开发基础建设工作，明确提出要"由专家制定大纲、按大纲选编教材、按教材开展培训"的目标和要求。2009年以来，由人事部牵头，各部门和专业分公司参与，在分析优化公司现有部分专业培训教材、职业资格培训教材和培训课件的基础上，经反复研究论证，形成了比较系统、科学的教材编审目录、方案和编写计划，全面启动了《中国石油天然气集团公司统编培训教材》（以下简称"统编培训教材"）的开发和编审工作。"统编培训教材"以国内外知名专家学者、集团公司两级专家、现场管理技术骨干等力量为主体，充分发挥地区公司、研究院所、培训机构的作用，瞄准世界前沿及集团公司技术发展的最新进展，突出现场应用和实际操作，精心组织编写，由集团公司"统编培训教材"编审委员会审定，集团公司统一出版和发行。

根据集团公司员工队伍专业构成及业务布局，"统编培训教材"按"综合管理类、专业技术类、操作技能类、国际业务类"四类组织编写。综合管理类侧重中高级综合管理岗位员工的培训，具有石油石化管理特色的教材，以自编方式为主，行业适用或社会通用教材，可从社会选购，作为指定培训教材；专业技术类侧重中高级专业技术岗位员工的培训，是教材编审的主体，按照《专业培训教材开发目录及编审规划》逐套编审，循序推进，计划编审300余门；操作技能类以国家制定的操作工种技能鉴定培训教材为基础，侧重主体专业（主要工种）骨干岗位的培训；国际业务类侧重海外项目中外员工的培训。

"统编培训教材"具有以下特点：

一是前瞻性。教材充分吸收各业务领域当前及今后一个时期世界前沿理论、先进技术和领先标准，以及集团公司技术发展的最新进展，并将其转化为员工培训的知识和技能要求，具有较强的前瞻性。

二是系统性。教材由"统编培训教材"编审委员会统一编制开发规划，统一确定专业目录，统一组织编写与审定，避免内容交叉重叠，具有较强的系统性、规范性和科学性。

三是实用性。教材内容侧重现场应用和实际操作，既有应用理论，又有实际案例和操作规程要求，具有较高的实用价值。

四是权威性。由集团公司总部组织各个领域的技术和管理权威，集中编写教材，体现了教材的权威性。

五是专业性。不仅教材的组织按照业务领域，根据专业目录进行开发，且教材的内容更加注重专业特色，强调各业务领域自身发展的特色技术、特色经验和做法，也是对公司各业务领域知识和经验的一次集中梳理，符合知识管理的要求和方向。

经过多方共同努力，集团公司首批39门"统编培训教材"已按计划编审出版，与各企事业单位和广大员工见面了，将成为首批集团公司统一组织开发和编审的中高级管理、技术、技能骨干人员培训的基本教材。首批"统编培训教材"的出版发行，对于完善建立起与综合性国际能源公司形象和任务相适应的系列培训教材，推进集团公司培训的标准化、国际化建设，具有划时代意义。希望各企事业单位和广大石油员工用好、用活本套教材，为持续推进人才培训工程，激发员工创新活力和创造智慧，加快建设综合性国际能源公司发挥更大作用。

《中国石油天然气集团公司统编培训教材》

编审委员会

2011年4月18日

前言

《油气田地面工程施工》是中国石油天然气集团公司组织编写的"中国石油天然气集团公司统编培训教材"系列丛书之一，是参与油气田地面工程施工的中、高级工程技术人员的培训教材，适合于从事油气田地面工程施工的技术人员和管理人员阅读。

油气田地面工程是一项庞大而复杂的基本建设工程，它包括油气集输与处理系统工程、油气储运系统工程、注入系统工程和配套工程，这些系统工程都包含了管网、场站、道路以及供水、供电、通信等设施的建设，涉及土工、工艺、设备、机泵、电气、仪表、防腐、保温、道路等多项专业的施工。在长期的生产活动中，广大油气田地面工程建设者积累了丰富的施工经验，总结出了许多科学的行之有效的施工方法。为了更好地传承这些技术和经验，将一些新技术、新工艺、新材料、新机具成果进一步推广和应用，我们组织各专业的工程技术人员从油气田地面工程施工专业角度出发，编写了本书，希望能对从事油气田地面工程施工的技术人员有所帮助。

本书由中国石油天然气集团公司工程建设分公司牵头组织，由大庆油田工程建设有限公司负责组织编写，中国石油工程设计有限责任公司西南分公司负责有关气田地面工程施工部分内容的编写。全书共分11章，各章的编者为：第一章由刘家发、王潮海编写，第二章由贺长河、任国强编写，第三章由李英华、刘絮、刘聪编写，第四章由任国强、马士锋、王怀庆编写，第五章由王忠哲、张宏志、代宋宁编写，第六章由赵洪元、罗小军、马卫东编写，第七章由郜玉新、于洋、呼延鑫编写，第八章由叶喜太、田东日、胡国江编写，第九章由鲍旭、张春森、金朝文编写，第十章由刘文彦、邱鹏、孙健编写，第十一章由贺长河、何守伟编写。本书由大庆油田工程建设有限公司刘家发主编，由中国石油天然气管道局第五工程公司张会武和中国石油工程设计有限责任公司新疆油建公司徐风刚主审。全书由刘家发、胡国江和王潮海进行统稿整理。

  本书在编写过程中得到了中国石油天然气集团公司人事部员工培训处和工程建设分公司综合管理处的大力帮助和指导,得到了大庆油田有限责任公司人事部与基建管理中心的全力支持,在此一并表示衷心的感谢。

  本书编写过程中,参考和引用了相关领域专家、学者和工程技术人员的著作和研究成果,在此我们向这些技术文献的原作者致以深切的谢意,正是由于他们的辛勤劳动才丰富了本书的内容。

  由于编者水平有限,错误和疏漏之处在所难免,恳请广大读者提出宝贵意见和建议。

编 者

2015 年 2 月

说 明

本书可作为中国石油天然气集团公司所属各建设、设计、施工、监理、生产等单位进行培训的专用教材，其主要是针对从事油气田地面工程建设及管理的中、高级技术人员和管理人员编写的，也适用于操作人员的技术培训。本书的内容涉及土建、工艺安装、动静设备安装、电气、自动化仪表、防腐保温、道路等多个专业。为便于正确使用本书，在此对培训对象进行了划分，并规定了各类人员应该掌握或了解的主要内容。

培训对象主要划分为以下几类：

（1）生产管理人员，包括项目经理、施工员、材料员、预算员、生产单位管理人员等。

（2）专业技术人员，包括建设单位监督员、监理工程师、设计人员、施工单位技术及质量人员等。

（3）现场作业人员，包括项目部工人、生产单位维修及操作工人等。

各类人员应该掌握或了解的主要内容：

（1）生产管理人员，要求掌握第一章、第二章及本专业的相关章节，了解其他章节。土建及路桥专业的相关章节是第三章、第十章；安装专业的相关章节是第四章、第五章、第六章、第七章；电气仪表专业的相关章节是第八章、第九章。

（2）专业技术人员，要求掌握第一章、第二章、第十一章及本专业的相关章节，了解其他章节。

（3）现场作业人员，要求了解第二章及本专业的相关章节。

各单位在教学中要密切联系生产实际，在以课堂教学为主的基础上，还应增加施工现场的实习、实践环节。建议根据教材内容，进一步收集和整理施工过程照片或视频，以进行辅助教学，从而提高教学效果。

目 录

第一章 绪论 ··· 1
第一节 油气田地面工程的构成 ··· 1
第二节 油气田地面工程施工内容与特点 ·· 11
第三节 油气田地面工程施工程序 ·· 17

第二章 施工准备 ·· 23
第一节 技术准备 ·· 23
第二节 人力资源准备 ·· 29
第三节 施工机具及设备准备 ·· 31
第四节 施工物资准备 ·· 32
第五节 施工现场准备 ·· 33

第三章 土建工程施工 ·· 37
第一节 土建工程施工测量 ··· 37
第二节 土石方施工 ··· 44
第三节 地基与基础施工 ··· 54
第四节 主体工程施工 ·· 64
第五节 屋面防水及保温施工 ·· 79
第六节 安全和环境保护施工措施 ·· 86

第四章 管道工程施工 ·· 92
第一节 管道的分类 ··· 92
第二节 管道组成件 ··· 94
第三节 站内钢制管道施工 ··· 107
第四节 站外钢制管道施工 ··· 116
第五节 不锈钢及双金属复合管道的施工 ·· 126

  第六节 非金属管道施工 …………………………………………… 131

  第七节 管道试压 ………………………………………………… 135

  第八节 管道工厂化预制 ………………………………………… 140

  第九节 管道施工安全技术措施 ………………………………… 145

第五章 静设备安装 …………………………………………………… 148

  第一节 静设备的种类和特点 …………………………………… 148

  第二节 静设备安装准备 ………………………………………… 156

  第三节 静设备安装基本方法 …………………………………… 163

  第四节 卧式容器安装 …………………………………………… 174

  第五节 塔设备安装 ……………………………………………… 177

  第六节 安全施工技术措施 ……………………………………… 186

第六章 动设备安装 …………………………………………………… 189

  第一节 动设备的种类与作用 …………………………………… 189

  第二节 抽油机的安装 …………………………………………… 200

  第三节 风机的安装 ……………………………………………… 207

  第四节 压缩机的安装 …………………………………………… 212

  第五节 离心泵的安装 …………………………………………… 217

  第六节 安全控制措施 …………………………………………… 220

第七章 防腐、保温工程施工 ………………………………………… 224

  第一节 防腐、保温结构和特点 …………………………………… 224

  第二节 钢材防腐表面处理 …………………………………………… 226

  第三节 防腐层的涂装施工方法 ……………………………………… 232

  第四节 保温层的成型施工方法 ……………………………………… 246

  第五节 钢质管道防腐补口施工 ……………………………………… 256

  第六节 储罐的现场防腐保温施工 …………………………………… 263

  第七节 电化学保护施工 ……………………………………………… 270

  第八节 安全环保措施 …………………………………………… 274

第八章 电气工程施工 ………………………………………………… 279

  第一节 架空电力线路施工 …………………………………………… 279

  第二节 电缆线路施工 …………………………………………… 296

  第三节 动力及照明配电装置安装 …………………………………… 304

  第四节 电动机及启动装置安装 ……………………………………… 307

第五节　变配电设备安装 …………………………………… 310
　　第六节　防雷及接地装置安装 ……………………………… 323
　　第七节　易燃、易爆场所的电气安装 ……………………… 327
　　第八节　安全施工技术措施 ………………………………… 329
第九章　自动化仪表工程 ………………………………………… 332
　　第一节　仪表专业分工界限及相关组成 …………………… 332
　　第二节　仪表设备的校准和试验 …………………………… 334
　　第三节　仪表的安装 ………………………………………… 337
　　第四节　仪表系统调试 ……………………………………… 359
　　第五节　安全施工措施 ……………………………………… 361
第十章　油气田道路工程施工 …………………………………… 363
　　第一节　油气田道路概述 …………………………………… 363
　　第二节　油气田道路施工机械 ……………………………… 366
　　第三节　路基施工 …………………………………………… 374
　　第四节　路面基层施工 ……………………………………… 380
　　第五节　路面面层施工 ……………………………………… 389
　　第六节　板桥（涵）施工 …………………………………… 399
　　第七节　安全环保措施 ……………………………………… 406
第十一章　工程资料管理与竣工验收 …………………………… 413
　　第一节　工程资料管理 ……………………………………… 413
　　第二节　竣工验收 …………………………………………… 420
参考文献 …………………………………………………………… 428

第一章 绪 论

油气田地面工程是指为使油气田形成商业生产能力而在地面建设的各项设施的总称，包括油气集输与处理工程、油气储运工程、注入工程和配套工程等四大系统工程，这些系统工程都包含了管网、场站、道路以及供水、供电、通信等设施的建设。油气田地面工程是一项庞大而复杂的基建工程，应遵守国家发布的一系列工程建设管理办法和规定。同时，油气田地面工程又是油气田开发工程的一部分，具有服从于油气田开发总体安排的特点。油气田地面工程建设根据工作内容和重点，按前期工作、工程实施、投产试运和竣工验收四个阶段进行。

在油气田地面工程建设的工程实施阶段，其施工环节具有专业工程门类多、材料设备种类多、施工工艺复杂、野外施工作业量大、工程安全性能指标要求高等特点，其施工是否顺利将直接影响到油气田开发计划的实现。本教材主要阐述油气田地面工程建设施工阶段的有关施工技术内容。

由于油气储运工程中所涉及的外输管道、储罐等主要设备的施工，在石油工程建设专业相应培训教材中已进行了详细阐述，故本教材不包括此方面的内容，学习者可参考相关教材进行学习。

第一节 油气田地面工程的构成

油气田地面工程的每个系统工程都是由众多单项工程构成的，如油气集输与处理系统工程包括油（气）井、计量站、集气站、转油站、天然气处理站、联合站、油库等项工程；注入系统工程包括水处理站、注水站、注气站、化学驱配制站及注入站等项工程；油气田地面配套工程包括建筑、给排水、暖通、电力、自动化、道路和通信等工程。

一、油气集输系统工程的构成

油气集输主要是指油气田生产过程中原油及天然气的收集、加工和输送

的全过程，主要包括油气分离、油气计量、原油脱水、天然气净化、原油稳定、轻烃回收、含油污水处理等。油气集输系统的范围是从油（气）井井口为起点，到矿场原油库或输油、输气管线首站为终点。

1. 油气井

油气井是指为开采石油或天然气，按油气田开发规划的布井系统所钻的孔眼，它是石油或天然气由井底上升到井口的通道。油气井为油井和气井的统称。

1）油井

采油井分自喷井及机械采油井两种类型。

自喷井是依靠地下油气藏的压力将油气举升到地面的一种采油方式。井场一般设有采油树、清蜡设备（如：绞车、钢丝、刮蜡片）、油嘴、水套加热炉、油气计量分离器等。

机械采油井是采用深井泵（即管式泵）、水力活塞泵、电动潜油泵和射流泵等机械将油气举升到地面的一种采油方式。井场一般设有采油树、抽油机、变压器等设施。对于分散、边远的油井井场，还设有储油高架罐和汽车槽车的装油设施。

2）气井

天然气井一般分为采气井和注气井，注气井又分注天然气井和注二氧化碳气井等。由于油田上各种气井的使用功能不同，其井场上所使用的设备和施工内容也有很大区别，但最常见的是采气井。

天然气采气井井场的装置与气井的使用功能、气体的组分及当地的地理气候条件有关。当气井压力不高，气体轻组分较多时，其工艺比较简单，井口一般有井口工艺安装、天然气调压装置、井场管网、气体计量装置及集气管线安装等。对于含有杂质（油、水）较多的采气井，井场工艺相对比较复杂，还应包括油气分离装置、通球装置、加药装置安装等。

2. 计量站（阀组间）

计量站的作用是将油田油气集输单井产量进行计量，并进行单井掺水分配。单井产物进入计量分离器实现单井油气水的分离，并完成单井油气产量的计量，计量完成后混合汇入总汇管，加热后外输。阀组间将各井来液在汇管中汇集后外输至中转站，一般不进行计量。

计量站的种类，按所辖单井的多少分，有12井式、16井式、20井式等；按工艺流程分，有单管式、双管式和三管式；按建筑结构分，有砖混结构、大板结构和车厢式。车厢式计量站是工厂预制化的橇装结构，工艺阀组和分离器等已全部安装到一个车厢式房间内,运到现场后只要把井网管线及转油站与计量站等集输管线连通即可使用。

计量站一般包括各井来油阀组(也叫总机关或管汇)、掺水阀组(或掺热油阀组)、热洗阀组、集油阀组、原油计量阀组、天然气计量阀组、水计量阀组,以及计量分离器、计量仪表等。图1-1为一计量间外部与内部实物图。

(a)计量间外部全景图

(b)计量间内部阀组图

图1-1 车厢式计量间实物图

3. 集气站

一般将两口以上的气井用管线接至集气站,在集气站对气体进行节流降压、分离(油、水、机械杂质)、计量,然后输入集气管线。图1-2为某集气站。根据天然气中是否需要回收凝析油,集气站分为常温集气站和低温集气站两种形式,其中低温集气站较常温集气站复杂得多。

图1-2 某集气站实景图

集气站主要包括计量分离器、单井分离器、生产分离器、过滤分离器、负压真空加热炉、单井计量装置、预处理后气计量装置、三甘醇脱水装置、缓蚀剂加注装置等设备。

4. 转油站

转油站负责把数座计量（接转）站来油集中在一起，进行油气分离、油气计量、加热沉降和油气转输等作业，又叫集油站、中转站、选油站等，见图1-3。有的转油站还进行原油脱水作业，这种站叫做转油脱水站、转油放水站等。

图1-3 某转油站场区图

转油站是油气集输系统的重要枢纽，其主要任务是将所管辖区域的计量间或单井输来的油、气、水混合物汇集起来，进行初步分离、计量，然后分别将原油加压、加热转输到原油脱水站脱水、净化；将天然气初步脱水后输往天然气处理场（或压气站），初步分离出的呈游离状态的污水输送到油田污水处理站净化或将一部分水加热后返输到计量站或井场上作为流程各部分的加热保温介质。

转油站主要包括：分离器、含水油缓冲罐、脱水泵、脱水加热炉、脱水器、原油缓冲罐、压缩机组、计量装置、加药装置、外输泵、污水缓冲罐、污水泵等工艺设备；站内外集油管线、原油外输管线、来水管线和通往各计量站的活性水管线（或热水管线）以及站内集油阀组、原油外输阀组、供水阀组、天然气外输阀组及通球加药装置等工艺管网和阀组；油水泵房、值班室、化验室、维修间等各种操作间和操作平台；此外还包括高低压输电线路、变压器、高低压开关、值班室控制盘以及站内电气照明、避雷装置等变配电和自动化控制系统；以及站给排水、通信、消防、站内场地、道路、围墙等辅助设施。有一些转油站还设计有储油罐、加药泵、加药罐、掺水泵、热洗泵、污油回收系统、锅炉房及水处理系统、站内保温设施等内容。

5. 天然气处理站

目前天然气处理站采用的处理方法较多，其中包括浅冷装置、深冷装置以及一些干式处理装置。在我国各油气田中，目前使用较多的是浅冷处理装置。图1-4为某天然气处理站全景图。

图1-4 某天然气处理站全景

天然气处理站的主要作用是，将含有 H_2S 等杂质和凝析油的天然气，脱除硫化氢、二氧化碳、凝析油和水，使气体达到管输和商品天然气的质量标准。天然气处理（浅冷）站主要包括天然气压缩机组及润滑油系统、氨气压缩制冷及空气冷却器系统、乙二醇循环及再生装置系统、自动化仪表、风净化系统、场区道路、给排水系统、采暖通风系统等。

6. 联合站

联合站是若干个功能不同的装置组合在一起的综合生产体系，不仅担负着处理输送油田生产出来的油、气、水和轻烃的任务，还负责提供高压水、变电、供配电、供热、供水、加药、注聚合物等项服务。联合站功能较多，在油田上普遍存在。图1-5为某联合站现场图。

图1-5 某联合站现场图

联合站是油田原油集输和处理的中枢。联合站设有输油、脱水、污水处理、注水、化验、变电、锅炉等生产装置，主要作用是通过对原油的处理，达到三脱（原油脱水、脱盐、脱硫，天然气脱水、脱油，污水脱油）、三回收（回收污油、污水、轻烃）、出四种合格产品（天然气、净化油、净化污水、轻烃）以及进行商品原油的外输。联合站是高温、高压、易燃、易爆的场所，是油田一级要害场所。

联合站集多种功能站的功能于一身，是各种功能站的工艺整合，这里不再说明。

7. 油库

油库是油田储存、运输和销售原油及石油产品的综合性设施，油库工程内容与油库采用的外输方式、油品种类、储存能力以及结构有关。图1-6为某油库全景图。

(a) 拱顶储罐油库实物　　　　　　　　(b) 浮顶储罐油库实物

图1-6　某油库实景图

根据油田油库储存、运输和销售油品的品种不同，可将油库分为原油库、成品油库和轻质油库；根据油品运输方式的不同可分为管道运输油库、铁路运输油库、汽车运输油库、水运油库和联合油库（指采用两种或两种以上运输方式的油库）；此外，根据油库建设的标高与周围地区地形的不同和建设方式的不同又可分为地下油库、半地下油库和地上油库。油田常见的有铁路运输油库、管道运输油库、汽车运输油库、水运油库和联合油库，一般小型边远油田或在油田开发初期，常采用汽车运输油库和火车运输油库，而大型油田主要采用管道运输油库。

油库一般由油泵房、罐群、卸油装车系统，各类工艺管网（如：油库进出油、罐及泵进出油、计量、罐区、供水、污油、蒸汽或热水压缩空气等管网）、各种计量装置、锅炉及库区的采暖保温设施、库区给排水设施、各操作间的通风设施、供配电设施、自动测量及控制监视设施、安全消防设施、污水处理及回收设施、设备维护设施、场区通信、照明设施、材料堆料厂、库

第一章 绪 论

房,以及油库的场地、道路、围墙等生产、办公、生活辅助设施等构成。

二、油田注入系统工程的构成

油田投入开发以后,随着油气的采出,地层的压力会下降,这就需要向地层补充新能量。向油层补充新能量的方法有许多,比如向油层注入高压水、高压气(如二氧化碳、天然气、蒸汽等)或其他介质等。目前在我国大部分油田普遍采用的是向油层注入高压水补充能量的方法。此种方法相对于油田的初期开采被称为"二次采油",而初期的自喷采油阶段被称为"一次采油"。油田经过一次、二次采油后,原油含水率逐步上升,此时需通过向油层注入新的驱油剂改变流体的黏度、组分、相态等物理化学性质来扩大原注水范围,挖掘油层剩余原油,此种方法被称之为"三次采油"。三次采油技术主要包括聚合物驱油、化学复合聚驱油、气体混相驱油、微生物驱油等。

油田注入系统工程主要包括油田注水、注气、注化学试剂(聚合物)等三部分内容,目前各油田广泛采用的是注水和注聚合物工艺,主要包括水处理站、注水站、聚合物配制站、聚合物注入站等。

1. 水处理站

油气田水处理站的主要作用是通过采用不同的水质处理工艺,实现对采出水、地下水以及地表水的处理,以满足向地下注入的水质要求,再通过注水站、注水井注入地下油层中,以增加地层压力达到驱油的目的。水处理站又称为污水站、含油污水处理站等。

水处理站主要包括污水泵房、污油泵房、加药间、化验室、主控制室、操作间,污水沉降罐、过滤罐、除油罐、污油回收罐、吸水罐等容器,以及污水泵、污油回收泵、加药泵等设备。图1-7为某水处理站现场图。

图1-7 某水处理站现场图

2. 注水站

注水站的作用就是将水处理站和污水处理站输送来的水经过高压注水泵加压后输送到配水间，然后由配水间分配到各注水井，由注水井注入地下油层中，以增加地层压力达到驱油的目的。

注水站一般包括储水罐、供水管网、注水泵房、泵机组、高低压水阀组，以及供配电、润滑油、冷却水和辅助系统等部分。图1-8为某注水站现场图。

(a) 注水站外部全景　　　　　　　　(b) 注水站室内工艺

图1-8　某注水站现场图

3. 聚合物配制站

聚合物配制站是将化学驱油试剂聚合物干粉经过分散、熟化等工艺过程配制成聚合物母液，然后输送到聚合物注入站。

配制站站内工艺设备比较简单，主要有聚合物分散装置、聚合物熟化罐、过滤器及输送泵等。图1-9为某聚合物配制站现场图。

(a) 聚合物配制站外景　　　　　　　(b) 聚合物配置间

图1-9　聚合物配置站现场图

4. 聚合物注入站

聚合物注入站主要用于将配制站输送来的母液通过注入泵注入地下，达到驱油的目的。注入站一般由母液罐、配水阀组、注入泵机组、自动化仪表等组成。图1-10为某注入站现场图。

油田注入系统工程的各站还包括采暖、排水、消防、道路、场地、围墙等在内的辅助系统部分。

(a) 注入站外景

(b) 注入站室内工艺

图1-10　某聚合物注入站现场图

三、油气田地面配套系统工程的构成

油气田地面配套系统作为油田生产的保障系统，一方面为油田生产提供了充足的资源保证，同时也为油田生产、生活提供方便、快捷、舒适的工作环境，是油田生产、生活密不可分的系统工程，其主要包括建筑、给排水、暖通、电力、自动化、道路和通信等工程。

1. 油气田电力系统工程

油气田的开发需要大批动力设备，消耗大量电能，特别是到了油气田的开发后期，安装了众多的机械采油设备，建设了大批的注水站、污水处理站等建设项目，使油气田用电量大增。一般情况下，油气田用电主要来自国家供电高压电网，但也有的油田为了生产需要，还建有一定容量的自备电厂和自备发电设备。

一般油田都建有几座甚至几十座一次变电站。变电站主变一次侧进线电压一般是220kV和110kV或更高，主变出线电压一般是110kV和35kV两种，然后通过母线开关柜和高压输电线路输送到二级变电站，经过处理后输送到用户变电所。变电站工程内容主要包括变压器安装与调试，户外开关场，室内照明、配电线路、高压盘柜、接地装置与高压输电线路等的安装。图1-11为某油气田变电站外景图。

图1-11 某油气田变电站外景图

2. 油气田道路工程

随着油气田的开发建设,油气田的道路逐步完善,形成了一个比较完整的公路网络。其中有为了安装和检修井口机械设备建设的井口道路,这种路比较简单,一般为砂石路;还有通往站场的进站路,一般为沥青混凝土路;除此之外还有与城市配套的高等级公路,其路面结构是水泥混凝土路面或沥青混凝土路面。图1-12为某沥青混凝土油田路施工现场图。

图1-12 油田路施工现场图

3. 油气田其他配套工程

除上述配套工程外,油气田还有许多其他配套工程,如建筑工程、给排水工程、暖通工程、通信工程、消防工程等。

第一章 绪 论

第二节 油气田地面工程施工内容与特点

油气田地面工程包含了管网、场站、道路以及供水、供电、通信等设施的建设。从建筑和构筑物结构组成的角度看，都是由土建（建筑、土石方等）、工艺管道安装、设备安装、防腐保温、道路电气和自动化仪表安装等不同专业工程所组成，各专业工程之间彼此独立又相互联系，有着自身独特的施工内容，也有着彼此相近的施工特点。

一、油气田地面工程的施工内容

1. 土建工程

土建工程是土木工程和建筑工程的总称。油气田地面工程的土建工程主要包含房屋、基础、围墙、钢结构、水池、围堰、管沟等的建造，一般按专业分为土石方工程，地基与基础工程，建筑主体工程，屋面工程，装饰装修工程，建筑给水、排水及采暖工程，建筑电气工程、通风与空调工程等。

土石方工程主要施工内容包括：土石方的开挖、运输、填筑、平整与压实等主要施工过程，以及场地清理，测量放线，施工排水、降水和土壁支护等准备与辅助工作等。

地基与基础工程地基主要施工内容包括：基础开挖、降水排水、沉井与沉箱、地下连续墙、地基处理、桩基、地下防水、混凝土基础、砌体基础等。

建筑主体工程主要施工内容包括：建筑物及构筑物墙体砌筑、梁板柱钢筋绑扎及浇筑、钢结构厂房焊接安装及防腐防火等。

屋面工程主要施工内容包括：屋面保温层、找平层、卷材防水层、细部构造施工等。

装饰装修工程主要施工内容包括：整体地面、墙面抹灰、门窗玻璃、饰面板（砖）、吊顶、轻质隔墙、幕墙、裱糊与软包、涂饰、细部处理施工等。如厕所粘贴瓷砖、地面铺砌大理石、窗台板和暖气罩制作与安装、外墙粉刷涂料等。

建筑给水、排水及采暖工程主要施工内容包括：室内给水系统、室内排水系统、室内热水供应系统、卫生器具安装、室内采暖系统、室外给水管网、

室外排水管网、室外供热管网、供热锅炉及辅助设备安装施工等。

建筑电气工程主要施工内容包括：室外电气、变配电室、供电干线、电气动力、电气照明安装、备用和不间断电源安装、防雷及接地安装施工等。如架空线路及杆上电气设备安装，电缆沟内和电缆竖井内电缆敷设，成套配电柜、控制柜（屏、台）安装，雷引下线和变配电室接地干线敷设等。

2. 工艺管道安装

工艺管道是指为满足一定的生产工艺，按照工艺流程将装置和设备连接起来的管道设备。油气田地面工程工艺管道主要是用于输送石油、天然气、含油污水、轻质油、净化水、聚合物母液、蒸汽、循环水等介质，消防管道、采暖管道、给排水管道不属于工艺管道。习惯上将油气田地面工程工艺管道分为站内工艺管道和站外工艺管道两类。

站内工艺管道安装主要施工内容包括：管道预制、管道组对、管道焊接、阀门管件安装、无损检测、压力试验、系统吹扫及清洗、管道防腐保温等施工。

站外工艺管道安装主要施工内容包括：管道预制、管沟开挖、管道组对、管道焊接、无损检测、管道防腐补口及补伤、管道下沟及回填、管道清扫及试压、输气管道干燥、小型穿跨越工程、标志桩敷设等施工。

3. 设备安装

设备一般分为动设备和静设备两类。油气田地面建设工程中常用设备还可以再细分为四类：机泵类设备、容器类设备、塔类设备、炉类设备。其中容器类设备中应包括球罐和立式储罐，但鉴于球罐和立式储罐现场组焊的特殊性，在油气田地面建设工程中习惯将其从容器类设备中分离出来，单独成为一类设备——储罐类设备。

机泵类设备包括离心泵（含输油泵和注水泵）、轴流泵、井用泵、螺杆泵、往复式柱塞泵、活塞式压缩机、离心压缩机、离心风机、轴流风机、游梁式抽油机、燃气轮机等。由于机械设备制造技术的不断提高和设备集成化程度的不断增大，油气田地面建设工程中机泵类设备基本上都是整体安装。主要施工内容包括：设备验收、基础交接、地脚螺栓安装、垫铁安装、灌浆、机泵找平找正、联轴器对中、单机试运转、带负荷运转等。

容器类设备包括滤罐、油气分离器、游离水脱除器、油水缓冲罐、电脱水器、橇装设备等，容器类设备通常采用整体安装。主要施工内容包括：设备验收、基础交接、地脚螺栓安装、垫铁安装、灌浆、容器找平找正、内件安装、附件安装等。

塔类设备包括脱乙烷塔、脱丁烷塔、脱戊烷塔、凝析油稳定塔等。塔类设备均为压力容器，一般采用整体安装，但限于运输、吊装能力，部分高塔采取分段预制，现场组对焊接方法安装。塔类设备安装主要施工内容包括：设备验收、基础交接、垫铁安装、灌浆、塔器吊装、找平找正、组对焊接、无损检测、水压试验、内件安装、附件安装等。

炉类设备包括注汽锅炉、水套加热炉、火筒式加热炉、圆筒管式加热炉、热媒间接加热炉等。炉类设备的安装一般包括：设备验收、基础交接、地脚螺栓安装、垫铁安装、灌浆、炉体找平找正、辅机安装、内件安装、附件安装、烘炉及试运转等。

储罐类设备主要包括立式拱顶油罐、立式拱顶水罐、立式浮顶原油储罐、天然气球罐等。储罐类设备安装主要施工内容包括：设备构配件验收、基础交接、罐板分块组对焊接、无损检测、内件安装、附件安装、水压试验、防腐保温等。

4. 防腐保温施工

油气田地面建设工程防腐保温施工主要形式有涂漆防腐、阴极保护、保温、保冷。站外工艺管道多采用防腐保温管加防腐补口的方式；站内工艺管道多采用涂漆防腐加保温的方式；储罐类设备多采用涂漆防腐、阴极保护、保温方式；低温设备及管道采用涂漆防腐、保冷方式；其他常规设备多采用保温方式。

涂漆防腐主要施工内容包括：表面处理、涂刷底漆、涂刷中间漆、涂刷面漆。油气田地面建设工程主要采用电动钢丝轮工具和喷砂除锈方法清除钢材表面的锈蚀和杂物，然后用比对标准图等方法检查除锈等级。漆膜一般分底漆、中间漆、面漆三层结构，也常有不采用中间漆，只有底漆、面漆二层结构的情况。通常当漆膜外有保温结构的时候，不需涂刷面漆。涂漆方法多采用毛刷刷涂、辊筒滚涂、空气喷涂等，漆膜厚度可采用漆膜测厚仪进行测量。

阴极保护分为牺牲阳极阴极保护和外加电流阴极保护两种。牺牲阳极阴极保护主要施工内容包括：牺牲阳极检查与验收、牺牲阳极填包料包装、牺牲阳极安装、测试桩制安、保护参数测试。外加电流阴极保护主要施工内容包括：钻孔、地床安装（闭孔法、开孔法）、配套设备及附件安装（恒电位仪安装、电缆敷设、通电点及参比电极安装、测试桩制作安装）、阴极保护系统测试调试。

按设备及管道内的介质温度进行划分,把介质温度低于常温的绝热措施称为保冷,把介质温度高于常温的绝热措施称为保温,两者在工程上合称为绝热,习惯上常将保冷与保温统称为保温。油气田上用于天然气处理的深冷及浅冷装置中,部分低温设备和管道需要进行保冷施工,保冷主要施工内容包括:保冷层施工、防潮层施工、保护层施工。油气田上多数设备及管道采用保温结构,保温主要施工内容包括:保温层施工、保护层施工。

5. 道路施工

油气田地面建设工程中的道路主要用于生产、生活等各种车辆通行,按使用性质和交通量分为主干线、次干线、主支路、次支路四个等级。道路工程施工可分为路基工程、砌筑防护工程、排水工程、路面基层及垫层工程、路面面层工程、其他辅助工程。

路基工程主要施工内容包括:土方路基、石方路基、软土地基等施工。

砌筑防护工程主要施工内容包括:挡土墙、护坡、挡土墙墙背填土等施工。

排水工程主要施工内容包括:排水沟、盲沟、排水管道安装、检查井(雨水口)砌筑、排水泵站(沉井)、开挖沟槽及回填等施工。

路面基层及垫层工程主要施工内容包括:石灰稳定土基层和底基层、石灰稳定粒料基层和底基层、泥(灰)结碎(砾)石基层、水泥稳定土基层和底基层、水泥稳定粒料基层和底基层、石灰粉煤灰土基层和底基层、石灰粉煤灰稳定粒料基层和底基层、沥青路面就地冷再生基层和底基层等施工。

路面面层工程主要施工内容包括:水泥混凝土面层、沥青混凝土面层、沥青碎(砾)石面层、混凝土路面砖人行道、石材地面砖广场、停车场、路缘石、路肩等施工。

其他辅助工程施工内容包括:交通安全设施、绿化、桥涵、路灯照明等施工。

6. 电气、自动化仪表安装

油气田地面建设工程电气、自动化仪表安装工程主要包括电气装置安装、架空电力线路施工、自动化仪表安装。电气装置是指变电站及场站内电力变压器、隔离开关、断路器、避雷器、电缆线路、电力盘柜、照明器具及接地装置等。架空电力线路是用绝缘子将输电导线固定在直立于地面的杆塔上以传输电能的输电线路,由导线、架空地线、绝缘子串、杆塔、接地装置等组成。自动化仪表是指场站及管道上安装的流量计、温度计、压力表、调节阀、

第一章 绪 论

控制柜以及自动报警系统、现场监控系统、中央控制系统等。

电气装置安装工程主要施工内容包括：电缆线路、管配线、滑接线、母线、电力变压器、盘柜、断路器、隔离开关、负荷开关、高压熔断器、避雷器、电容器、互感器、照明器具及配电箱、配电板的安装，电动机的电气检查和接线，二次回路结线、接地装置及避雷针（带、网）安装等。

架空电力线路工程主要施工内容包括：杆塔基础建设、杆塔工程、拉线安装、导线建设、附件安装、杆上电气设备及接户线安装、杆塔接地、互感器安装等。

自动化仪表主要施工内容包括：仪表盘（柜、台、箱）安装、温度仪表安装、压力仪表安装、流量仪表安装、物位仪表安装、成分分析和物性检测仪表安装、机械量检测和其他仪表安装、执行器安装、仪表线路安装、仪表管道安装、仪表试验等。

二、油气田地面工程的施工特点

油气田地面工程是一项庞大而复杂的系统工程，涉及油气集输、油田注入、油气处理以及油气田配套等多项系统工程。油气田地面工程不同于一般的建设工程，有其自身的工程特点，由于各油气田所处的环境和地域不同，以及工程项目本体繁杂程度的不同，其特点也不尽相同，但总的来说主要有以下特点。

1. 施工环境复杂多样

油气田地面工程建设主要围绕油气田的开采、加工来进行的，可以说哪里有油、有气，哪里就有与之配套的地面建设工程施工。我国油气资源分布较广，工程所在地的地理环境复杂多样，有的在寒带，有的在热带；有的在滩海，有的在平原；有的在沙漠，有的在盆地。即使同一地区的油气资源分布也比较零散，往往一个产能区块就要跨越几十公里，井场、计量站、转油站、注水站、油气处理厂、联合站、油库等各类油气场站散布在区块的不同位置，总体上具有点多、面广、线长的特点。另外，工程施工多为露天作业，受天气的影响较大，施工单位必须根据当地的自然条件，合理选择施工方法，制定可行的施工进度计划，确保工程的顺利进行。

2. 专业门类繁多、施工工艺复杂

油气田地面工程施工内容繁多，主要包括各种材质、管径的管道施工以

及各类泵、风机、压缩机、抽油机等动设备和容器、工业炉、储罐等设备及其配套的工艺管网施工，还有配套的各类泵房、操作间、构件等土建工程，延长使用年限的防腐保温工程，场内外的道路、桥涵施工，内外线、供配电的电气工程，实现自动控制连锁反应的自动化仪表工程，以及其他采暖、供水、围墙、通信等公用配套的辅助性工程，等等，以上工程内容又涉及工艺安装、土建、焊接、防腐保温、电气、自动化、道路等多专业工程，专业繁杂多样，而每个专业工程又都包括其特有的施工内容和具体的施工工艺，施工工艺更是烦琐多样。比如说土建工程中的房屋基础施工，首先需要测量放线，然后开挖、基础处理、基础砌筑、基础圈梁施工，每个工艺环节又可细分，如基础圈梁施工又包括钢筋工程、模板工程、混凝土工程，而钢筋工程又可分为钢筋选择与加工、钢筋连接、钢筋绑扎等。

3. 材料、设备种类多

首先，油气田地面工程涉及地域广泛、工程内容复杂多样，特别是站场、库的建设工程内容各不相同，这就决定其所要使用的主要材料品种、数量以及需要安装的设备存在很大差异。比如油库工程，其主要工程内容是立式储罐搭建，施工材料以钢板为主；而联合站工程以设备安装及工艺管道施工为主，工程材料则以无缝钢管为主。

其次，由于不同油气田地面工程工艺流程中介质的性质不同，有石油、污水、天然气、空气和各种药液，等等，因此输送这些介质的管道材质和设备也有很大差异。比如在联合站中，脱水转油系统中主要介质为石油，需要安装的设备主要是输油泵及各种容器，而增压集气系统中主要工作介质是天然气，需要安装的设备主要是压缩机，而污水处理系统主要安装的设备是污水处理装置和污水泵，而且这些设备的数量、规格型号也是多样的。在联合站工程中，脱水转油、污水处理系统中主要采用的管道是无缝钢管，而加药系统中采用的管道是不锈钢管，排水系统中采用的是铸铁管或塑料管。

4. 安全风险大

油气田地面工程施工的安全风险主要体现在储罐施工、旧站改造、管道连头等方面。

大型储罐施工，以 $15\times10^4\,m^3$ 储罐为例，其直径约96m，壁板高约22.8m，当采用正装法施工时，随着壁板的逐层安装，作业面也在逐渐升高，高空作业量很大。壁板吊运需要使用大型吊装设备，壁板组对时需要起重工、铆工、焊工等多工种协作，并且操作空间有限，存在很大的安全隐患。施工

第一章 绪 论

中，壁板组对焊接、浮船组对焊接、挂件及附件安装、防腐施工、无损检测等多种作业常常交叉进行，存在诸多不安全因素。

随着油气田开发进入中后期，新建产能项目逐渐减少，旧站改造工程逐年增多。由于旧站已经运行多年，其储罐、管道及设备腐蚀程度较大，不同程度地存在泄漏现象，且由于储存及输送的介质多为油品、液化气、天然气、轻烃等易燃、易爆品，在改造过程中，如控制措施不到位，就有可能会发生着火、爆炸等事故，给施工带来极大危险性。

新建管道与正在运行的旧管道连头也是需要特别控制的关键环节。由于旧管道内部多含有可燃的油、气，管道内部清管后，仍可能残留一些可燃物，当旧管道开孔时，必须选择避免产生火花的方法，如用涂黄油的钢锯切割、磨光机逐层打磨（不能磨透管壁，保留0.5mm左右）、带压开孔机械开孔等。开孔后，用可燃气体报警仪检查管道内气体是否达到安全要求。焊接时，必须控制电流强度，并随时检测可燃气体浓度，防止发生燃烧和爆炸。

第三节 油气田地面工程施工程序

油气田地面工程建设根据工作内容和重点，按前期工作、工程实施、投产试运和竣工验收四个阶段进行，其建设程序一般包括项目建议书、可行性研究、工程勘察、初步设计、施工图设计、工程开工、施工建设、投产试运、竣工验收等方面。油气田地面工程是基建项目，在遵守国家工程建设管理办法和规定的前提下，同时还要服从于油气田开发总体安排要求。

为规范油气田地面工程项目管理，提高油气田地面工程项目的投资效益，实现工程建设项目工期、质量、投资和安全环保目标的有效控制，适应现代化企业管理需要，增强企业竞争能力，中国石油天然气股份有限公司颁布了《油气田地面建设工程项目管理规定》（2010年），详细规定了油气田地面建设工程项目的前期管理、组织管理、施工管理、投资管理、投产试运行管理、竣工验收管理、HSE管理等内容。

油气田地面工程是一个庞大的系统工程，工程建设必须严格履行建设程序，从工程开始规划、立项到设计、施工、竣工验收、投产等，每个阶段都有一套科学的工作程序。油气田地面工程的实施包括计划下达、施工图设计、工程项目招标、物资采办、工程开工、工程施工等。

工程施工作为工程建设程序的一个重要阶段,有其自身的工作管理程序。施工阶段从建设单位发出招标通告,施工单位参与投标、中标签订工程建设合同开始,经过开工前准备、组织施工、试运投产、竣工验收各个阶段,直至最终的工程保修为止。

一、工程招投标

油气田地面工程项目除不适宜招标的特殊项目外,均需实行招标。项目招投标管理要严格执行国家、中国石油关于招投标的法律、法规、规定和制度。

施工方应关注建设方的招标公告信息,时时追踪拟招标项目,第一时间获得招标信息,开展招标工作。业主自身不具备招标能力的,需要委托招标公司进行招标工作。

投标人必须具有承担投标项目的能力及有关方面规定的资质条件。按照招标文件要求编制、提交相应投标书。中标后,在规定时间内与招标人签订合同,并按照要求提交相应履约保证金,如果放弃中标将承担相应法律责任。

二、选择工程监理单位

在工程建设合同签订后,建设单位应依法聘请监理单位,对项目的建设活动进行咨询、顾问,并将建设单位与其他单位为实施项目建设所签订的各类合同履行过程,交予其负责管理。

选择工程监理要做到以下几点:

(1) 重点工程项目必须经招标,委托有相应资质的监理公司进行工程监理,严禁同体监理。

(2) 根据工程项目的性质和规模,可以采用设计监理和施工监理。设计监理和施工监理一般由具有相应资质的不同监理单位承担;监理工作的范围和任务,由建设单位根据自己工程管理的能力和需要确定。

(3) 监理单位应依照法律、法规及有关技术标准、设计文件和工程承包合同,认真行使监理合同规定的权利和义务,公平、公正地履行监理职责,严格执行经建设单位批准的监理计划,定期向建设单位汇报工作,要做好监理日志,做到签署完整并及时存档。

(4) 监理人员在施工前或施工过程中,如发现施工单位不符合资质条件,有权向建设单位提出取消其施工资格,如发现施工人员不具备资质条件,有权向施工单位提出更换该岗位人员;监理人员按标准提出的施工不合格项,施工单位必须整改。

(5)建设单位项目经理部必须依据合同和工程监理计划对监理工作进行考核和监督。

三、选择施工队伍

施工总承包方的选择主要通过招标的方式确定。施工总承包方还可根据承揽的工程内容和性质以及自身实力等依法选择专业分包队伍,负责某专业工程内容的施工。

选择的施工队伍必须做到以下几点:

(1)施工单位必须具备相应等级的资质证书,并在其资质等级许可的范围内承担工程;

(2)施工单位应根据建设项目的特性及标书要求编制详细的施工组织设计方案,并报建设单位或其监理代表批准;

(3)施工单位应严格按工程设计图样和施工标准施工,不得擅自修改工程设计;

(4)施工单位若发现施工图有误或设计不合理现象,应及时向建设单位反映,商议修改意见,办理设计变更、联络或签证等手续,按程序批准后方可施工;

(5)施工单位应严密组织、安全施工,保证工程质量、施工进度和投资控制;工程资料要作为工程实施的一部分,严格管理。

四、组织主要设备、材料订货

分清供料双方,落实进货渠道。组织重要材料、设备、预制构件以及监造容器等的采购、订货、监造及预制加工件的对外委托工作。严格签订相应各种合同,保证材料、设备的供货质量、供货日期、供货价格以及服务质量得到有效监控。

五、办理征地和组织拆迁工作

工程开工前,施工单位应协助建设单位及时申请并办理土地使用手续和拆迁工程界区内无用的管线、建筑物或构筑物，以确保工程的顺利进行。

六、开工前申报手续

当材料加工、订货和分包工作、签订分包合同等施工场外的准备工作完成之后，施工单位内部的准备工作完成，具备开工条件时，应及时提交相关资料，协助建设单位办理质量监督注册、开工安全生产条件审查等开工手续，并填写开工申请报告，报建设单位、上级主管部门批准方可进入施工程序。

七、施工前准备工作

在油气田地面工程建设当中，施工前施工方的准备工作较多，主要包括技术准备、物资准备、劳动组织准备、施工现场准备等。

在工程开工前，首先应熟悉并审查施工图样及相关技术资料、参与设计交底、编制施工组织设计以及施工预算等技术准备；做好各类建筑材料进料准备、构（配）件的半成品的加工准备、建筑安装机具准备和生产工艺设备准备等物质准备；建立项目组织机构和各项管理制度、选取精干的施工队伍、做好进场施工前的各项交底等劳动组织准备；做好现场的补充踏勘、"三通一平（路、水、电通，场地平整）"、临时设施的搭建、落实各项安全环保措施等的施工现场准备。

八、组织施工

在完成前期各项准备工作后，建设各方即可进入施工现场，按照职责行使各方权利。特别是施工总承包方在开工申请得到批复后就可组织相关人员进入施工现场。按照施工组织设计和各方施工方案相关要求组织施工，要重点做好项目的"三管三控一协调"，即：安全、合同、信息管理，进度、质量、成本控制和组织协调。总包方要有效协调施工各方，合理分配施工内容，安排施工程序，确保工程质量，抓好施工安全，做到文明施工，按工期要求有序完成施工任务。

九、试运投产

工程项目机械竣工后，开始单机试运行、联动试运行及投料试运行。

第一章 绪 论

机械竣工是试运行工作的起点，它标志着施工阶段的结束，而且根据合同服务范围的不同，它也是工程项目管理权逐步由施工单位向建设单位转移的开始。

单机试运行一般由施工单位组织，建设及监理单位参与。试运前项目经理要建立试运行的组织机构，并配备各岗位人员；编制试运行计划及试运方案，并经建设及监理单位批准。试运行主要由施工单位操作，建设单位、供应商等相关单位配合。试运行结束后，可根据合同约定进行"中间交接"，将工程项目的保管、使用及维护职责移交给建设单位。

联动试运行是由建设单位组织和指挥，并提供资源，施工单位及供应商负责技术指导和协助。联动试运行中发生的问题、暴露的缺陷要由施工单位会同相关单位负责整改。

投料试运行由建设单位负责组织、指挥。运行单位、施工单位、监理单位、供货商等相关单位参加，协助业主解决投料试运行阶段出现的问题。项目在连续72h试运行合格后转为试生产。

十、竣工验收

工程项目按批准的设计文件建成，经试生产考核合格，且具备竣工验收条件后，应按集团公司《工程建设项目竣工验收管理办法》规定及时进行竣工验收。大型项目的竣工验收分为专项验收、初步验收、竣工验收三个阶段，中小型项目的竣工验收分为专项验收、竣工验收二个阶段。

项目专项验收主要包括竣工环境保护验收、职业病防护设施验收、水土保持设施验收、消防验收、安全设施验收、竣工决算审计和档案验收等。建设单位应结合项目实际，按照有关规定要求，按时申请所需专项验收，取得相应验收合格审批文件。

项目专项验收合格后进行初步验收。初步验收由建设单位组织相关部门及工程质量监督机构，勘察设计、施工、监理等单位参加，成立初步验收小组，重点检查工程设计和施工质量，核查竣工资料和竣工验收文件等，为竣工验收做好准备。检查结束后，验收小组编写初步验收报告。

项目经初步验收合格，并对初步验收过程中发现的问题完成整改后，由建设单位向上级主管部门提出竣工验收申请。上级主管部门按要求组建项目竣工验收委员会，委员会的成员包括相关管理部门、建设单位、工程质量监督机构人员，以及工艺技术、工程质量、经济评价、安全环保、档案资料、

生产运行等方面的专家。勘察设计、施工、监理等参建单位参加验收工作。检查结束后，组织召开竣工验收总结会议，对审查中发现的问题提出整改要求，总结竣工验收工作，并签署竣工验收鉴定书。

十一、工程保修

工程验收合格后，按照合同规定，施工方还要与业主签订工程保修合同，在规定期限内履行工程保修义务。

第二章 施工准备

施工准备是油气田地面工程项目施工的基础和前提条件,做好工程项目施工准备工作是顺利进行施工的基本要求。施工准备工作不仅会影响工程的工期,而且会影响到整个工程的质量、安全、经济效益和社会效益,因此,在工程开工前,必须充分做好施工前的各项准备工作。

油气田地面工程项目施工前的准备工作主要包括:技术准备,人力资源准备,施工机具及设备准备,施工物资准备和现场准备等。

此外,施工准备工作根据时间节点的不同,又可分为工程开工前的准备、施工期间工序间的准备和特殊施工的准备等。本章重点对开工前的施工准备进行简要的介绍。

第一节 技术准备

技术准备在整个工程项目施工准备中非常重要,是其他施工准备的基础。技术准备是否全面、详细,直接影响到其他准备工作的进行,任何技术上的差错和失误都会带来安全隐患和造成质量事故。

一、准备施工标准与验收规范,熟悉和学习设计文件

施工标准、验收规范及设计文件是油气田地面工程施工的依据,是指导油气田地面工程施工与验收投产全过程的重要技术文件,熟悉并掌握施工标准、验收规范及设计文件是油气田地面工程施工的前提与基础。工程开工前,要求参加施工的技术人员充分了解和掌握施工图样和技术要求。内容包括:

(1)施工图样是否齐全、准确。油气田地面工程施工图通常是由工艺安装、土建、电气、防腐、机械、自动化仪表等专业图组成,按照总体目录索引来检查各单体图及各专业图是否齐全;施工图样是否符合国家有关工程设计和施工的方针及政策。

(2) 油气田地面工程施工各专业图样与其图样说明书在内容上是否一致；各专业施工图及其组成部分之间有无矛盾和错误。

(3) 各单体图与总平面图在尺寸、坐标、标高和说明方面是否一致，技术要求是否明确。

(4) 熟悉所承建油气田地面工程生产工艺流程、各类设备及容器的工作原理。审查工艺安装图样总体图与各单体图在衔接和各类标注尺寸上是否一致；图样中的尺寸、标高、轴线、预留孔洞、预埋件等有无错误；各张图样之间、各专业图样之间是否有错、漏、碰、缺的现象。

(5) 复核工程的地质、地貌和水文资料是否与建设地点现场一致，新老管线连头的位置、深度、走向及内部介质压力情况是否与资料一致。

(6) 掌握拟建油气田地面工程的结构形式和特点，需要采取哪些新技术；复核重要的设备吊装、脚手架搭设、基础加深等主要承重结构、深基坑作业及有限空间作业等能否满足施工要求。

上述熟悉和学习设计文件阶段属于图样自审，由每个自审单位独自进行，并形成图样自审记录，自审中提出的问题要提交到设计交底会议上，由设计单位给予解答确认。

二、参加图样会审和设计交底会议

图样会审工作一般是在建设单位、施工单位、监理单位完成自审的基础上，由建设单位主持，监理单位组织，设计单位、施工单位、质量监督管理部门和物资供应单位等有关人员参加。会审的各方都应充分准备，对设计意图及技术要求全面了解，并能发现问题提出建议与意见，提高图样会审的工作效率，把图样上的差错、缺陷纠正、改进在施工之前。

建设单位组织设计单位对于图样的设计意图、工程技术与质量要求等向施工单位和监理单位做出明确的技术交底，通过图样会审重点解决以下问题：

(1) 理解设计意图和建设单位对工程建设的要求；

(2) 设计深度是否满足施工要求，工程采用新技术、新工艺、新材料、新设备的情况，工程结构是否安全、合理；

(3) 施工总（分）包单位检查图样上标明的工作范围是否与合同中约定的有差异，如有差异应及时向建设单位及设计单位提出工程变更，如差异较大，应及时进行合同补充，并在工期及投资费用方面重新约定；

(4) 各单位图样自审中查出的问题，如土建预留孔洞及埋件尺寸、位置与配套的工艺安装、电气、暖通等专业图样等不一致，各类图样在设备、阀门、管件、附件等标注上有矛盾等，向专业设计人员提出更正；

（5）根据工程设计图样要求，组织施工的条件是否具备，施工现场能否满足施工需要。

会审时要有专人做好记录，会后做出会审纪要，注明会审时间、地点、主持单位及参加单位、参会人员。就会审中提出的问题，着重说明处理和解决的意见与办法。会审纪要经参加会审的各单位签字认同后，一式若干份，分别送交有关单位执行及存档，作为竣工验收和工程结算的依据文件。

三、组织编制施工组织设计、HSE作业指导书

工程技术人员在对图样、标准以及施工现场情况熟悉后，应根据拟建工程规模的大小、合同约定的承包方式，编制不同范围和深度的施工组织设计、施工方案、作业指导书等技术文件。

1. 施工组织总设计

施工组织总设计是以若干单位工程组成的群体工程或特大型项目（油气田地面工程常见如：大型集油、注水、变电为一体的联合站工程，大型天然气工程，大型油气储库工程等）为主要对象编制的施工组织设计，是对整个工程施工在总体战略部署、施工工期、技术方案、物资采办、大型临时设施建设等方面进行规划和安排，对项目整体的施工过程起统筹规划、重点控制的作用，以保证工程项目按程序合理、有效地进行，是指导整个工程施工的一个全面性的技术经济文件。施工组织总设计一般在设计文件被批准之后，由总承包企业的项目负责人组织编制。对于实行总包和分包的油气田地面工程，由总包单位编制施工组织总设计，分包单位在总包单位的总体部署下，编制分包工程的单位工程施工组织设计或施工方案。

2. 单位工程施工组织设计

单位工程施工组织设计是以单位（子单位）工程为主要对象编制的施工组织设计，对单位（子单位）工程的施工过程起指导和制约作用，通常由该单位工程的项目负责人组织编制。其内容比施工组织总设计详细、具体，是指导单位工程施工的技术经济文件。油气田常见如：大型联合站中的注水站工程、转油站工程，污水处理站工程，聚合物注入站工程等。

按照目前油气田地面工程内容划分，大量的工程项目都是按单位工程施

工组织设计方式编制的，主要内容包括：

（1）编制依据。包括：施工合同、设计文件、施工标准等。

（2）工程概况。包括：工程简介、主要工程量、工程特点、工程施工条件等。

（3）施工部署。包括：组织机构，施工目标，施工程序，重点和难点的分析，施工使用的新技术、新工艺部署，施工任务划分及分包计划等。

（4）施工进度计划。包括：施工进度计划网络图或横道图及说明。

（5）施工准备与主要资源配置计划。

施工准备包括：技术准备、生产准备、现场准备、物资准备、项目施工风险识别、绘制施工平面布置图等；

主要资源配置计划包括：劳动力配置计划、物资配置计划、施工力量调遣计划等。

（6）主要施工方法及技术措施。包括：工程的施工方法及技术措施，施工工艺流程，专项施工措施，质量保证措施，施工进度保证措施，职业健康、安全、环保（HSE）保证措施，成本控制措施，其他管理措施等。

（7）工程验收与交付、服务与保修。

工程验收包括：工程最终检验与试验、对顾客的交付验收、分包工程的验收；

工程交付包括：维修工作的安排，现场的清理，临时设施的拆除，竣工档案的组卷、移交和报送，竣工手续的办理等；

工程服务与保修包括：项目投产后开展的服务与保修业务。

3. 施工方案

施工方案是以分部（分项）工程或专项工程（如基础工程、大型吊装工程、深基坑工程等）为主要对象编制的施工技术与组织方案，用以具体指导其施工过程。施工方案主要围绕分部（分项）工程特点对施工中的主要工序，在施工方法、时间配合和空间布置等方面进行合理安排，以保证施工作业的正常进行。对操作工艺相同的安装项目一般编有标准施工作业指导书（如防腐施工作业指导书、焊接施工作业指导书），重点说明施工工序和技术要求。为了减少重复劳动，在编制施工方案时，可以引用标准施工作业指导书，并附上根据施工现场实际对空间布置及施工进度所作的具体安排。

4. HSE作业指导书

HSE作业指导书是指导油气田地面工程在安全、环保条件下正常施工的重要技术文件,它的编制与执行目的是保证所有参建员工的身体健康和生命安全,为他们创造一个良好的施工环境。增强员工的 HSE 意识,确保企业 HSE 方针和目标的落实,是 HSE 作业指导书的最终目的。

油气田地面工程 HSE 作业指导书主要内容包括:油气田地面工程施工人员的基本条件、岗位职责、岗位操作规程、风险识别、风险削减及控制、巡回检查内容及注意事项、应急处置程序及应急措施等。根据油气田地面工程参建工种情况,通常编制的 HSE 作业指导书有"起重工 HSE 作业指导书"、"电工 HSE 作业指导书"、"电焊工 HSE 作业指导书"、"气焊工 HSE 作业指导书"、"管工 HSE 作业指导书"、"架子工 HSE 作业指导书"及"防腐工 HSE 作业指导书"等。

四、编制项目技术交底资料,组织各专业技术交底

技术交底是油气田地面工程施工中极为重要的一项技术管理工作,是在图样会审和设计交底完成后,由施工单位向施工管理和施工作业人员进行的交底,其目的是使参与施工的技术人员与工人熟悉和了解所承担工程的结构特点、设计意图、技术要求、施工工艺及应注意等问题,对提高工程质量和效率有很大的促进作用。

1. 技术交底的内容

技术交底主要包括以下几项内容:

(1) 施工组织设计和施工技术措施交底:包括施工的工期、质量、成本目标及内容,采用的设备、施工工艺的特点,本工程要求达到的主要经济技术指标以及实现这些指标应采取的技术措施;施工方案顺序、工序衔接及劳动组织;各工序要达到的技术要求等。

(2) 施工中的 HSE 交底:包括工程的特点、施工中的 HSE 要求和保证 HSE 目标实现的各项技术措施、具体责任人。

(3) 施工质量交底:包括施工中各项质量要求(各个工序的质量要求和质量控制点)及保证质量的各项措施。

(4) 新设备、新工艺、新材料、新结构和新技术交底。

技术交底应有专人负责记录,汇总后填写技术交底记录,并汇入技术档案存档,技术交底要有交底人、被交底人签字。

2. 技术交底的程序

技术交底可按施工技术管理程序,根据油气田地面工程划分要求,按分

部、分项工程在施工前逐级进行。技术交底根据接受对象的不同一般包括工程总体技术交底和各专业专项技术交底等。

1）工程总体技术交底

工程总体技术交底是在工程开工前，由项目技术负责人组织专业技术员召开技术交底会，主要内容有：

（1）工程总体概况。

（2）工程设计意图、设计交底中涉及的变更和设计要求。

（3）工程施工中各专业采用的施工标准、规范、规程。

（4）工程主要施工方案、施工方法。包括：土建工程中的土方开挖及回填、基础砌筑、主体砌筑、模板砌筑、钢筋工程、混凝土工程、屋面工程、装修装饰工程、给排水工程；工艺安装工程中的管道预制，管道安装，管道焊接，阀门安装，支、吊架的安装工程；储罐工程中的底板排板及焊接顺序、边缘板焊接、大角缝焊接顺序、浮船（拱顶）施工顺序；动静设备安装中的基础施工、吊装、设备安装、调试；工程中首次采用的新技术、新工艺、新材料、新结构，等等。所有这些工程中采用的施工方法、施工顺序、特殊工程部位的技术处理细节及其注意事项、易发生质量事故与工伤事故的工程部位均须认真作技术交底。

（5）施工合同对工期、质量、安全方面的要求。

（6）大体积及抗渗混凝土浇筑、压力管道焊接、钢制立式储罐焊接、管道及容器防腐保温等特殊过程及其有关措施和监控方案。

2）分部、分项工程技术交底

分部、分项工程技术交底是由专业技术员根据单位工程技术交底的内容，结合施工标准、规范、操作规程及施工图样要求，以书面的形式向工长及班组长进行交底，其主要内容有：

（1）该班组（操作人员）施工的主要内容。

（2）欲施工工程（部位）的施工（操作）方法、步骤，设计图样、施工规范对操作的具体要求及设计图中不易掌握的难点和重点；各专业间交叉作业关系、工序衔接特殊要求和操作中应注意的事项。应侧重交清每一个作业班组负责施工的分部、分项工程的具体技术要求和采用的施工工艺标准或企业内部工法，质量通病预防办法及注意事项。

（3）欲施工分部、分项工程施工质量标准。

（4）特殊过程具体操作方法、参数要求、监控方法和注意事项。

（5）安全环保要求。主要是施工安全环保交底及介绍以往同类工程的安全环保事故教训及应采取的具体对策。

五、搞好技术培训与新技术推广应用

油气田地面工程施工技术培训与新技术推广应用是施工前技术准备工作的一个重要环节。目前国内各油田主要场站工程及站外集输管道工程设计施工技术已比较成熟,在施工中,从预制到安装也形成了完备、系列、配套的施工工法。如:管道预制安装施工工法、卧式容器安装工法、大型压缩机安装工法、小型储罐倒装施工工法、大型立式储罐脚手架正装施工工法等。随着EPC(设计、采办、施工)总承包模式的广泛推广,无论设计、施工都以项目的经济效益为中心,从而使设计和施工能够相互促进发展,带动了油气田地面工程整体施工技术的发展。

在施工前,技术培训与新技术推广应用方面准备工作包括以下内容:
(1)做好各专业及各工种的技术培训与质量教育及考核工作。
(2)进行安全、防火和文明施工等方面的教育,建立安全防火体系。
(3)进行施工组织设计的贯彻和技术交底。
(4)开发新技术、新工艺、新材料、新设备,如自动焊工艺、环保型储罐防腐工艺等,在使用新技术、新工艺、新材料、新设备前要先做好技术培训。
(5)建立和健全各级技术管理的组织机构和各项管理制度。

第二节 人力资源准备

一、建立项目管理组织机构

施工单位要根据油气田地面工程规模及专业特点组建相应的项目管理组织机构,并采用框图的形式将项目管理组织机构进行明确表述。建立必要的规章制度,并明确各部门、各岗位的责任和权力。

项目管理组织机构形式要根据施工项目的规模、复杂程度、专业特点、人员素质和地域范围来确定。大型联合站工程、大型储库工程、大型天然气处理工程等项目一般采用矩阵式项目管理组织，如图2-1所示。单一的转油站、注入站、站外系统工程等项目可采用直线职能式项目管理组织，如图2-2所示。

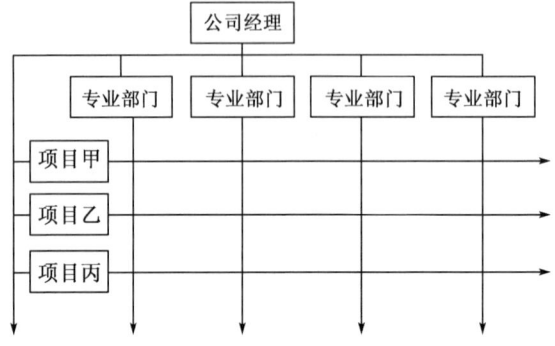

图2-1　矩阵式项目管理组织结构

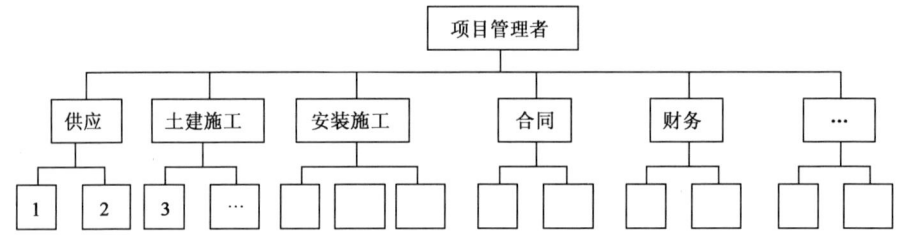

图2-2　直线职能式项目管理组织结构

二、建立健全各项管理制度

项目部各项管理制度是否建立、健全，直接影响其各项施工活动的顺利进行。有章不循后果严重，而无章可循更是危险，因此，必须建立、健全工程现场的各项管理制度。常见的施工现场管理制度如下：

（1）工程质量检查与验收制度；

（2）工程技术档案管理制度；

（3）建筑材料（构件、配件、制品）的检查、验收制度；

（4）施工图样会审制度；

（5）技术交底制度；

（6）焊条烘干、发放、回收制度；

（7）材料出入库制度；

第二章　施　工　准　备

(8) 施工现场安全生产管理制度；
(9) 施工现场文明施工管理制度；
(10) 试验、化验管理制度；
(11) 机具使用保养制度。

三、配置各类施工工种和人员，组织培训、取证

在人力资源配置时，要根据项目不同的特点，有针对性地进行人员配置，在进行施工工种和人员配备时要结合工程施工方案和计划进行。

对于油气田地面工程项目来说，涉及的管理人员包括：项目经理、项目技术负责人、施工员、技术员、材料员、核算员、安全员、质检员、保管员及试验员等。其中项目经理的资质要满足施工需要，技术负责人、技术员、安全员、质检员要持证上岗。

油气田地面工程涉及的工种主要为电焊工、电工、防腐工、起重工、安装工、铆工、架子工、钳工等。其中电焊工、电工、防腐工、起重工等特殊工种需要持证上岗，开工前要有针对性地进行岗前培训和考试。

四、编制人力资源动态需求计划

在项目组织机构成立后，要组织有关人员根据项目人员配备、工期计划、施工方案等编制项目人力资源动态需求计划。

第三节　施工机具及设备准备

在油气田地面工程施工过程中，所用到的施工机具种类较多，有土建专业施工机具，包括：塔吊、混凝土搅拌机、钢筋对焊机、各类混凝土施工模具、土石方机械、基础施工设备（如夯机、打桩机等）；有工艺及设备安装专业施工机具，包括：各类焊机、吊车、吊管机、对口机具；有防腐保温专业施工机具，包括：喷涂设备、除锈设备、防腐厚度测厚仪、电火花检漏仪等；有储罐施工设备及机具，包括：起重设备、组对工装卡具、脚手架、焊接设备、切割设备、打磨设备等。施工设备和机具是进行油气田地面工程施工的

重要手段,是保证工程施工质量的前提。

为了保证工程能顺利进行,而且又能使各种施工机具及设备充分发挥其效率,降低工程成本,在进行施工机具及设备准备时要进行通盘考虑,一般应考虑到以下几个因素:

(1) 工程规模大小,工期的缓急,工程的特点;

(2) 施工队伍的状况,如施工人员的多少,技术水平的强弱,管理水平的高低等;

(3) 施工现场情况如何,如有无现成的电源,交通运输条件等;

(4) 当地气候条件和施工季节最适合使用哪些施工机具等;

(5) 在进行施工机具及设备准备时,还应该考虑到施工机具及设备的运输、安装、管理等问题,制订并完善各项制度,切实保证施工机具及设备在使用过程中无丢失、无损坏,确保工程的顺利进行。

第四节 施工物资准备

物资准备是施工前准备工作的一项重要内容,施工前必须做好原材料、设备、构件及加工件等各项物资的准备。

在油气田地面工程施工过程中,需要用到的原材料、设备、构件及加工件内容比较多,种类及规格也比较繁杂,不仅有一般建筑工程所需用的砂、水泥、钢筋、砌块、沥青等,而且还有安装工程所用的阀门、管件、动静设备、钢材、焊接材料,此外还有各种电器及自控材料及设备等。为了使这些物资及时、按质进场,保证施工过程中的各项需要,订货工作要提前进行。一般是在工程初步设计批准后,根据初步设计拟建的各类工程项目和工程量总表,参照本地区的概算定额或经验资料,分别算出常规材料和特殊材料的需用量。汇总编制主要材料的用量,进场的时间,制订计划,落实货源,办理订购合同。

当施工用原材料、设备、构件等货源落实,合同签订后,还需要认真组织好材料设备的拉运、存放、进场检查验收工作。

原材料、设备、预制构件的进场入库、检查验收工作是保证工程如期按质高效完工的重要一环,也是施工准备的主要工作之一。在进行原材料、设备及预制构件进场检查验收时,应重点抓好以下几项工作。

（1）在原材料、设备、预制构件、加工件等进场或入库前，首先应做好数量的检查，检查进场或入库的物资是否与合同或账目上的数目相符。

（2）对进场或入库时的物资进行质量、规格和型号的检查。凡施工中所用的原材料、设备、仪器、预制构件等物资的质量、规格和型号都必须按照有关的国家或企业标准、技术文件和设计图样的要求以及有关的合同规定进行检查和验收。经过检查合格的物资，要办理验收手续后方可使用。

（3）对施工中所需用的主要原材料、预制构件等，供货部门都应提供出厂合格证和材料的物理化学性能试验资料，在材料进场或入库时要对这些资料进行检查登记，以便供使用时参考。

（4）对施工中所用的设备和仪表，供货部门还要提供设备及仪表的使用说明、检验记录、装配图样以及装箱清单。进场或入库时要对设备及仪表进行检查，并且根据装箱清单清点设备所携带的零配件、材料以及随机工具。

（5）对委托预制厂制造的半成品加工件要检查有无出厂合格证、设计图样，质量是否符合设计要求。

（6）检查不合格的设备、仪表、构件及原材料不得使用，若要代用必须经过技术部门审查批准并办理代用手续方可使用。

（7）进场的原材料、设备、预制构件等应严格按照施工组织设计的要求整齐堆放，尽量避免二次倒运和影响施工。

第五节 施工现场准备

施工现场的准备工作，主要是为了给拟建工程的施工创造有利的施工条件和物资保证。

一、施工现场的补充勘测

1. 补充勘探

为保证油气田地面工程能按期、保质完成，在开工前，通常要对施工现场进行补充勘探。勘探的内容主要是在施工范围内寻找地下管道、地下电缆、旧河道与暗沟、古墓等隐蔽物的位置与范围，以便及时拟定处置方案。

2. 现场的控制网测量

按照设计单位提供的工程总平面图、水准控制基桩，对全场做进一步的测量，设置各类施工基桩及测量控制网，又称为测设。它是按照设计和施工的要求，将设计好的场站中各建筑单体的位置、大小及高程，按照一定的精度要求在地面标记出来，以便进行施工。实质就是将图样上各建筑物的一些轮廓点（特征点）和管线转折点标定于实地上，其工作目的与一般测图工作相反，是由图样到地面的过程。

3. 定位、放线

根据场地平面控制网或设计给定的作为各类建筑物放线定位依据的总平面图，进行工程内各单元的定位、放线，是确定工程各建筑单体及地下管线平面位置和开挖基础的关键环节。施工测量中必须保证精度，并进行技术复核，避免出现难以处理的技术错误。

主轴线的放样，可以根据在场站区内为施工测量专门建立的控制网——施工控制网进行。而细部放样一般可根据主要轴线进行，但有时也可以根据施工控制网进行。测量人员应该创造从现场标定的轴线进行细部放样的条件，这对于保证各建筑物的几何形状、尺寸及放样工作的顺利进行影响很大。

二、建造临时设施

建造临时设施是指按照施工总平面图的布置，建造临时设施，为正式开工准备好生产、办公、生活、居住和储存等临时用房。临时设施的规划与搭建应尽量利用原有的建筑物和永久性的设施，做到既能满足施工需要，又能降低成本。

临时设施可分为施工生产设施和办公生活设施。施工生产设施主要包括水平与垂直运输设施、搅拌站、原材料堆场与库存设施、各类预制场等；办公及生活设施主要包括用于施工管理的各类办公室、试验室、休息室、宿舍、食堂等。临时设施的规模与布置应满足施工阶段生产的需要，同时还应符合防火与施工安全的要求。

在工程施工准备过程中，施工临时设施的准备工作量往往很大，特别是大型联合站工程临时设施内容相当繁多（如施工人员临时宿舍、食堂、材料库、堆料场、机械工具库、混凝土搅拌站、钢筋加工场地、下料场地、管道预制场地、油料库、施工用水管线、施工临时用电线路和配电间以及车库、道路等)。在进行临时设施准备时一定要本着节约、实用、方便的原则,尽量利用已有的或采用提前兴建正式工程中可利用的设施,以节省施工投资。

另外,在进行施工临时设施的准备时还要注意以下几个方面问题:

(1) 在设置施工用临时变电所时应尽量放在高压线进入工地处,以避免高压线穿越工地影响施工安全,如若安置自备发电设施,则应尽量靠近主要施工用电区域。

(2) 设置材料库、堆料厂、机械工具库、预制场时应尽量放在靠近使用地点和运输倒运方便的地方,对于装卸时间长的料库不宜紧靠运输繁忙的公路、以免影响交通。

(3) 油料、氧气、乙炔等库房应尽量布置在工地边缘、人烟稀少的安全地点,易燃易爆物资库房要设在工地的下风向处。

(4) 对易产生有害气体、烟尘和污染空气的临时加工设施场地,如沥青熬制场地、玻璃丝棉及石棉堆放场地等应尽量位于工地的下风向。

(5) 供水管道一般沿道路布置,供电线路应尽量避免与其他管路同侧敷设,管道和供电线路布置应尽量减少穿越公路、工房。在必须穿越时,一定要架高或采用钢套管保护埋入地面 0.6m 以下深处。

(6) 钢筋加工厂和临时钢板预制厂宜设在主要施工量集中的区域并要有一定的堆放场地。

(7) 职工临时宿舍、食堂等一般应设在施工场区外,并避免设在低洼、潮湿、有烟尘、有噪声及有害气体超出标准的位置。

三、做好"三通一平"

"三通一平"是指路通、水通、电通和场地平整。为了节约投资,应尽量利用永久性的设施。

(1) 路通:施工现场的道路是组织物资运输的动脉。工程开工前,必须按照施工总平面图的要求,修好施工现场的永久性道路(包括厂区铁路、厂区道路)以及必要的临时性道路,形成完整畅通的运输网络,为建筑材料进场、堆放创造有利条件。

(2) 水通:水是施工现场生产和生活不可缺少的重要资源。拟建工程开工之前,必须按照施工总平面图的要求,接通施工用水和生活用水的管线,使其尽可能与永久性的给水系统结合起来,做好地面排水系统,为施工创造良好的环境。

（3）电通：电是施工现场的主要动力来源。拟建工程开工前，要按照施工组织设计的要求，接通电力和通信设施，确保施工现场动力设备和通信设备的正常运行。

（4）场地平整：按照施工总平面图的要求，首先拆除场地上阻碍施工的建筑物或构筑物，然后根据工程总平面图规定的标高和土方竖向设计图样，进行挖（填）土方的工程量计算，确定平整场地的施工方案，进行平整场地的工作。

四、施工安全与环保设施

（1）落实安全施工的宣传、教育措施和有关的规章制度。

（2）审查易燃、易爆、有毒、腐蚀等危险品管理和使用的安全技术措施。

（3）现场临时设施工程要严格按施工组织设计确定的施工平面图布置，并必须符合安全、防火要求。

（4）落实高空作业、上下立体交叉作业等施工安全措施。

（5）施工与生活垃圾、废弃水的处理应符合当地环境保护的要求。

（6）制定并落实消防、保安设施。按照施工组织设计的要求，根据施工总平面图的布置，建立消防、保安等组织机构和有关的规章制度，布置安排好消防、保安等措施。

通过对安全与环保措施的监督检查，使施工现场各级人员认识到，安全生产、文明施工是实现高速度、高质量、高工效、低成本目标的前提。

第三章　土建工程施工

在油气田地面工程建设中，不论是井场平整、管道敷设，还是计量站、中转站、联合站以及油库的建设都涉及土建工程施工，土建工程虽是油气田地面工程的基础配套工程，但却是不可或缺的重要组成部分，直接影响到整个工程的质量安全和工期效益。

油气田地面工程的管道敷设、油库施工、站场建设等所涉及的土建工程施工内容主要有施工测量、土石方施工、地基基础施工、主体结构施工和屋面防水保温施工。

第一节　土建工程施工测量

一、施工测量的基本工作

施工测量是任何工程各施工工序的开始，且贯穿于工程建设的各个阶段。

施工测量的任务就是根据设计图样上待建建筑物、构筑物的轴线位置、尺寸及其高程，以地面控制点为根据，将待建建筑物、构筑物的特征点在实地标定出来，作为施工的依据，这项工作又称为测设或施工放样。

施工测量的内容包括：建立施工控制网（包括平面和高程控制网）；建筑物、构筑物的详细放样；检查、验收；变形观测。

施工测量要遵循"从整体到局部"、"先控制后细部"的原则。

1. 建立施工控制网

建筑施工控制测量的任务首先是建立施工控制网，施工控制网是建筑物放样的依据。

1) 平面控制网的布设

施工平面控制网一般分两级布设：一级为基本网，组成基本网的控制点称为基本控制点。基本网一般布设在施工区域以外，不受施工影响的地方，用于加密施工控制网或测设建筑物的主轴线。另一级为施工放样网，一般布设在施工区域内，用于放样建筑物的辅助轴线和建筑物的细部点。

在油田上建设各类站场、油库等产能配套建筑时，要在场地上建立平面控制网，视建设场地面积大小及建（构）筑物的布置情况，通常布设成建筑基线或建筑方格网的形式。

（1）建筑基线的布设。

在面积不大、地势较平坦的建筑场地上，常常布设一条或几条基准线作为施工测量的平面控制，这样的基准线称为建筑基线。建筑基线的布设形式根据建筑物的分布、场地地形等因素来确定，其常见的形式有"一"字形、"L"字形、"十"字形和"T"字形，如图3-1所示。

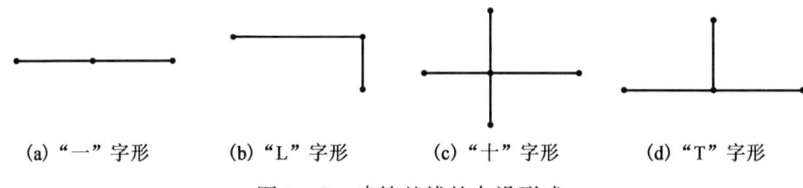

(a)"一"字形　　(b)"L"字形　　(c)"十"字形　　(d)"T"字形

图3-1　建筑基线的布设形式

布设建筑基线时应注意：建筑基线应平行或垂直于主要建筑物的轴线，以便于采用直角坐标法测设建筑物轴线；建筑基线相邻点间应互相通视，点位不受施工影响，且能长期保存；基线定位点不少于3个，以便相互校核。

建筑基线通常采用两种方法测设：用建筑红线测设和用附近的测量控制点测设。

（2）建筑方格网的布设。

在大中型的建筑场地上，由正方形或矩形格网组成施工控制网，称为建筑方格网。常分为两级布设，先采用"十"字形、"口"字形或"田"字形，然后再加密方格网，如图3-2所示。

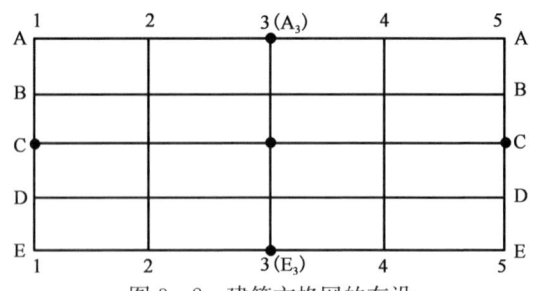

图3-2　建筑方格网的布设

第三章　土建工程施工

建筑方格网的轴线与建筑物轴线平行或垂直，因此，可用直角坐标进行建筑物的定位、放样较为方便，且精度较高，但工作量大、不够灵活、易毁坏，有全站仪的条件下，正逐步被导线网或三角网代替。

2) 高程控制网的布设

施工高程控制网采用水准测量方法建立，通常也分两级布设，即首级网格和加密网，相应的水准点称为基本水准点和施工水准点。

基本水准点布设在不受施工影响、无震动、便于施测和能永久保存的地方。

施工水准点用来直接放样建筑物的高程，为了放样方便和减少误差，施工水准点应靠近建筑物，通常可以采用平面控制点标志桩加设圆头钉作为施工水准点。

2. 放样

1) 放样已知水平距离

放样已知水平距离放样是根据已知的起点、线段方向和两点间的水平距离测定出另一端点的地面位置。按不同的精度要求有一般方法和精确方法：一般方法用钢尺直接丈量，为校核并提高精度，一般往返丈量，取平均值；精确方法是将一般方法所量长度加尺长、温度和高差三项改正数。

2) 放样已知角度

放样已知角度放样是根据水平角的已知数据和一个已知方向，把该角的另一方向放样在地面上。按精度要求不同也分为一般方法和精确方法。

3) 点的平面位置放样

点的平面位置放样常用方法有直角坐标法、距离交会法、极坐标法和角度交会法。

当在施工现场有互相垂直的主轴线或方格网线时，可以用直角坐标法放样点的平面位置。直角坐标法只量距离和直角，数据直观、计算简单、工作方便，因此应用较广泛。

当建筑场地平坦、量距方便，且控制点离放样点不超过一整尺段长度时，可用距离交会法放样点的平面位置。距离交会法的优点是不需要仪器，但精度较低。在施工中放样细部时，常用此法。

极坐标法是根据水平角和距离来放样点的平面位置的一种方法。当已知点与放样点之间的距离较近，且便于量距时，常用极坐标法放样点的平面位置。

当受放样地区地形限制或量距困难时，常采用角度交会法放样点位。

中转站、联合站等各类站场及油库建设中的建（构）筑物测量定位一般采用直角坐标法、距离交会法、极坐标法；场区内外油气管线、长输管道的测量定位一般采用极坐标法、角度交会法。

4）点的高程放样

根据已知水准点，在地面上标定出某设计高程的工作，称为高程放样。在深基坑内或在较高的楼层面上放样高程时，水准尺的长度不够，这时，可在坑底或楼层面上设置临时水准点，然后将地面高程点传递到临时水准点上，再放样所需高程。

二、一般建（构）筑物的施工测量

一般建筑施工测量的主要任务是建筑物的定位和放线、基础工程施工测量、墙体施工测量。

1. 定位和放线

1）建筑物的定位

建筑物的定位，就是将建筑物外廓各轴线交点（简称角桩）测设在地面上，作为基础放样和细部放样的依据。

由于定位条件不同，定位方法也不同，如施工场地已有建筑方格网或建筑基线时，可直接采用直角坐标法进行定位。

2）建筑物的放线

建筑物的放线，是指根据已定位的外墙轴线交点桩（角桩），详细测设出建筑物各轴线的交点桩（或称中心桩），然后，根据交点桩用白灰撒出基槽开挖边界线。

由于在开挖基槽时，角桩和中心桩要被挖掉，为了便于在施工中恢复各轴线位置，要把各轴线延长到基槽外安全地点，并做好标志。其方法有设置轴线控制桩和龙门板两种形式。

（1）设置轴线控制桩。轴线控制桩设置在基槽外 2～4m 处的基础轴线延长线上，作为开槽后各施工阶段恢复轴线的依据，如图 3-3 所示。

（2）设置龙门板。在小型民用建筑施工中，常将各轴线引测到基槽外的水平木板或脚手钢管上。水平木板或脚手钢管称为龙门板，固定龙门板的木桩或脚手钢管称为龙门桩，如图 3-4 所示。一般在建筑物四角与隔墙两端，基槽开挖边界线以外 1.5～2m 处设置龙门桩。

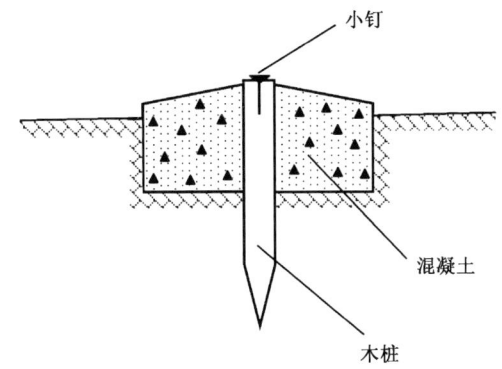

图 3-3 轴线控制桩

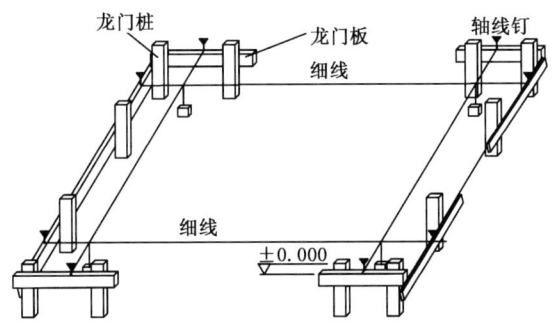

图 3-4 龙门板

2. 基础工程施工测量

1）基槽抄平

建筑施工中的高程测设，又称抄平。

为了控制基槽的开挖深度，当快挖到槽底设计标高时，用水准仪根据地面上±0.000m点，在槽壁上测设一些水平小木桩（称为水平桩），水平桩可作为挖槽深度、修平槽底和打基础垫层的依据。

为了施工时使用方便，一般在槽壁各拐角处、深度变化处和基槽壁上每隔3～4m测设一水平桩。

2）垫层中线的投测

基础垫层打好后，根据轴线控制桩或龙门板上的轴线钉，用经纬仪或用拉绳挂锤球的方法，把轴线投测到垫层上，如图3-5所示，并用墨线弹出墙中心线和基础边线，作为砌筑基础的依据，图3-6所示为基础轴线投测的施工实例。

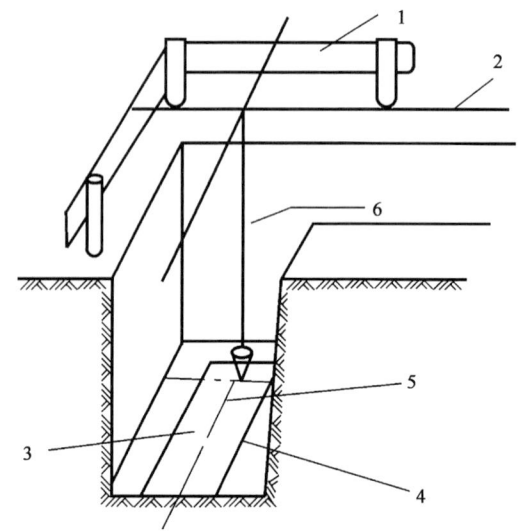

图 3-5 垫层中线的投测
1—龙门板；2—细线；3—垫层；4—基础边线；5—墙轴线；6—线锤

图 3-6 基础轴线投测

3) 基础墙标高的控制

房屋基础墙是指±0.000m 以下的墙体，它的高度是用基础皮数杆来控制的。基础皮数杆是一根木制的杆子，如图 3-7 所示。立皮数杆时，先在立杆处打一木桩，用水准仪在木桩侧面定出一条高于垫层某一数值（如 100mm）的水平线，然后将皮数杆上标高相同的一条线与木桩上的水平线对齐，并用大铁钉把皮数杆与木桩钉在一起，作为砌筑基础墙的标高依据。

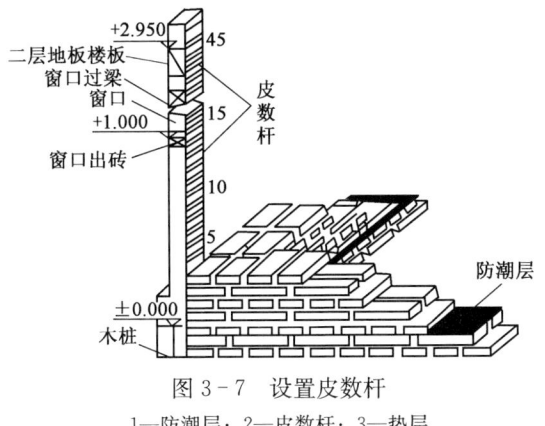

图 3-7 设置皮数杆
1—防潮层；2—皮数杆；3—垫层

3．墙体施工测量

1）墙体定位

墙体定位是利用轴线控制桩或龙门板上的轴线和墙边线标志，用经纬仪将轴线投测到基础面上或防潮层上，然后用墨线弹出墙轴线和墙边线，检查外墙轴线交角是否等于90°。再把墙轴线延伸画在外墙基础上，如图3-8所示，作为向上投测轴线的依据。另外把门、窗和其他洞口的边线，也在外墙基础上标定出来。

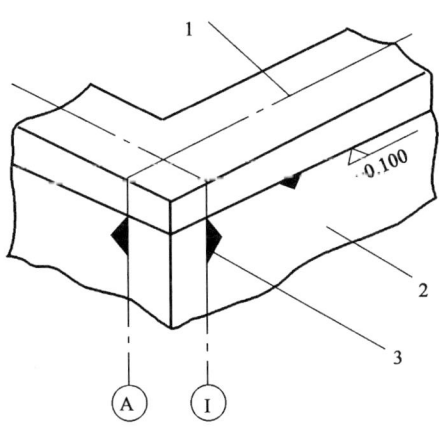

图 3-8 墙体定位
1—墙轴线；2—外墙基础；3—轴线延伸点；Ⓐ，Ⓘ—墙体设计轴线

2）墙体各部位标高控制

在墙体施工中，墙身各部位标高通常也是用皮数杆控制。

（1）墙身皮数杆的设立与基础皮数杆相同，使皮数杆上的±0.000m标高与房屋的室内地坪标高相吻合。在墙的转角处，以及每隔10～15m设置一根皮数杆。

（2）墙身砌起1m以后，就在室内墙身上定出+0.500m的标高线，作为该层地面施工标高基线。

（3）第二层以上墙体施工中，为了使皮数杆在同一水平面上，要用水准仪测出楼板四角的标高，取平均值作为地坪标高，并以此作为立皮数杆的基准。

4. 建筑物的轴线投测

在多层建筑墙身砌筑过程中，为了保证建筑物轴线位置正确，可用吊槌球或经纬仪将轴线投测到各层楼板边缘或柱顶上。

（1）吊槌球法。将较重的线槌悬吊在楼板或柱顶边缘，当线锤尖对准基础墙面上的轴线标志时，线在楼板或柱顶边缘的位置即为楼层轴线端点位置，画上标志线。

（2）经纬仪投测法。在轴线控制桩上安置经纬仪，严格整平后，瞄准基础墙面上的轴线标志，用盘左、盘右分中投点法，将轴线投测到楼层边缘或柱顶上。

5. 建筑物的高程传递

在多层建筑施工中，要由下层向上层传递高程，以便楼板、门窗口等的标高符合设计要求。高程传递的方法有以下几种：

（1）利用皮数杆传递高程。一般建筑物可用墙体皮数杆传递高程。

（2）利用钢尺直接丈量。对于高程传递精度要求较高的建筑物，通常用钢尺直接丈量来传递高程。对于二层以上的各层，每砌高一层，就从楼梯间用钢尺从下层的"+0.500m"标高线，向上量出层高，测出上一层的"+0.500m"标高线。这样用钢尺逐层向上引测。

（3）吊钢尺法。用悬挂钢尺代替水准尺，用水准仪读数，从下向上传递高程。

第二节　土石方施工

油气田地面工程建设涉及的土石方工程一般包括场地平整，基坑（槽）、处理池和管沟的开挖与回填等。土石方工程施工受气候、水文和地质等条件

第三章　土建工程施工

影响较大，具有施工面广量大、劳动繁重的特点，因此土石方工程施工前应进行挖、填方平衡计算，综合考虑土方运距最短、运程合理和各个工程项目的合理施工程序等方面因素。土石方工程主要涉及土方量计算、边坡支护、施工降水、机械开挖等施工技术。

一、场地平整

场地平整是在场地自然地面上，按设计标高要求进行土方开挖或者回填，然后压实。施工前先要确定场地的标高、计算挖方和填方的工程量、确定土方平衡调配，而后选择施工机械进行施工。

1. 确定场地标高

（1）场地标高一般由设计确定，若设计没有明确时，需要考虑以下因素合理确定场地标高：

①满足生产和运输的要求；

②合理利用地形，科学计算调配土方，尽量减少挖、填方量，使场地内挖方量与填方量平衡；

③需要有一定的泄水坡度（≥2‰），满足排水要求；

④考虑最高洪水位的要求。

（2）场地标高可根据挖填平衡的原则按照下述方法确定：

①初步计算场地标高。将地形图划分方格网，根据相邻等高线用插入法求得每个方格角点的地面标高。一般说来，理想的场地标高，应该使场地的土方在平整前和平整后相等而达到挖方和填方的平衡。

②场地标高的调整。上面所计算的标高是初步计算值，实际上还需要考虑场地泄水坡度的要求（单向泄水或双向泄水）和土的可松性因素影响，进一步进行调整。

2. 土方量计算

场地平整土方量的计算通常采用方格网法。方格网法就是在具有等高线的地形图上将施工区域划分为若干个方格形成方格网，用于计算土方量和控制标高。方格的边长主要取决于地形变化和场地大小，一般为10～40m，通常取20m。方格网法的计算步骤如下：

（1）算出每个方格角点的设计标高和自然地面标高的差，即为相应角点的施工高度（即填挖高度）；

(2) 确定方格网边线上不挖不填的点,即为"零点"。将相邻的零点连接起来,即为零线,它是划分方格网中挖方区与填方区的分界线;

(3) 然后采用四角棱柱体法计算每一个方格的土方量;

(4) 将场地上所有方格的土方量求和,加上场地边坡的土方量,得到整个场地的总挖填土方量。

3. 土方调配

土方量计算完成后,进行土方的平衡调配。土方调配,就是对挖土的利用、堆放和填土的取得。土方平衡调配要力求达到挖、填平衡和运距最短,选择恰当的调配区大小、调配方向、运输路线,使土方机械和运输车辆能有效地展开工作,功效得到充分发挥。

确定土方调配方案,首先在场地平面图上划出挖、填区的分界线(即零线),在挖方区和填方区适当划分出若干调配区,其大小要满足土方机械的操作要求;然后计算出各调配区的土方量,标注于图上;求出每对调配区之间的平均运距;选择最优土方调配方案,即土方总运量最小或土方运输费用最少,而且便于施工;在图上标出调配方向、土方数量和平均运距,绘制土方调配图,如图3-9所示。

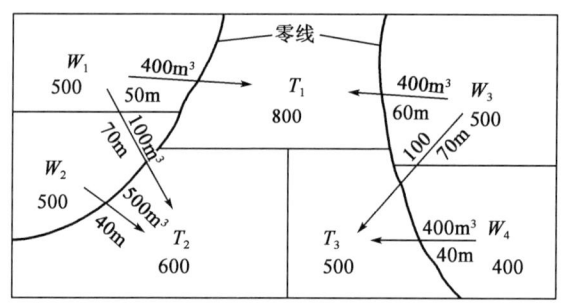

图3-9 土方调配图

T_1、T_2、T_3—填方区;W_1、W_2、W_3、W_4—挖方区

箭头方向为土方调配的方向;箭头线上方数据为土方量,下方数据为平均运距。

二、土方边坡与土壁支撑

基坑、沟槽土方开挖的顺序、方法必须与设计工况相一致,要遵循"开槽支撑、先撑后挖、分层开挖、严禁超挖"的原则。因此在基坑、沟槽开挖施工中,为了防止塌方,保证施工安全及边坡稳定,要按照不同深度、不同土质,考虑边坡放坡或加支撑保护。

第三章　土建工程施工

1. 土方边坡

土方边坡可以做成直线形、折线形、阶梯形、分级形。边坡坡度以基坑深度 h 与底宽 b 之比表示，坡度大小根据土质条件、开挖深度、施工方法和工期、地下水位、坑边荷载等因素确定。

在土壤具有天然湿度且基坑或沟槽不受地下水影响的情况下，当开挖深度不超过下列数值时，可直立开挖而不放坡、不加支撑：

(1) 密实、中密的砂土和碎石类土（充填物为砂土）不大于1m；
(2) 硬塑、可塑的粉土及粉质黏土不大于1.25m；
(3) 硬塑、可塑的黏土和碎石类土（充填物为黏性土）不大于1.5m；
(4) 坚硬的黏土不大于2m。

当挖土深度超过以上数值时，就要考虑放坡或加支撑。在土具有天然湿度、构造均匀、无地下水影响时，深度在5m以内不加支撑的坑槽和管沟，其边坡坡度可按表3-1施工。

表3-1　深度在5m内的基坑（槽）、管沟边坡的最陡坡度（不加支撑）

土的类别	边坡坡度（高：宽）		
	坡顶无荷载	坡顶有静载	坡顶有动载
中密的砂土	1：1.00	1：1.25	1：1.50
中密的碎石类土（充填物为砂土）	1：0.75	1：1.00	1：1.25
硬塑的粉土	1：0.67	1：0.75	1：1.00
中密的碎石类土（充填物为黏性土土）	1：0.50	1：0.67	1：0.75
硬塑的粉质黏土、黏土	1：0.33	1：0.50	1：0.67
老黄土	1：0.10	1：0.25	1：0.33
软土（经井点降水后）	1：1.00		

2. 土壁支撑

在基坑或管沟槽开挖时，常因受场地的限制不能放坡，或放坡所增加的土方量很大，这时可采用设置支撑的施工方法。

土壁支撑形式根据开挖深度和宽度、土质和地下水条件以及开挖方法、相邻建筑物等情况进行选择和设计。以下介绍油气田地面工程施工中常用的支撑方法。

1) 沟槽的支撑方法

主要采用横撑式支撑，由挡土板、楞木和工具式横撑组成，根据挡土板放置方式不同，分为水平式支撑和垂直式支撑，如图3-10所示。

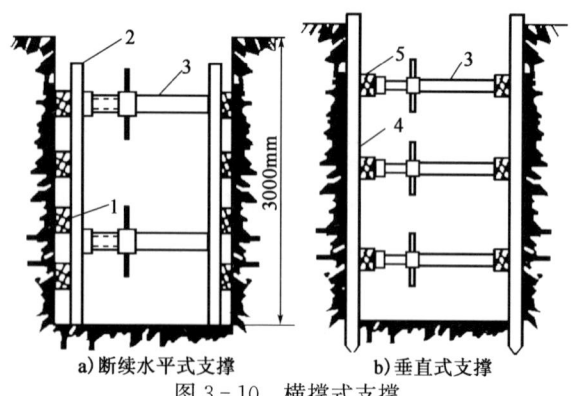

图 3-10 横撑式支撑

1—水平挡土板；2—竖楞木；3—工具式横撑；4—竖直挡土板；5—横楞木

（1）水平式支撑：断续或连续的挡土板水平放置。断续式水平挡土板支撑，适于能保持直立壁的干土或天然湿度的黏土，深度在 3m 以内。连续式水平挡土板支撑，适于较松散的干土或天然湿度的黏土，深度在 5m 以内。

（2）垂直式支撑：断续或连续的挡土板垂直放置。适于土质较松散或湿度很高的土，地下水较少，深度不限。

2）浅基坑的支撑方法

一般浅基坑的支撑方法主要有锚拉支撑、短柱横隔支撑、临时挡土墙支撑，经常采用的是锚拉支撑，由柱桩、挡土板、锚桩、拉杆和回填土组成，如图 3-11 所示，适用于开挖面积较大、深度不大的基坑或使用机械挖土。

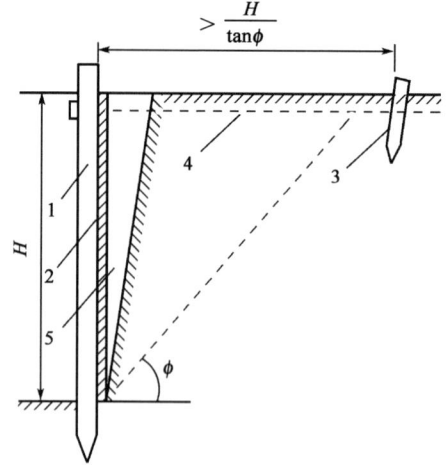

图 3-11 锚拉支撑

1—柱桩；2—挡板；3—锚桩；4—拉杆；5—回填土

三、施工排水与降水

在开挖基坑或沟槽过程中,如雨水回收池、污水处理池、循环水泵房池基坑开挖,以及管沟开槽等,经常会遇见基坑或沟槽底面低于地下水位,地下水不断渗入坑内的情况。另外雨季施工时,地面水也会流入坑内,这样不但会使施工条件恶化,严重时会造成边坡塌方和地基承载能力下降。因此,在基坑或沟槽开挖前和开挖过程中,必须做好降水工作,常采用的措施是明沟排水法和井点降水法。

1. 明沟排水法

明沟排水法是在开挖过程中,沿坑底的周围开挖排水沟,在基坑范围以外设置集水井,排水沟的坡度宜控制在 1‰～2‰,使水经排水沟流入井内,然后用水泵抽出坑外,排到远处。

每隔 20～40m 设置一个集水井,其宽度一般为 0.6～0.8m,其深度随着挖土的加深而加深,并保持低于挖土面 0.7～1.0m。当基坑挖至设计标高后,井底低于坑底 1～2m,并在井底铺设碎石滤水层,防止抽水时带走泥沙而扰动井底的土,如图 3-12 所示。

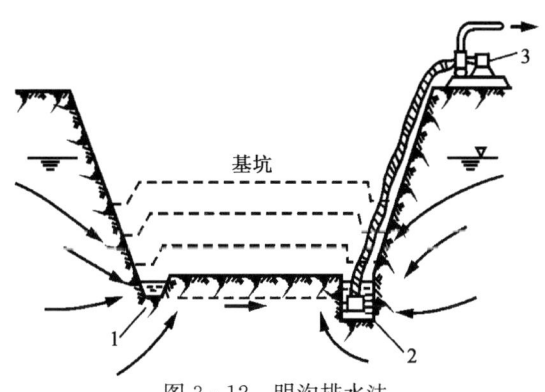

图 3-12 明沟排水法
1—排水沟;2—集水井;3—水泵

明沟排水法适用于水流较大的粗粒土层的排水、降水,也可用于渗水量较小的黏性土层降水,但不适宜于细砂土和粉砂土层,因为地下水渗出会带走细沙粒而发生流沙现象。

2. 井点降水法

井点降水法就是在基坑或管沟开挖前,预先在基坑、沟槽周围埋设一定数量的滤水管（井），利用抽水设备不断抽出地下水，使地下水位降到坑（沟）底以下。

井点降水有轻型井点、喷射井点、电渗井点、管井井点等多种方法。在油气田地面工程施工中常用的是轻型井点降水，例如在处理池基坑开挖、大直径超深管沟开挖、储罐强夯地基处理施工前都会用到。以下简要介绍轻型井点降水法。

1）轻型井点系统

轻型井点降水就是沿基坑周围或一侧以一定间距将井点管（下端为滤管）埋入地下蓄水层内，井点管上端通过弯联管与总管相连接，利用抽水设备将地下水不断抽出，从而将地下水位降至坑底以下，图3-13和图3-14为轻型井点降水示意及实例图。

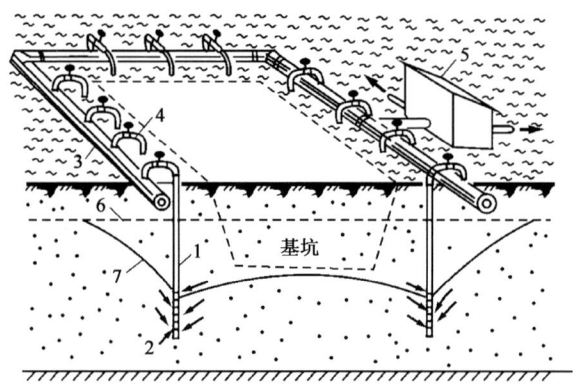

图3-13　轻型井点降水示意图
1—井点管；2—滤管；3—集水总管；4—弯联管；
5—抽水设备；6—原地下水位；7—降水后地下水位

图3-14　轻型井点降水实例图

轻型井点系统设备主要包括：井点管、滤管、集水总管、弯联管、抽水设备等。

2) 轻型井点的布置

轻型井点系统的布置，要根据基坑或沟槽的平面形状和尺寸、深度、土质、地下水位高低与流向、降水深度要求等因素综合确定。

（1）高程布置。当计算出井点管的埋置深度（不包括滤管）小于或等于6m时，采用一级井点降水；大于6m时，如果采用降低井点管的埋置面仍达不到要求时，则采用二级井点降水，如图3-15所示。

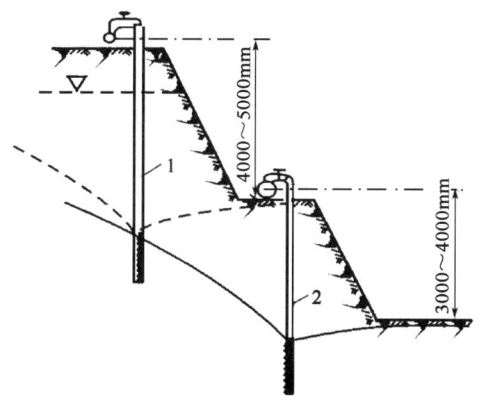

图3-15 二级轻型井点示意图
1—第一级井点管；2—第二级井点管

（2）平面布置。当基坑或沟槽宽度小于6m，水位降低深度不超过5m时，可采用单排线状井点，布置在地下水流的上游一侧，两端延伸长度一般不小于沟槽宽度；当宽度大于6m或土质不定，渗透系数较大时，宜采用双排井点；当基坑面积较大时，宜采用环状井点，为便于挖土机械和运输车辆出入基坑，可不封闭，布置为"U"形环状井点。

3) 轻型井点的安装

轻型井点系统的安装顺序是：挖井点沟槽、铺设集水总管；冲孔、埋设井点管、灌填砂滤料；弯联管将井点管与集水总管连接；安装抽水设备；试抽；运行抽水。

四、土石方机械施工

管沟开挖、场地平整等工程工作量大、劳动繁重，采用机械化施工可以加快施工速度。土方工程施工机械的种类很多，以下简单介绍油气田地面工程施工中常见的土石方机械化施工方法。

1. 推土机施工

在油气田地面工程施工中，平整场地、开挖深度不大的基坑、回填土方、配合挖土机集中土方和修路开道等常用到推土机，其作业方式以切土和推运土方为主。

推土机通常采用下坡推土、槽形推土、并列推土等方法施工，如图3-16所示。在运距较远而土质较硬时，可以采用多铲集运的方法。

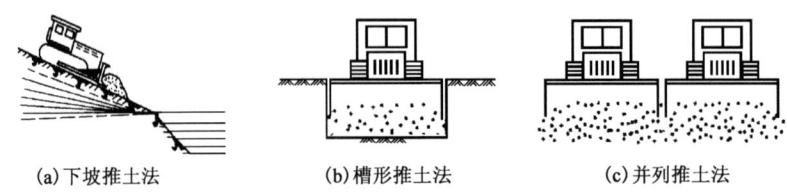

(a) 下坡推土法　　(b) 槽形推土法　　(c) 并列推土法

图3-16　推土机施工方法

2. 铲运机施工

铲运机能够独立完成铲土、装土、运土、卸土、填土、平土等土方作业，常用于坡度在20°以内的大面积土方挖填、平整，大型基坑或管沟开挖等施工。

铲运机的运行路线要根据工程大小、挖填区的分布、运距长短、土的性质和地形条件等确定。对于地形起伏不大，施工地段较短的挖填工程，宜采用环形路线；地形起伏较大，施工地段较长时，宜采用"8"字形路线。

为提高铲运机的工作效率，可以采用顺地形下坡铲土法、预留土埂的跨铲法、推土机助铲法等方法。

3. 挖土机施工

挖土机是基坑、沟槽开挖中最常用的一种机械，按工作装置不同，单斗挖土机可分为正铲、反铲、拉铲和抓铲，土方施工中常用的是正铲和反铲挖土方法。

1) 正铲挖土

正铲挖土机的工作特点是前进行驶，铲斗由下向上强制切土，用于开挖停机面以上的土方，适于开挖高度大于2m的干燥基坑。正铲挖土机的开挖方式有两种，如图3-17所示。

(1) 正向挖土，侧向卸土，如图3-17（a）所示。开挖工作面较大，深度不大的边坡、基坑、沟槽等，采用较广。

(2) 正向挖土，后方卸土，如图3-17（b）所示。用于开挖工作面狭小，且较深的基坑、沟槽等。

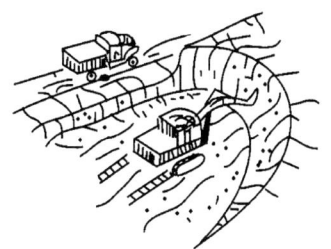

(a)正向挖土，侧向卸土　　(b)正向挖土，后向卸土

图 3-17　正铲挖土和卸土方式

2）反铲挖土

反铲挖土机的工作特点是后退行驶，铲斗由上而下强制切土，用于开挖停机面以下的土方，适于一次挖掘深度不大于4m的基坑、沟槽，以及含水量较大或地下水位以下的土壤开挖。反铲挖土机的开挖方式有沟端开挖和沟侧开挖两种，如图3-18所示。油田地面工程站外管线的管沟开挖施工中，主要采用沟端开挖。

（1）沟端开挖：挖土机停在沟端，向后退着挖土，如图3-18（a）所示。这种方式挖土方便，挖土深度和宽度较大，因而采用较多。当开挖大面积的基坑时，可分段开挖；当开挖深沟槽时，可分层开挖。

（2）沟侧开挖：挖土机停在沟侧沿沟边挖土，如图3-18（b）所示。此法能将土弃于距沟边较远处，但挖土宽度和深度较小，而且停机稳定性较差，因此只在无法采用沟端开挖或所挖的土不需运走时采用。

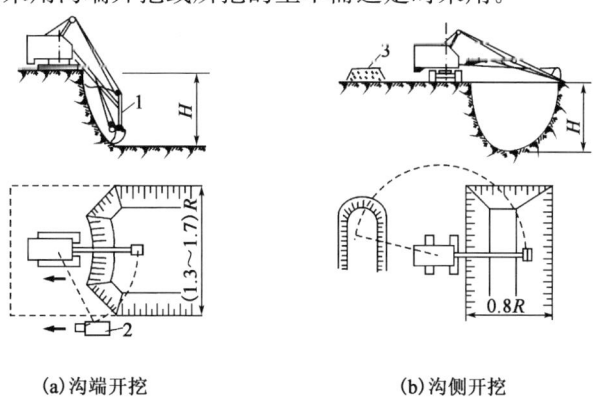

(a)沟端开挖　　(b)沟侧开挖

图 3-18　反铲挖土机开挖方式

1—反铲挖土；2—自卸汽车；3—弃土堆；H—沟深；R—挖土机旋转半径

第三节　地基与基础施工

任何建筑物、构筑物和设备都必须有可靠的地基和基础，这是因为上部结构承受的各种作用力最终将通过基础传给地基，因此，地基与基础工程是一项重要的分部工程。持力层上表面以下为地基，持力层上表面以上为基础，下面分别介绍地基处理工程、浅基础工程和深基础工程。

一、地基处理

为了满足结构的安全和正常使用，对于不能满足承载力和变形要求的地基，就要进行处理与加固，提高地基土的承载力，保证地基稳定，减少建筑物的沉降或不均匀沉降。

按照地基处理的施工方式和机理不同，地基处理方法有：换填法、夯实法、挤密桩法、深层密实法、高压喷射注浆法、注浆法和预压法等。下面介绍在油气田地面工程施工中经常采用的换填地基、强夯地基和水泥粉煤灰碎石桩地基处理。

1. 换填地基处理

换填法地基是挖去基础底面下一定范围内的软弱土层，回填强度较高、压缩性较低且没有侵蚀性的材料，如中粗砂、碎石、灰土、素土、矿渣、粉煤灰等，分层夯实后作为地基持力层。换填地基施工工艺简单，费用较低，适用于荷载不大的浅层软弱地基及不均匀地基的处理。

1）换填地基种类

换填地基根据回填材料不同，主要有灰土垫层地基、砂和砂石垫层地基、素土垫层地基、粉煤灰地基等。

（1）灰土垫层地基。灰土垫层地基是用一定体积配合比的石灰与土充分拌和，分层夯实而成。适用于地下水位较低，较干燥状态下的一般黏性土地基，加固深1~4m厚的软弱土、湿陷性黄土、杂填土等。

（2）砂和砂石垫层地基。砂和砂石垫层地基是选用颗粒级配良好，质地坚硬的中砂、粗砂、砾砂、碎石或卵石，经分层夯实，作为基础的持力层。适用于处理3m以内透水性强的软弱黏性土地基，不宜用于加固湿陷性黄土以

第三章 土建工程施工

及不透水黏土地基。

（3）素土垫层地基。素土垫层（简称土垫层）是局部或整体挖除基坑下软弱土，回填符合设计要求的素土，土料中有机质含量不得超过5%，也不得含有冻土或膨胀土，经分层铺设夯实而成。适用于处理厚度一般为1～3m的湿陷性黄土、杂填土等。

（4）粉煤灰地基。粉煤灰地基使用的是火力发电厂的工业废料粉煤灰，其颗粒粒径0.001～2.0mm，氧化铝及二氧化硅的含量不小于70%，分层铺设与碾压，可用于道路、堆场和小型建筑、构筑物等的换填层。

2）换填地基的施工工艺及要点

（1）施工工艺。换填地基的施工程序如图3-19所示。

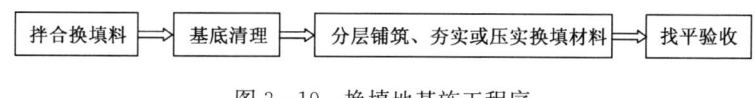

图3-19 换填地基施工程序

（2）控制换填料的含水量。施工时，换填料按配合比拌和均匀，通过洒水或晾晒控制拌和料的含水量达到适宜。灰土拌和料的含水量应控制在最优含水量范围内；砂石级配料保持在最优含水量范围内。

（3）分层铺筑、分层夯实。换填料要分层铺筑，每层虚铺厚度按不同施工方法和压实机械来确定。当铺筑需要分段施工时，上下两层换填料的搭接长度要符合设计或规范的要求，搭接处要充分夯实。换填地基分层夯实的打夯或碾压遍数，按设计要求由试夯确定，一般不少于4遍。

2. 强夯地基处理

强夯地基属于夯实法地基处理，施工时用起重机械将大吨位夯锤（一般为8～30t）起吊到6～30m高度后，使其自由落下，对地基土施加强大的冲击能，在地基中形成冲击波和动应力，将地基土压密、振实，从而在一定的范围内提高地基土的强度，降低其压缩性，达到地基受力性能改善的目的，是我国目前最为常用和最经济的深层地基处理方法之一，在油气田地面工程的原油储罐施工中经常采用，图3-20所示为原油储罐强夯地基处理施工。

1）强夯施工前的准备

强夯施工前，在施工现场选取一个或几个试验区进行试夯，通过试夯确定强夯技术参数，包括锤重和落距、夯击点布置及间距、单位夯击能量、单点夯击次数和夯击遍数等。

平整强夯范围内的场地，如地下水位较高，应采取措施先降低地下水位后再进行强夯施工。

(a)

(b)

图 3-20 储罐强夯地基处理施工

2）强夯地基施工工艺

强夯施工分段进行，顺序从边缘夯向中央，加固顺序是先深后浅。施工工艺如下：

(1) 清理并平整施工场地；

(2) 标出第一遍夯点位置，并测量场地高程；

(3) 起重机就位，使夯锤对准夯点位置；

(4) 测量夯前锤顶高程；

(5) 将夯锤起吊到预定高度脱钩自由下落，测量锤顶高程；

(6) 按规定的夯击次数及控制标准，完成一个夯点的夯击；重复步骤(3)至(6)，完成第一遍全部夯点的夯击；

(7) 用推土机将夯坑填平，并测量场地高程；

(8) 在规定的时间间隔后，按上述步骤逐次完成全部夯击遍数，最后用低能量满夯，将场地表层松土夯实，并测量夯后场地高程。

3. 水泥粉煤灰碎石桩地基处理

水泥粉煤灰碎石桩简称为CFG桩，属于挤密桩法地基处理，由水泥、粉煤灰、碎石、石屑等混合料加水拌和形成的具有一定强度的桩体，和桩间土、褥垫层一起形成复合地基共同承担上部荷载。近些年在油田建设原油储罐基础中也采用了此种地基处理方法。

水泥粉煤灰碎石桩目前多用长螺旋钻孔—管内泵压混合料灌注成桩，其施工程序见图3-21。

施工中要求钻杆钻至设计孔底标高后不提钻，先泵送灌料，当输送管及钻杆芯管充满混合料后，开始匀速提升钻杆，边灌料、边提升，始终保持混

第三章 土建工程施工

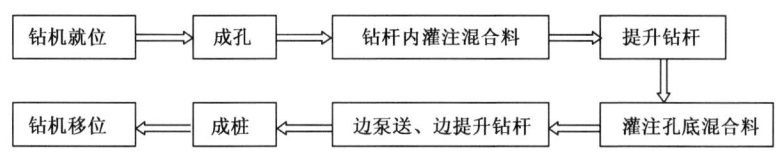

图 3-21 水泥粉煤灰碎石桩施工程序

合料超出钻头 1～2m，直至施工设计桩顶标高，提升速度宜控制在 2～3m/min，每分钟提升高度不宜大于 4m。提钻时旋转上提 8～15m 后，静止提钻，直至桩孔灌满。

二、浅基础施工

浅基础一般是指埋深小于 5m 或基础埋深小于基础宽度的基础，且只需排水、挖槽等普通施工即可建造的基础。

浅基础按受力特点和材料性能不同可分为刚性基础和柔性基础。以下介绍油气田地面工程中几种常见的刚性基础和柔性基础。

1．刚性基础

刚性基础是指用砖、毛石、灰土、混凝土等抗压强度较高而抗弯、抗剪强度较低的材料建造的基础。常见的刚性基础有：砖基础、毛石基础、混凝土基础、毛石混凝土基础。

1）毛石基础

毛石基础是用坚实、未风化、无裂纹的毛石和水泥砂浆砌筑成的，具有强度较高、抗冻、耐水、经济等特点，是至今油气田地面工程施工中最为常用的基础形式，如图 3-22 所示。

图 3-22 毛石基础

毛石基础的断面尺寸多为阶梯形，每阶台阶高度一般为300～400mm。

毛石基础施工方法及要点如下：

（1）毛石基础采用铺浆法砌筑，砂浆饱满，外露面灰缝厚度不宜大于40mm，石块间的空隙较大时，先填塞砂浆捣实后用适宜的小石块嵌实。

（2）砌筑毛石基础的第一皮石块采取坐底浆选大块毛石砌筑，石块大面向下，毛石基础的转角处、交接处应采用较大的平毛石砌筑。

（3）毛石基础组砌宜分皮卧砌，搭砌紧密，毛石要上下皮错缝，内外搭砌。临时间断处留成阶梯形斜槎，其高度不超过1.2m。

（4）毛石基础必须设置拉结石，每$0.7m^2$墙面应至少设置一块。上一台阶的石块至少压砌下一台阶石块的1/2长。

2）砖基础

砖基础通常选用标号较高的烧结普通砖和水泥砂浆砌筑，一般砌成阶梯形，即大放脚，有等高式和间隔式。等高式大放脚是每砌两皮砖，两边各收进1/4砖长；间隔式大放脚是每砌两皮砖及一皮砖，交替砌筑，两边各收进1/4砖长，最下面为两皮砖。基础的大放脚部分通常采用"一顺一丁"砌法。

2. 柔性基础

用抗拉、抗压、抗弯、抗剪均较好的钢筋混凝土材料做基础，不受刚性角的限制，所以钢筋混凝土基础也称为柔性基础。油气田地面工程施工中常见的柔性基础有独立柱基础、杯形基础、条形基础等，多用于厂房和设备基础。

1）独立柱基础

框架结构或单层排架结构的厂房常采用独立柱基础。独立柱基础常见截面形式有矩形、阶梯形、锥形等，如图3-23所示。

(a)矩形　　　　　　　(b)阶梯型　　　　　　(c)锥形

图3-23　独立柱基础

独立柱基础的施工工艺流程如图3-24所示。

独立柱基础施工工艺要点如下：

（1）在垫层混凝土强度达到1.2MPa后进行钢筋绑扎，底板受力钢筋弯

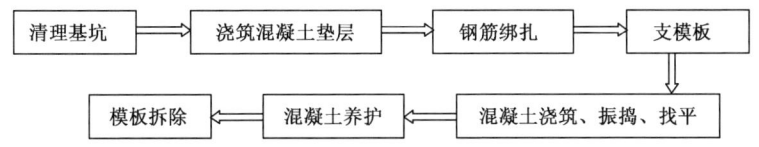

图3-24 独立柱基础施工工艺流程

钩向上,上部柱子插筋应满足锚固长度的要求,其弯钩部分与底板筋呈45°绑扎,距底板5cm处绑扎第一道柱子箍筋,距基础顶5cm处绑扎最后一道箍筋,在柱插筋最上部再绑扎一道定位筋。

(2)模板采用小钢模或木模,用脚手管或木方加固。锥形基础坡度大于30°时,采用斜模板支护,坡度不大于30°时,利用钢丝网防止混凝土下坠,上口设井字木方控制钢筋位置。阶梯形基础支模顺序由下至上逐层向上安装。

(3)混凝土浇筑分层连续进行,先浇一层5~10cm厚混凝土固定钢筋,然后分层下料振捣,振捣棒插入下层3~5cm,振捣时尽量避免碰撞预埋件、预埋螺栓,防止预埋件移位。阶梯形基础每一台阶高度整体浇捣,每浇完一台阶停顿0.5h待其下沉,再浇上一台阶。

2) 杯形基础

当建筑物上部结构采用装配式预制钢筋混凝土柱时,则基础做成杯口形,然后将柱子插入并嵌固在杯口内,故称杯形基础,其形状如图3-25所示。

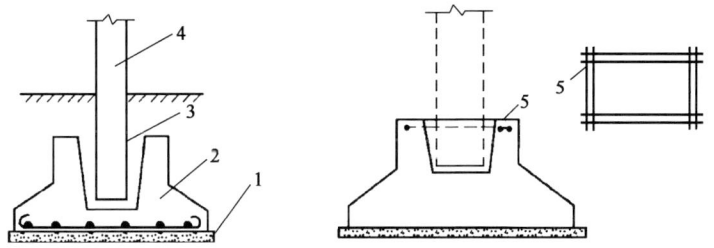

图3-25 杯形基础
1—垫层;2—杯形基础;3—杯口;4—预制柱;5—杯壁内配筋

杯形基础的施工工艺流程同独立柱基础,施工要点如下:

(1)在垫层表面测放基础施工控制线,绑扎基础钢筋。

(2)自下而上支设外侧模板并加固,外侧模板一般用钢模拼制。杯芯模板一般用木模拼制,外表面涂刷隔离剂或用白铁皮满包,四角做成小圆角。

(3)先浇筑杯底混凝土,然后按台阶分层浇筑混凝土,浇筑时要防止杯芯模板上浮或偏移,在杯芯四周对称均衡下料并振捣。

（4）混凝土浇筑后应及时进行保湿养护，保湿养护可根据现场条件、环境温湿度、构件特点、技术要求，采用洒水、覆盖、喷涂养护剂等方式。

（5）拆除杯芯模板，要根据施工时的气温及混凝土凝固情况来掌握，一般在初凝后终凝前将芯模稍加松动后，再徐徐拔出。

三、深基础施工

当浅层地基土质不良，无法满足建筑物对地基变形和强度方面的要求时，可以利用下部坚实土层或岩层作为持力层，这就要采取深基础了。深基础主要包括桩基础、墩式基础、沉井基础等，其中以桩基础最为常用。

桩按成桩施工方法分为预制桩和灌注桩。下面介绍几种常见的预制桩和灌注桩施工。

1. 钢筋混凝土预制桩施工

预制桩根据沉入土中的方法，可分锤击沉桩、振动沉桩、静力压桩等。

1) 锤击沉桩

锤击沉桩也称打入桩，是利用桩锤下落产生的冲击能克服土对桩的阻力，使桩沉到预定深度或达到持力层。打桩用的机械设备，主要包括桩锤、桩架及动力设备三部分。

锤击沉桩曾经是混凝土预制桩常用的沉桩方法，但由于施工时锤击产生的强噪音、振动和废气污染，在城区和夜间施工受到限制，因而逐步被静力压桩、振动沉桩所取代。

2) 振动沉桩

振动沉桩是利用固定在桩顶部的激振器所产生的振动力，通过桩身使土颗粒受迫振动，这样桩表面与土层间的摩擦力减少，桩在自重和振动力共同作用下沉入土中。

振动沉桩的施工工艺流程如图 3-26 所示。

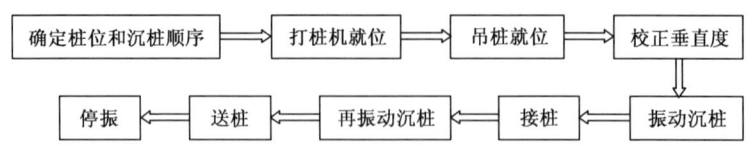

图 3-26　振动沉桩施工工艺流程

振动沉桩施工工艺要点如下：

(1) 合理确定打桩顺序。根据桩的密集程度，打桩顺序一般分为逐排打设、自中间向四周打设和由中间向两侧打设三种，如图3-27所示。根据基础的设计标高和桩的规格，宜按先深后浅，先大后小，先长后短的顺序进行打桩施工，这样可以使土层挤密均匀以防止桩移位或偏斜。

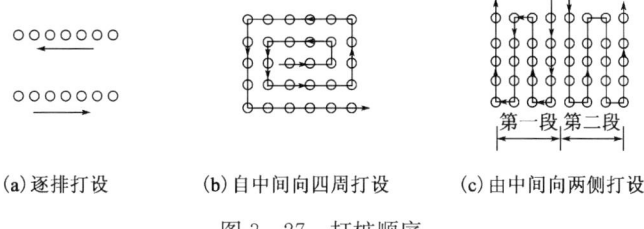

(a) 逐排打设　　(b) 自中间向四周打设　　(c) 由中间向两侧打设

图3-27　打桩顺序

(2) 振动沉桩机就位，吊桩插入桩位，将桩头套入振动箱固定帽并夹紧，桩架保持垂直平稳，顶滑轮、振动箱与沉桩中心线一致，启动振动箱进行沉桩，沉桩施工要连续进行。接桩可采用焊接、法兰接或硫黄胶泥锚接。

3) 静力压桩

静力压桩是采用静力压桩机，全液压夹持桩身向下施加压力，利用压桩机构自重和桩架上的配重作反力，通过压桩油缸的伸程动作将桩分节压入地基土层的一种成桩工艺，如图3-28所示。

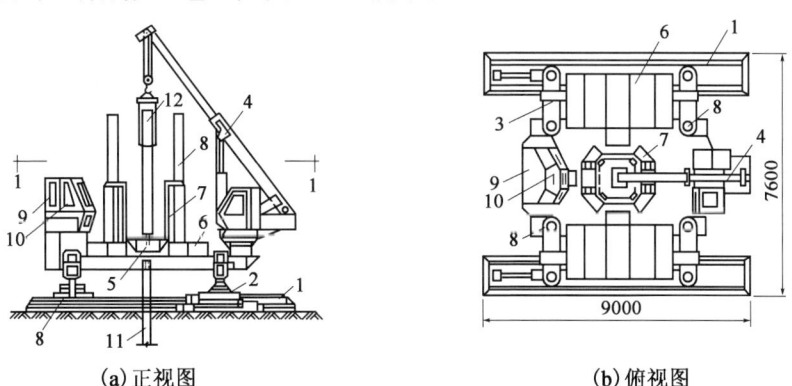

(a) 正视图　　(b) 俯视图

图3-28　全液压式静力压桩机压桩示意图

1—长船行走机构；2—短船行走及回转机构；3—支腿式底盘结构；
4—液压起重机；5—夹持及拔桩装置；6—配重铁块；7—导向架；
8—液压系统；9—电控系统；10—操纵室；11—已压入下节桩；12—吊入上节桩

静力压桩的施工工艺流程如图3-29所示。

静力压桩施工工艺要点如下：

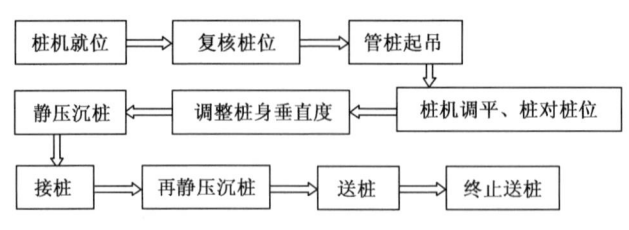

图 3-29　静力压桩施工工艺流程

（1）压桩前，根据设计和土质情况配足桩机配重铁；根据地质条件、基础的设计标高合理确定压桩顺序，采取先深后浅、先长后短的顺序，密集群桩，可自中间向两侧或四周对称进行。

（2）启动吊车吊桩，使桩端（尖）垂直对准桩位中心，微微启动压桩油缸，当桩入土至50cm时，调整桩身垂直度，启动压桩油缸，进入压桩状态，控制施压进度，一般不超过2m/min，压桩应连续进行。

（3）接桩采用焊接法接桩，采用CO_2气体保护焊专用焊丝焊接。

2. 混凝土灌注桩施工

灌注桩按成孔方法不同，有钻孔灌注桩、沉管灌注桩、人工挖孔灌注桩、爆扩灌注桩等很多种。

1）长螺旋钻孔压浆灌注桩

长螺旋钻孔压浆灌注桩是钻孔灌注桩的一种，利用长螺旋钻机钻孔至设计标高，停钻后在提钻的同时通过设在内管钻头上的孔，压灌超流态混凝土，压灌至桩顶标高后，移开钻杆将钢筋笼压入桩体而成桩。

长螺旋钻孔压浆灌注桩的施工工艺流程如图3-30所示。

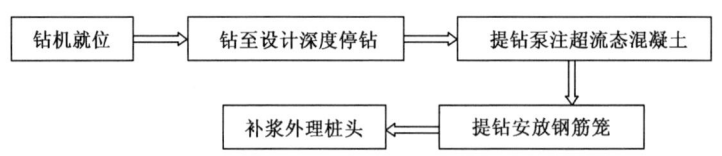

图 3-30　长螺旋钻孔压浆灌注桩施工工艺流程

长螺旋钻孔压浆灌注桩施工工艺要点如下：

（1）下钻速度要平稳，达到设计深度后空转清土。

（2）成孔后立即压注混凝土，提钻前要求钻杆内的混凝土高度高出地面。边提钻、边压注混凝土，提升速度要与泵送速度相适应，使桩孔内混凝土始终要高于钻头0.5m左右。

(3) 成桩后立即吊放钢筋笼,将钢筋笼深度范围内的混凝土振捣密实。

(4) 在压灌混凝土到桩顶时,灌入的混凝土要超出桩顶 50cm,并振捣密实。

2) 振动沉管灌注桩

振动沉管灌注桩是指采用振动器振动,将带有活瓣式桩尖的钢套管沉入土中,在管内放入钢筋笼,然后边浇筑混凝土,边振动边拔管而成的桩。

振动沉管灌注桩成桩过程为:桩机就位;振动沉管;上料浇筑混凝土;边振动边拔管,并继续浇筑混凝土;下钢筋笼,继续浇筑混凝土及拔管;成桩。施工过程如图 3-31 所示。

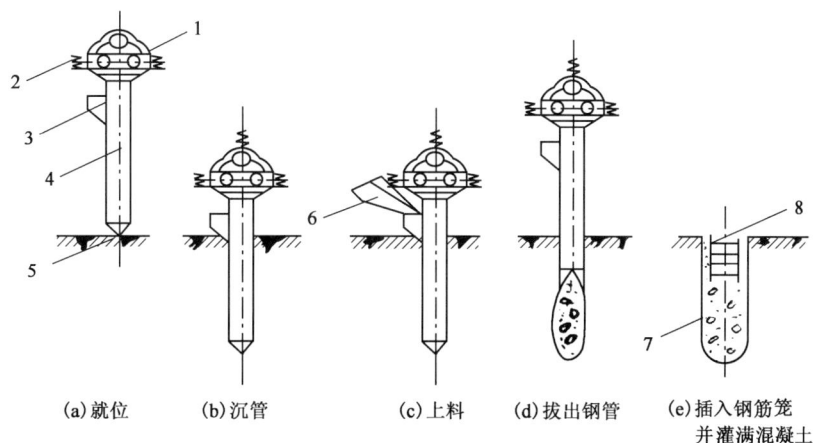

图 3-31 振动沉管灌注桩成桩过程
1—振动锤;2—加压减振弹簧;3—加料口;4—桩管;
5—活瓣桩尖;6—上料斗;7—混凝土桩;8—钢筋笼

开始拔管时,先启动振动器片刻,再开动卷扬机拔管,控制拔管速度,宜为 1.2～1.5m/min。拔管过程中,桩管内的混凝土至少保持 2m 高或不低于地面。

振动沉管灌注桩按拔管方法不同又分为单打法、复打法、反插法。

(1) 单打法(又称一次拔管法):拔管时,每提升 0.5m,停拔振动 5～10s,然后再拔管 0.5m,这样反复进行,直至全部拔出。

(2) 复打法:在同一桩孔内连续进行两次单打,或根据需要进行局部复打。施工时,第一次单打不放钢筋笼,混凝土初凝前原位打入、插筋灌注,前后两次沉管轴线重合。

(3) 反插法:钢管每提升 0.5～1m,再下插 0.3～0.5m,这样反复进行,直至拔出。

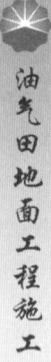

第四节 主体工程施工

主体工程主要由砌筑工程和钢筋混凝土工程组成。根据工程结构形式的不同,可能还包括轻钢结构工程。

一、中小型砌块施工

砌筑工程是指砖石块体和各种类型砌块的施工,根据砌体中使用材料的不同,一般分为砖砌体工程、石砌体工程和中小型砌块工程。油气田地面工程各类场站的墙体砌筑常采用砖砌体和中小型砌块,石砌体主要用于挡土墙施工。近年,根据国家墙体改革的要求,烧结普通砖逐渐被砌块代替,因此,砖砌体在砌筑工程中的主导位置已由中小型砌块砌体代替。以下主要介绍中小型砌块工程的施工工艺。

1. 砌块材料

砌块一般是指混凝土空心砌块、加气混凝土砌块及硅酸盐实心砌块。通常把高度为180~350mm的砌块称为小型砌块,360~900mm的称为中型砌块。混凝土中、小型和粉煤灰中型实心砌块的强度有 MU15、MU10、MU7.5、MU5、MU3.5 五个等级。

砌块用砂浆主要是水泥、砂、石灰膏、外加剂等材料或相应的代用材料。

2. 施工工艺

1) 施工前准备

施工前,砌块应按不同规格、标号整齐堆放。为便于施工,吊装前应绘制砌块排列图。砌块排列图要求在立面图上绘出纵横墙,标出楼板、大梁、过梁、楼梯、孔洞等位置,在纵横墙上绘出水平灰缝,然后以主规格为主,其他型号为辅,按墙体错缝搭接的原则和竖缝大小进行排列(主规格砌块是指大量使用的主要规格砌块,与之相搭配使用的砌块称为副规格砌块)。若设计无具体规定,尽量使用主规格砌块。

2) 砌块排列原则

砌块排列应按下列原则:

(1) 砌块应错缝搭接，单排孔小砌块搭接长度应为砌块长度的 1/2；多排孔小砌块搭接长度不宜小于砌块长度的 1/3，且不应小于 90mm；搭接长度不足时，应在水平灰缝内设拉结筋或钢筋网片。

(2) 外墙转角处及纵横墙交接处，应交错搭砌。局部必须镶砖时，应尽量使砖的数量达到最低，镶砖部分应分散设置。砌块排列示意图见图 3-32。

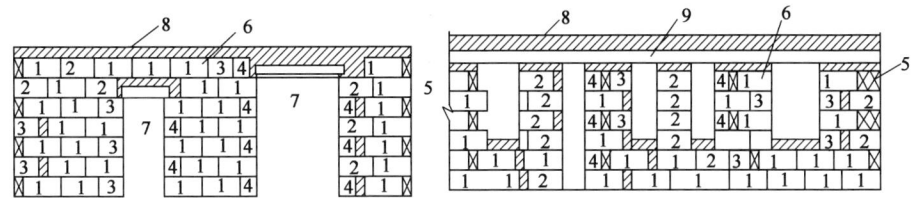

图 3-32　砌块排列图
1—主规格砌块；2、3、4—副规格砌块；5—丁砌砌块；6—顺砌砌块；7—过梁；8—镶砖；9—框架梁

3) 施工要点

砌块砌筑的主要工序有：铺灰、砌块安装就位、校正、灌浆、镶砖等，见图 3-33。

图 3-33　砌块砌筑

(1) 铺灰。采用稠度良好（5~7cm）的水泥砂浆，铺 3~5m 长的水平灰缝，铺灰应平整饱满，炎热天气或寒冷季节应适当缩短。

(2) 砌块安装就位。安装砌块采用摩擦式夹具，按砌块排列图将所需砌块安装就位。

(3) 校正。用托线板检查砌块的垂直度，拉准线检查水平度，用撬棒、木槌调整偏差。

(4) 灌浆。采用砂浆灌竖缝，两侧用夹板夹住砌块、超过3cm宽的竖缝采用强度不低于C20的细石混凝土灌缝，收水后用原浆勾缝；此后，一般不允许再撬动砌块，以防损坏砂浆黏结力。

(5) 镶砖。当砌块间出现较大竖缝或过梁找平时，采用不低于MU10的红砖镶砌，镶砖砌体的灰缝应控制在15～30mm以内，镶砖工作必须在砌块校正后即刻进行，在任何情况下都不得竖砌或斜砌。

3. 冬期施工要点

砌体工程相关施工规范规定：当室外日平均气温连续5d稳定低于5℃，砌体工程应按冬期施工技术的规定进行施工。

1) 冬期施工一般规定

(1) 冬期施工时，砖、砌块在砌筑前应清除表面冰霜和污物，不得浇水，不得使用遭水和受冻后表面结冰、污染的砖或砌块。

(2) 砌筑时，不得使用无水泥配制的砂浆，所用水泥宜采用普通硅酸盐水泥；石灰膏、黏土膏等不应受冻；砂不得大于10mm的冻结块；为使砂浆有一定的正温度，拌和前，水和砂可预先加热，但水温不得超过80℃，砂的温度不得超过40℃。

(3) 采用氯盐砂浆砌筑时，每日砌筑高度不宜超过1.2m，同时应对砌体中的钢筋和钢预埋件进行防腐处理。

(4) 每日砌筑后，应在砌体表面覆盖保温材料。

2) 冬期施工方法

砌体工程冬期施工常用方法有外加剂法和暖棚法。

(1) 外加剂法。在砂浆中掺入一定数量的氯化钠（单盐）或氯化钠和氯化钙（双盐），以降低冰点，使砂浆中的水分在一定的负温下不冻结。这种方法施工简便、经济、可靠，是砌体工程冬期施工广泛采用的方法。

另外，为便于施工，砂浆在使用时的温度不应低于5℃，且当日最低气温低于－15℃（含）时，对砌体承重墙体的砂浆强度等级应按常温施工提高一级。

(2) 暖棚法。搭设暖棚在暖棚内施工，主要适用于地下工程、基础工程以及工期要求紧迫的砌体工程。

暖棚法施工时，暖棚内的最低温度不应低于5℃。同时施工的砌体应在暖棚内进行养护，养护时间应根据暖棚内的温度确定。

4. 雨季施工要点

1) 雨季施工前的准备

(1) 材料准备。雨季来临之前，备足、备齐防雨、防洪物资，彩条布，水泵等。易损及易耗物资应备足、备齐,防止雨天脱货,造成停工。

(2)现场准备。雨季到来之前,施工单位有关部门在所属范围内进行一次全面的现场检查,包括排水情况、道路情况、材料仓库情况、机电和机械设备情况等。

(3)技术准备。编制雨期施工计划,制定具体措施,安排好不利于在雨季施工的项目,赶到雨季前或雨季后施工。

2)雨季施工注意事项

雨季施工时,应经常打扫路面,清除积水,保证现场运输道路的畅通。同时在施工现场应有值班电工巡检,对用电设备进行检查维护,防止绝缘破坏,造成触电事故。对于砖石等砌体工程,雨季施工时还应注意以下几方面:

(1)雨天施工不得使用过湿的砖石。对雨淋后的砖,如含水量较大的要晾干后再使用,以避免砂浆流淌,影响砌体质量,雨后继续施工时,应复核砌体垂直度,及时调整。对暴雨、大雨冲刷严重的砌体要拆除重砌。

(2)雨天施工应防止雨水冲刷砂浆,砂浆的稠度应适当减少,每日砌筑高度不宜超过1.2m。每天收工或雨停后,砌体竖缝应填满砂浆,砌体顶面应摆干砖一皮或覆盖防雨材料,以防雨水冲刷。

(3)雨后施工的砂石含水量要测试,以便及时调整配合比。

(4)雨后要及时对脚手架安全网的架设、塔吊路基、井字架底座、缆风绳和地锚进行周密细致的检查,发现问题及时处理。

(5)对机电设备线路要随时检查绝缘和防雨情况,检查零线、接地是否符合要求,并按规定设置漏电保护器。

(6)对于特别恶劣的天气,如大风、大雨、雷电等,应暂时停止室外作业。

二、钢筋混凝土施工

钢筋混凝土工程在建筑工程施工中占有重要地位,是油气田地面工程建设中应用广泛的一种结构形式。钢筋混凝土工程包括现浇混凝土施工和预制装配式混凝土两大类。油气田地面工程施工中常用的是现浇钢筋混凝土工程。

钢筋混凝土工程由模板工程、钢筋工程和混凝土工程所组成。

1. 模板施工

模板系统由模板、支架和紧固件组成。模板施工主要包括模板的选材、选型、结构设计、制作拼装、架设安装和拆除等施工工序。

1）模板的种类

模板按所用的材料不同，分为木模板、钢木模板、钢模板、胶合板模板、塑料模板等。其中木模板、钢模板较为常用。

模板按结构类型可分为：基础模板、柱模板、梁模板、楼板模板、楼梯模板等多种。

2）模板的安装

为了保证混凝土结构的质量，无论采用哪种模板，模板的架设安装都要满足以下要求：

（1）保证结构和构件各部分形状尺寸和位置标高符合设计要求；

（2）模板和支撑体系必须具有足够的强度、刚度和稳定性；

（3）构造简单，装拆方便，可多次使用，便于钢筋的绑扎与安装、混凝土的浇筑及养护等施工；

（4）安装要稳定牢固，接缝严密不漏浆。图3-34为设备基础模板安装。

（5）在浇筑混凝土前，木模板应浇水湿润，模板与混凝土的接触面清理干净并涂刷隔离剂。

图3-34 设备基础模板安装

3）模板的拆除

（1）模板拆除对混凝土强度的要求。

模板拆除时混凝土的强度应符合设计要求，或满足下列要求：不承重的模板，如侧模板，在混凝土强度不因拆模而使其表面及棱角受损坏时，才可拆除；承重模板，如底模板，在混凝土强度达到表3-2规定的强度时，方能拆除。

第三章　土建工程施工

表 3-2　底模拆除时的混凝土强度要求

构件类型	构件跨度，m	达到设计混凝土强度等级值的百分率，%
板	≤2	≥50
	>2，≤8	≥75
	>8	≥100
梁、拱、壳	≤8	≥75
	>8	≥100
悬臂构件	—	≥100

（2）模板拆除的顺序及要求。

拆模顺序一般是先支后拆，后支先拆；先拆除侧模板，后拆除底模板；先拆除非承重部分，后拆除承重部分，并应从上而下进行拆除。

模板拆除时，不应对楼层形成冲击荷载；尽量避免混凝土表面或模板受到损坏；拆除的模板和支架宜分散堆放并及时清运。

2．钢筋工程

1）钢筋的种类

混凝土结构用的普通钢筋分为热轧钢筋和冷加工钢筋两类。

热轧钢筋是最常用的一类钢筋，包括热轧光圆钢筋（HPB235）、热轧带肋钢筋（HRB335、HRB400、HRB500）以及余热处理钢筋（RRB400），按照屈服强度分为235级、335级、400级、500级，级别越高，其强度及硬度越高，而塑性逐级降低。

冷加工钢筋包括冷轧带肋钢筋、冷轧扭钢筋、冷拔螺旋钢筋。冷拔钢筋与冷拔低碳钢丝已逐渐淘汰。

2）钢筋的加工

钢筋加工过程包括调直、除锈、切断、弯曲等。

钢筋调直宜采用机械方法，也可以采用冷拉。常用的方法是使用卷扬机拉直和用调直机调直。

钢筋除锈一般可以通过以下两种途径：一是大量钢筋除锈可通过钢筋冷拉或钢筋调直完成；二是少量的钢筋局部除锈可采用电动除锈机或用钢丝刷手工除锈等方法。

钢筋切断可采用钢筋切断机、手动液压切断器。手动切断器用于切断直径小于12mm的钢筋；钢筋切断机可切断直径12～40mm的钢筋；直径大于

40mm 的钢筋常用氧乙炔或电弧割切或锯断。

钢筋弯曲采用钢筋弯曲机可弯直径 6～40mm 的钢筋。直径小于 25mm 的钢筋，当无弯曲机时也可采用手摇扳手、卡盘与扳头。

3）钢筋的连接

钢筋的连接有三种方式：焊接、机械连接、绑扎连接。直径大于 12mm 以上的钢筋，优先采用焊接或机械连接。

（1）焊接。焊接成本较低，质量可靠，应优先采用。钢筋的纵向接长宜优先采用闪光对焊，也可以采用电弧焊、电渣压力焊和气压焊；电阻焊宜用于钢筋网片、钢筋骨架中钢筋纵横交叉点的焊接；钢筋与钢板的 T 形连接宜采用埋弧压力焊或电弧焊。

①电弧焊具有工艺简单灵活、适应性强的特点，是广泛应用的焊接方法。按接头形式不同主要有搭接焊、帮条焊、坡口焊、钢筋与预埋件接头焊四种。

搭接焊和帮条焊较为常用，适用于焊接直径 10～40mm 的 HPB235～HRB400 级钢筋以及直径（d）10～25mm 的 RRB400 级钢筋，均宜采用双面焊，焊缝长度不得小于 4d（5d），如图 3-35 所示，帮条钢筋宜选用与主筋同直径、同级别的钢筋。

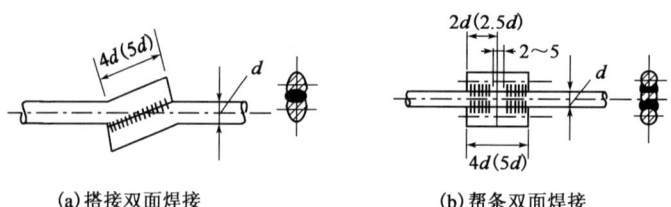

图 3-35 搭接焊和帮条焊接头

注：不带括弧的数字用于 HPB235 级钢筋，括弧内数字用于 HRB335、HRB400 级及 RRB400 级钢筋。

②闪光对焊广泛用于钢筋的接长，根据钢筋种类、直径和焊机功率不同，闪光对焊的工艺又分为三种：连续闪光焊，适于焊接直径小于 25mm 的钢筋；预热闪光焊，适于焊接直径大于 25mm 且端面较平整的钢筋；闪光—预热—闪光焊，适于焊接直径大于 25mm 且端面不平整的钢筋。

（2）机械连接。钢筋机械连接是通过连接件的机械咬合作用或钢筋端面的承压作用，将两根钢筋对接在一起。机械连接方法是近年来发展起来的，设备简单，操作方便，广泛用于现浇钢筋混凝土结构中粗直径钢筋的连接。

钢筋机械连接类型有套筒挤压连接和螺纹套筒连接，适用于直径为 16～40mm 的 HRB335、HRB400 级及 RRB400 级带肋钢筋的连接。图 3-36 所示为储罐基础环墙的钢筋直螺纹套筒连接。

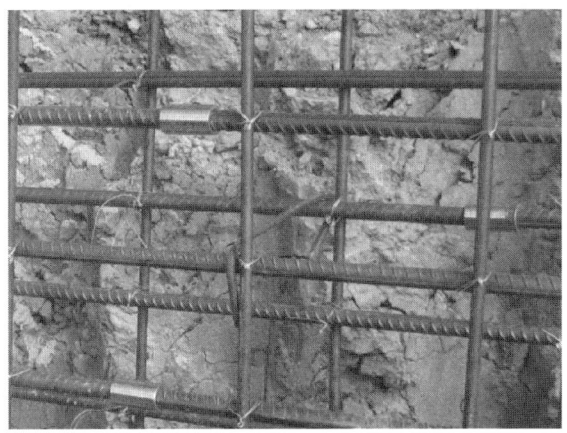

图 3-36　钢筋直螺纹套筒连接

（3）绑扎搭接。绑扎搭接是钢筋连接方式中较为简单的一种，就是用铁丝把钢筋绑到一起，其工艺简单，不需要连接设备，但浪费钢材。钢筋绑扎搭接的搭接长度和接头位置要符合施工及验收规范的规定。

4）钢筋的绑扎安装

钢筋经过加工后，即可在现场进行绑扎安装，钢筋绑扎安装的程序为：画线──→摆筋──→穿箍──→绑扎──→安装垫块。图 3-37 为储罐基础环墙钢筋绑扎安装成型。

图 3-37　钢筋直螺纹套筒连接及绑扎安装成型

钢筋绑扎一般采用 20～22 号铁丝或镀锌铁丝，绑扎时钢筋交叉点用铁丝扎牢。现浇板的钢筋网，外围两行钢筋的相交点全部扎牢，中间部分交叉点可相隔交错扎牢，保证受力钢筋位置不产生偏移；梁和柱的箍筋与受力钢筋垂直设置，箍筋弯钩叠合处沿受力钢筋方向错开设置；板、次梁与主梁交叉处，板的钢筋在上，次梁的钢筋居中，主梁的钢筋在下。钢筋在现场绑扎安装时应与模板的安装配合进行，设置好预埋件、预埋管等。

3. 混凝土施工

混凝土工程包括混凝土制备、运输、浇筑捣实和养护等施工过程，各个施工过程相互联系和影响。混凝土工程施工质量的好坏直接影响到混凝土结构的承载力、耐久性与整体性。

1）混凝土的制备

混凝土的制备就是根据混凝土的配合比，把水泥、砂、石、外加剂、掺和料和水通过搅拌使其成为均质的混凝土。

根据混凝土结构的性能要求和施工环境条件，选择适宜的水泥品种、砂石级配和外加剂。施工中按砂、石的实际含水率对实验室配合比进行调整，确定施工配合比，并准确计量材料用量。

混凝土搅拌一般采用机械搅拌。为了拌制出均匀优质的混凝土，必须控制一次投料量、投料顺序和搅拌时间。

一次投料量宜控制在搅拌机的额定进料容量以内。

施工中常用的投料顺序是一次投料方法，即在上料斗中先装石子，再加水泥和砂，然后一次投入搅拌筒，在搅拌筒内先加水或在料斗提升进料的同时加水。

搅拌时间密切影响混凝土的搅拌质量：时间过短，拌和不均匀，会降低混凝土的强度及和易性；时间过长，不仅降低搅拌机的生产率，而且会使混凝土和易性降低或产生分层离析现象。混凝土搅拌宜采用强制式搅拌机搅拌，混凝土搅拌所需的最短时间，可按表3-3采用。当采用自落式搅拌机时搅拌时间宜延长30s；当掺有外加剂与矿物料时，搅拌时间应适当延长。

表3-3 混凝土搅拌的最短时间 单位：s

混凝土坍落度 mm	搅拌机机型	搅拌机出料速度，L/s		
		<250	250~500	>500
≤40	强制式	60	90	120
>40，且<100	强制式	60	60	90
≥100	强制式	60	60	60

2）混凝土的运输

混凝土自搅拌机中卸出后，运往浇筑地点有多种运输方法，不论采用哪种方法，都应满足下列要求：

（1）保证混凝土浇筑工作能够连续进行；

（2）在混凝土初凝之前浇筑完毕；

（3）保证混凝土浇筑时具有规定的坍落度；

（4）保持混凝土的均匀性，避免产生分层离析、漏浆现象。

为此，要尽量使运输线路短直、道路平坦；运输混凝土的容器应内壁平整、严密不漏浆、不吸水；风雨天气或炎热天气，容器上加以遮盖，冬季运输采取保温措施。混凝土从搅拌机卸出后到浇筑完毕的延续时间不宜超过表3-4的规定。

表3-4 混凝土从搅拌机中卸出后到浇筑完毕的延续时间

混凝土强度等级	延续时间，min	
	气温<25℃	气温≥25℃
≤C30	120	90
>C30	90	60

3）混凝土的浇筑

混凝土的浇筑工作包括布料、摊平、捣实和抹面修整等工序，是混凝土工程施工的关键，将直接影响构件的质量和结构的整体性。

（1）浇筑前的准备工作。

在混凝土浇筑前，检查模板、钢筋和预埋件的位置、尺寸等；对模板的缝隙和孔洞应堵严；清除模板内的杂物和钢筋上的油污；用清水湿润木模板。

（2）混凝土的浇筑捣实。

①混凝土自料斗、出料口下落的自由倾落高度不应超过2m；在竖向结构中自由倾落高度不宜超过3m，否则要沿溜槽或串筒下落。

②浇筑竖向结构混凝土前，底部应先浇入50～100mm厚与混凝土成分相同的水泥砂浆。

③混凝土分层浇筑，当采用插入式振动器时，分层厚度为振捣棒长的1.25倍；当采用表面振动器时，分层厚度为200mm。使用插入式振动器振捣时，要做到振捣棒直上直下、快插慢拔，插点均匀不漏振，上下振动满足时间要求。

④混凝土浇筑工作尽可能连续进行，技术间歇或施工组织间歇时间尽可

能缩短,在下层混凝土凝结之前,将上层混凝土浇筑完毕。

⑤如果不能连续浇筑,且停顿时间有可能超过混凝土的初凝时间,则要预先确定在适当位置留置施工缝。

(3)施工缝的留设与处理。

①施工缝宜留在结构受剪力较小且便于施工的部位。

柱子的施工缝应留水平缝,宜留在基础的顶面、梁或吊车梁牛腿的下面、吊车梁的上面、无梁楼板柱帽的下面。

梁、板、墙应留垂直施工缝。和板连成整体的大截面梁,施工缝留在板底面以下 20~30mm 处,当板下有梁托时,留在梁托下部;单向板施工缝留在平行于板短边的任何位置;有主次梁的楼板宜顺着次梁方向浇筑,施工缝应留置在次梁跨度的中间 1/3 范围内;楼梯施工缝应留在楼梯长度中间 1/3 长度范围内。

在设备基础的地脚螺栓范围内,水平施工缝必须留在低于地脚螺栓底端处,其距离应大于 150mm;当地脚螺栓直径小于 30mm 时,水平施工缝可以留在不小于地脚螺栓埋入混凝土部分总长度的 3/4 处。垂直施工缝应留在距地脚螺栓中心线大于 250mm 处,且不小于 5 倍螺栓直径。

承受动力作用的设备基础,施工缝留置时,应符合下列规定:

一是标高不同的两个水平施工缝,其高低结合处应留设成台阶形,台阶的高度比不应大于 1.0;

二是竖向施工缝或台阶形施工缝的断面处应加插钢筋,插筋数量和规格应由设计确定;

三是施工缝的留设应经设计单位同意。

②施工缝的处理要待已浇筑的混凝土抗压强度不小于 1.2MPa 时才可以进行。

首先清除施工缝表面的水泥浮浆和松动石子,必要时还要加以凿毛,清除钢筋上的油污、水泥砂浆及浮锈;然后用水冲洗干净,并保持充分湿润;在施工缝处铺一层水泥浆或与混凝土成分相同的水泥砂浆后,可继续浇筑混凝土,要细致捣实,使新旧混凝土紧密结合。

4)混凝土的养护

混凝土浇筑捣实后,通过水泥水化作用逐渐凝结硬化,而水化作用必须在适当的温度和湿度条件下才能完成。混凝土的养护就是提供这样具有一定湿度和温度的环境,使混凝土凝结硬化,达到设计要求的强度。

混凝土的养护一般可分为标准养护、自然养护和热养护。标准养护是指混凝土试件在温度为 20±3℃ 和相对湿度 90% 以上的潮湿环境或水中养护 28d；自然养护是指在平均气温高于 5℃ 的条件下使混凝土保持湿润状态所进行的养护，如图 3-38 所示；热养护是指对混凝土进行加热处理，将其置于较高湿度和温度条件下进行养护。

图 3-38　杯形基础混凝土自然养护

自然养护法是施工现场常用的混凝土养护方法，又分洒水养护和喷涂养护剂两种。

洒水养护即用吸水保温能力较强的材料（如草帘、麻袋、锯末等）将混凝土覆盖，定时洒水保持湿润。当最高气温低于 25℃ 时，混凝土浇筑完后应在 12h 以内加以覆盖和浇水；最高气温高于 25℃ 时，应在 6h 以内开始养护。养护时间长短取决于水泥品种，普通硅酸盐水泥和矿渣硅酸盐水泥拌制的混凝土不少于 7d，掺有缓凝剂或有抗渗要求的混凝土不少于 14d。

喷涂养护剂主要适用于对养护环境温度没有特殊要求或洒水养护困难的结构构件，主要是喷涂氯乙烯树脂塑料溶液在混凝土表面上，溶液挥发后形成一层塑料薄膜隔绝空气，阻止混凝土内水分蒸发以保证水泥水化作用的进行。喷涂防法应符合产品技术要求，严格按照使用说明书要求施工。

5）混凝土冬期施工

《混凝土结构工程施工规范》（GB 50666—21）规定，根据当地多年气象资料统计，当室外日平均气温连续 5 天稳定低于 5℃ 时，混凝土结构工程就应采取冬期施工措施。

(1) 冬期施工的基本要求。

一般情况下，混凝土冬期施工要求在正温下浇筑、正温下养护，使混凝土强度在冰冻前达到受冻临界强度。

①对材料的要求及加热措施。

水泥选用活性高、水化热大的硅酸盐水泥和普通硅酸盐水泥,水泥的强度等级不低于42.5R级,所用骨料不能含有冰、雪。

采用加热原材料的方法提高混凝土的初始温度。优先考虑加热水,如果所需热量仍然不够,再加热干砂和石子,水和骨料的加热温度由热工计算确定,但水温不宜高于60～80℃,骨料温度不能超过60℃。

②混凝土的搅拌、运输、浇筑。

冬期施工混凝土的搅拌时间为常温的1.5倍;运输采取必要的保温措施,尽量减短运输时间和距离;浇筑前应清除模板和钢筋上的冰雪和污垢;加快混凝土的浇筑速度,防止热量散失过多。

(2) 冬期施工方法。

混凝土冬期施工的方法有蓄热法、暖棚法、掺外加剂法、蒸汽加热法、电热法等。

①蓄热法是一种简单经济的养护方法,当室外最低气温不低于-15℃,或结构表面系数较小时,优先采用蓄热法。该法是利用加热原材料(水泥除外)所预加的热量及水泥水化热,再用锯末、草帘等保温材料严密覆盖,防止热量过快散失,延缓混凝土的冷却速度,使混凝土在正温条件下增长强度达到受冻临界强度或预定强度值。

②暖棚法是在混凝土浇筑地点,用保温材料搭设暖棚,在棚内利用蒸汽管路或者散热片加温,使棚内温度不低于5℃。该法适于体积不大,施工集中的结构部位。

③掺外加剂法是在混凝土拌制过程中,掺入适量的具有早强、抗冻、催化、减水等作用的外加剂,以降低混凝土的冰点,使水泥能够在一定的负温范围内还能继续水化,从而使混凝土的强度逐步增长,达到要求的强度。

三、轻钢结构施工

轻钢结构是指《门式刚架轻型房屋钢结构技术规程》(CECS 102—2002)所规定的主要承重结构为单跨或多跨实腹门式刚架,具有轻型屋盖和轻型外墙、无桥式吊车或有起重量不大于20t的A1～A5工作级别桥式吊车或3t悬挂式起重机的单层房屋钢结构。由于轻钢结构具有强度高、重量轻、制作专业、安装及拆卸方便、施工速度快等优点,目前在油气田地面工程中已得到越来越多的应用。

第三章　土建工程施工

轻钢结构工程的施工主要包括制作和安装两个主要的过程。制作一般是由具有钢结构生产资质的专业厂家按照设计进行的。本节重点介绍轻钢结构在施工现场的安装过程。

1. 安装施工程序

轻钢结构的安装工程是一个复杂的过程，它包括吊装工艺、焊接工艺、防腐工艺、涂装工艺等多项施工过程。轻钢结构的安装工程按照施工顺序主要包括：

(1) 构件的运输、卸车和存放；
(2) 钢构件吊装前的准备；
(3) 钢构件的吊装；
(4) 面板和隔热材料的安装；
(5) 钢结构的防锈、涂装。

2. 安装施工注意事项

轻钢结构各工序的施工要严格执行标准规定，强化施工过程控制，注重质量控制点的管理。

1) 构件的运输、卸车和存放

由于单体钢构件刚度较低，因此构件在运输、卸车和存放时必须按照相关的技术规程进行施工。主要注意事项包括：

(1) 钢架构件和薄板在运输时宜在下部用方木垫起，卸车时应防止损坏；吊卸层叠的板材时，需确保板的边缘和端部不损坏。构件起吊运输时防止发生屈曲。

(2) 尽可能减少构件在现场的搬运次数。重心高的构件在立放时应设临时支撑，并绑扎牢固。

2) 钢构件吊装前的准备

轻钢结构的安装主要采用现场吊装的施工方法。在构件吊装前需要做好以下几方面的准备工作：

(1) 构件的检查和拼装。复核构件的型号、尺寸和出厂证明等。检查并修复构件在运输、堆放过程中可能产生的变形、损坏。根据场地和起重设备条件，最大限度的在地面完成构件的扩大拼装。

(2) 基础的检查。结合施工规范和设计图样检查基础的稳定性、强度和轴线位置，校核支座表面和地脚螺栓的位置、标高、直径、长度和螺纹长度。

(3) 钢结构连接件的检查。钢结构的连接多是采用螺栓、铆钉和焊缝连接，因此在吊装前需要对螺栓孔、铆钉孔、高强度螺栓连接处的摩擦面和焊接部位的坡口进行检查和加工处理。

（4）吊装设备、工具和材料的准备。

（5）施工环境（包括用电设施）的检查和准备。

3）钢构件的吊装

钢构件吊装过程中应注意下列事项：

（1）钢架间的檩条、支撑、隅撑等每次安装完毕后，需检查其铅垂度。

（2）除最初安装的山墙处的两榀刚架外，其余刚架间檩条、墙梁和檐檩等的螺栓均应在校准后再拧紧。

（3）檩条和墙梁安装时，需及时设置拉条并拉紧，但不能将檩条和墙梁拉弯。

（4）钢架和支撑等配件安装就位，并经检测和校正几何尺寸确认无误后，需要对柱脚底板和基础顶面之间的空间采用灌浆料填实。二次灌浆的预留空间应满足设计要求。

（5）不得利用已安装就位的构件吊其他重物，不得在主要受力部位焊其他物件。

（6）钢架在施工中需及时安装支撑，必要时增设风绳充分固定。

4）面板和隔热材料的安装

面板和隔热材料在安装时一般需要注意以下几个方面：

（1）在安装墙板和屋面板时，墙梁和檩条应保持平直。

（2）隔热材料按照设计要求进行选择，其两端在安装时需固定，并将固定点之间的材料拉紧。防潮层置于建筑物的内侧，其面上不得有孔；防潮层的纵向和横向搭接处需黏结或锁缝。

（3）固定式屋面板与檩条连接以及墙板与墙梁连接时，螺钉中心距不宜大于300mm。屋面板端头及其侧边搭接处，以及墙板侧边搭接处须严格按照设计和施工规范进行处理。

（4）在屋面板的纵、横方向搭接处，需连续设置密封胶条（如丁基橡胶胶条）。檐口处的搭接边除设置胶条外，还需设置与屋面板剖面形状相同的堵头。

（5）在角部、檐口、屋面板孔口或突出物周围，需设置具有良好密封性能和外观的泛水板或包边板。

（6）需要严格限制支承面、地脚螺栓（锚栓）、刚架斜梁、压型钢板安装时的允许偏差。允许偏差应符合设计要求。

5) 钢结构的防锈、涂装

钢结构的防锈和涂装工程需在构件制作质量经检验符合标准后进行。涂装工程的验收包括在中间检查和竣工验收中。防锈、涂装过程主要注意事项有：

（1）钢结构的防腐关键在于除锈，只有彻底除锈才能消除隐患。除锈宜采用喷砂或抛丸方式，除锈等级应符合设计要求。

（2）钢结构表面在涂底漆之前，应彻底清除铁锈、焊渣、毛刺、油污、漆层、积水、积雪及泥土等。

（3）涂装应在适宜的温度、湿度和清洁环境中进行。

（4）构件安装完毕后，需要将预留的未涂漆部分或运输安装过程中碰坏的涂漆部分补涂底漆，最后再涂刷中间漆及面漆。干漆膜总厚度应符合设计要求。

第五节 屋面防水及保温施工

屋面是房屋建筑的重要组成部分，其主要功能是防水，防水是屋面构造设计的核心；屋面的另一个功能是保温、隔热，本节主要介绍屋面防水及保温的各种构造层次、材料要求和施工工艺。

一、屋面防水施工

防水技术根据所用材料不同，可分为柔性防水和刚性防水两大类。柔性防水用的是柔性材料，包括各类卷材和沥青胶结材料；刚性防水采用的主要是砂浆和混凝土类的刚性材料。

1．卷材防水屋面

卷材防水屋面分保温柔性屋面和不保温柔性屋面，其构造如图 3-39 所示。

1）防水材料

（1）卷材。卷材防水屋面常用 350 号石油沥青纸胎油毡（宜用粉毡）。油毡要储存在阴凉通风的室内，严禁接近火源；运输、堆放时竖直搁置，高度不超过两层。

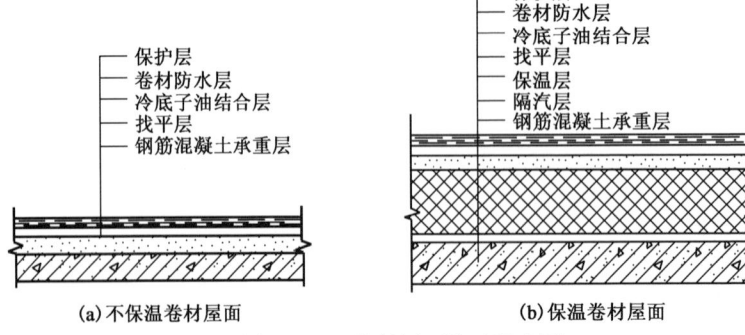

图 3-39 卷材屋面构造层次图

(2) 沥青。石油沥青油毡防水屋面常用 60 号道路石油沥青及 30 号、10 号建筑石油沥青。一般不宜使用普通石油沥青,并不得使用煤沥青。

(3) 沥青胶。沥青胶是粘贴油毡的胶结材料,由一种或一种以上牌号的沥青按适当的比例混合熬化而成,也可在熬化的沥青中掺入适当的滑石粉(一般为 20%~30%)或石棉粉(一般为 5%~15%)等填充材料拌和均匀,形成沥青胶(俗称玛碲脂)。

(4) 冷底子油。冷底子油的作用是使沥青胶与水泥砂浆找平层更好的黏结,其配合比(质量比)一般为石油沥青(10 号或 30 号,加热熔化脱水)40%加煤油或轻柴油 60%(称慢挥发性冷底子油,涂刷后 12~18h 可干);也可采用石油沥青 30%加汽油 70%(称快挥发性冷底子油,涂刷后 5~10h 可干)。

2) 卷材防水层施工工艺

(1) 基层处理。基层处理得好坏,对保证屋面防水施工质量起很大的作用。要求基层有足够的强度和刚度,承受荷载时不致产生显著的变形。一般采用水泥砂浆(体积配合比为 1:3)或沥青砂浆(质量配合比为 1:8)找平层作为基层,厚为 15~20 mm。找平层应留设分格缝,缝宽 20 mm,其留设位置应在预制板支承端的拼缝处。

(2) 卷材的铺贴。卷材铺贴前应先准备好黏结剂、熬制好沥青胶和清除卷材表面的撒料。沥青胶中的沥青成分应与卷材中的沥青成分相同。卷材铺贴层数一般为 2~3 层,沥青胶铺贴厚度一般在 1~1.5 mm 之间,最厚不得超过 2mm。

平行于屋脊铺贴时,由檐口开始。两幅卷材的长边搭接,应顺流水方向;短边搭接,应顺主导方向。

垂直于屋脊铺贴时,由屋脊开始向檐口进行。长边搭接应顺主导方向,短边接头应顺流水方向。同时在屋脊处不能留设搭接缝,必须使卷材相互越过屋脊交错搭接,以增强屋脊的防水和耐久性。

2. 涂膜防水屋面

涂膜防水屋面的构造如图 3-40 所示,是将以高分子合成材料为主体的涂料,涂布在经嵌缝处理的屋面板或找平层上,形成具有防水效能的坚韧涂膜。

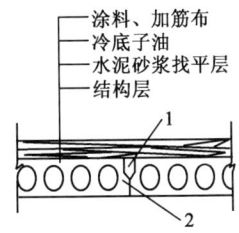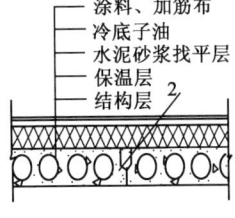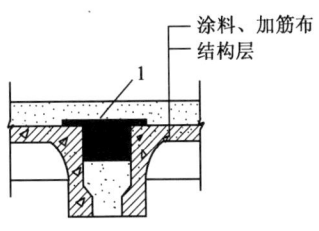

(a)无保温涂膜防水层屋面　　(b)有保温涂膜防水屋面　　(c)槽形板涂膜防水屋面

图 3-40　涂膜防水屋面构造图
1—嵌缝油膏;2—细石混凝土

1) 板缝嵌缝

(1) 嵌缝油膏和胶泥。油膏有沥青油膏、橡胶沥青油膏、塑料油膏等,一般由工厂生产成品,现场冷嵌施工。胶泥是以煤焦油和聚氯乙烯树脂为主剂在现场配制,热灌施工。

(2) 板缝嵌缝施工。板缝上口宽度(30±10)mm,板缝下部灌细石混凝土,其表面距板面 20~30mm,灌缝时应将板缝两侧的砂浆、浮灰清理干净,混凝土表面应抹平,防止呈月弯凹面。在油膏嵌缝前,板缝必须干燥,清除两侧浮灰、杂物,随即满涂冷底子油一遍,待其干燥后,及时冷嵌或热灌胶泥。冷嵌油膏宜采用嵌缝枪,也可将油膏切成条,随切随嵌,用力压实嵌密,接槎应采用斜槎。热灌胶泥应自下而上进行,并尽量减少接头数量,一般是先灌垂直于屋脊的板缝,后灌平行于屋脊的板缝。在灌垂直于屋脊面的板缝的同时,应将平行屋脊的板缝于交叉处两侧各灌 150mm,并留成斜槎。油膏的覆盖宽度应超出板缝且每边不少于 20mm。

2) 防水涂料施工

(1) 防水涂料。防水涂料有薄质涂料和厚质涂料之分。

薄质涂料按其形成液态的方式可分成溶剂型、反应型和水乳型三类。溶剂型涂料是以各种有机溶剂使高分子材料等溶解成液态的涂料，如氯丁橡胶涂料及氯磺化聚乙烯涂料，这两种涂料均以甲苯为溶剂，溶解挥发后而成膜。反应型涂料是以一个或两个液态组分构成的涂料，涂刷后经化学反应形成固态涂膜，如聚氨基甲酸酯橡胶类涂料、环氧树脂和聚硫化合物。水乳型涂料是以水为分散介质，使高分子材料及沥青材料等形成乳状液，水分蒸发后成膜，如丙烯酸乳液及橡胶沥青乳液等。溶剂型涂料成膜迅速，但易燃、有毒；反应型涂料成膜时体积不收缩，但配制须精确，否则不易保证质量；水乳型涂料可在较潮湿的基面上施工，但黏结力较差，且低温时成膜困难。

厚质涂料主要有石灰乳化沥青防水涂料、膨润土乳化沥青防水涂料、石棉沥青防水涂料等。

（2）防水涂料施工。板面防水涂料层施工应在嵌缝完毕后进行，一般采用手工抹压、涂刷或喷涂等方法。厚质涂料涂刷前，应先刷一道冷底子油。涂刷时，上下层应交错涂刷，接槎宜留在板缝处，每层涂刷厚度应均匀一致，一道涂刷完毕，必须待其干燥结膜后，方可进行下道涂层施工；在涂刷最后一道涂层时可掺入2%的云母粉或铝粉，以防涂层老化。在涂层结膜硬化前，不得在其上行走或堆放物品，以免破坏涂膜。

3. 细石混凝土刚性防水屋面

1) 屋面构造

细石混凝土刚性防水屋面，一般是在屋面板上浇筑一层厚度不小于40mm，强度等级不低于C20的细石混凝土作为屋面防水层（图3-41）。为了使其受力均匀，有良好的抗裂和抗渗能力，在混凝土中配置直径为4mm、间距为100～200mm的双向钢筋网片，且钢筋网片在分格缝处应断开，其保护层厚度不小于10mm。

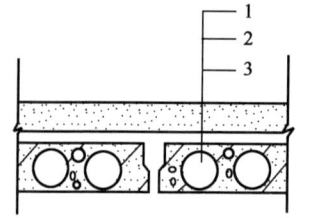

图3-41 刚性防水屋面构造图
1—防水层；2—隔离层；3—结构层

2) 施工工艺

（1）分格缝设置。

对于大面积的细石混凝土屋面防水层，为了避免受温度变化等影响而产生裂缝，防水层必须设置分格缝。分格缝的位置应按设计要求而定，一般应留在结构应力变化较大的部位。如设置在屋面板的支承端，屋面转折处，防水层与突出屋面的交接处，并应与板缝对齐，其纵横向间跨不宜大于6m。一般情况下，屋面板的支承端每个开间应留横向缝，屋脊应留纵向缝，分格的面积以 20m² 左右为宜。

(2) 细石混凝土防水层施工。

在浇筑防水层混凝土之前，为减少结构变形对防水层的影响，宜在防水层与基层间设置隔离层。隔离层可采用纸筋灰或麻刀灰、低强砂浆、干铺卷材等。在隔离层做好后，便在其上定好分格缝位置，再用分格木条隔开作为分格缝，一个分格缝内的混凝土必须一次浇完，不得留施工缝。

细石混凝土防水层施工时，屋面泛水与屋面防水层应一次做成，泛水高度不应低于 120mm，以防止雨水倒灌或爬水现象引起渗漏水。

细石混凝土防水层，其伸缩弹性很小，故对地基不均匀沉降，结构位移和变形，温差和混凝土收缩、徐变引起的应力变形等敏感性大，容易开裂。在施工时应抓好以下主要工作，才能确保工程质量。

①防水层细石混凝土所用的水泥品种、水泥最小用量、水灰比以及粗细骨料规格和级配应符合规范要求；

②混凝土防水层施工气温宜为 5～35℃，不得在负温和烈日曝晒下施工；

③防水层混凝土浇筑后应及时养护，养护时间不得少于 14d。

二、屋面保温（隔热）施工

1. 材料及要求

工业与民用建筑工程屋面一般采用松散材料、板状保温材料和现浇整体保温材料保温层。这三种保温材料的密度、导热系数等技术性能，必须符合设计要求和施工及验收规范的规定，应有试验资料。

1) 松散材料

松散材料一般包括炉渣或水渣，其粒径一般为 5～40mm，不得含有石块、土块、重矿渣和未燃尽的煤块，堆积密度为 500～800kg/m³，导热系数为 0.16～0.25W/(m·K)。膨胀蛭石的导热系数为 0.14W/(m·K)。松散的保温材料应使用无机材料，如选用有机材料时，应先做好材料的防腐处理。

2) 板状保温材料

板状保温材料一般包括泡沫混凝土板块、加气混凝土板块和聚苯板。选用板状保温材料时，应根据设计要求选用有出厂合格证，厚度、规格一致，外形整齐，密度、导热系数、强度符合设计要求的产品。

(1) 泡沫混凝土板块：表观密度不大于 500kg/m³，抗压强度应不低于 0.4MPa；

(2) 加气混凝土板块：表观密度 500～600kg/m³，抗压强度应不低于 0.2MPa；

(3) 聚苯板：表观密度 45kg/m³ 以下（含），抗压强度不低于 0.18MPa，导热系数为 0.043W/(m·K)。

3) 现浇整体保温材料

现浇整体保温材料一般由水泥、白灰、炉渣或水泥、蛭石按照一定的配合比制成。

(1) 水泥白灰炉渣整体保温材料：一般水泥∶白灰∶炉渣配合比为 1∶1∶8。应通过试验，控制设计要求的密度，保证保温性能。

(2) 水泥蛭石整体保温材料：以膨胀蛭石为集料，水泥为胶凝材料制成。通常用普通硅酸盐水泥，最低标号为 425 号，膨胀蛭石粒径选用 5～20mm，一般水泥∶蛭石配合比为 1∶12。

2. 屋面保温层构造一般规定

(1) 保温层设置在防水层上部时，保温层的上面应做保护层。
(2) 保温层设置在防水层下部时，保温层的下面应做找平层。
(3) 屋面坡度较大时，保温层应采取防滑措施。
(4) 吸湿性保温材料不宜用于封闭式保温层。

3. 主要施工机具

屋面保温工程主要施工机具一般分为机动机具和工具。

(1) 机动机具：搅拌机、平板振捣器。
(2) 工具：平锹、木刮杠、水平尺、手推车、木拍子、木抹子等。

4. 工艺流程

屋面保温工程的工艺流程如图 3-42 所示。

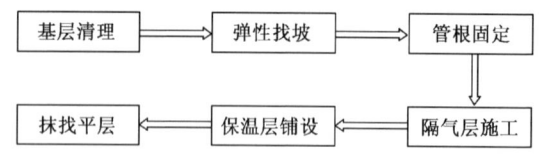

图 3-42 屋面保温工艺流程

1) 基层清理

预制或现浇混凝土结构层表面，应将杂物、灰尘清理干净。

2) 弹线找坡

按设计坡度及流水方向,找出屋面坡度走向,确定保温层的厚度范围。

3) 管根固定

穿结构的管根在保温层施工前,应用细石混凝土塞堵密实。

4) 隔气层施工

前3道工序完成后,设计有隔气层要求的屋面,应按设计做隔气层,涂刷均匀无漏刷。

5) 保温层铺设

(1) 松散保温层铺设。

①松散保温层:采用干做法施工时,材料多使用炉渣或水渣,粒径为5~40mm。使用时必须过筛,控制含水率。铺设松散材料的结构表面应干燥、洁净,松散保温材料应分层铺设,适当压实,压实程度应根据设计要求的密度,试验确定。每步铺设厚度不宜大于150mm,压实后的屋面保温层不得直接推车行走和堆积重物。

②松散膨胀蛭石保温层:蛭石粒径一般为3~15mm,铺设时应使膨胀蛭石的层理平面与热流垂直。

③松散膨胀珍珠岩保温层:使用的珍珠岩粒径小于0.15mm的含量不应大于8%。

(2) 板块状保温层铺设。

①干铺板块状保温层:直接铺设在结构层或隔气层上,分层铺设时上下两层板块缝应错开,表面两块相邻的板边厚度应一致。一般在块状保温层上用松散料湿做找坡。

②黏结铺设板块状保温层:板块状保温材料用黏结材料平黏在屋面基层上,一般用水泥、石灰混合砂浆;聚苯板材料应用沥青胶结料粘贴。

(3) 整体现浇保温层铺设。

①水泥白灰炉渣保温层:施工前用石灰水将炉渣闷透,不得少于3d,闷制前应将炉渣或水渣过筛,粒径控制在5~40mm。最好用机械搅拌,铺设时分层、滚压,控制虚铺厚度。

②水泥蛭石保温层:将水泥、蛭石按照一定配合比加水拌和后,用手紧握成团不散,并稍有水泥浆滴下时为好。机械搅拌会使蛭石颗粒破损,故宜采用人工拌和。人工拌和应先将水与水泥调成均匀的水泥浆,然后将水泥浆均匀地抹在定量的蛭石上,随泼随拌直至均匀。铺设保温层,虚铺厚度为设计厚度的130%,用木拍板拍实、找平,注意泛水坡度。

第六节 安全和环境保护施工措施

在油气田地面工程土建施工过程中，因其复杂多变的作业环境，使得施工现场危险源与环境影响因素成为导致施工安全事故和环境破坏的根源，因此需要对所有与施工现场相关的危险源与环境影响因素进行辨识，制定具有针对性的安全和环境保护控制措施，保证建设工程项目顺利完成。

一、安全施工措施

从事施工生产活动，随时随地都会遇到、接触、克服多方面的危险源。能够识别危险源的存在及性质，评价危险源的风险程度，进一步采取与危险源风险相适应的有效控制措施，就一定能够预防、降低或消除风险，减少安全事故的发生。

1. 危险源辨识

土建工程施工现场危险源分类一般多采用按引发事故的起因物类型这种方法，在油气田地面工程土建施工中最易发生的事故类型有：坍塌、高处坠落、触电、机械伤害、物体打击，这五类事故发生的主要部位和触发条件就是施工现场的危险源。

（1）坍塌。施工作业中引发的坍塌主要有：管沟和基坑边坡失稳引起土石方坍塌；现浇混凝土梁板的模板支撑失稳坍塌；脚手架失稳坍塌；堆置物坍塌；拆除工程中的坍塌；在建工程屋面板质量低劣坍落。

（2）高处坠落。高处坠落事故大体分为以下几种情况：洞口及临边坠落（预留口、通道口、楼梯口、基坑边、楼板边坠落等）；脚手架上坠落；悬空高处作业坠落；登高过程中坠落；屋面作业坠落；其他高处作业坠落（设备上、桁架上坠落等）。

（3）触电。建筑施工中容易发生触电事故的情况主要包括：手持电动工具触电；施工机械设备使用中触电；非电工违章接线造成触电；带电移动设备触电；电焊机使用不当触电；施工临时用电线路搭设不规范或漏电造成触电；缺少电缆、用电设备危险警告标志造成触电；高压线附近施工触电；违章指挥造成触电等。

(4) 机械伤害。在建筑施工中易造成机械伤害的机械设备主要有：土方挖掘装载机械、打桩机械、钢筋加工机械、混凝土机械（搅拌机、泵送设备、浇筑设备等）、木工机具设备（电锯、电刨等）、电动工具（砂轮切割机、手电钻等）、电焊机、起重吊装设备等。

(5) 物体打击。在施工周期短、劳动力和施工机具及物料投入较多、交叉作业时常出现物体打击事故。常见物体打击事故的类型有：高空作业时工具零件、砖瓦、钢筋、木块等物从高处掉落伤人；起重吊装时物料掉落伤人；模板、脚手架、塔吊拆装时掉落伤人；设备带病运转或违章操作时物体飞出伤人等。

2. 预防和控制措施

针对油田地面土建工程易发生的安全事故和重大危险源，在施工土建主要分部工程时，采取以下预防和控制措施，来消除或控制危险源，从而起到防止危险源导致安全事故的作用。

1) 土方工程

油田地面施工中土方工程较为常见，如各类管沟、坑池、基槽开挖，所涉及的重大危险源和安全事故主要有坍塌、机械伤害，可采取以下预控措施：

(1) 土方开挖施工时边坡放坡要符合规定。

(2) 开挖深度超过 2m 的沟槽，按标准设围栏防护和密目安全网封挡。

(3) 超过 2m 的沟槽，搭设上下通道，危险处设红色标志灯。

(4) 在沟、坑、槽边沿 1m 内禁止堆土、堆料、停置机具。

(5) 设置有效的排水、挡水措施。

(6) 深基坑支护方案要经过审查，护壁要符合相关规定。

(7) 机械设备施工与槽边安全距离要符合规定，并有专人指挥，施工人员不得在挖土机械施工作业半径内停留。

2) 基础工程

基础工程可能涉及的重大危险源和安全事故主要有物体打击、机械伤害、触电、高空坠落，可采取以下预控措施：

(1) 基坑周边按规定搭设防护栏杆，防止高空坠落。

(2) 控制基坑的地下水，做好排水或降水措施，防止边坡坍塌。

(3) 打桩施工前全面检查机械各个部件及润滑情况，钢丝绳是否完好，检查后要进行试运转，严禁带病工作，防止物体打击和机械伤害。

(4) 锤击机械作业范围内不得有人员行走或进行其他作业，非工作人员不得进入施工区域内。

(5) 机械设备使用前应全面检查临时用电线路，确认机电装置完好、线路绝缘良好、接地可靠，防止触电。

(6) 深坑槽施工所有材料均应用溜槽运送，严禁抛掷。

(7) 浇筑基础混凝土使用振捣棒必须设置漏电保护装置，操作人员应戴绝缘手套、穿胶靴，湿手不得接触开关，电源线不得有破皮。

(8) 在夜间施工必须有足够的灯光照明，并设置明显标示。

3) 主体工程

主体工程包括砌体施工、钢筋混凝土施工、轻钢结构施工，涉及的分项及工序多，可能发生的安全事故种类也多，如触电、高空坠落、物体打击、机械伤害、坍塌等，施工前要制定详细的预控措施。

(1) 各项安全防护措施正确到位，安全警示标志及时设置。

(2) 施工临时用电的配电箱、电缆线路、用电设备等严格按照规范搭设、配置，安全防护设置齐全有效，专业电工持证上岗。

(3) 避免交叉作业。施工计划安排时，尽量避免和减少同一垂直线内的立体交叉作业。无法避免交叉作业时必须设置能阻挡上面坠落物体的隔离层，否则不准施工。

(4) 脚手架按规范要求搭设、拆卸，符合安全使用要求。

(5) 钢筋加工、木工作业机具设备按规范要求设置安全防护罩。所有施工机具使用前进行检查，定期维修保养。

(6) 各种模板支撑，必须按照模板支撑设计方案要求，立杆、横杆间距必须满足要求。

(7) 钢结构工程在施工中，整片吊装、拼装时，每日收工前，要将成片的构件拼装成稳固的结构单元，以防止变形、失稳、坠落，如万不得已，也必须用风绳四个方向固定。

(8) 焊接作业时，氧气瓶、乙炔瓶和焊点间的距离满足标准要求。

(9) 起重吊装、水平垂直运输有专人指挥，作业范围内不准站人或穿行。

(10) 在夜间施工必须有足够的灯光照明，并设置明显标示。

4) 屋面工程

进行屋面保温和防水作业，要采取以下措施防止高处坠落和火灾等事故发生：

(1) 屋面上作业的人员应穿软底防滑鞋，屋面坡度大于25°应采取防滑措施。

(2) 在屋面作业不能背向檐口移动。

(3) 使用外脚手架施工，外排立杆要高出檐口 1.2m，并挂好安全网，檐口外架要铺满脚手板；没有使用外脚手架施工，应在屋檐下方设安全网。

(4) 在防水卷材施工中，施工现场应配备灭火器材。

(5) 采用热熔法施工时，现场不得有其他明火作业，遇屋面有易燃材料时，应采取隔离防护措施。

(6) 屋面施工作业时，绝对禁止从高处向下乱扔杂物，以防砸伤他人。

二、环境保护施工措施

在施工过程中，要投入资源和材料，进行施工操作必然会产生一定的废物和能源消耗，这样就会造成不同程度的环境污染。因此，要对施工过程中各阶段有可能造成的环境因素影响进行分析，并制定相关措施来减少建筑施工对周围环境的影响，防止环境污染，实现绿色施工。

1. 环境因素识别

环境因素的分类有两种方式：按影响环境的污染物分类，按环境因素的影响对象分类。

(1) 油田地面工程施工大多处于野外，远离市区居住密集区，影响环境的污染物主要有以下几类：

①废水：包括施工过程搅拌站、洗车处等产生的生产废水，生活区域的食堂、厕所等产生的生活废水。

②废气：包括油漆、化学材料泄漏或挥发有毒有害气体，防腐、防水、装修作业产生的有害气体排放，施工机械和车辆的废气排放。

③固体废弃物：包括建筑渣土、建筑垃圾、生活垃圾、废包装物、含油抹布等的处置与排放。

④粉尘：包括场地平整作业、土方作业、现场路面、水泥和砂石等散料的运输堆放、混凝土搅拌、木工房锯末、现场清扫、车辆进出等引起的粉尘。

(2) 按环境因素的影响对象分类，主要有以下几个方面：

①向大气排放污染物，包括粉尘、有毒有害气体排放。

②向水体排放污染物，包括生产废水、生活废水排放。

③对土地造成污染，包括油品和化学品的泄漏、地表植被的破坏。

④固体废弃物随意丢弃，包括建筑渣土、建筑垃圾、生活垃圾、废包装物、含油抹布等废弃物的处置管理。

⑤资源与能源消耗对环境的影响。

2. 预防控制措施

在对施工过程中有可能涉及的环境因素进行充分分析的基础上,通过对环境污染的具体程度进行综合分析评价,确定出哪些是对环境具有重大影响的重要环境因素。

在油田地面工程土建施工中,污染空气和河流、破坏土地和植被是主要环境影响问题,有针对性地制定预防控制措施,从根本上消除或降低建筑施工过程中所造成的环境污染和破坏。

1)防止对大气的污染

(1)施工阶段定时对道路及施工现场进行淋水降尘,减少灰尘对周围环境的污染。

(2)禁止在施工现场焚烧有毒、有害和有恶臭气味的物质和建筑垃圾。

(3)水泥等易飞扬细颗粒散体物料尽量安排在库内存放或严密覆盖。运输时要遮盖,防止物料遗撒、飞扬。

(4)建筑内的施工垃圾采用容器或袋装,并及时清运,适量洒水,严禁随意抛撒。

(5)优选使用商品混凝土。对混凝土运输车要加强防止遗撒的管理,要求所有运输车卸料溜槽处必须装置防止遗撒的活动挡板,混凝土卸完后必须清理干净方可离开现场。

(6)使用砂轮锯施工时,必须设隔尘罩,防止飞溅物飞扬。

(7)施工现场混凝土搅拌场所应采取封闭、降尘措施。

(8)驶出建筑工地的运输车辆,必须消除车轮上的泥土,严禁带泥上路。

2)防止对水体的污染

(1)在工程开工前完成场地排水和废水处理设施的建设,场地内设排水沟、冲洗池和沉淀池,做到现场无积水、排水不外溢、不堵塞、水质达标。

(2)确保雨水管网与污水管网分开使用,严禁将非雨水类的其他水体排进市政雨水管网。

(3)现场设置专门的油漆油料库,库房地面、墙面按规定做防渗漏处理,储存、使用、保管由专人负责,防止油料的跑、冒、滴、漏污染水体。

(4)所有废弃油料均要集中处理,不得随意倾倒,更不得任意弃入水体内。

(5)施工污水和生活污水分别经处理沉淀后再排入市政污水管线,严防直接排入市政管线或流出施工区域污染环境。

3)防止对土地的污染

（1）及时处理焊接切割时产生的溶屑。

（2）现场设置专门的油漆油料库，库房地面、墙面按规定做防渗漏处理，储存、使用、保管由专人负责，防止油料的跑、冒、滴、漏污染土壤。

（3）严禁固体及液体废弃物随意向地面排放或就地掩埋。

（4）禁止将有毒有害废弃物作土方回填，以免污染土壤和地下水。

（5）做到避让、保护施工现场地表植被，施工后尽量恢复。

4）防止固体废弃物的污染

（1）综合利用资源，对固体废弃物实行充分回收和合理利用。

（2）施工现场设立固定的废弃物临时存放区域，废弃物应分类存放，对有可能造成二次污染的废弃物必须单独储存，并设置安全防范措施且有醒目标志。

（3）及时清运、处置施工过程中产生的建筑垃圾及其他固体废弃物，并确保运输过程中不丢弃、遗撒、渗漏，送到政府批准的单位或场所进行处理。委托有资质的部门处理危险废弃物。

（4）减少固体废弃物的产生：混凝土、砂浆等集中搅拌，减少袋装水泥使用量；减少混凝土浇筑时漏浆、胀模；模板下料准确，减少废料；临时建筑采用活动房屋，周转使用，减少工程垃圾。

5）降低能源和资源的消耗

（1）合理布置施工场地的材料堆放，尽量避免或减少二次搬运损耗。

（2）加强机械设备的维修保养，提高机械效率和施工质量，降低消耗。

（3）对资源合理再利用，杜绝"长明灯"、"长流水"。

（4）对现场施工余料及时回收清理，做到工完料尽场地清。

第四章 管道工程施工

在油气田地面工程中,管道工程占有非常重要的地位。通过管道可以进行密闭收集和输送石油、天然气、含油污水、轻质油、净化水,进行油田注水、注聚合物、注气、工业及民用采暖供热、通风、排污、消防等作业。本章主要对油气田地面建设中常用的管道从分类、组成、安装、验收等方面进行介绍。

第一节 管道的分类

管道是用管子、管子连接件和阀门等连接成的用于输送气体、液体或带固体颗粒的流体的装置。通常,流体经鼓风机、压缩机、泵和锅炉等增压后,从管道的高压处流向低压处,也可利用流体自身的压力或重力输送。管道的种类很多,材质和用途多样,在油气田地面建设中最为常用的是碳素钢和低合金钢质管道。

1. 按设计压力(p)来分类

(1) 真空管道:一般指 $p<0.1$MPa(绝对压力)或表压在负压的管道,如油气田上原油稳定的负压抽气管道和天然气脱水的抽空管道等都是真空管道。

(2) 低压管道:一般指 $0.1\text{MPa} \leqslant p \leqslant 1.6\text{MPa}$ 的管道。这类管道用得最多,如油气田上的给排水管道、常压罐进出口管道、污水管道、天然气放空管道、排污管道和通风管道等都是低压管道。

(3) 中压管道:一般指 $1.6\text{MPa}<p \leqslant 10\text{MPa}$ 的管道。这类管道也经常用,如油气田上的外输油管线、输气管线等一般都是中压管道。

(4) 高压管道:一般指 $10\text{MPa}<p \leqslant 100\text{MPa}$ 的管道。如油气田上的注水、注气、注聚合物管道等都是高压管道。

(5) 超高压管道:一般指 $p>100$MPa 的管道,习惯上称为超高压管道。油气田地面工程中尚无此类管道。

根据国务院《特种设备安全监察条例》规定,压力管道是指利用一定的压力，用于输送气体或者液体的管状设备，其范围规定为最高工作压力大于或者等于 0.1MPa（表压）的气体、液化气体、蒸汽介质或者可燃、易爆、有毒、有腐蚀性、最高工作温度高于或者等于标准沸点的液体介质，且公称直径大于 25mm 的管道。

另外，在国家质量监督检验检疫总局发布的《压力管道安装许可规则》（TSG D3001—2009）中，压力管道安装许可类别和级别分为：

(1) GA 类（长输管道）：分为 GA1 级和 GA2 级。

(2) GB 类（公用管道）：分为 GB1 燃气管道和 GB2 热力管道。

(3) GC 类（工业管道）：分为 GC1、GC2 和 GC3 三级。其中 GC1 级安全等级最高；GC3 级安全等级最低。该类管道是油田地面建设中应用最为广泛的管道。

(4) GD 类（动力管道）：分为 GD1 级和 GD2 级。

2. 按工作温度来分类

(1) 低温管道：一般指工作温度低于 －40℃ 的管道，如油气田上用于天然气深冷加工的管道。为了避免由于低温使管道产生冷脆而影响管道的机械强度，所以低温管道一般宜用低合金管材或紫铜管材。

(2) 常温管道：一般指工作温度为 －40～120℃ 的管道，如油气田上的石油、天然气集输管道，给排水管道，注水管道等大部分都属于这种常温管道。

(3) 中温管道：一般指工作温度为 121～450℃ 的管道，如油气田上的高压蒸汽管道、天然气干醇脱水管道等都是中温管道。中温管道一般用优质碳钢制成。

(4) 高温管道：一般指工作温度高于 450℃ 的管道。为了保证管道在高温情况下照样安全生产，所以高温管道管材一般选用耐热不锈钢或合金钢。

3. 按管道材质分类

(1) 钢制金属管道。如普通碳钢、不锈钢、合金钢、铸铁管道等。

(2) 有色金属管道。如纯（紫）铜、黄铜和铝管道等。

(3) 非金属管道。如塑料管道、复合管道、混凝土管道和玻璃钢管道等。

4. 按管道敷设方式分类

(1) 室内管道：室内管道又分明装和暗装两大类。明装分架空敷设和地面敷设。架设在支架或支墩上，即架空敷设的管道。一些高架和低架的架空管道形成管廊和管带。

(2) 室外管道：室外管道又分地下管道和地上管道。地下管道敷设分有

地沟敷设和无地沟敷设（埋置）。地下有地沟敷设分为通行式地沟、半通行式地沟和不通行地沟。

5. 其他分类

管道除上述几种分类外，还可以按用途分类。油田常见的有油气集输管道、原油外输管道、天然气外输管道、注水管道、污水管道、供热管道等。此外，管道还可以根据管道相对位置和管子的通径进行划分，本章不进行详细叙述。

第二节 管道组成件

管道中除了主要的各种管子以外，还要用到各种管道配件（简称管件），例如，管道拐弯时要用弯头，管道变径时要用大小头，管道分叉时要用三通，管道接头与接头相连接时要用法兰，为达到开启输送介质的目的，还要用各种阀门，为减少热胀冷缩或频繁振动对管道系统的影响，还要用膨胀节，等等。此外，在管路上，还有与各种仪器仪表相连接的各种接头、堵头等。

一、管子

管子是管道中应用最普遍、用量最大的元件，管子的好坏及其安装的质量，直接影响着油气田地面工程的生产安全。在油气田地面工程中，最为常用的管子有钢制管道、不锈钢管道、防腐保温钢制管道、玻璃钢管道、复合管道等。

1. 钢制管道

钢制管道俗称钢管，是目前油气田地面建设工程上使用最为广泛的一种管道，约占整个油田地面管道工程的90%。

钢管按其制造方法分为无缝钢管和焊接钢管两种。无缝钢管用优质碳素钢或合金钢制成，有热轧、冷轧（拔）之分。焊接钢管是由卷成管形的钢板以对缝或螺旋缝焊接而成，按成型方法分为螺旋缝电焊钢管和直接卷焊钢管。

1）无缝钢管

无缝钢管是油气田地面工程中应用最多的管子，无缝钢管的强度高、规格全,广泛用在油气田原油集输管道、天然气集输管道、注水管道、蒸汽管道等。

无缝钢管可以用普通碳素钢、普通低合金钢、优质碳素结构钢、优质合金结构钢和不锈钢制成,在油气田地面工程常见有碳素钢、低合金钢制成。无缝钢管按照生产工艺的不同分为热轧和冷拔两种。目前我国油气田常用冷拔钢管外径是4~200mm,钢管通用长度是1.5~9m的各种规格;热轧钢管的外径较大,油田常见的是32~630mm,通用长度是3~12.5m。热轧无缝钢管包括一般无缝钢管、合金钢管、不锈钢管、锅炉钢管、石油钢管等。

2) 焊接钢管

焊接钢管俗称黑铁管。将焊接钢管镀锌后则称为镀锌钢管(俗称白铁管)。按焊缝的形状分类,焊接钢管可分为直缝钢管、螺旋缝钢管和双层卷焊钢管;按输送介质不同又可分为水、天然气、油输送钢管;按壁厚分薄壁管和加厚管;按其生产时采用的焊接工艺不同可分为连续炉焊(锻焊)钢管、电阻焊钢管和电弧焊钢管三种。

直缝钢管主要用于输送水、仪表空气等低压流体和制作结构零件等。镀锌管能防锈蚀,常用于仪表空气系统。

螺旋缝钢管按照生产方法可以分为单面螺旋缝焊管和双面螺旋缝焊管两种。单面螺旋缝焊管用于输送水等一般用途,双面螺旋焊管用于输送石油和天然气等特殊用途。

3) 防腐保温钢制管道

在油气田地面工程建设中,地下敷设的管道占油田管道的一大部分,为了提高管道敷设效率和安装质量,一般情况下,地下管道为管道预制厂加工合格的防腐保温成品管道。随着科学技术的发展,近几年防腐保温管道类型越来越多,性能也越来越好,在油气田地面建设中主要包括:沥青防腐管、PE(聚乙烯)防腐管和聚氨酯泡沫塑料保温管等。

沥青防腐管按防腐结构分为普通级、加强级和特加强级,在使用时要考虑输送的介质情况、土壤环境和现场实际需要确定沥青防腐管的防腐等级。

PE防腐管是近几年在油气田发展起来的防腐管道,它具有使用寿命长、防腐强度高,不易损坏等优点,不但延长了地下管道的更换周期,而且大大节约了成本。常用的有2PE防腐管和3PE防腐管等,常用的管径范围在ϕ60~1420mm之间,常用的壁厚范围在2.5~24mm之间。

聚氨酯泡沫塑料保温管是油气田管网施工中最为常见的防腐保温管道,它具有保温效果好、耐温性好、防水性强、抗压性高等优点,主要用在油田输油管道、掺水热洗管道、热水管道等领域。

2. 非金属管材

油田集输系统多在高温、高压下运行,对非金属管道的可靠性要求非常高。目前,在油气田使用的非金属管道品种有玻璃钢管道、钢骨架塑料复合管、连续增强塑料复合管和塑料合金复合管等。

1) 玻璃钢管道

玻璃纤维增强塑料简称"玻璃钢(FRP)",是由玻璃纤维和环氧树脂组成的复合材料。新型复合玻璃钢材料已经在工农业生产和人们生活中发挥着越来越重要作用。20世纪90年代中期,我国首次在三次采油工艺中采用高压玻璃钢管道和玻璃钢储罐。

玻璃钢管是由玻璃纤维增强材料、热固性树脂和填料通过复合工艺组合而成的复合型管材。玻璃钢管通常分为中、低压型和高压型,其中工作压力2MPa以下为低压型,工作压力2~7MPa为中压型,工作压力7~25MPa为高压型。高压玻璃钢管道主要应用于高压注水、注聚合物工程,中低压玻璃钢管道主要应用于给排水系统。

不同工作压力的管道其连接方式不同,低压管道通常采用承插连接、法兰连接或管接连接等多种形式;高压管道通常采用带API❶圆螺纹的敦粗管端和整体接头方式,管道采用50~100mm优化接头定位环固定,API标准8螺距外加厚长螺纹连接,螺纹接头采用螺纹密封剂密封,接头处按标准进行局部加厚。螺纹压制成形,玻璃纤维不切断。

国产纤维缠绕酸酐固化环氧树脂蓝条纹玻璃钢管直径范围为40~150mm,工作压力为3.5~24MPa,最高工作温度为80℃,使用寿命为35年。进口玻璃钢管直径范围为25~1200mm,最高工作压力为27.6MPa,最高工作温度为135℃。

玻璃钢管具有多项优异特性,其水力坡降仅为钢管的50%,重量仅为钢管的1/5~1/3,比强度是钢管的2.5倍,比模量是钢管的4倍,轻质高强,耐腐蚀性好,并具有较好的韧性,最小弯曲半径为60m。但玻璃钢管也有薄弱之处,低压玻璃钢管道强度低,抗冲击能力差,易破损;材质脆性大,施工要求条件高;在施工或维修时,黏结条件的环境温度必须在6℃以上进行,同时固化时间一般需要4h以上,冬季维修有一定难度。

玻璃钢管道的连接形式可分为胶接连接和机械连接两类。其中胶接连接

---

❶ API 是 American Petroleum Institute(美国石油学会)的缩写。

分为：对接包缠连接、搭接包缠连接、承插口斜面胶接；机械连接分为：承插口连接、法兰连接、螺纹连接。目前油田地面建设工程上，大口径玻璃钢管道多以承插连接，然后进行包缠密封。小口径管道多以螺纹连接，然后进行刷胶密封。

2）连续增强塑料复合管

连续增强塑料复合管（Reinforced Thermoplastic Pipe，RTP）是以交联聚乙烯（PE-Xb）或耐热聚乙烯（PE-RT）为基体材料，高强度钢丝编织网为增强材料，在基体与增强材料间通过高效黏结剂热黏结而形成的多层复合非金属管材。它以耐高压和输送介质温度高为其主要特点，并且根据用户要求长度定长制造，中间无需管件连接，可靠实现了高压高温介质连续输送。

连续增强塑料复合管采用增强电熔套管连接，与设备或金属管道连接采用扣压接头或增强电熔接头法兰。该管道使用的温度为−42~65℃，普通管道使用压力为10MPa，增强管道使用压力最大可达32MPa。该管道最大的特点是单管长度200~1500m，因此现场连接接头少，如果内敷钢丝或钢带，方便探测。目前在油气田地面建设工程中主要用于油、气、水集输管线，特别适用于高含硫的油、气、水等介质的输送。

3）钢骨架塑料复合管

钢骨架塑料复合管是以壁厚为5mm的普通低碳钢丝网为骨架，高密度聚乙烯为基体，在生产线上将钢丝点焊成网并同步进行塑料挤出填注、连续拉膜成型的双面防腐压力管道。该管道具有较高的强度、刚度和抗冲击性，主要用于石油、天然气、化工、市政、船舶领域作中压管道等。目前在油气田地面建设中主要用于聚合物母液管道、污水管道、清水管道等领域。

钢骨架塑料复合管连接采用法兰或电熔连接，技术成熟，管件规格配套齐全。其优点是：抗机械性能好，能够承受一定的冲击强度和拉伸强度；内表面光滑，水力摩擦阻力小，不易结蜡、结垢；热传导系数低，保温性能优良。但也存在不足：施工过程中需要的设备比较多，必须由专业队伍施工和维护；和钢制管道相比，在外力作用下易于破损；另外，管道一旦冻结后，会出现冻胀现象，无法采取电加热解堵。

4）耐蚀合金复合管结构

耐蚀合金复合管结构管道以碳钢管为基管，将薄壁耐蚀合金钢管同轴装入基管内表面，用炸药或燃爆气体产生的瞬间动能，使衬管发生塑性变形，基管发生弹性变形，基管衬管黏合紧密形成复合层。基管承受输送压力，内衬管耐腐蚀、耐高温。根据不同介质，内衬层材料的特点也不同：

（1）316L不锈钢：是含钼不锈钢，最大含碳量0.03%，具有优异的耐腐蚀性能和良好的机械力学性能，以及良好的抗氯化物侵蚀和焊接性能，可焊性好。

（2）双相不锈钢：耐应力腐蚀、耐孔蚀、耐腐蚀疲劳等性能较奥氏体有显著改善，强度硬度高，可焊性良好，热裂倾向小，导热系数大，线膨胀系数小。

（3）镍基合金钢：具有较高的高温强度、持久强度和蠕变强度，特别是具有良好的高温耐蚀性，即具有较高的抗氧化性、抗硫化性、抗氮化性和抗渗碳性。

5）塑料管

在油气田地面建设中常用的塑料管有硬聚氯乙烯（PVC）管、聚乙烯（PE）管、聚丙烯（PP）管和耐酸酚醛塑料管等。塑料管具有质量轻、耐腐蚀、加工容易（易成型）和施工方便等特点，常用于清水管线、排水管线、含聚合物的排污管线等领域。

二、管件

通常，在整条管线中，除管子以外的各种配件可以统称为管配件。习惯上将弯头、三通、大小头、管帽及各种管接头通称为管件，管件用于改变管道方向、改变管径大小、进行管道分支、局部加强、实现特殊连接等。在油气田地面建设中，广泛应用的是钢制管件，这里主要介绍常用的一些钢制管件。

1. 弯头

弯头是用于改变管道方向的管件。根据一个弯头可改变管道方向的角度不同可分多种形式，为常用的有45°和90°两种形式。根据弯头拐弯的曲率半径不同，又可将常用弯头分为短半径（曲率半径$R=1.0DN$）弯头和长半径（曲率半径$R=1.5DN$）弯头两种，如图4-1所示。一般情况下，应优先采用长半径弯头，而短半径弯头多用于结构尺寸受限制的场合。有时为了缓和介质在拐弯处的冲刷和动能，还可能用到$R=3.0DN$、$R=6.0DN$、$R=10.0DN$、$R=20.0DN$的弯管。

根据采用的制造方法不同，可将弯头分为推制弯头、挤压弯头和焊制斜接弯头三种。推制弯头和挤压弯头常用于介质条件比较苛刻的中小尺寸管道上，焊制斜接弯头则常用于介质条件比较缓和的大尺寸管道上，同时要求其

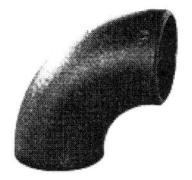 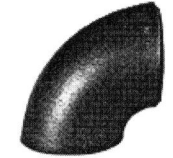 

(a) 90°弯头，R=1.5DN　　　(b) 90°弯头，R=1.0DN　　　(c) 45°弯头，R=1.0DN

图 4-1　弯头

曲率半径不宜小于其公称直径的 1.5 倍。当斜接弯头的斜接角度大于 45°时，不宜用于剧毒、可燃介质管道上，或承受机械振动、压力脉动及由于温度变化产生交变载荷的管道上。

2. 三通

三通是用作管道分支的管件。通常有同径三通（即分支管与主管同直径）和异径三通（即分支管直径比主管直径小）两种。

作为管道的分支，还有 Y 形三通和四通管件，Y 形三通常常代替一般三通用于输送有固体颗粒或冲刷腐蚀较严重的管道上，四通则可以实现将管道同时分为四路，这两种三通在油气田地面建设中应用较少。

3. 异径管（大小头）

异径管是用作管子变径的管件。通常有同心异径管（即大端和小端的中心轴重合）和偏心异径管（即大端和小端的一个边的外壁在同一直线上）两种。一般情况下，以后者用得较多，因为它能实现管道变径前和变径后有一个同样的管底或管顶标高，便于支承。有时为了不希望因管子变径而形成一个集液袋或集气袋，也需要用偏心异径管。

在 $DN \leqslant 40mm$ 的管道中，异径短节常代替异径管（大小头）用作管道变径，并进行由 $DN50mm$ 到 $DN \leqslant 40mm$ 的管道变径过渡。它没有同心和偏心之分，但连接形式有所不同。异径短节的连接形式分为两种，一种为一端对焊而另一端为承插焊（或阳螺纹），用于 $DN50mm \times (15 \sim 40)mm$ 的变径。另一种为两端均是插口或阳螺纹，用于 $DN40mm$ 及以下的管子变径。

4. 管帽（封头）

管帽是用于管子终端封闭的管件。常用的管帽（封头）有平封头和标准椭圆封头两种形式。一般情况下，平封头制造较容易，价格也较低，但其承压能力不如标准椭圆封头，故常用于 $DN \leqslant 100mm$、介质压力低于 1.0MPa 的条件下。标准椭圆封头为一个带折边的椭圆封头，椭圆的内径长短轴之比为

2∶1，它是应用最广的封头。

在很多情况下，如管廊上的管子端部，管帽都由法兰盖代替，以便于管子的吹扫和清洗。

三、法兰及垫片

法兰、垫片及螺栓三者组成管道中可拆卸的连接结构，在油气田地面建设中的应用很普遍，也是一种很重要的连接形式。通常，法兰、螺栓与垫片三者共同构成一个密封副，三者共同作用，相辅相成，才能保证接头的良好密封。

1. 法兰

法兰又叫法兰盘或凸缘盘，是使管子与管子相互连接的零件，连接于管端；也有用在设备进出口上的法兰，用于两个设备之间的连接，如减速机法兰。法兰上有孔眼，螺栓使两法兰紧连，法兰间用衬垫密封。

法兰的类型较多，按法兰的材质分：铸铁法兰、钢法兰、塑料法兰、有色金属（铜、铝）法兰、玻璃钢法兰等。按连接方式分：整体法兰、螺纹法兰、焊接法兰、松套法兰。按密封面形式分：平面式、凸面式、凸凹式、梯形槽式、榫槽式。在油气田地面建设中，应用最为广泛的法兰是平焊法兰、对焊法兰和承插法兰。

平焊法兰分为带径平焊法兰和板式平焊法兰。平焊法兰是将管子插入法兰内侧焊接的法兰，其优点是制造简单、成本低，但焊接工作量大、焊条消耗多，经不起高温、高压、反复弯曲和温度波动的作用，一般用于低压（$PN \leqslant 4.0$MPa）、常温（工作温度$\leqslant 300$℃）管路。

对焊法兰上有一个长而倾斜的高颈，高颈的厚度由法兰端至接管端逐渐变小，过渡到管壁厚度，于是降低了应力的不连续，增加了法兰的强度。对焊法兰适用于要求比较严峻的场合，压力或温度大幅度波动的管线或高温、高压及低温的管道应使用对焊法兰。对焊法兰也应用于输送价格昂贵、易燃、易爆介质的管路上。

承插焊法兰的基本形状与平焊法兰近似，管子插入法兰内焊接。

2. 垫片

垫片是借助于螺栓的预紧载荷通过法兰进行压紧，使其发生弹塑性变形，填充法兰密封面与垫片间的微观几何间隙，增加介质的流动阻力，从而达到阻止或减少介质泄漏的目的。垫片性能的好坏以及选用的合适与否对密封副的密封效果影响很大。

油气管道中常用的垫片可以分为三大类，即非金属垫片、半金属垫片和金属垫片。

最常用的非金属垫片是石棉橡胶垫片，它是通过向石棉中加入不同的添加剂压制而成，分别用于水、空气、氮气、酸、碱、油品等介质情况下。石棉以其弹性好、强度高、耐油性好、耐高温、易获得等优点而得到广泛应用，油田地面工程建设中 80% 的垫片为石棉橡胶垫片。

常用的半金属垫片有缠绕式垫片和铁包式垫片两种。缠绕式垫片是半金属垫片中最理想、也是应用最普遍的垫片，其特点是压缩回弹性好、强度高，有利于适应压力和温度的变化，能在高温、低温、冲击、振动及交变载荷下保持良好的密封性能。缠绕式垫片常用在 $PN2.0\sim10MPa$ 压力条件下。铁包式垫片的密封性能不如缠绕式垫片，故应用不多。

金属垫片常用在高压力等级法兰上，以承受比较高的密封比压。就其形式来分，常用的金属垫片有平垫、八角形垫和椭圆形垫三种。其中金属平垫片常与凸台面、凹凸面、榫槽面法兰配合使用。而八角形金属垫片和椭圆形金属垫片常与环槽面法兰配合使用。与椭圆形金属垫片相比，八角形金属垫片容易加工，精度容易保证，故其应用比较多。一般情况下，金属垫片的材料应配合法兰材料选用，且要求垫片硬度比法兰密封面硬度低（不少于 HB30）。

四、阀门

阀门是在流体系统中，用来控制流体的方向、压力、流量的装置，具有导流、截止、节流、止回、分流或溢流卸压等功能，是管道系统的重要组成部分。阀门又是管道元件中相对较复杂的一个元件，是由阀体、启闭构件和阀盖三部分装配而成的组合件，因此它的技术含量较高。在油气田地面工程中常用的阀门有闸阀、截止阀、止回阀、球阀、蝶阀、安全阀、调节阀等。

1. 闸阀

闸阀也称为闸板阀（图 4-2），在阀体内有一个闸板，闸板由阀杆带动，沿介质流动的方向垂直运动，用以改变管道的截面或关闭管道通路，以调节管路系统的介质流量和其他参数，主要用于管道的关断。闸阀与截止阀相比，流阻小、启闭力小，密封可靠，是最常用的一种阀门。

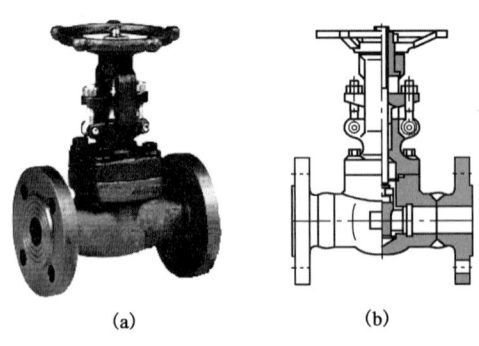

图 4-2 闸阀

根据阀杆的结构,闸阀分为明丝杆式和暗丝杆式两种,明丝杆式闸阀可以从阀外丝杆升起的多少判断阀门开的大小,适用于油气田站库室内的管道和带腐蚀性介质的管道。暗丝杆式闸阀适用于非腐蚀性介质和安装操作空间受限制的部位。闸阀在管路中主要起截断流体的作用,在一定范围内也具有调节流量的作用,在安装时闸阀没有方向性,可以左右互换。

闸阀与管道的连接可以是螺纹、承插焊、法兰或对焊连接。一般情况下,$DN \leqslant 40mm$ 时,多采用承插焊连接,特殊情况下(如需要焊后热处理或要求可拆卸时)才用法兰连接或螺纹连接。而 $PN \geqslant 10MPa$ 时,多用对焊连接,其他情况则采用法兰连接。

2. 截止阀

截止阀(图 4-3)是在管路中的阀杆下面装一个阀盘,阀盘下面有阀座,工作时利用阀杆上下运动来调节阀盘与阀座突缘部分的间隙,以达到控制阀的开闭程度。与闸阀相比,截止阀可以在较大范围内进行流量调节,使用范围也比较广,不仅可以适用于中压、低压,而且也可适用于高压。截止阀的缺点是流动压力损失大,为防止阀门堵塞,减少磨损,截止阀不适用于带颗粒和介质黏度大的管道。截止阀在关闭时需要克服介质的阻力,因此,它最大直径一般仅用到 $DN200mm$。

截止阀的阀体内腔由于左右两侧不对称,所以在安装时必须注意流体的流动方向,正确的安装方向应该使管道中流体由下向上流经阀盘,因为这样安装流体流动时的阻力小,阀门开启省力,关闭后填料受压小,不易渗漏且检修方便。

3. 止回阀

止回阀又称单向阀或单流阀,它只允许介质向一个方向流动,当介质顺

 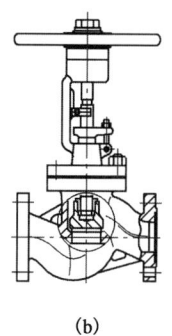

(a) （b）

图 4-3 截止阀

流时阀瓣会自动开启，当介质反向流动时能自动关闭。安装止回阀时，应注意介质的流动方向应与止回阀上的箭头方向一致。

根据结构形式不同，止回阀有升降式止回阀（$DN \leqslant 40mm$）和旋启式止回阀（$DN \geqslant 50mm$）两种。升降式止回阀是靠介质压力将阀门打开，当介质逆向流动时，靠自重关闭（有时是借助于弹簧关闭），因此升降式止回阀只能安装在水平管道上。旋启式止回阀是靠介质压力将阀门打开，靠介质压力和重力将阀门关闭，因此它即可以用在水平管道上，又可用在垂直管道上（此时介质必须是自下而上）。

4．蝶阀

蝶阀是指关闭件（阀瓣或蝶板）为圆盘，围绕阀轴旋转来达到开启与关闭的一种阀，在管道上主要起切断和节流作用。它具有 90°旋转快速开启关闭的特点，而且重量轻，结构尺寸小（尤其是对夹式蝶阀）等优点，但它密封性能不如闸阀可靠。在油气田地面建设工程中，蝶阀主要用于各种腐蚀性、非腐蚀性流体介质的管道上，如：污水站、注入站、配置站等中、低压管道中。

蝶阀驱动形式有手动、蜗轮传动、电动、气动、液动、电液联动等执行机构，可实现远距离控制和自动化操作，所以，在许多场合蝶阀取代了截止阀和自控系统的调节阀。

5．球阀

球阀是启闭件（球体）由阀杆带动，并绕阀杆的轴线做旋转运动的阀门。主要用于截断或接通管路中的介质，亦可用于流体的调节与控制。

球阀的最大特点是流体阻力小，流动特性好，同时它也具有 90°旋转而快速启闭的特点。与蝶阀相比，它的重量较大，结构尺寸也比较大，故不宜用于直径太大的管道。但球阀不存在因介质压力作用而产生逆向扭矩导致关闭不严的问题，故其密封性能较可靠。它的缺点是密封面易磨损和不易安装在工作温度差太大的环境中。

根据球体的固定情况不同，球阀分为固定球球阀和浮动球球阀两种。前者适用于大口径（$DN \geqslant 100mm$）情况下，后者适用于小口径情况下。

6. 安全阀

安全阀是为了防止管线、容器和锅炉中介质压力超过规定数值，起安全保护作用的阀门。当工作压力超过规定允许值时，阀门便全自动开启，排出多余的介质，当系统压力低于规定数值时，安全阀会自动关闭，起到保护管线和设备免于破坏或造成事故的作用，所以安全阀是油田安全生产的重要部件，常用于各种机泵、压力容器、锅炉等装置上。

安全阀的种类很多，按其结构分为弹簧式和杠杆式（重锤式）。一般介质的管道上多用弹簧式安全阀，而蒸汽汽包上多用重锤平衡式安全阀。弹簧式又可分为封闭式和不封闭式，封闭式安全阀排泄出的介质不外流，全部沿出口密闭通道排泄，一般安装在石油、天然气及易燃易、爆场所或有毒、有腐蚀介质管路中。

安全阀是起安全保护作用的主要配件，所以在安装时一定要严格按照图样及有关规定执行。安全阀安装时，阀座要与地面平行，安全阀与容器、锅炉连接之间的短管不得装有阀门。安全阀安装之前必须到有资质的规定机构进行调校、鉴定，安全阀校验完毕，应加铅封，以防止随便改变已调整好的状态。

7. 调节阀

调节阀是油田自动调节系统中常用的一种阀门，常见的有气动调节阀、电动调节阀、液压式调节阀和电磁式调节阀。调节阀常用于管道的节流、降压、自动调节介质流量等，而且经常与液位计、温度计等配合使用，以实现自动控制设备的液位和介质的温度。在安装调节阀时，一定要先分清调节阀体的种类和执行机构的正反方向，避免投产后由于调节作用相反而发生安全事故。

8. 阀门型号的编制

我国阀门型号通常由七个单元组成：阀门类型、驱动方式、连接形式、结构特点、密封面材料、公称压力和阀体材料，如图4-4所示。

图4-4中，各单元表示的内容如下：

第四章 管道工程施工

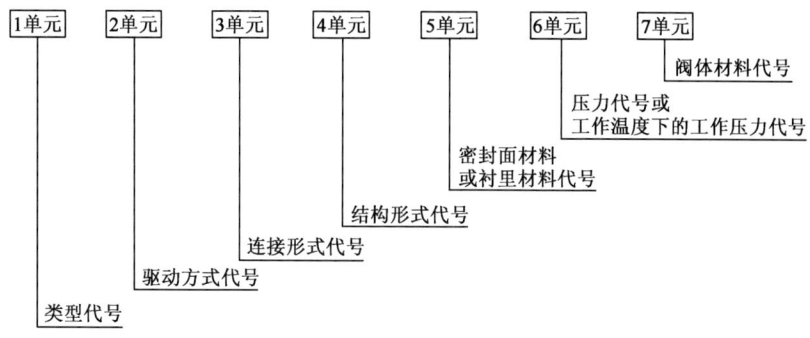

图 4-4 阀门型号的编制组成图

1单元是阀门类型，通常用大写英文字母表示，取各类型阀门的汉语拼音首字母，其代表意思是：Z—闸阀；J—截止阀；X—旋塞阀；H—止回阀；Y—减压阀；A—安全阀；Q—球阀；D—蝶阀。

2单元是阀门驱动方式，通常用一位阿拉伯数字表示（对于手轮、手柄或扳手等直接驱动的阀门，则省略此部分），其代表意思是：3—蜗轮传动；4—正齿轮传动；5—伞齿轮传动；6—气压驱动；7—液压驱动；8—电磁驱动；9—电动机驱动。

3单元是阀门与管道的连接形式，通常用阿拉伯数字表示，其代表意思是：1—内螺纹连接；2—外螺纹连接；3—法兰连接的双弹簧安全阀；4—法兰连接闸阀、截止阀、止回阀、球阀、蝶阀及单弹簧安全阀；5—法兰连接的杠杆式安全阀；6—焊接式阀门；7—对夹式阀门。

4单元是阀门的结构形式，通常用一位阿拉伯数字表示，常见数字代表意思见表 4-1。

表 4-1 阀门结构形式的代号

类别	闸阀	截止阀	旋塞阀	止回阀	弹簧安全阀
1	明杆楔式单闸板	直通式	直通式	直通升降式	封闭微启式
2	明杆楔式双闸板	直角式	直角填料式	立式升降式	封闭全启式
3	明杆平行式单闸板	直通式	直通填料式	直通升降式	封闭扳手微启式
4	明杆平行式双闸板	直角式	三角填料式	单瓣旋启式	封闭扳手全启式
5	暗杆楔式单闸板	直流式	保温式	多瓣旋启式	开式微启式
6	暗杆楔式双闸板	无填料直角式	三通保温式	—	开式全启式
7	暗杆平行式单闸板	隔膜式	润滑式		开式扳手微启式
8	暗杆平行式双闸板	节流式	三通润滑式		开式扳手全启式
9	—	无填料直通式	液面指示器		

5单元是阀门的密封面材料或衬里材料，通常用大写英文字母表示，取各材质的汉语拼音首字母，其代表意思是：T—铜合金；H—合金钢（不锈钢或耐酸钢）；Y—硬质合金钢；X—橡胶。

6单元是阀门的公称压力，直接用阿拉伯数字表示，以短横线与前五部分隔开，有时常用 kg·f/cm^2 表示。

7单元是阀体的材料，通常用大写英文字母表示，其代表意思是：A—钛及钛合金；C—碳钢；H—Cr13系不锈钢；K—可锻铸铁；P—18-8系不锈钢；Q—球墨铸铁；T—铜及铜合金；Z—灰铸铁；I—铬钼合金钢；V—铬铝钒合金钢。对于公称压力 $PN \leqslant 1.6$MPa 的灰铸铁阀体和 $PN \geqslant 2.5$MPa 的碳钢阀体，一般可略去本单元。

例如某阀门型号为：Z961Y-100I型，这种阀门则表示为焊接闸阀、电动驱动、明杆楔式单闸板、硬质合金密封、铬钼钢阀体材质，公称压力为10MPa。

五、其他管道设备

常见的管道设备还有波纹管膨胀节、过滤器、阻火器等。

1. 波纹管膨胀节

在油田地面建设工程中，波纹管膨胀节常用于在生产运行过程中易于变形的管道系统，如高空架空管道、介质温度变化大的管道系统等，用来吸收管道热胀冷缩变形或受力而产生的位移。常用的膨胀节基本上可以分为两大类，即非约束型和约束型。

非约束型金属波纹管膨胀节的特点是管道的内压推力（俗称盲板力）由固定点或限位点承受，因此它不适宜用在与敏感机械设备相连的管道上。非约束型波纹管膨胀节主要用于吸收轴向位移和少量的角向位移，常用的非约束型波纹管膨胀节一般为自由型波纹管膨胀节。

约束型波纹管膨胀节的特点是管道的内压推力没有作用于固定点或限位点处，而是由约束波纹膨胀节用的金属部件（拉杆）承受。它主要用于吸收角向位移和拉杆范围内的轴向位移。常用的约束型波纹管膨胀节有单式铰链型、单式万向铰链型、复式拉杆型、复式铰链型、复式万向铰链型、弯管压力平衡型、直管压力平衡型等形式。

2. 过滤器

过滤器是用于滤去管道系统中的固体颗粒，以达到保护管道系统中机械设备或其他装置的设备。过滤器的种类很多，从形状上分有 Y 形、三通直流、三通侧流、加长型等形式。一般情况下，当管道 $DN \leqslant 80\text{mm}$ 时，应选用 Y 形过滤器；当 $DN \geqslant 100\text{mm}$ 时，应根据管道布置情况选用直流式或侧流式三通形过滤器。当需要较大的过滤面积时，可选用加长型三通过滤器或篮式过滤器。常用的过滤器过滤等级为 30 目，当与之相连的机械对过滤器的滤网有更高的要求时，应根据要求选择相应的滤网目数。

过滤器一般安装在被保护设备的进口，安装时应严格根据产品技术要求和设计文件进行安装。

3．阻火器

阻火器常用在低压可燃气体管道上，在管道的末端为明火端或者有可能产生明火的设施。当管道中的介质压力降低时，可能会因介质的倒流而将明火引向介质源头而引起着火或爆炸，在这些管道的靠终端处，安装一台阻火器能防止或阻止火焰随介质的倒流而窜入介质的源头管道或设备。由于阻火器是一个安全保护元件，因此阻火器生产厂必须通过消防部门的认证。

第三节　站内钢制管道施工

在油气田地面场站工程中，各种设备的连接主要通过管道进行，站内钢制管道的施工流程见图 4-5。

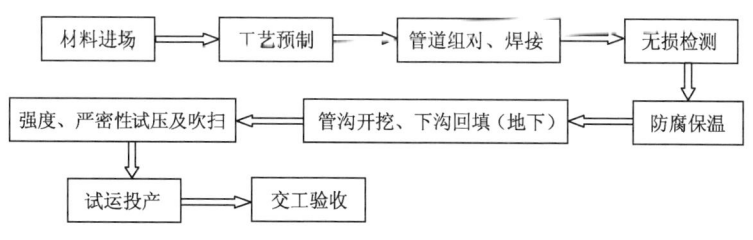

图 4-5　站内钢制管道施工流程图

这里只介绍油气田地面工程站内钢制管道安装工序内容，有关站内管道的防腐、管沟开挖及回填及试压和站外管道的施工基本一致，不再重复介绍。

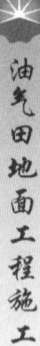

一、材料进场

施工单位应及时组织施工需要的各类材料进入施工现场,例如:管线、阀门、法兰、弯头等材料;对进场的材料按照有关规定,组织相关人员进行验收,并按标准要求进行现场抽检,保证用在工程中的材料质量合格。

二、工艺预制

工艺预制就是按照图样将管材、管件、阀门等预制成各种部件,然后在施工现场进行管道系统整体组焊。根据工程施工经验,在管道施工的过程中,若加深管道部件预制深度,可以缩短管道安装时间,充分发挥机械效率,减轻劳动强度,提高劳动生产率,保证施工质量。

在油气田地面建设中工艺预制主要采用现场预制和车间模块化"整体"预制方式。在工艺比较复杂的转油站、脱水站、注水阀组等工程中,进行工艺预制的情况比较多。工艺预制的主要步骤为:首先将场站的整个工艺安装图进行分解,可以分解为各个单体或各个模块,一般根据设计图样的房号或区域进行分解,例如对一座转油站可以分解为:油泵房、水泵房、阀组间、容器区等几个单体;然后针对每一个单体的具体安装工艺,绘制管线安装单线图,单线图各种标注应具体、详细,便于工人操作;最后根据单线图和现场实际情况,可以再分解到预制的每一个管段。工艺预制是从每个管段开始,然后通过阀门、弯头等其他附件进行管段的组装,最后达到一个比较完整的工艺单体。具体预制工艺和操作要点详见本章第八节《管道工厂化预制》。

三、钢管的组对

1. 钢管的切割

在油气田地面工程中,由于站内各工艺管段比较短,所以经常遇到管线的切割,其中气割是最为常见的一种钢管切割方式。气割是利用乙炔气在氧气中燃烧产生的热量,将被切割金属高温熔化,然后利用高速的氧气流将熔化的金属吹开,从而将金属切断。气割可以切割各种管径,气割后在管子断面上形成一层氧化铁熔渣,气割完毕需要将其除掉。随着技术的发展,目前在油气田地面工程建设中出现了更为先进的气割设备——管道磁力切割器

(图4-6),可以进行自动切割,并且切割坡口可以进行调节,非常适用于大口径管道的切割。

图4-6 管道磁力切割器

对于不锈钢管、铜管、铝管和铸铁管等,通常使用等离子切割,是利用等离子弧产生的15000~33000℃的高温将金属熔化而达到切断的目的。由于等离子弧产生的温度比氧乙炔燃烧的热量更高、更集中,不但切割的效率高,而且热影响区小、变形小、切割的质量高。

2. 坡口加工

管道坡口加工宜采用机械方法,如车床、管道坡口机和磨光机等,也可采用等离子弧、氧乙炔焰等热加工方法。

采用氧乙炔焰加工坡口后应除去坡口表面的氧化皮、熔渣及影响接头质量的表面层,并用磨光机将弧形波纹、凹凸不平处打磨平整,按要求加工坡口(图4-7)。防腐管的切割,管端处理应满足原防腐留头的要求。管端的坡口形式及组对尺寸,应符合焊接工艺评定要求,坡口的表面应平整,不得有裂纹、重皮、毛刺、凸凹、缩口。切割表面的熔渣、氧化铁、铁屑等应予以清除。

图4-7 管口打磨处理

3. 钢管的组对

在油气田地面工程建设中，管道的组对一般在预制平台上进行，野外施工因受条件的限制，根据现场具体情况用专用对口器进行组对，对于大直径的钢管，应采用吊装工具找平对正进行，常用的吊装工具有人字架、手拉葫芦和吊带等，依据条件可以用吊车或三脚架配合组对。为了保证连接两管在同一中心线上，管子组对时，采用各种对口工具即定心夹持器。

(1) 管道组对前，应对坡口及其内外表面用手工或机械进行清理，清除管道边缘 100mm 范围内的油、漆、锈、毛刺等污物。管道组对时应对管口清理质量进行检查和验收，办理工序交接手续，并应及时组对。同时，应将焊件垫置牢固，以避免在焊接和热处理过程中产生附加应力或变形。

(2) 为保证管道安装的平直度和坡度，管道焊接前宜采用图 4-8 的方法进行对口。对较小直径管道可采用图 4-8 (a) 的简单机具，通过槽钢底盘、顶部丝杠、中间拉紧件使对口平直；较大些直径管道可按图 4-8 (b) 所示机具通过对口两侧上、下夹具及拉紧螺栓对口，使对口平直；大直径管道对口，可按图 4-8 (c) 所示方法，在接管的一端管口处焊接角钢搭接板，将另一端直接插入搭接板对口，使对口平直，或焊接弧形托板保证对口平直。

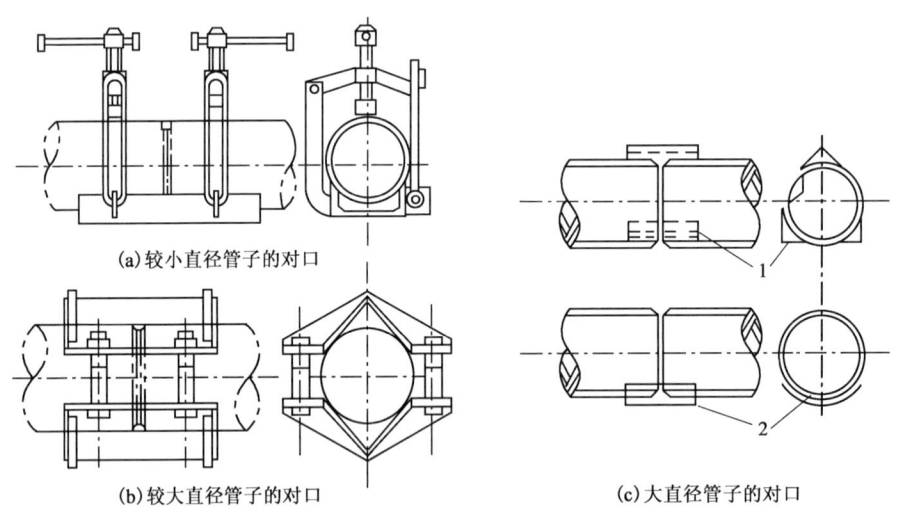

图 4-8　管子对口方法
1—角钢；2—弧形托板

(3) 除设计文件规定的管道冷拉伸或冷压缩焊口外，为防止焊接裂纹和减小内应力，不得采用强行组对或加热管子的方法来消除接口端面的过量间隙、错边与不同心等缺陷。当发现这些缺陷时，应检查相邻或相关管段的尺寸，然后对产生缺陷的部位进行校正或返工。

（4）管子组合尺寸的允许偏差，每个方向总长度、每段偏差、角度允许偏差、支管与主管横向中心允许偏差应符合规范规定。法兰螺孔应跨中安装；法兰密封面与管子中心线垂直；管段平直度小于 0.5mm/m。管道组对应符合表 4-2 中的规定。

表 4-2　管道组对规定

序号	检 查 项 目	要　求
1	坡口	符合焊接工艺规程要求
2	管内清扫	无任何杂物
3	管口端部清理（20mm 范围内）和修口	管口完好无损，无铁锈、油污、油漆
4	管端螺旋焊缝或直缝余高打磨	端部 10mm 范围内余高打磨掉，并平缓过渡
5	两管口螺旋焊缝或直缝间距	错开间距大于或等于 100mm
6	错边	不应超过壁厚的 10%，且不大于 1mm
7	过渡坡口	厚壁管内侧打磨至薄壁管厚度，锐角为 15°～45°
8	手工焊接作业空间	大于 400mm

四、管道的焊接

1. 常用焊接方法

目前，管道焊接常用的方法有焊条电弧焊（SMAW）、埋弧焊（SAW）、钨极气体保护焊（GTAW）、熔化极气体保护焊（GMAW）、药芯焊丝电弧焊（FCAW）等几种。其中，在油气田站内工艺管道安装中最常用的是焊条电弧焊和钨极气体保护焊。

2. 焊条电弧焊

焊条电弧焊是油气田地面建设中使用最为广泛的一种焊接方式，它是利用手工操纵焊条进行焊接的电弧焊方法，具有设备简单、操作灵活，能进行全位置焊接，适合焊接多种材料等优点，不足之处是生产效率低、劳动强度大。

焊条电弧焊使用的电流是由电焊机提供的，一般分为直流电焊机和交流电焊机。交流电焊机一般使用在焊接低碳钢管道上，直流电焊机可以使用在焊接重要的管道和压力容器上，特别是低温条件下进行焊接时选用直流电焊机。

焊条电弧焊时要正确选择电焊条，焊条分为两大类即：酸性焊条和碱性焊条。酸性焊条用直流和交流焊接电源均可，如结421型、结422型等焊条。碱性焊条必须用直流弧焊电源，如结506型、结507型等焊条。焊条电弧焊焊接电压一般为20～35V，电流取决于焊接材料的厚度、焊条规格、焊接结构，范围在15～400A。

钢管在进行焊接前先进行点焊固定，一般是将管圆周四等分点焊三处，剩一处为始焊点，点焊长度一般为5～30mm，点焊顺序应上下交错进行。管口点焊好经过校正后要及时进行正式焊接，焊接要严格按照《焊接作业指导书》要求的工艺参数进行，重点控制：焊条直径、焊接的层数、焊接电流、电弧电压和焊接速度。

3. 钨极氩弧焊

钨极氩弧焊是在惰性气体氩气的保护下，利用钨电极与工件间产生的电弧热熔化母材和填充焊丝的一种焊接方法。焊接时保护气体从焊枪的喷嘴中连续喷出，在电弧周围形成气体保护层隔绝空气，以防止其对钨极、熔池及邻近热影响区的有害影响，从而可获得优质的焊缝，如图4-9所示。

图4-9 不锈钢管钨极氩弧焊

钨极氩弧焊可用于几乎所有金属和合金的焊接，但由于其成本较高，通常多用于焊接铝、镁、钛、铜等有色金属，以及不锈钢、耐热钢等。钨极氩弧焊所焊接的板材厚度范围，从生产率考虑以3mm以下为宜。在油气田地面建设中对于一些强度、焊接质量要求高的管道，如注水管道、输油管道、输气管道等，多采用氩弧焊打底，焊条电弧焊盖面的焊接方法。

钨极氩弧焊的工艺参数主要有焊接极性、电流大小、钨极直径及端部形状、保护气体流量等。焊接时，焊枪、焊丝和工件之间必须保持正确的相对位置，焊直缝时通常采用左向焊法。焊丝与工件间的角度不宜过大，否则会扰乱电弧和气流的稳定。手工钨极氩弧焊时，送丝可以采用断续送进和连续送进两种方法，要绝对防止焊丝与高温的钨极接触，以免钨极被污染、烧损，电弧稳定性被损坏；断续送丝时要防止焊丝端部移出气体保护区而氧化。

五、管道的安装

1. 一般规定

（1）管道安装应具备下列条件：

①与管道有关的土建工程已检验合格，满足安装要求，并已办理交接手续；

②与管道连接的机械已找正合格，固定完毕；

③管道组成件及管道支承件等已检验合格；

④管子、管件、阀门等，内部已清理干净，无杂物；

⑤对管内有特殊要求的管道，其质量已符合设计文件的规定；

⑥在管道安装前必须完成的内部防腐与衬里等有关工序已进行完毕；

⑦法兰、焊缝及其他连接件的设置应便于检修，并不得紧贴墙壁、楼板或管架；

⑧管道穿越道路、墙或构筑物时，应加套管或砌筑涵洞保护。

（2）对预制的管道应按管道系统编号和顺序号进行安装。管道安装宜按下列顺序进行：

①先地下（先埋地管线后地沟管线），再地面，后架空；

②先室内，后室外；

③先机泵设备，后配管；

④对同类介质管线，先高压、后低压，先大管、后小管；

⑤先主干管线、后分支管线，先合金钢管、后碳素钢管。

（3）管道安装前，工艺管道施工图必须经土建、电气、仪表、给排水等相关专业会审，尤其是对埋地管道与埋地电缆、给排水管道、地下设施、建筑物预留孔洞位置等进行校对。

（4）管道安装前应对管道组成件和支承件进行外观检查，合格后才能使用。

(5) 管道上的开孔应在管段安装前完成。当在已安装的管道上开孔时，管内因切割而产生的异物应清除干净；若无法清除因切割产生的异物，应拆下该管段，再进行开孔，以保证管内清洁度。不宜在管道焊缝位置及其边缘上开孔，当不可避免时，应对开孔处开孔直径 1.5 倍范围内进行补强，补强板覆盖的焊缝应磨平。

(6) 管道安装的坡向、坡度应符合设计规定。对于重力流管道、易冷凝的气体管道、易液化的气体管道，在安装时应有连续一致的坡度，使其排液畅通。

(7) 管段上的仪表接头应与管道同时安装完毕。

(8) 安装工作有间断时，应及时封堵管口或阀门出入口。

2. 安装要求

(1) 管道、管件、阀门、设备等连接时，不得采用强力对口。

(2) 安装前应对阀门、法兰与管道的配合情况进行下列检查：

①对焊法兰与管子配对焊接时，检查其内径是否一致。如不一致，按要求开内坡口。

②检查平焊法兰与管子配合情况。

③检查法兰与阀门法兰配合情况以及连接件的长短，防止不能配合安装。

(3) 检查三通、弯头内径与其连接的管径是否一致。不一致时按要求开内坡口。

(4) 异径管直径应与其相连接管段一致，配合的错边量不应大于 1.5mm。

(5) 管道对口时应检查平直度，如图 4-10 所示，在距接口中心 200mm 处测量，当管子公称直径小于 100mm 时，允许偏差（a）为 1mm；当管子公称直径大于或等于 100mm 时，允许偏差为 2mm，但全长允许偏差均为 10mm。

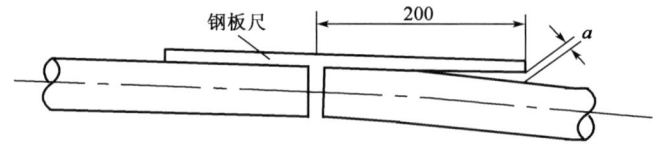

图 4-10 管道对口平直度检查

(6) 螺旋缝焊接钢管对接时，螺旋焊缝之间应错开 100mm 以上。

(7) 钢管在穿建（构）筑物时，应加设护管。护管中心线应与管线中心线平行，且建（构）筑物内隐蔽处不得有对接焊缝。

(8) 管道补偿器安装前，应按设计规定进行预拉伸（预压缩），其允许偏差为±10mm。

(9) 法兰安装应符合下列要求：

①法兰密封面应与管子中心垂直（图4-11）。当公称直径小于或等于300mm时，在法兰外径上的允许偏差 e 为±1mm；当公称直径大于300mm时，在法兰外径上的允许偏差 e 为±2mm。

②法兰螺孔应跨中安装（图4-12），管道的两端都有法兰时，将一端法兰与管道焊接后，用水平尺找平，另一端也同样找平（图4-13）。图4-14为现场阀组安装示意图。

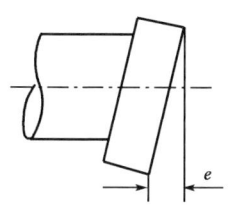
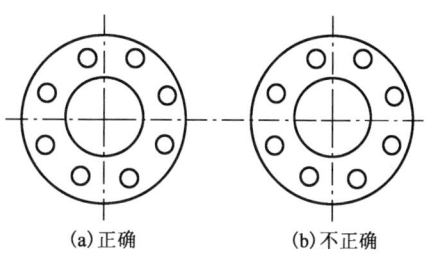

图4-11 预制管段偏差　　　　图4-12 法兰螺孔装配位置

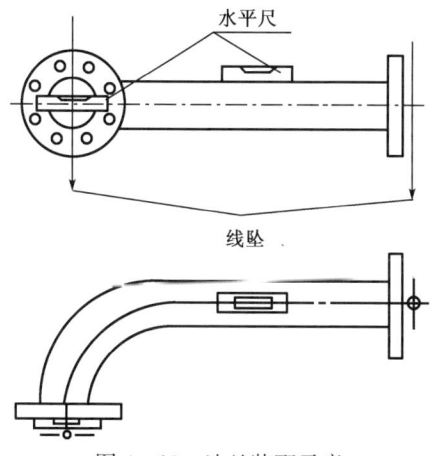

图4-13 法兰装配示意　　　　图4-14 现场阀组安装示意图

③管端与平焊法兰密封面的距离应为管子壁厚加2～3mm。

④法兰连接时应保持平行，其偏差不得大于法兰外径的1.5‰，且不大于2mm。垫片应放在法兰密封面中心，不得倾斜或突入管内。梯槽或凹凸密封面的法兰，其垫片应放入凹槽内部。

⑤每对法兰连接应使用同一规格螺栓，安装方向一致。螺栓拧紧应按对

称次序进行。所有螺栓应拧紧，受力应均匀，不得遗漏。

⑥法兰螺栓拧紧后，两个密封面应相互平行，用板尺对称检查，其间隙允许偏差应小于0.5mm。

⑦法兰连接应与管道保持同轴，其螺栓孔中心偏差不超过孔径的5%，并保持螺栓自由穿入。法兰螺栓拧紧后应露出螺母以外0~3螺距，螺纹不符合规定的应进行调整。

第四节　站外钢制管道施工

在油气田地面建设中，原油、含油污水、天然气、聚合物母液，等等，主要依靠管道进行传输，所以，站外管网的敷设安装非常普遍，油气田站外集输管道施工流程见图4-15。根据施工现场实际情况，工序可以进行局部调整，这里只介绍几个主要的施工工序。

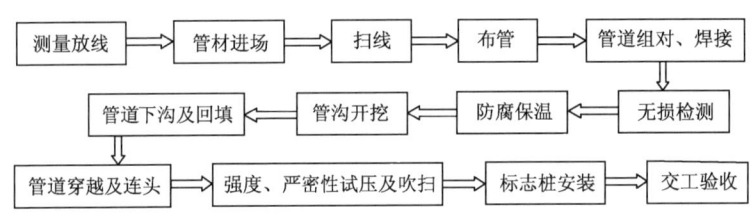

图4-15　站外集输管道施工流程图

一、测量放线

为了保证站外集输管道能准确按照设计图样要求进行施工，在施工前要进行测量放线工作。

1. 施工测量准备

熟悉施工现场的地形、地物、气象资料和有关的设计资料（主要包括管道的总平面图、纵横断面图、附属构筑物图以及有关的设计说明等）。通过熟悉资料了解管道的大小、走向、设计要求以及施工现场的概况，另外还要详细检查核对图样各个部分数据有无差错，图样与现场情况是否相符，发现问题及时与建设人员进行联系和处理。

第四章　管道工程施工

2. 管线定位

管道定位工作，是在管线施工前先在地面上确定出管线的起止点和管线中间各转折点的具体位置，见图 4-16。在油气田地面建设中，一般按照设计坐标根据现场的控制点进行定位。有的控制点丢失则需要补测控制点。管道定位时一般采用极坐标法与角度交会法。

管道的起止点、转折点在地面上测定以后，必须进行检查测量，实测各转折点的夹角。其实测值与设计值的比差不得超过 $\pm1'$。实际测量的距离与设计距离值的相对误差不得超过 0.5‰。

图 4-16　管道现场测量

3. 埋地管道的施工测量

埋地管道施工测量放线时，要先搞好埋地管道管沟中心线和施工控制桩的测设。管沟挖土中心线的测设要根据管道的起止点和中间各转折点进行，一般情况每 20m 测设一点。在测定管道中心线和控制桩时，要同时把管道阀井和辅助构筑物一起测出。当管道中心线位置定出，要按管沟的宽度在地面上撒上白灰线，表示管沟开挖的界区。另外根据管道阀井及其他构筑物的位置和施工时需要占地的大小，用白灰线标志出施工界区。然后在管沟的两边打上水平桩或设置龙门板，作为检查、控制管沟底标高或打垫层和支模板时掌握标高的依据。

油气田集输管道一般采用推土机进行扫线，将施工区域内的障碍物清扫干净，把地表推扫平整，便于施工机械行走。由于在施工时，管道中心线的标桩是要被挖掉的，所以为便于找出中心线和阀井等辅助构筑物的位置，应在管沟外边不受施工干扰、引测方便和易于保存桩位的地方测设管道控制桩和阀井位置控制桩。控制桩一般可采用大木桩或钢管桩。在控制桩钉好后，必须采取适当的保护措施，以防损坏丢失。

二、布管及清管

1. 管材的拉运

（1）管材一般采用拖车或卡车拉运，车厢与驾驶室之间要有止推挡板。

（2）拖车底部软垫层的橡胶板厚度不得小于 15mm，宽度不得小于 100mm。层间垫层的橡胶板厚度不得小于 5mm，宽度不得小于 100mm。每层垫层沿管长不得少于 3 处。

（3）当受地形、地质环境限制时，可采用爬犁等运输工具。

（4）管子在车辆上运输时应有捆扎措施，捆扎应牢固，但不得损伤防腐层。

2. 管材的装卸

（1）管材吊装过程中，钢管与吊绳的夹角不宜小于 30°。装卸时应使用尾钩以防止损坏管口，见图 4-17。

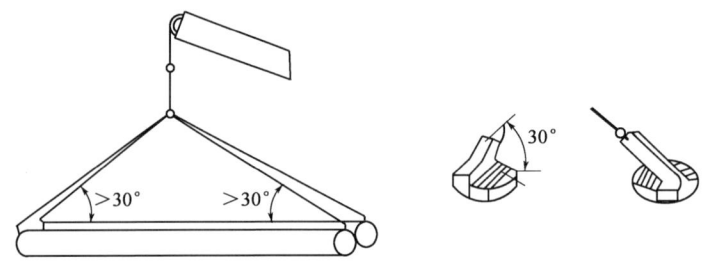

图 4-17　管材装卸示意图

（2）吊装中需有专人指挥，管子两端应设溜绳以使卸放位置准确。

（3）起吊和卸管时应轻起轻放，避免管子与其他物体或管子之间相互碰撞。严禁使用撬棍滚滑的方法卸车。在卸吊钩及吊车转动时，应将管子两端的吊钩同时卸掉，并控制好溜绳以防尾钩损伤管口和防腐层。

（4）捆扎用具可采用专用软质吊带或钢丝绳外套厚度不小于 7mm 的胶管（胶管内含丝或布）。

3. 布管

（1）布管前应勘察现场，对沿线道路、各段施工作业带地形、地质情况了解清楚。布管人员要熟悉设计图样,明确控制桩位置,清楚各类管子在布管前放在哪里,应该如何布管。

(2) 布管必须按设计图样的管子布置顺序进行,现场应准确区分各类管子类型、壁厚、防腐层类型及等级,使布管准确有序。

(3) 布管应在施工作业带的组装一侧进行,且管子距管沟边缘的最小距离应该不小于 0.5m。

(4) 布管时应注意首尾衔接,相邻两管口应呈锯齿形分开。布管的间距应与管长基本一致,每 15~20 根管核对一次距离,发现过疏或过密时应及时调整,布管位置见图 4-18。

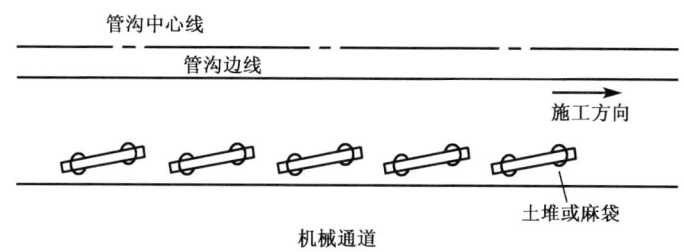

图 4-18 布管示意图

(5) 在吊管和放置过程中,应轻起轻落。管子悬空时应在空中保持水平,不得斜拉歪吊,钢管不得在地上拖拉。吊运中不得碰撞起吊设备、其他管子及周围物体。

(6) 遇有水渠、道路、堤坝等构筑物时,应将管子布设在位置宽阔的一侧,而不应直接摆放其上,且应预留恰当的长度。

4. 清管

(1) 管道组对前,要用清管器逐根进行清管,将管内的泥土、石块等杂物清理干净。

(2) 用磨光机、砂布、钢丝刷等清扫管端内外表面 25mm 范围内的油污、铁锈和污垢。

三、管道安装

管道安装和本章第三节中管道焊接、安装的方法基本一致,这里不再重复叙述。

四、管道防腐

由于管道防腐保温结构的多样性，管道补口补伤的材料、方法也是多种多样的，常见的有聚乙烯热收缩带（套）、硬质聚氨酯泡沫塑料等，施工要点各有异同。

1. 聚乙烯热收缩套管道补口

首先对管口进行除锈，可采用机械除锈或喷砂除锈，达到设计规定的除锈等级。然后刷防腐底漆，根据设计要求进行分层涂刷直至达到设计厚度。将聚乙烯热缩套放在管口处，管口四周用木楔进行支撑，用烤枪对热缩套四周进行均匀加热，使其均匀收缩；撤掉四周支撑，继续均匀缓慢烘烤聚乙烯热缩套，直至其和管材结合良好为止。

2. 聚氨酯泡沫塑料管道补口

首先对管口进行除锈，可采用机械除锈或喷砂除锈，达到设计规定的除锈等级。然后刷防腐底漆，分层涂刷直至达到设计厚度，沿管口四周缠绕聚乙烯胶带。再安放发泡模具，对聚氨酯原材料进行加温，使其充分拌和后，倒入发泡模具内；等待一段时间，感觉聚氨酯已经完全膨胀后，撤掉模具，用小刀对聚氨酯泡沫修形处理，最后按设计要求缠聚乙烯热缩带。

管道具体补口、补伤的方法、技术要求参见第七章有关内容。

五、管沟开挖

1. 开挖前的准备工作

（1）管沟开挖前应根据规划和勘察部门提供的资料，进行现场调查以查明如下情况：

①施工期间地下水位，土质情况。
②地上、地下构筑物分布情况，并与有关部门洽谈处理方案。
③与已建管道、构筑物的距离。

（2）制定土方开挖、调运方案及沟槽降水、支撑等安全措施。

（3）在地面上划出开挖轮廓线，对管道中心线，地下建筑、构筑物做出标记。

2. 开挖断面形式

管沟的断面形式应考虑管道的敷设深度、现场的土质情况、地下水位深度、管径大小及施工采用的方法而定，常采用的断面形式有直槽、梯形槽、混合槽、联合槽等（图4-19）。在油气田地面建设中最为常用的是梯形槽断面形式。

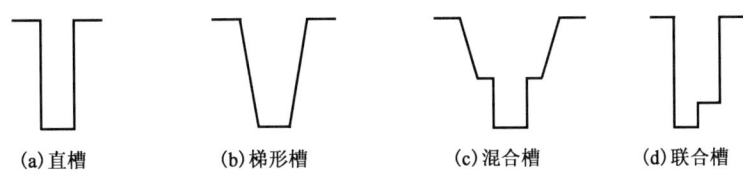

图4-19　沟槽断面形式

（1）直槽。直槽即帮边坡基本为直坡（边坡坡度系数小于0.05的开挖断面）。直槽一般都用于工期短、深度较浅的小管径工程，如地下水位低于槽底，且土质较好不易塌方，沟槽深度较浅，符合设计和相关标准规定的要求。

（2）梯形槽（大开槽）。梯形槽即槽帮具有一定坡度的开挖断面，开挖断面槽帮放坡，不用支撑。如槽底在地下水位以下，多采用人工降低水位的施工方法，减少支撑。大开槽断面是应用较多的一种形式，尤其适用于机械施工的开挖方法，在开挖时要根据实际地质土壤情况，按标准要求比例进行放坡，现场情况特殊时，必须采取增加放坡比例、安装支撑加固等措施。

（3）混合槽。混合槽一般多为深槽施工。

（4）联合槽。联合槽即为两种及两种以上管线因距离较小，只能开挖在一个沟槽之中的槽，也称同槽。

3. 管沟开挖

（1）管沟开挖前应进行技术交底，交底内容包括管沟开挖的方式、深度、边坡坡度、沟底宽度、弃土位置、验收要求、施工安全及标桩保护等。

（2）管沟的几何尺寸应按照设计文件和行业标准SY/T 0422—2010《油气田集输管道施工技术规范》中的有关要求执行。

（3）人工开挖适用于小管径、土方量少或现场狭窄、障碍物多或无法采用机械挖土的情况，如林地、耕地、居民居住区等，主要工具为铁锹、镐。

（4）在油气田集输管道施工中，管沟开挖多采用机械开挖、人工清底的方法。机械挖槽时，在设计槽底以上宜留20mm左右不挖，用人工清底，现场有专人与机械司机配合，并保证现场施工安全。

（5）对于地质情况复杂的地段，如冻土地段、淤泥沼泽地段、高地下水位地段的管沟，开挖前应进行试挖，确定合理的边坡比和沟底宽度，然后再进行开挖。

4. 沟槽支撑

在管沟开挖时，应根据土质、地下水情况、沟槽或基坑深度、开挖方法、地面载荷等因素确定是否支设支撑。支撑的形式分为水平支撑、垂直支撑和板桩支撑等。

支撑的目的是防止施工过程中管沟土壁坍塌而发生安全事故。支撑是一种由木材或钢板做成的临时性挡土结构，一般情况下，当土质较差、地下水位较高、沟槽和基坑较深而又必须挖成直槽时均应支撑。支撑可减少挖方量和施工占地面积，又可保证施工安全，但增加了材料消耗，有时还影响后续工序操作。

支撑结构应满足下列要求：牢固可靠；支撑材料的质地和尺寸合格；在保证安全可靠的前提下，尽可能节约材料；采用工具式钢支撑；方便支设和拆除；不影响后续工序的操作。

六、管道下沟及回填

管线的焊接、无损检测、补口完成并检验合格后，应尽快组织下沟和回填施工。在油气田地面建设工程中，站外管道敷设最为常见的是沿已经开挖好的管沟进行敷设。

1. 管道下沟

1) 机械吊装下沟

机械吊装下沟是目前较为常用的施工方法，主要是针对管段重量大，便于机械设备吊装的管道，一般选用吊管机、履带吊等设备。管道下沟应沿管道一端开始循序渐进逐段进行。首先吊装设备要选好站立位置，然后在管道上穿入尼龙吊带，将管道缓慢吊起，达到一定高度后将管道慢慢移入管沟内，待管道位置符合要求后，将尼龙吊带撤出。

2) 人工操作下沟

对于管径较小、重量较轻、管沟较浅的管道可以采用人工操作下沟。在下沟时，一般采用导链将管道吊起，待找正后，缓慢放松导链将管道放进沟内。

3) 管道下沟注意事项

(1) 管道下沟前，应按图样复查管沟深度，清除沟内塌方、积水、冰雪、石块、金属和树枝等硬物；石方或戈壁段管沟应先在沟底回填 200mm 厚细土,细土粒径应不大于10mm。

(2) 管道下沟时,应注意避免损伤管道防腐层,必要时可加防护,管道应贴切地放置到管沟中心线位置,偏差不应大于250mm,管底最大悬空高度应小于250mm且悬空长度小于15m。

(3) 管道下沟时,严禁沟内有人,应由专人统一指挥作业,采取切实有效措施防止管道滚沟。

2. 管沟回填

管道回填必须在管道经过试压、防腐合格后才能进行,有时为了试压安全,可以先在非焊道处回填一段土,待试压、防腐合格后再全部回填。管沟回填一般采用挖沟机进行,应先填细土,以防石块或大的土块将管道及防腐层砸伤。在回填土时要随填随压实,以保证回填土的密实。

管道回填前如沟内有积水,应将水排除,并立即回填。地下水位较高时,如沟内积水无法完全排除,可用沙袋将管线压沉在沟底后回填。对农田地段应先回填生土,后回填耕作熟土。管线若有阴极保护装置,管沟回填前宜将其测试线焊好并引上地面,或预留出位置暂不回填。

对石方段或碎石段管沟,应先在管体周围回填细土,细土的粒径不应超过10mm,细土应回填至管顶上方300mm,然后回填原土石方,石头的最大粒径不得超过250mm。

回填土一般应高于地面300mm,其宽度为管沟上开口宽度,并应作成有规则的外形。

七、管道的穿(跨)越

管道穿(跨)越工程是管道工程的重要组成部分,管道穿(跨)越工程按规模可分为大型、中型和小型三种,油气田集输管道的穿(跨)越工程多为小型穿(跨)越。按穿(跨)越对象可分为水域、冲沟穿(跨)越和铁路、公路穿(跨)越。穿(跨)越段管道的焊接、检验、防腐层补口、补伤要求与一般管道施工基本相同,但应注意穿(跨)越管段应单独进行耐压试验,焊缝的无损检测和强度、严密性试验应按设计和有关规定执行。

在油气田集输管道穿(跨)越施工中,对于常见的土路、砂石路,一般采用直接开挖方式穿越(钢开穿越);对于油气田水泥路、沥青路,一般采用顶管法或钻孔法穿越(统称钢顶穿越);对于路面较宽的重要公路、铁路、大型河流,一般采用定向钻穿越;对于小型河流、沟渠,一般采用钢过桥进行跨越。在油气田地面工程建设中最为常见的管道穿越是钢开穿越、钢顶穿越、定向钻穿越和钢过桥跨越，由于钢开穿越比较简单，这里不做介绍。

1. 顶管法管道穿越

顶管法穿越就是在公路两侧挖操作坑，然后采用液压顶管机将套管顶进公路里面的施工方法，如图 4-20 所示，主要施工要点如下：

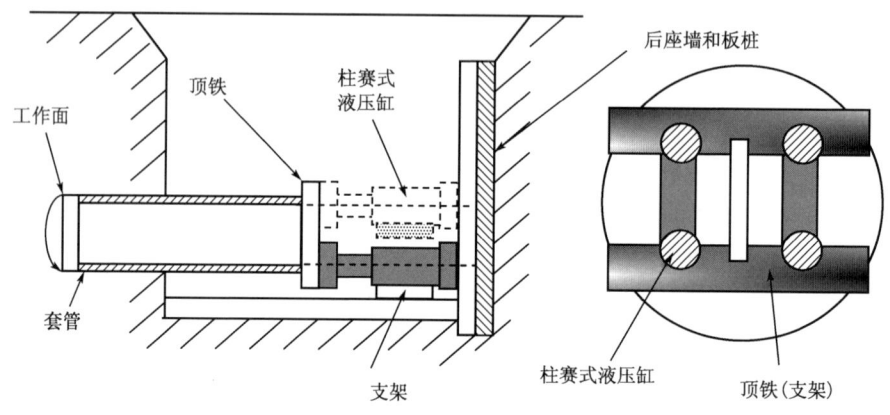

图 4-20　顶管法穿越示意图

（1）根据设计和当地政府交通主管部门要求，办理公路穿越的相关手续。

（2）根据设计给定的管道走向或控制桩位，用经纬仪放出穿越轴线，并确定穿越中心桩、施工带边线桩，撒上白灰线。

（3）用挖沟机在公路两侧穿越位置挖出发送操作坑和接收坑，坑的深度和面积要满足顶管施工的要求。工作坑开挖完毕后，用经纬仪复测穿越中心线和标高。操作坑侧壁边坡按土质实际情况确定，并留出安全通道。在操作坑内设置管道轴线基桩和临时水准点，作为操作时的测量标志。

（4）用汽车吊将顶管机吊装就位，对后座墙进行加固处理。

（5）顶进管每节的长度根据顶进操作坑的长度而定。首节管顶入后，液压缸退回到起始位置，测量合格后，将第二节套管与首节套管焊接在一起，焊接方式按设计要求进行；再依次顶进，直至顶入设计的套管长度，完成顶管作业。

（6）顶管过程中，架设水准仪控制中心位移线；每顶进 30～50cm 左右就要对顶管中线、高程进行观测，发现位移，要采取适当措施予以调整。

钻孔法穿越和顶管法穿越原理和施工程序基本一致，主要区别在于穿越设备不同，钻孔法是采用钻机，利用钻头打孔，牵引套管跟进的方法，这里不再进行介绍。

2. 水平定向钻管道穿越

水平定向钻主要适应于油气田集输管道穿越比较重要的公路、铁路、大型河流等，或者是由于现场作业环境限制，地下管网复杂，无法采用其他穿越方法的情况，例如居民区、商业区等人口密集的地方。

水平定向钻穿越主要是通过计算机控制进行导向和探测，先钻出一个与设计曲线相同的导向孔，然后再将导向孔扩大，把预制好的管线回拖到扩大了的导向孔中，完成管线穿越的施工过程。

（1）钻导向孔。要根据穿越的地质情况，选择合适的钻头和导向板，开动泥浆泵对准入土点进行钻进。钻头在钻机的推力作用下由钻机驱动旋转切削地层，不断前进。每钻完一根钻杆要测量一次钻头的实际位置，以便及时调整钻头的钻进方向，保证所完成导向孔曲线符合设计要求。如此反复，直到钻头在预定位置出土，完成整个导向孔的钻孔作业。

（2）预扩孔：在钻机对岸将扩孔器连接到钻杆上，然后由钻机旋转回拖入导向孔，将导向孔扩大。预扩孔的直径和次数，视具体的钻机型号和地质情况而定。

（3）回拖管道：预扩孔完成以后，成品管道即可拖入钻孔。扩孔器一端接上钻杆另一端通过旋转接头接到成品管道上，旋转接头可以避免成品管道跟着扩孔器旋转，以保证将其顺利拖入钻孔。

3. 钢过桥管道跨越

在油气田集输管道施工中，经常遇到穿越小型的河流和沟渠，一般采用钢过桥进行跨越，主要施工要点如下：

（1）钢过桥基础施工：根据设计要求，在河流两岸安装基础，一般采用混凝土基础，可以现场浇注，也可以提前预制吊装就位。

（2）钢过桥预制：在现场或后线厂房进行钢过桥预制，钢过桥焊接完毕后要进行防腐处理。

（3）钢过桥吊装：用吊车将预制好的钢过桥吊装就位，然后进行固定。

（4）管道敷设：根据设计图的要求，将管道沿钢过桥进行敷设安装。

八、阴极保护

在油气田地面工程建设中，为了降低集输管道的腐蚀速度，提高管道的使用寿命，针对一些介质为油、气的集输管道进行阴极保护。常用的有牺牲阳极阴极保护法和强制电流阴极保护法。

九、"三桩"埋设

在油气田地面工程建设中,为达到管道标识完整和清晰,方便管理,防止第三方破坏和标准化的要求,管道敷设完毕后,需要埋设"三桩","三桩"通常指管道的里程桩、转角桩和测试桩。

里程桩用于标记集输管道的走向和里程。里程桩应自首站 0km 起每 1km 设置 1 个,因地面限制无法设置的,可隔桩设置,编号顺延,里程桩宜设置在管道中线正上方。

转角桩用于标记埋地管道的转向和位置里程。转角桩应设置于管道中心线的水平转折点上,位置不可随意移动,当无法设置转角桩时,如位于池塘中间时,应在进出池塘附近管道正上方分别设置一个转角桩,并均在顶部标明走向,指向应设转角桩的位置和距此桩的距离。

测试桩是用于监测和测试管道阴极保护参数的地面标识,有时里程桩和测试桩合为一个桩。测试桩位于管道流向左侧距管道中心线 1.5m、不妨碍交通、方便测试的地方。测试桩严格按照设计要求进行安装,铭牌应注明工程名称、编号、管道里程及类型等。

测试桩电缆焊接完成后,地面地下均应留足余量,以防土壤下沉时拉断电缆,地下电缆的埋设应在管道下沟后回填前进行,宜贴在管壁顶部,每隔 5m 用电工胶带与管道绑扎一次。

"三桩"埋设在满足可视性和通视性需求及易于长期保留的前提下,除转角桩外,可沿管道方向适当调整间距,兼做里程桩的阴极保护测试桩调整间距不应大于 50m。

第五节 不锈钢及双金属复合管道的施工

一、不锈钢管道的施工

在油气田地面建设中,不锈钢主要用在润滑油系统、加药系统、聚合物母液系统以及油气加工系统等,常见的牌号有 1Cr13、2Cr13、1Cr17、

Cr25Ni、Cr28、1Cr18Ni9、1Cr18Ni9Ti、0Cr18Ni9、0Cr17Ni13Mo2Ti 等，最为常用的是奥氏体不锈钢。

1. 焊接方法

不锈钢管焊接一般可采用焊条电弧焊及氩弧焊。为确保内壁焊接成型平整光滑，薄壁管采用全钨级氩弧焊，壁厚大于 3mm 时，应采用氩电联焊；焊接材料通常应与母材化学成分相近，且应保证焊缝金属性能和晶间腐蚀性能不低于母材。不锈钢（0Cr18Ni9Ti、1Cr18Ni9Ti、0Cr17Ni13Mo2Ti）与碳素钢、低合金钢或耐热钢（Cr5Mo、12CrMo、15CrMo）之间的异种钢材焊接，宜选用 A302 或 A307 焊条，对不锈钢复合钢材的焊接，还应选用过渡层焊条。

焊接前应将坡口两侧 20mm 范围内的毛刺、污物、杂质清除干净，还应在距焊口 4～5mm 以外，焊口两侧 40～50mm 的长度区间内，用非金属片遮住或涂白垩粉，防止焊接时的飞溅物飞溅到管壁上。

不锈钢焊条电弧焊为防止晶间腐蚀和焊接热裂纹，应选用低线能量的焊接参数，采用小电流、快速焊、低电压；运条不做横向摆动，焊道较窄。

不锈钢管道采用氩弧焊打底焊时，由于不锈钢和氧的亲和力很大，背面的焊缝金属很容易在焊接过程中氧化，所以需要对管道内进行充氩保护。通常采用局部充氩的方式，见图 4-21，在焊接前将充氩装置事先放置焊道两侧，焊接完成后将装置从管内抽出。

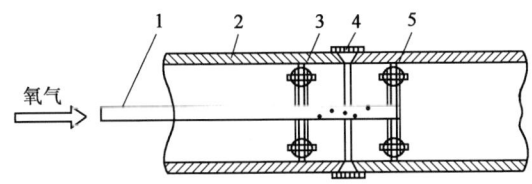

图 4-21　充氩装置
1—充氩管；2—管线；3、5—堵板；4—胶带

不锈钢管焊接后应对焊缝及附近表面进行酸洗及钝化处理。酸洗的目的是除去氧化皮，因焊接受热后都会产生一层氧化皮，将直接影响管道的耐腐蚀性能；钝化的目的是为了使不锈钢表面产生一层无色致密的氧化薄膜，起耐腐蚀作用。酸洗常用酸液或酸膏酸洗，酸液酸洗又有浸洗和刷洗两种方法。

2. 注意事项

（1）不锈钢管及管件应有制造厂的合格证书、化学成分和力学性能等资料；外观不得有裂缝、起皮、机械损伤等现象，对表面机械损伤应进行修整并使其保持光滑，同时要进行酸洗及钝化处理；输送腐蚀介质的不锈钢管又未注明晶间腐蚀试验结果的，应进行晶间腐蚀的试验。

（2）不锈钢管的运输与存放应避免与碳钢材料相互碰撞、摩擦、挤压，主要是防止碳素钢的铁屑落在不锈钢上，形成局部腐蚀。

（3）不锈钢具有较高的韧性及耐磨性，因此宜采用机械或等离子切割机等进行切割，注意切割速度不宜过快，采用砂轮机切割或修磨时应使用不锈钢专用砂轮片，不得使用切割碳素钢管的砂轮，以免受污染而影响不锈钢管的质量。

（4）不锈钢管组对时，管口组对卡具应采用硬度低于管材的不锈钢材料制作，最好采用螺栓连接形式。严禁将碳素钢卡具焊接在不锈钢管口上用来对口。

（5）不锈钢管一般采用不锈钢材质的法兰、闸门、管件连接，当设计采用普通碳素钢法兰、阀门、管件时应做好管道的内防腐。

（6）不锈钢安装时不得用铁质的工具及材料敲击和挤压；不应直接与碳钢支架接触，应在不锈钢管道与支架之间垫入不锈钢垫片及不含氯离子的塑料或橡胶垫片，因不锈钢长期与碳素钢接触，会产生分子扩散，从而产生局部的集中腐蚀。不锈钢管道穿墙及穿楼板时应加装套管，其间隙不应小于10mm并填塞绝缘物，绝缘物中不应含有铁质杂质。

二、双金属复合管道的施工

在油气田地面工程的集输管线、注气管线中，管线腐蚀比较严重，由于管线敷设的数量较大，全部采用不锈钢管道，会使油田的运营成本大大增加。为了既解决管道腐蚀的难题、提高管线使用寿命，又能降低运营成本，在油气田地面工程中，内衬不锈钢复合管道的使用越来越多。双金属复合管是在碳钢或低合金管（基层管）的内表面镶嵌一层较薄的耐热、耐腐蚀或其他特殊性能的金属（覆层管），以提高管道相应的耐热或耐腐蚀等性能，通常应用于高温或强腐蚀介质的输送中。双金属复合管道的施工程序和方法和碳素钢管道基本一致，由于结构的特殊性，其焊接工艺和其他钢制管道有很大区别，下面以内衬不锈钢复合管为例进行介绍。

1. 接头坡口形式

管道坡口采用如图 4-22 所示的结构形式。与传统的坡口形式相比，覆层部分金属比基层部分要突出1～3mm。通过采用这种坡口形式，便于在进行正式焊接接头焊接之前，对基层与覆层间隙进行封底焊，使基层材料与根焊焊缝隔离开来，确保了在进行覆层部分焊接时没有基层材料熔入焊缝中。

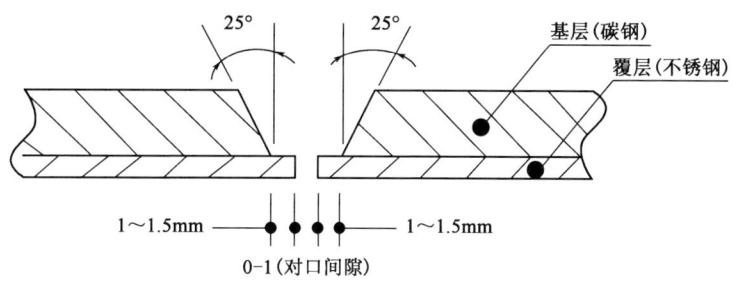

图4-22 组对坡口示意图

2. 封底焊

封底焊采用图4-23（a）的结构，管端加工4～5mm的钝边，用钨极惰性气体保护焊方法，以较小的电流、较快的焊速在其上堆焊2～3层不锈钢层，随后将坡口修磨成角度30°～35°，钝边约1mm，见图4-23（c）。该堆焊层一是起到封底焊作用，二是增加了坡口尖端不锈钢层的有效厚度，使接头的耐蚀性对错边引起的未焊透，以及其他气孔、未熔合的敏感性降低，提高接头的抗腐蚀性能，见图4-24。

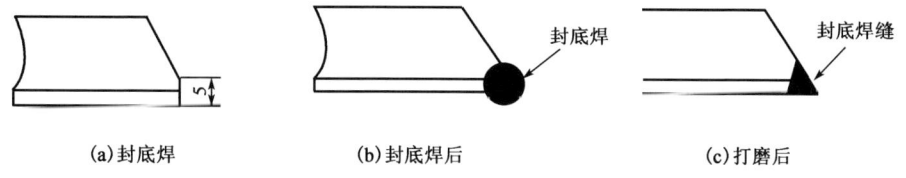

图4-23 坡口处理程序示意图

3. 组对

组对前应采用砂轮清理坡口及两侧的锈污，然后用丙酮或酒精清洗坡口。管子组对尽量采用外对口器，保证坡口间隙复合工艺要求（2～3mm），并且均匀（图4-25）。如果采用点固焊缝组对，定位点位置均匀分布于接头上，必须在背面通气保护的前提下进行。

 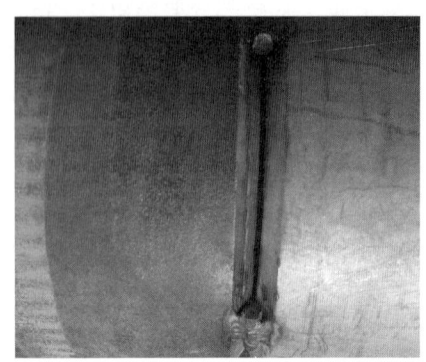

图 4-24 封底焊示意图　　　　图 4-25 组对示意图

4. 不锈钢层的焊接

不锈钢层采用单面焊双面成型焊接工艺，焊接位置一般为水平固定，是复合管焊接质量要求最高的工序。焊前必须对管子内部、焊缝背面充 99.99% 的氩气一段时间，用气体氧含量测试仪从坡口间隙处深入抽取气体测量管子内部氧含量，当氧含量低于 $50 mL/m^3$ 时开始焊接。焊接从底部 6 点钟位置开始，分左、右由下向上焊接。

5. 过渡层焊接

过渡层焊接采用钨极氩弧焊方法，内部继续通氩气保护。焊接过渡层时，要在保证熔合良好的前提下，尽量减少基材金属的熔入量，即降低熔和比。为此应采用较小直径的焊条或焊丝，及较小的焊接线能量。

6. 填充焊和盖面焊

根据焊接工艺规程要求，使用与基层钢管性能相近的焊条或焊丝，填充焊道和盖面焊道采用多层多道焊方法，层间温度保持 100℃ 以下。焊接从底部 6 点钟位置开始，分左、右由下向上焊接。

7. 焊后清理

盖面焊道完成后对焊缝表面进行清理，要求清理干净焊缝表面的熔渣、飞溅物等，并对过高的焊缝余高进行修磨并圆滑过渡，但不得伤及母材。清理完毕后，应对焊缝按照相关标准规范要求进行检查，对于超标缺陷，根据相关要求进行修补。

第四章　管道工程施工

第六节　非金属管道施工

非金属管材按材质可分为：混凝土管、陶瓷管、玻璃管、玻璃钢管、铸铁管、橡胶管、塑料管等，目前，油气田地面建设中常用的是玻璃钢管道和钢骨架塑料复合管道。非金属管道的施工程序和钢制管道基本一致，只是管道的连接方式有所区别。

一、玻璃钢管道施工

1. 玻璃钢管道的验收

安装前，应逐根、逐件对玻璃钢管子及管件进行检查，不合格者不得使用：

(1) 玻璃钢管及管件的各部尺寸应符合设计和合同约定标准。
(2) 玻璃钢管的外部、内部和两端及螺纹应完好，无损伤及硬伤。
(3) 橡胶圈密封承插式连接管与密封圈接触的承口内、插口外所有表面应平滑，不得有裂纹、断口或对连接面的使用性能不利的其他缺陷。

2. 玻璃钢管道的搬运、储存

卸车过程中，应采用两根吊带或吊绳多点吊卸，两根绳间距要在2.5～4.5m之间，不得使用钢缆、铁钩直接捆绑、搭钩在管子上起吊，更不允许抛掷，如果不用设备卸车，必须拆开包装，一根一根的卸车。管道存放过程中，各层管子之间要垫木方，防止产生点载荷与挤压损伤。

3. 玻璃钢管的安装

玻璃钢管的连接形式分为：O形密封圈承插连接、套管（筒）式接头连接、承插胶合连接、承插内外胶合连接、对接胶合连接、螺纹连接、法兰连接，见图4-26。其中油气田地面建设中最常见的是螺纹连接和承插连接。

1) O形密封圈承插连接

管子就位后，清除管子内杂物，清洁承口内表面、插口插头外表面和O形橡胶圈槽及胶圈，并分别涂上对管子、密封圈材质和输送介质无不良影响的润滑剂，套好胶圈，画好插头插进深度限位线，保持两管同心度，用机械

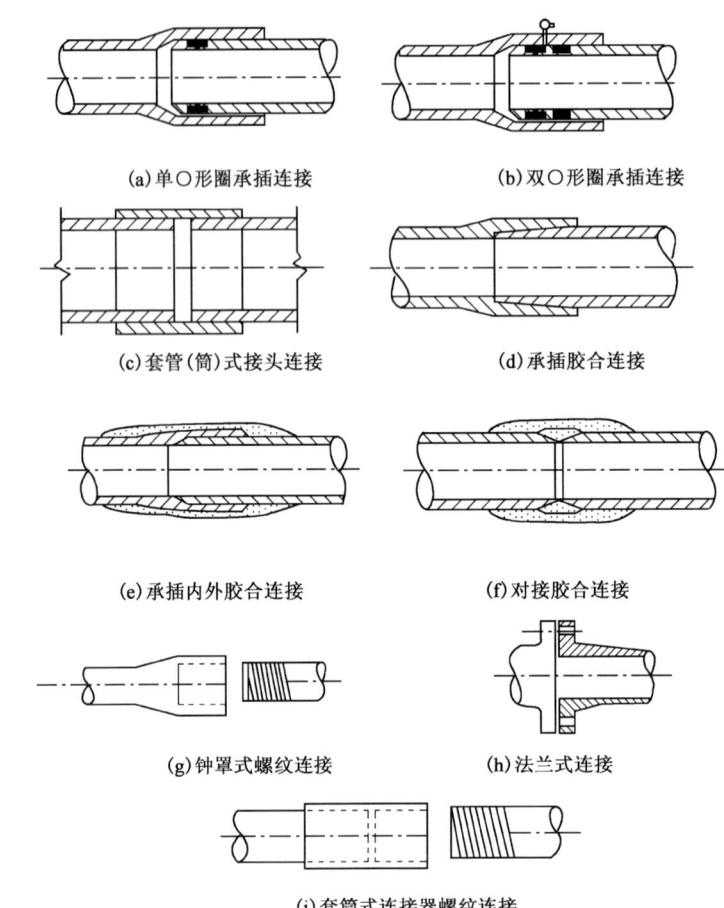

图 4-26 玻璃钢管的连接形式

或人工方式慢慢将插头压入承口，使密封圈沿径向压紧，形成可靠的密封。插进深度不得小于生产厂规定值。双O形圈承插连接管插头插入承口后，承口上的试压嘴连接孔必须处于插头上两O形圈槽中部。

双O形圈承插管连接结束后，必须做接口密封性试验。此时，应先装试压嘴，然后连接试压泵，再按试验压力进行接口密封性试验。安装试压嘴时应涂树脂、拧紧，保证黏结牢固。试验压力应为工作压力的 1.25 倍，10min 内不发生渗漏为合格。否则应拆开检查并重新连接、重新试压。下一根管应在前一根管连接无误且密封性试验合格后方可继续安装。

2) 承插胶合连接施工程序

清口：除去承插头、承插面保护套，检查承插口内外表面有无划痕、损伤、污物，剔出有损伤的管子，对有损伤的部位进行修复，清除污物，然后用丙酮刷承插口，除去表面老化树脂。当管子存放过久，表面老化树脂不易除去时，应用磨光机将承口内、插口接头插入部分进行打磨，使其形成黏合面。经清洗或打磨后的连接面不得用手接触或与其他污物接触。

插接：清口后，在承口内、插口插头插入部分外均匀地涂抹一层内衬树脂胶泥，然后慢慢将插头压入承口使其到位。

封口：先在承口端面与插头相接的台阶外均匀涂抹一层内衬树脂胶泥，然后缠塞一层浸树脂的玻璃纤维纱，再抹一层内衬树脂胶泥，如此间隔进行，直至填平接口为止。

接头封口固化后不得有裂纹、气泡、层间开裂、贫胶区和烧伤等缺陷，否则应打磨处理，或拆开重接。

3）螺纹接头的连接程序

螺纹检查处理：卸下管子和连接器两端的螺纹保护套，检查螺纹，如发现螺纹损坏，应更换或修复后使用。当玻璃钢管与钢管接头连接时，应检查二者螺纹是否匹配、钢接头有无可能划伤玻璃钢管接头的毛刺，当二者螺纹不匹配时应处理；有毛刺时应用钢质螺纹适配器将其清除。钢接头端宜为内螺纹，玻璃钢管端宜为外螺纹，以获得良好的连接。

清洁螺纹：用干净的钢丝刷清洁内外螺纹，用棉纱或碎布对螺纹进行清洗并彻底擦干。不得在螺纹根部残留任何污物和液体。

涂螺纹脂：在清洁、干燥的内外螺纹上涂敷螺纹密封脂。

对扣、上扣：将两个接头螺纹对好，先用手旋转管子，并保证螺纹顺畅，用手拧紧后，再用专用管钳拧紧。扭矩值应符合玻璃钢管生产厂的规定。

二、钢骨架塑料复合管道施工

近几年钢骨架塑料复合管在油田地面建设中得到广泛应用，主要用在聚合物母液管道中。钢骨架塑料复合管连接采用电热熔连接，施工工艺简单，操作方便。

1. 管材的验收

施工前必须对所用钢骨架塑料复合管材与管配件进行验收，验收内容包括：产品使用说明书、合格证、质量保证书、性能检验报告、规格数量和包装情况等。管材出厂时应有如下标志：公称内径、长度、公称压力、连接方式（F为法兰连接，D为电熔连接）、生产厂名或商标、生产日期；管件出厂时应有如下标志：管件类型、规格尺寸、连接方式（F为法兰连接，D为电熔连接）、生产厂名或商标。

2. 管材搬运、存放

管材在搬运过程中，应用非金属绳带捆扎或金属带加软保护索扎捆、吊装，不得抛掷、拖拽，不允许与硬物、利器撞击，不允许与火焰及高温物体接触，电熔接头管材应用保护端盖包装。对法兰连接的管材与管件应特别注意保护两端及密封槽，密封槽棱角不得磕碰划伤，槽内应保持光洁。车辆运输管材时，应放置在平底车上；船运时，应放置在平坦的船舱内。

管材、管件存放应避免阳光暴晒，管材可码垛堆放，码垛高度不应超过1m；若管材分层码放，且在适当的层位上加分隔支撑架保护时，则堆放高度可以增加；堆放地面应平整。堆放应按规格分开，应确保管垛不能倒塌。管材与管件从生产到使用之间的存放期不宜超过一年。管材存放时，应将不同内径、不同壁厚的管材分别堆放。

3. 钢骨架塑料复合管的安装

（1）查看待焊管件焊接处是否有泥沙、油渍，待焊管件的摆放与管线的走向是否保持一致；用水或汽油清洗焊接面的泥沙、油渍，然后再用95%以上的酒精或丙酮清洗，确保焊接表面清洁，用钢刷或电动钢刷打毛熔接表面；将管内泥土清理干净，检查焊接处是否已擦干净；清理电熔接头、电源插孔内的泥沙。

（2）将准备好的电熔接头用手推入管口适当深度，如太大或太小可放置在一边暂时不用。在对接的两根管表面刻上焊接区标记，用锤子轻击电熔接头四周，将电熔接头打入标记处为止；禁止敲击电源接线栓处。看清待装管走向，将其摆正，然后插入电熔接头。将管卡（扶正器）的两个卡环调到适当位置；将管卡（扶正器）夹在管线上，注意电源插孔与管卡（扶正器）的相对位置，拧到位时管卡（扶正器）卡环应抵住电熔接头；拧紧卡环螺栓，对角上两条拉杆轮换将待装管拉到位，拧紧拉杆上的螺母，准备焊接（图4-27）。

（3）检查焊机电源线接触是否良好，输出端插头是否变形，有无泥沙或电氧化层，排除会造成接触不良的各种因素；用表测量焊机输入端电压，是否在220±20V范围内，如不在此范围内，不能焊接；将输出端插头插入电熔接头插孔，使之保持良好接触；保持焊点与安装点的安全距离；校对加热时间，打开焊机调到所需电流；注意观察电熔接头观察孔的变化及有无异常声音，接头变形及表面温度变化是否正常，如发现冒料应立即停机，分析原因，制定纠正措施并在记录中备案;按要求认真填写施工记录。

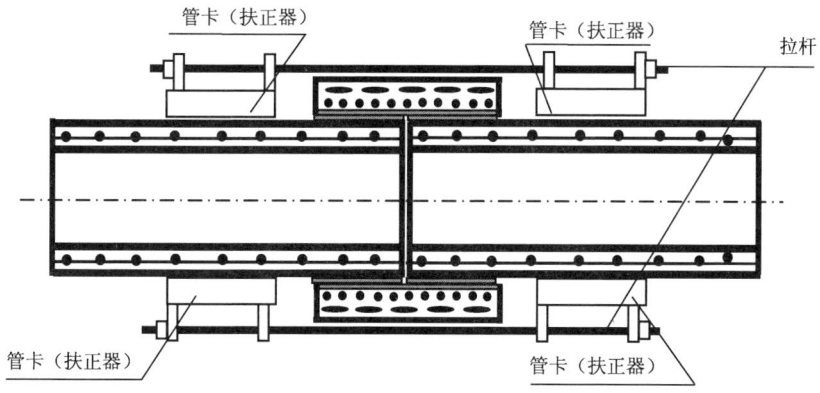

图 4-27　钢骨架塑料复合管组装示意

(4) 冷却方式可采用自然冷却和人工冷却,冷却过程中保证接头不受任何外力。当温度降至常温时方可拆卸管卡(扶正器),如果因缺少管卡(扶正器)而影响施工进度,可在管卡(扶正器)的四条拉力杆全部松动后卸下管卡(扶正器),但要保证接头不受任何外力影响,确保熔接面在收缩过程中不受损。

4. 管沟回填

管道安装与铺设完毕后应立即回填,回填时间宜在气温较低的时候进行,回填土中不应含有砾石、冻土及其他硬物;管沟回填一般分两次进行,铺设管道的同时,宜用细土回填管道的两侧,一次回填高度宜为 0.1~0.15m,夯实后再回填第二层,直到回填到管顶以上 0.1m 处,回填过程中,管道上部与管底间的空隙必须填实,管道接口前后 0.2m 范围内不得回填;管道在试压前,管顶以上回填厚度不少于 0.5m,以防试压时管道移动。

第七节　管　道　试　压

管道安装完毕后均需做压力试验,按试验的目的可分为检查管道力学性能的强度试验、检查管道连接质量和密封性能的严密性试验、检查管道在真空状态下的密封性能的真空试验等。除了真空管道和有防火要求的管道系统外，多数管道只做强度试验和严密性试验。

在油气田地面建设中，管道试验一般以水为介质，有时在特殊情况下采用煤油、乙二醇等其他介质。如因设计结构或其他原因，不能采用水压试验时，可采用气压试验但必须采取有效的安全措施，并应报主管部门批准。

一、试压前的准备工作

1. 一般规定

（1）压力试验应以液体为试验介质，当管道设计压力小于或等于0.6MPa时，可采用气体为试验介质，但应采取有效的安全措施，脆性材料严禁使用气体进行压力试验。

（2）当现场条件不允许使用液体或气体进行压力试验时，经建设单位同意，可采用下列方法代替：所有焊缝进行渗透或磁粉检验；对接焊缝用100％射线照相进行检验。

（3）当进行压力试验时，应划定禁区，无关人员不得进入。

（4）管道试验前，应将不能参加试验的系统、设备、仪表及附件加以隔离或拆卸，如：流量计、安全阀、调节阀等。

（5）管道试验过程中，要缓慢升压，如发现有泄露的地方，应及时作出标记，待管道压力卸除后再进行修补处理。修补合格后，应重新进行试验，直到管道系统全部试验合格为止。

（6）油气田集输管道压力试验参数应符合表4-3的规定。

表4-3　管道试验参数一览表　　　　　　　单位：MPa

介　　质	水		压　缩　空　气	
检验项目	强度	严密性	强度	严密性
设计压力 $p \leqslant 10$	$1.5p$ 且不小于0.6	p	$1.25p$	p
设计压力 $p > 10$	1.5	p	—	—

2. 压力试验前应具备的条件

（1）管道系统已按设计图样安装完毕，并符合设计要求和国家颁布的各项有关规定。

（2）管道上的膨胀节已设置了临时约束装置。

（3）试验用压力表已校验，并在检验期内，其精度不得低于1.5级，表的满刻度值应为被测压力的1.5～2倍，压力表不得少于2块。

(4) 符合压力试验要求的液体或气体已经备齐。
(5) 按试验的要求，管道系统已经固定。
(6) 与试验无关的系统已经用盲板或其他措施隔离。
(7) 待试验管道上的安全阀、爆破板及仪表元件等已经拆下或加以隔离。
(8) 试验方案已经过批准，并已进行了技术交底。

二、液压试验

1. 液压试验方法

液压试验如图 4-28 所示，试验的程序、步骤、方法如下：

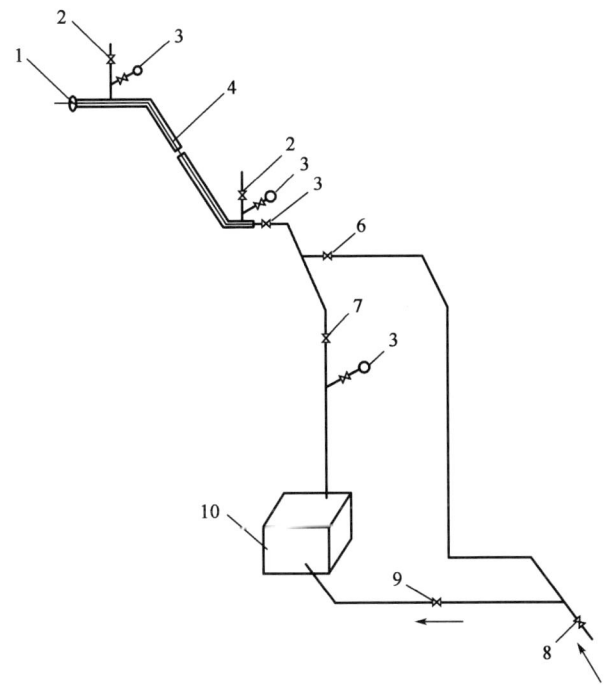

图 4-28　管道液压试验系统示意图
1—盲板；2—排气阀；3—压力表；4—受压管道；5、6、8—阀门；
7、9—试压泵阀门；10—试压泵

（1）连接。将试压设备与试压的管道系统相连，试压用的各类阀门、压力表安装在试压系统中，在系统的最高点安装放气阀、在系统的最低点安装泄水阀。

（2）灌水。打开系统最高点的放气阀，关闭系统最低点的泄水阀，向系统灌水。试压用水应使用洁净水，当奥氏体不锈钢管道试压时，应使用氯离子含量不得超过25mg/L的洁净水。待排气阀连续不断地向外排水时，关闭放气阀。

（3）检查。系统充水完毕后，不要急于升压，而应先检查一下系统有无渗水、漏水现象。

（4）升压。充水检查无异常可升压，升压用试压泵，升压过程应缓慢、平稳，先把压力升到试验压力的30%，稳压30min，对管道系统进行一次全面的检查，若有问题，应卸压修理，严禁带压修复。若无异常，则继续升压，待升至试验压力的60%时，稳压30min，再做一次全面检查，无异常时再继续升压到试验压力。

（5）稳压。当压力达到试验压力后，稳压4h，以管道目测无变形、无渗漏，压降小于或等于试验压力的1‰为合格。再将压力降至设计压力，稳压24h，以压降小于或等于试验压力的1‰为合格。

（6）试压后的工作。试压结束后，应及时拆除盲板、膨胀节限位设施等，排尽系统中的积水。

2. 液压试验注意事项

（1）试验前，向系统充水时，应将系统中的空气排尽。

（2）试验时，环境温度不应低于5℃，当环境温度低于5℃时，应采取防冻措施。

（3）试验时，应测量试验温度，严禁材料试验温度接近脆性转变温度。

（4）当管道和设备作为一个系统进行压力试验，管道的试验压力等于或小于设备的出厂试验压力时，应按管道的试验压力进行。当管道试验压力大于设备的试验压力，且设备的试验压力大于管道试验压力的77%时，经建设单位和设计单位同意，可按设备的试验压力进行试验。

（5）对位差较大的管道，应将试验介质的静压记入试验压力中。液体管道的试验压力以最高点的压力为准，但最低点的压力不得超过管道组成件的承受力。

（6）对承受外压的管道，其试验压力应为设计内、外压力之差的1.5倍，且不得低于0.2MPa。

（7）当试验过程中发现泄露时，不得带压处理，应降压修复，待缺陷清除后，应重新进行试验。

三、气压试验

根据管道输送介质的需求，选用空气或惰性气体作介质进行压力试验称为气压试验。用于试验的加压设备是气体压缩机或高压储气瓶。气压试验灵敏、迅速，但不如水压试验安全，这是由于气体突然减压可能引起爆炸，尤其是利用高压蒸汽试压时，这一特性更为明显，因此应尽量采用液压试验。但由于结构的原因不适合做液压试验或做液压试验有困难时，可用气压试验代替液压试验，但必须采取有效的安全措施。

1. 试验方法

管道气压试验的程序、步骤、方法如下（图4-29）：

（1）试验前的检查。试压前再检查一下试压的管道系统是否符合设计要求，管道的各类连接点是否安全可靠，支架的加设是否合理，安装是否牢靠，是否能满足气压试验的要求。

（2）实验前的准备工作。将做气压试验所用的设备、阀门、压力表备好、备齐，并设立禁区，无关人员不得入内。

（3）试压连接。将试压设备、仪表、阀门等与试压的管道系统连接。

（4）预试验。气压试验前必须用空气进行预试验，试验压力宜为0.2MPa。

（5）升压试验。当以空气为介质做强度试验时，应逐步缓慢增加压力，升压速度不大于0.1MPa/min，先把压力升到试验压力的30%，稳压30min，对管道系统进行一次全面的检查，若有问题，应卸压修理，严禁带压修复。若无异常，则继续升压，待升至试验压力的60%时，稳压30min，再做一次全面检查，无异常时再继续升压到试验压力。

（6）稳压。当达到强度试验压力后，稳压4h，以管道目测无变形、无泄露，压降小于或等于试验压力的1%为合格。然后将压力降至设计压力，稳压24h，以无泄露为合格。

2. 气压试验注意事项

（1）承受内压钢管及有色金属的强度试验压力应为设计压力的1.15倍，严密性试验压力为设计压力的1倍。真空管道的试验压力应为0.2MPa。当管道的设计压力大于0.6MPa时，必须有设计文件规定或经建设单位同意，方可用气体压力试验。

（2）严禁使试验温度接近金属的脆性转变温度。

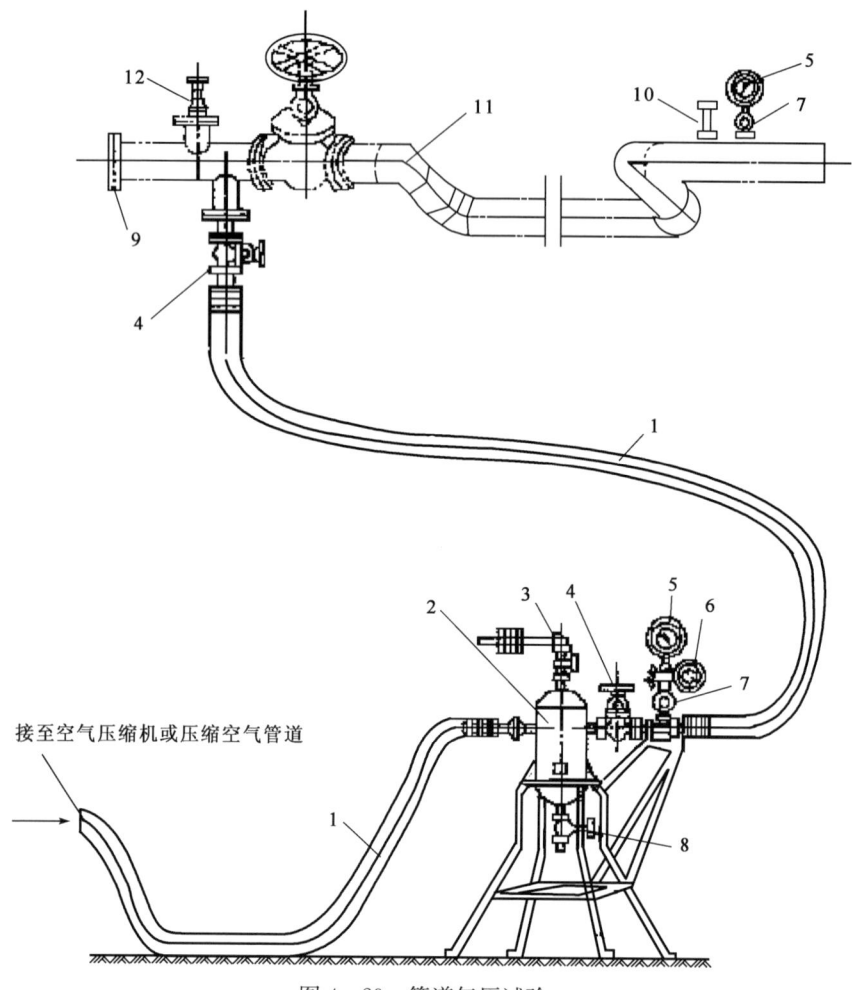

图4-29 管道气压试验
1—供气软管；2—除油器；3—安全阀；4—阀门；5—压力表；6—检测气压表；7—膨胀短管；
8—排污阀；9—盲板；10—温度计；11—试验管段；12—放气阀

第八节 管道工厂化预制

管道工厂化预制是施工企业在施工项目所在地（或异地）建有固定的标准厂房管道预制生产线或移动式厂房（或集装箱）管道预制工作站，按照流程作业方式组织施工,在管道预制厂内完成大部分管道的切割、组对、焊接、防腐、检验等工作,预制好的管段送往现场各个工区或工段进行安装组焊,在现场只进行少部分管道连接、二次预制和固定口焊接。管道预制工厂化能最大限度地采用机械化或半机械化施工,采用较先进的施工工艺和方法,利用优越的环境条件,可以缩短施工周期,加快施工进度,提高技术水平和平衡施工力量,使管道施工达到工期、质量、效益三方面的优化目标。

近年来,管道工厂化预制技术在油气田地面工程施工中得到了推广应用,本节简要介绍油气田地面工程的管道工厂化预制工艺。

一、工厂化预制的原则与特点

1. 工厂预制的原则

管道实施工厂化预制,应考虑以下原则:

(1) 尽可能提高管道预制深度,需要焊接的管件接头尽可能在工厂内焊接。对管道预制深度的确定,应考虑到运输和安装的方便,要合理拆解单线图。

(2) 建立独立的管理机构,配备专业管理人员和岗位工人,协调好原料供应与产品营销。

(3) 做好施工项目部与预制工厂之间的生产协调,确保施工效率和工程质量。

2. 工厂化预制的特点

管道进行工厂化预制具有以下优点:

(1) 不受施工现场条件的约束。在现场不具备管道开工条件的情况下,也可实现管道的预制施工,最大限度地缩短施工工期。

(2) 作业条件好,不受自然条件和气候的影响。

(3) 可减少高空作业和高空作业辅助设施的架设,保证施工安全。

(4) 能充分利用先进设备,生产效率高。

(5) 质量控制比较容易实现,质量易得到保证。

(6) 能实现资源共享,不同施工项目的管道预制任务都可以在工厂进行预制,设备利用率高。

(7) 便于实现统一管理,节约人力、物力、生产成本,增加经济效益。

二、管道工厂化预制工艺

管道预制就是指对管道系统的管线进行排料和分段设计，在工厂（车间）经过弯管、管件制作、坡口加工、管段组对、焊接、热处理、分段与整体组装、检验、标记、清理、油漆和防护等工序，制造出管道产品的过程。

1. 工艺流程

油气田地面工程管道工厂化预制的内容主要有：模块化分解、绘制单线图、编制工艺卡、下料、加工、组装焊接、检验等，其工艺流程见图4-30。

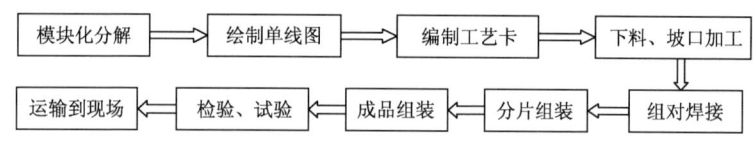

图4-30 工厂化预制工艺流程图

2. 工艺要点

1）模块化分解

根据设计图内容和功能区块的划分，将整个较复杂的项目分解为若干个模块或部分，例如：一座转油站可以分解为输油泵工艺模块、污水泵工艺模块、阀组间工艺模块、分离器工艺模块等。

2）绘制单线图

在对每一模块设计图分析的基础上，根据组对、拉运、吊装、现场焊接安装要求将设计图分解为施工预制模块，并绘制模块的整体组装效果图。然后将模块分解为预制图，模块一级分解形成安装单线图，模块二级分解形成预制管段单线图，见图4-31。

模块的分解原则为：

（1）考虑预留焊口的施焊位置，便于焊接、探伤作业；

（2）考虑设备、材料偏差对预制质量的影响因素；

（3）考虑组装、运输的方便，同时注意防止变形。

3）编制工艺卡

根据每一段的管段图，结合施工标准和规范要求，由技术人员编制每道工序的工艺卡，包括管线切割、组对、焊接、组装等，工艺卡内容要全面、具体，主要包括操作方法、加工尺寸、质量要求等。

第四章 管道工程施工

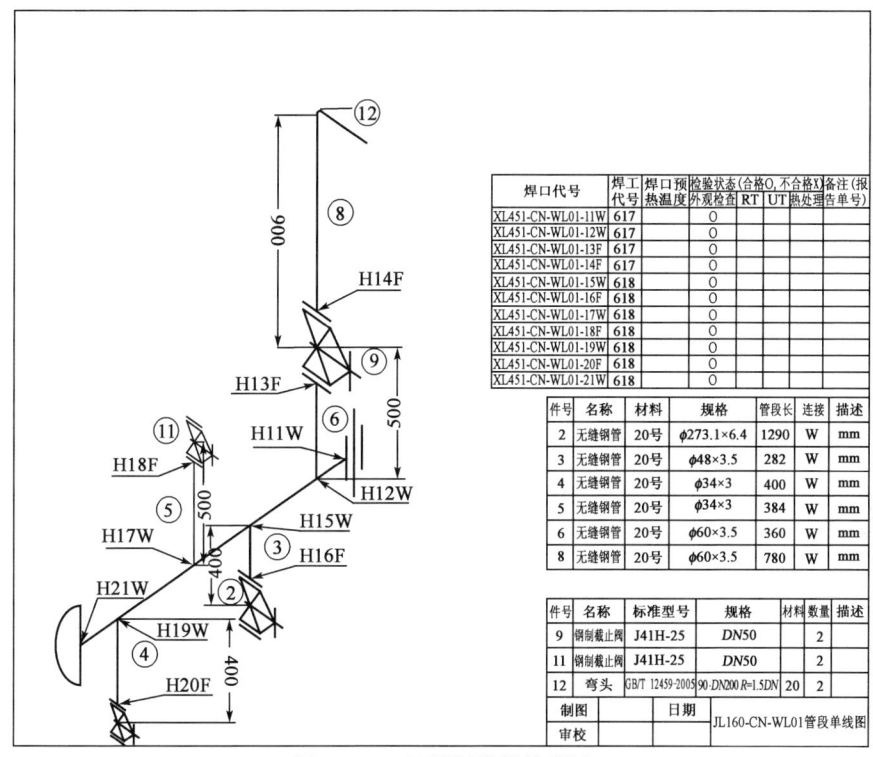

图4-31 某预制管段单线图

注：图中 H14F 为焊口代号 XL451-CN-WL01-14F 的简写，其他依此类推；
GB/T 12459—2005《钢制对焊无缝管件》

4）下料、坡口加工

根据管段图中每段管线长度，进行切割和加工坡口。可以采用等离子、火焰半自动切割机切割，也可以采用切断坡口一体机，在切割的同时加工出坡口，见图4-32、图4-33。

图4-32 等离子切割下料

图4-33 切断坡口一体机

143

在加工时,管段编号、配件编号、口径标注、尺寸标注要和管段图对应准确,一目了然。

5)组对焊接

根据工艺卡的要求,将每个管段与管件(管段)进行点焊组对,然后利用自动焊机进行自动焊接,见图 4-34。

6)分片组装

将预制好的管段,利用焊接、法兰连接、阀门连接等,按照单线图组装成单根管线,见图 4-35。

图 4-34 气体保护自动焊作业　　图 4-35 管段分片组装

7)成品组装

结合拉运、吊装情况,将各单根管线组装成一个整体的模块,见图 4-36。

(a)　　(b)

图 4-36 管线组装成模块

8)检验、试验

根据设计图样和施工标准要求,对组装模块进行检验、试验,包括焊道的检测、系统的试压等。检验、试验全部合格后,才能出厂。

9)运输到现场

用型钢、木方、绳索等将预制好的模块整体固定,以防止拉运过程中产生大的变形（图 4-37）。用大型拖车将模块拉运至施工现场，然后吊装就位（图 4-38）。

图 4-37　运输

图 4-38　现场组装

第九节　管道施工安全技术措施

在油气田集输管道施工过程中，作业安全风险主要位于管道的吊装、焊接、沟下作业、试压等工序，所以在管道施工过程中要加强这几道工序的安全管理，提前制定安全防范措施，保证管道施工的安全。

一、吊装作业安全技术措施

（1）操作手、起重工必须持证上岗。

（2）吊管前，应对吊钩、钢丝绳等进行安全检查，确认安全后方可吊管。吊管时应从管垛最上层开始吊管。

（3）吊管时应注意架空输电线路，吊管设备的任何部位与架空输电导线间应保持不小于规范要求的安全距离。

（4）吊管机在行走时要鸣铃示警，在钢管两侧应有牵引绳，防止钢管晃动伤人。

（5）吊管组对时，任何人不应站在两管口之间，不应将手指置于两管口之间。

二、焊接作业安全技术措施

（1）焊机应有良好的保护性接地、接零装置，其他焊接设备和工具应安全可靠。

（2）焊接作业时，配备符合安全规定的焊工个人防护用品，包括工作服，绝缘手套、鞋、缘垫板等。

（3）在金属容器或沟下等工作场所狭小的有限空间进行焊接作业，施行作业许可制度。经审批采取措施，进行空气采样化验，施焊中要强行机械通风和专人监护。

（4）改变焊机接头，更换焊件需要改接二次回路，转移工作地点及焊机发生故障需检修等，应切断电源后进行。

（5）在有坡度的场地从事焊接作业，应注意吊管机、吊车、焊机车等设备的位置，确认设备停稳无滑动后才能进行焊接作业。

（6）高处作业应有监护人，焊接电源开关设在监护人近旁，焊把、电缆等不得缠在电焊工身上。

（7）在电焊火星所及的范围内，应彻底清除易燃、易爆物品，工作结束后要认真检查是否留有火种，确认安全后方可离开现场。

（8）管口打磨和焊接操作时，操作人员应佩戴护目镜，避免飞溅和弧光灼伤眼睛。

三、沟下作业安全技术措施

（1）管沟开挖一定要按设计要求和标准规定进行放坡开挖。对于土质松软、地下水位高的地方，要对管沟采取加固措施，防止管沟塌方。

（2）沟下作业时，作业空间应足够大，防止管道挤伤人。

（3）沟下作业时，要注意检查管沟壁情况，及时发现塌方险情，并及时处理。

（4）当工作人员进入管沟内清理塌方时，应将沟上管线固定牢固；当指挥人员确认管沟内清理塌方的人员全部撤离管沟后，方可继续进行管道下沟作业。

（5）管道下沟时，要由专人统一指挥，确认整个管沟内没有作业人员后，方可进行管线下沟作业。

四、管道试压作业安全技术措施

（1）试压作业前，在打压作业区域设置围挡，做明显的警戒标志，禁止闲人入内。

（2）试压前应全面检查机械各个部件及润滑情况，发现有问题就及时解决；检查后要进行试运转，严禁带病作业。

（3）在试压进行期间，施工单位要保证所有管道施工人员和公众的健康和安全，树立警告标志和路障，未经许可人员禁止入内。试压开始前，施工单位应当在往施工作业带的所有进出口道路设置警告标志，管道内压力解除后再撤标志。标志牌内容如"试压危险""切勿靠近""禁止通行""车辆绕行"等。

（4）试压管段周围，与试压作业没有直接关系的主要管道禁止工作，在管道进行试压加压时，所有不需要直接参与试压操作人员（检漏、拧紧垫圈、操作泵、记录数据等）通行要加以限制，尽可能不要进入试压作业区。

（5）在试压作业期间需提供和维护可靠的通信系统，以便所有参与试压的工作人员能够及时通报在试压期间的试压状态和出现的问题。在所有的试压现场要备有当地医疗和应急反应机构的电话号码。

（6）在试压期间，应根据压力等级按层次升压，稳压不许超过设计要求及延长耐压时间，严禁人员正面对视盲板和阀门，严禁带压补焊。

第五章 静设备安装

静设备是以静置的作用部件为主的机械设备，在石油、石化、化工各类装置及原料和产品储存运输的生产过程中，完成和实现反应、分离、混合、换热、储存等工艺。油气田地面工程中的静设备主要包括塔器、立式储罐、球形储罐、滤罐、油气分离器、游离水脱除器、油水缓冲罐、电脱水器、注汽锅炉、水套加热炉等，是油气生产过程中的重要设备，主要用于油、气、水等介质的储存、分离及加热等。

需要说明的是，立式储罐和球形储罐的施工已在本套统编培训教材之一的《储罐施工》一书中进行了详细阐述，故本章不再重复介绍。本章主要以卧式静设备和立式静设备为例，介绍油气田地面工程静设备的现场安装。

第一节 静设备的种类和特点

一、静设备的分类与结构特点

油气田地面工程所用的静设备种类繁多，其分类方法也多种多样，可按形状分为圆筒形设备、球形设备、矩形设备；按材料分为钢制设备、非铁金属设备、非金属设备；按设备在生产工艺过程中的作用分为储存设备、换热设备、分离设备；按设备承压分为压力容器、常压容器；按储存介质分为储气设备、储液设备等；按安装形式分为卧式设备、立式设备；按结构形式分为容器类设备、塔类设备、炉类设备、储罐设备。在油气田地面工程中多按形状、安装形式和结构形式等进行分类。

1. 按形状分

静设备按形状可分为圆筒形设备、球形设备、矩形设备，如图 5-1 所示，其中以圆筒形设备最为常见。在油气田地面工程中，圆筒形设备主要有立式油罐、水罐、加药罐、滤罐、沉降罐、熟化罐、过滤器，以及卧式电脱水器、油气分离器、游离水脱除器、筒式加热炉等；球形设备主要有各类球罐；矩形设备主要有润滑油箱、水箱、水槽等。

(a)圆筒形设备　　　　　　(b)球形设备　　　　　　(c)矩形设备

图 5-1　三种形状的静设备实物图

1) 圆筒形设备结构特点

圆筒形设备是由圆柱形筒体和各种成型封头（椭圆形、半球形、蝶形、锥形等）所组成的立式、卧式设备。由于使用目的不同，内部结构也各不相同。该形状设备制造较容易，承压能力较好，因此在油气田中应用最为广泛。比较常见的是立式圆筒形储罐、立式塔设备、立式过滤器、卧式容器、卧式换热器、卧式加热炉等。

2) 球形设备结构特点

球形设备多为球罐，由数块球瓣板拼接焊制而成。与圆筒形容器相比，在相同容积和相同压力下，球罐的表面积最小，故所耗钢材量少；在相同直径情况下，球罐壁内应力最小，而且均匀，其承载能力比圆筒形容器大 1 倍，故球罐的板厚只有圆筒形容器壁板厚度的一半；球罐占地面积较小，基础工程量小，可节省土地。但球罐的制造、焊接和组装要求很严，检验工作量大，制造费用较高。随着石油天然气工业的发展，需要更多储存低温液态或高压气态物料的储槽，因此近年来球罐得到日益广泛的应用。

3) 矩形设备结构特点

矩形设备由平板焊制而成，制造简单，但承压能力差，故只用作小型常压储罐。

2. 按安装形式分

静设备按安装形式可分为卧式静设备和立式静设备，见图 5-2。油气田地面工程中常用的卧式静设备主要包括三相分离器、两相分离器、游离水脱除器、电脱水器、产品气分离器、原料气过滤分离器、换热器等；立式静设备主要包括压力滤罐、净化器分离器、闪蒸气分离器、凝结水分离器、原油稳定塔、洗涤塔、脱氧塔、脱甲烷塔、吸收塔、再生塔等。

(a)卧式静设备

(b)立式静设备

图5-2 两种安装方式静设备实物图

1) 卧式静设备结构特点

卧式静设备最基本的结构是一个密闭的壳体，大多数是圆筒形容器，由壳体（筒体）、封头（又称端盖）、法兰、支座、接口管及人孔、手孔、视镜等组成，并根据使用功能的要求配备内件和附件（图5-3）。

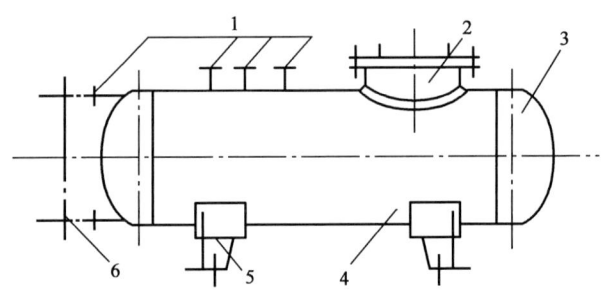

图5-3 圆筒形卧式容器结构图

1—接管；2—人孔；3—封头；4—筒体；5—支座；6—液面计

各种卧式静设备都是通过支座固定在某一位置上。静设备的支座除了承托容器的质量、固定位置外，在某些场合下，支座还要承受操作时的振动、风载荷、地震载荷、管道推力等外力。卧式静设备支座一般可分鞍座式、圈座式及支腿式三种，其中鞍座式为卧式静设备特别是大型卧式静设备广泛应用的支座形式。卧式静设备通常采用双鞍座形式，但对于非金属材料制造的设备，以及较长的设备则需要采用多鞍座的形式，见图5-4。

鞍座有焊制和弯制两种，焊制鞍座由底板、腹板、筋板、垫板组焊而成；弯制鞍座与焊制鞍座的区别是其腹板与底板是由同一块钢板弯制而成。当容

第五章　静设备安装

(a) 双鞍座卧式容器

(b) 多鞍座卧式容器

图 5-4　卧式容器

器 $DN<900mm$ 时，可用弯制鞍座，也可用焊制鞍座；$DN\geqslant 900mm$ 则采用焊制鞍座。

为了保证容器在壁温变化时能沿轴线自由伸缩，鞍座有固定式和滑动式两种；固定式鞍座底板上的螺栓孔是圆形的，滑动式鞍座底板上的螺栓孔是长圆形的；双鞍座支承的卧式容器必须是固定式鞍座和滑动式鞍座搭配使用。

2）立式静设备结构特点

立式静设备与卧式静设备的基本组成结构相同，也是由壳体、封头、法兰、支座、接口管及人孔、手孔、视镜等组成。主要差别在于壳体为垂直安放，还有支座的形式有较大差异。

立式静设备的支座通常分为耳式（悬挂式）、支腿式、支承式和裙式支座四种，见图 5-5 和图 5-6。一般中小型直立设备采用耳式、支腿式或支承式支座，高大的直立设备则采用裙式支座。

3. 按结构形式分

为便于对油气田地面工程静设备安装过程的管理，在《石油天然气建设工程施工质量验收规范》SY 4200 系列标准中，将油气田地面工程的静设备按照结构形式分为容器类设备、塔类设备、炉类设备、储罐设备。

1）容器类设备

石油及天然气的生产加工过程通常是在静设备这一特定空间内进行的，这些设备尺寸大小不一、形状结构不同、内部构件更是多种多样，但它们一般都有一个外壳，这个外壳就称作容器。容器类设备有广义和狭义两个范畴：广义上讲，凡是具有外壳的静设备均可称为容器类设备，包括塔类设备、炉类设备和储罐设备；狭义上讲，把非塔类、炉类和储罐类设备的容器，称为容器类设备。本章介绍的容器类设备为狭义范畴，油气田地面工程典型容类设备见图 5-7。

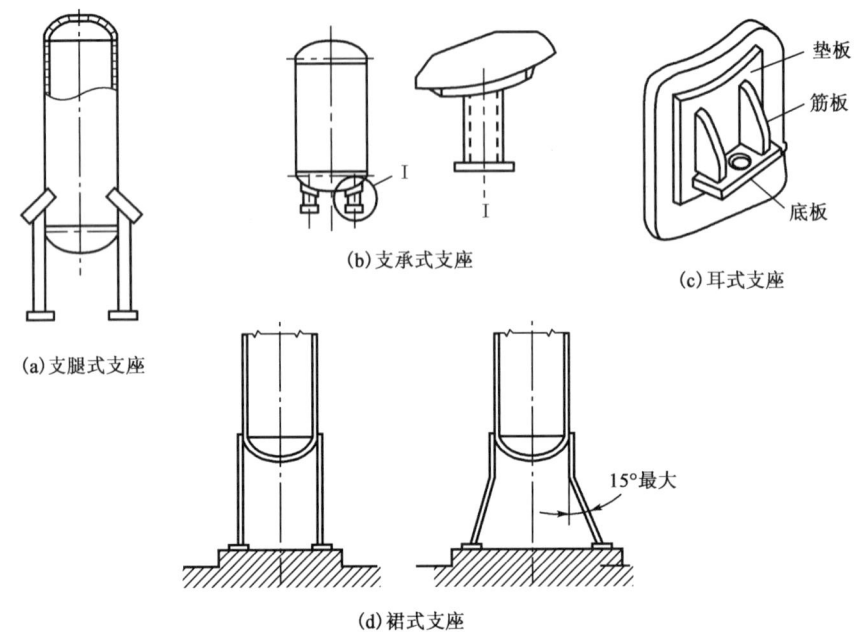

图 5-5 立式容器支座

图 5-6 立式容器

容器类设备是最常见的静设备类型,按设备承压可分为常压容器和压力

(a)三相分离器

(b)母液过滤器

图 5-7 容器类设备

容器，按器壁结构形式可分为单层容器、多层容器、衬里容器、复合容器，还可按形状、材料、作用、介质等进行分类。在油气田地面工程中多用钢制单层圆筒形容器，常用的有滤罐、油气分离器、游离水脱除器、过滤器、油水缓冲罐、电脱水器等。容器类设备多为压力容器，它们不仅需要适应工艺过程所要求的不同压力和温度条件，往往还要承受内部介质的腐蚀，比较容易发生事故，而且事故的危害往往十分严重，因此，各国工业部门都把压力容器作为受安全监察的一种特殊设备。

2）塔类设备

塔设备又称为塔器，是石油、天然气加工生产中必不可少的大型设备。在塔设备内气液或液液两相充分接触，进行相间的传质和传热，因此在生产过程中常用塔设备进行精馏、吸收、解吸、气体的增湿及冷却等单元操作过程。

油气田地面工程中常见的塔类设备有分馏塔、原油稳定塔、洗涤塔、脱氧塔、脱甲烷塔、吸收塔、再生塔、闪蒸塔、分子筛脱水塔等，这些塔类设备主要用于原油及天然气的稳定及加工处理。天然气处理厂常见的再生塔、吸收塔见图 5-8。

3）炉类设备

为保证原油在输送过程中的安全，防止管线结蜡或原油凝结，需要使用锅炉对原油进行加热，此外，锅炉还为各个场站提供采暖热水，保证冬季的生产运行。油气田地面工程中常见的有热水锅炉、蒸汽锅炉、导热油炉、各类管式加热炉及火筒式加热炉，多为小型整体安装锅炉。常用炉类设备见图 5-9。

4）储罐设备

油气田地面工程中常见的储罐有立式储罐和球形储罐，见图 5-10。立式储罐主要用于储存并运输原油、成品油、污水等介质，属于常压立式静设备；

球形储罐主要用于储存轻烃、天然气等易燃、易爆、易挥发等介质，能承受较大压力，属于压力容器。

(a) 再生塔　　　　　　　　　　(b) 吸收塔

图 5-8　塔类设备

(a) 管式加热炉　　　　　　　　(b) 火筒式加热炉

图 5-9　炉类设备

(a) 立式储罐　　　　　　　　　(b) 球形储罐

图 5-10　储罐

二、静设备的安装特点

（1）压力容器安装要求高。静设备中的容器大部分是压力容器，属于国务院《特种设备安全监察条例》的管辖范围，其安装必须遵守国家相关法规规定。依据《压力容器安装改造维修许可规则》（TSG R3001—2006），进行安装的施工单位需要取得省级以上质量技术监督部门颁发的许可资格，并在许可的范围内从事压力容器的安装。施工单位还应具备压力容器安装要求的能力、人员、安装条件、检测手段等资源。压力容器安装前，必须向当地主管部门履行告知手续，并在安装过程中，接受安全技术监督部门的监督。

（2）安装方法多样。在油气田工程施工中广泛应用整体安装方法，但当设计有特殊要求、容器特别庞大、吊装能力不足等情况时，需要采用分段安装、分片安装方法。

大部分静设备是采用在制造厂整体制作，然后直接拉运到基础旁边，吊装就位后进行找正固定的整体安装方法，如电脱水器、油气分离器、游离水脱除器、过滤器、加热炉等。此方法比较简单，能够保证容器制造质量、减少现场和高空作业量、提高施工预制化及机械化程度、施工工期短、经济效益好。

部分大型塔设备、容器等在制造厂内分段制造，运至现场后进行组焊和安装。设备吊装可采用整体吊装法或分段吊装法。整体吊装法需要现场具备足够的组装场地并具有大型吊装设备，在设备基础旁边的地面上搭设组装平台，将设备分段组对焊接后，安装设备上附带的管道、防腐保温、设备内件等，最后整体吊装就位。分段吊装法用于立式设备时，首先安装最下面的一段，然后由下至上逐段进行安装。当用于卧式设备时，需要首先安装固定端设备段或重要的设备段，然后安装与此段相连的设备段，接着继续进行下一段安装，直至全部连接完成。

大型立式储罐、球罐等设备通常在制造厂制作加工成单片（件）的部件，运至现场后现场进行组焊。施工可采用内挂件（内脚手架）正装法、水浮正装法、外挂件（外脚手架）正装法、充气顶升倒装法、机械（倒链、液压）提升倒装法、中心柱提升倒装法等多种方法，具有使用设备及机具较多，施工工序复杂，高空作业，交叉作业等特点。

（3）施工工艺复杂，难度大。静设备自身具有结构复杂、体积庞大、吨位大的特点，在安装方面涉及吊装技术、焊接技术、热处理技术、组装技术、无损检测技术、衬里技术等多种技术,工序复杂,交叉作业多。特别是当压力容器需要进行现场组焊时,相对于制造厂,施工现场缺少自动焊机、转胎等专用设备,没有厂房防护,受温度、风速、湿度、阳光照射等自然条件影响大,施工质量难以保证。而另一方面,对坡口尺寸、组对间隙、焊接参数等的控制指标要求很高,现场焊接的焊口一般要进行100%射线检验。施工单位必须制定详细具体的施工方案,选择持有压力容器焊接资格证书的焊工,强化组对、焊接、热处理、无损检测、压力试验等关键工序的质量控制,加强过程检查,确保设备安装质量。

第二节 静设备安装准备

油气田地面工程静设备安装是一项复杂的技术工作,安装前需要做好充分的准备工作,包括技术准备、物资准备、现场准备、基础验收、施工设备及机具准备和设备验收等施工工序。本节主要针对现场整体安装的静设备,介绍基础验收、施工设备及机具、设备验收三个方面的内容。

一、基础验收

安装时基础在上道工序已经经过验收合格,该部分主要考虑设备安装时与设备相关的问题。按设备基础的外形进行阐述。

1. 预埋地脚螺栓型基础

预埋地脚螺栓型基础包括圆柱式、圆筒式、框架式、环形支架式、支柱式,如图5-11所示。基础检查项目见表5-1。

(1) 基础验收时主要检查定位中心线位置偏差、标高偏差,以及地脚螺栓的圆周直径偏差、垂直度、相邻地脚的尺寸等。

(2) 地脚螺栓圆周直径和间距的检查方法主要采用钢卷尺测量,要测量地脚螺栓的顶部和根部。

(3) 垂直度的检查采用线坠或者水平仪进行测量。

(4) 地脚螺栓的检查可以用同规格的螺帽逐个预紧一遍,检查是否有损坏和不通畅的地方。

第五章 静设备安装

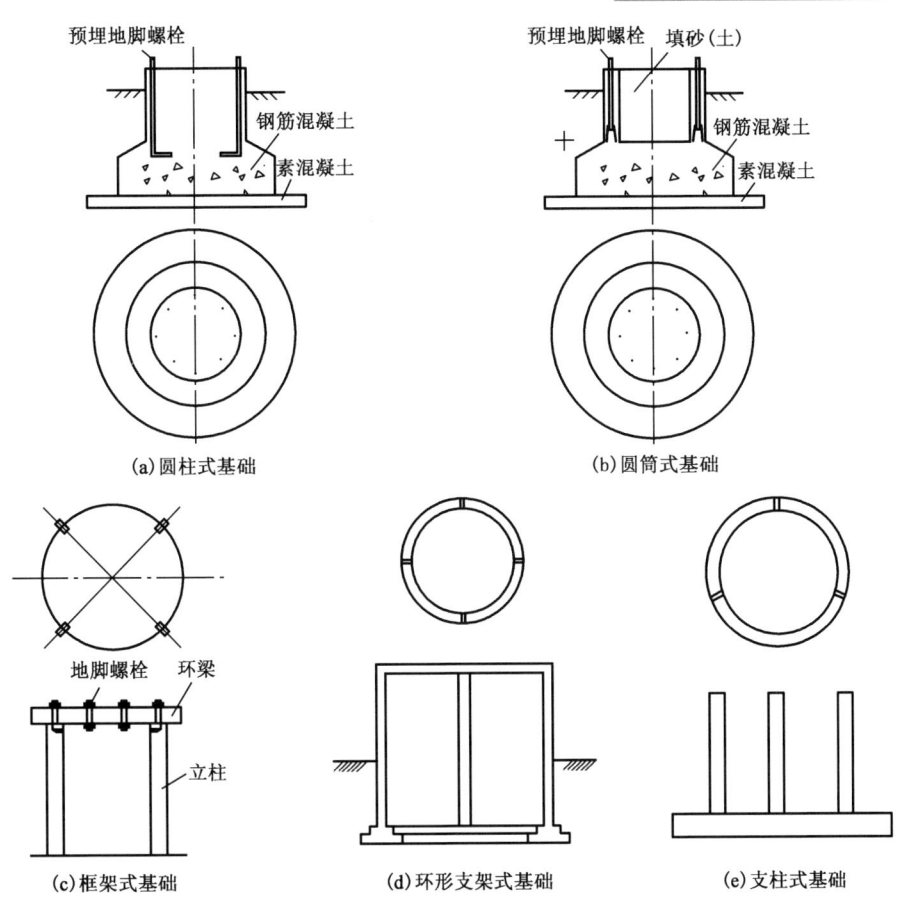

图 5-11 预埋地脚螺栓型基础

表 5-1 预埋地脚螺栓型基础检查内容

项　　目		允许偏差，mm	检 验 方 法
坐标位置		20	钢尺检查
不同平面的标高		0，−20	水准仪或拉线、钢尺检查
平面外形尺寸		±20	钢尺检查
凸台上平面外形尺寸		0，−20	钢尺检查
凹穴尺寸		+20，0	钢尺检查
平面水平度	每米	5	水平尺、塞尺检查
	全长	10	水准仪或拉线、钢尺检查
垂直度	每米	5	经纬仪或吊线、钢尺检查
	全长	10	

续表

项 目		允许偏差，mm	检 验 方 法
预埋地脚螺栓	标高（顶部）	+20，0	水准仪或拉线、钢尺检查
	中心距	±2	钢尺检查

2. 预留地脚螺栓孔型基础

预留地脚螺栓孔型基础验收时，主要检查定位中心线位置偏差、标高偏差、预留地脚螺栓孔的各项偏差（中心位置、深度、垂直度），检查空洞内是否清洁无杂物。基础检查项目见表 5-2。

表 5-2 预留地脚螺栓孔型基础检查内容

项 目		允许偏差，mm	检 验 方 法
坐标位置		20	钢尺检查
不同平面的标高		0，-20	水准仪或拉线、钢尺检查
平面外形尺寸		±20	钢尺检查
凸台上平面外形尺寸		0，-20	钢尺检查
凹穴尺寸		+20，0	钢尺检查
平面水平度	每米	5	水平尺、塞尺检查
	全长	10	水准仪或拉线、钢尺检查
垂直度	每米	5	经纬仪或吊线、钢尺检查
	全长	10	
预留地脚螺栓孔	中心线位置	10	钢尺检查
	深度	+20，0	钢尺检查
	孔垂直度	10	吊线、钢尺检查
预埋活动地脚螺栓锚板	标高	+20，0	水准仪或拉线、钢尺检查
	中心线位置	5	钢尺检查
	带槽锚板平整度	5	钢尺、塞尺检查
	带螺纹孔锚板平整度	2	钢尺、塞尺检查

3. 鞍座式基础

鞍座式基础的验收主要检查基础的间距、地脚螺栓的间距和对角线的偏差，如图 5-12 所示。对于伸缩较大的换热类卧式设备还要检查滑动面的水平度、预埋钢板的光洁度。

4. 塔基础的验收

塔设备属直立设备，塔体高、重量大，因此，对基础的要求也高，安装

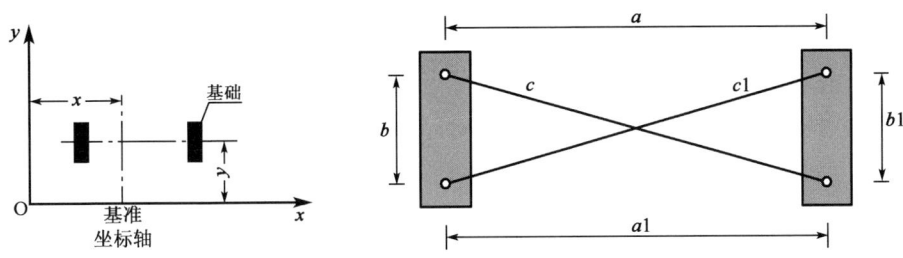

图 5-12 鞍座式基础验收检查

施工前须经正式交接验收。除上文提到的验收内容外，如果设计要求作沉降观测的基础，应有沉降观测水准点。如图 5-13 所示。

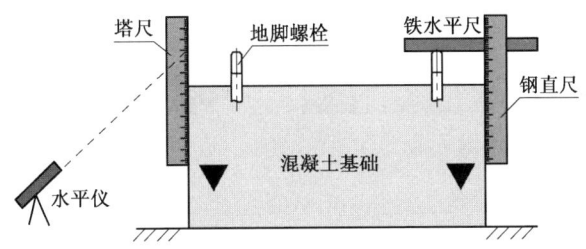

图 5-13 塔基础验收

二、安装设备及机具的准备

静设备安装时，安装设备及机具的准备主要包括安装设备准备，安装需要的工具、机具准备两个方面内容。

1. 安装设备准备

设备安装时所需要的设备主要为起重设备，包括汽车起重机、履带起重机、塔式起重机、桥式起重机、卷扬机、桅杆等。施工中最常用的是汽车起重机和履带起重机。

（1）汽车起重机是装在普通汽车底盘或特制汽车底盘上的一种起重机，其行驶驾驶室与起重操纵室分开设置。这种起重机的优点是机动性好，转移迅速。缺点是工作时须支腿，不能负荷行驶，也不适合在松软或泥泞的场地上工作。汽车起重机起重的范围很大，从 8~1000t，是使用最广泛的起重机类型（图 5-14）。

（2）履带起重机是将起重作业部分装在履带底盘上，行走依靠履带装置的流动式起重机。履带起重机由动力装置、工作机构以及动臂、转台、底盘等组成。起重能力最大可达到3200t，可以进行设备起重、运输、装卸和安装等作业。履带起重机具有起重能力强、接地比压小、转弯半径小、爬坡能力强、不需支腿、带载行驶、作业稳定性好以及桁架组合高度可自由更换等优点（图5-15）。

图5-14　汽车起重机

图5-15　履带起重机

2. 工具、机具准备

设备安装时，为了保证设备的安装质量和精度，不仅需要安装所需的必要工具、机具，还需要各种用于保证安装精度的测量工具甚至测量设备，施工工具、机具主要有倒链、千斤顶、撬棍、铁锤、扳手、线坠等。测量工具及测量设备主要有经纬仪、水准仪、玻璃管水平仪、框式水准仪、水平尺、塞尺、米尺、钢板尺等。

（1）"倒链"又名"手拉葫芦"，是一种使用简易、携带方便的手动起重工具。运用了轮轴的原理从而起到了省力的作用，可用于设备倒运、吊装、找正等安装作业，对于露天及无电作业更有其重要的功用。倒链起重量一般为0.5～50t，起升链条规格一般为3m、6m、9m、12m，见图5-16。

（2）磁力线坠。磁力线坠用于设备安装的垂直校正，见图5-17。

图5-16　不同规格的倒链

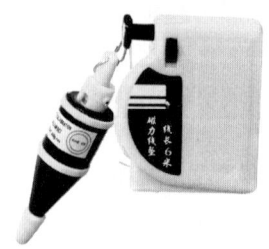

图5-17　磁力线坠

(3) 水平仪。水平仪是用于测量设备表面相对水平位置的微小倾斜角度的量具,可测量各种平面的直线度、平面度、平行度、垂直度,并用于调整安装设备的水平和垂直位置,见图 5-18。

(a)条形水平仪　　　　　　(b)框式水平仪　　　　　(c)合像水平仪

图 5-18　水平仪

(4) 经纬仪。经纬仪是测量工作中的主要测角仪器,由望远镜、水平度盘、竖直度盘、水准器、基座等组成。测量时,将经纬仪安置在三脚架上,用垂球或光学对点器将仪器中心对准地面测站点上,用水准器将仪器定平,用望远镜瞄准测量目标,用水平度盘和竖直度盘测定水平角和竖直角。经纬仪按精度分为精密经纬仪和普通经纬仪,目前我国主要使用光学经纬仪和电子经纬仪(图 5-19)。

(5) 水准仪。水准仪是根据水准测量原理测量地面两点间高差的仪器,主要部件有望远镜、管水准器(或补偿器)、垂直轴、基座、脚螺旋。水准仪按结构分为微倾水准仪、自动安平水准仪、激光水准仪和数字水准仪(又称电子水准仪);按精度分为精密水准仪和普通水准仪。图 5-20 为水准仪实物。

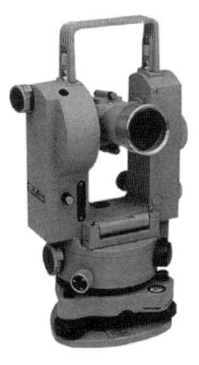 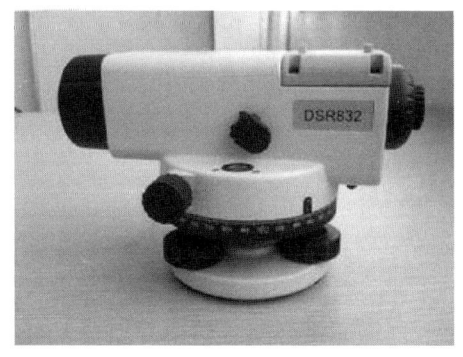

图 5-19　经纬仪　　　　　　　图 5-20　水准仪

三、设备验收

设备的验收主要包括设备随机文件的验收、设备本体外观的验收和设备备品备件的清点。

1. 设备外观验收

外观验收一般要根据设备的类型,首先确认该设备需要重点检查的项目,并列出检查项目表,有针对性的进行检查,不必面面俱到。检查前要对该设备事先有所了解,熟悉相关安装规范和相关图样。

1) 防腐漆的检验

首先看防腐漆是否有脱落和破损的现象,防腐是否均匀,漆层是否牢固。根据随机的技术说明看防腐的要求,并进行相应的检查。

2) 设备表面的检验

表面检验的内容包括:设备铭牌是否完好、内容是否齐全,一般包括名称、规格、位号、重量、压力容器类别、工作压力、工作温度、试验压力、工作介质、生产厂家、生产日期等;钢材表面是否有硬物撞击产生的凹陷;设备各法兰密封面是否有划痕、变形;管口短管是否与设备垂直;焊接的外观质量,看是否有焊接飞溅、咬肉等缺陷;设备安装支座拉运时是否遭到撞击产生变形;仪表口的螺纹是否完好,等等。

3) 与设备安装相关的主要尺寸检验

检查内容包括:核对安装地脚螺栓孔间距;各管口方位是否与图样相符;设备液位计上下法兰的间距;设备口法兰的规格与工艺管道的连接法兰是否相符;仪表安装口的规格等。

4) 塔设备的验收

(1) 塔设备及其附件的验收必须附有出厂合格证明书、安装说明书等技术文件。对塔的名称、类别、型号、规格、外形尺寸、管口方位等应进行全面核对和检查:是否有缺件、损坏、变形及锈蚀的情况,并填写"验收、清点记录"。

(2) 塔身较长的设备,运至现场应注意放置方向,减少二次搬运,如需停放较长时间,则必须不妨碍交通及其他工作的施工,并选择适当支承点垫上枕木。易损件应拆除,进行专门保管,管孔、人孔等应封闭,防锈漆脱落之处应补刷。

2. 设备随机文件的验收

随机文件主要包括：设备图样、压力容器监造资料（压力容器特有）、设备供货清单、产品合格证或质量证明书、产品说明书等。

验收时主要检查以下内容：合格证是否清晰明确，印章齐全；图样是否清晰、齐全；压力容器监造资料齐全准确、监造部门手续齐全并出具质量证明文件；供货清单是否准确，无异议，标识清楚；说明书是否满足需求，内容简明易懂；随机文件清单。

3. 设备备品、备件的清点

（1）落实厂家提供的备品、备件清单的准确性。

随机清单往往在备件箱内，拿到清单后首先要看清单规格型号是否清楚、配件的标准是否明确、数量是否清楚。如有疑问及时询问现场开箱的厂家人员，并写在备忘录中。

（2）严格按清单进行清点。

设备到货时，往往不能马上全部了解设备安装所需配件的全部技术要求。为有利于安装时问题的顺利解决，清点时要以厂家提供清单为准，如在后期安装时发现问题再及时联系厂家进行处理。

（3）做好问题备忘录。

要做好清点时的问题备忘录，写清存在的问题以便今后的问题处理，参加人员要签字确认。

第三节　静设备安装基本方法

本节主要介绍静设备安装方法、定位放线、垫铁安装、地脚螺栓安装、基础灌浆、安装测量方法六个方面内容。

一、静设备安装方法的选择

静设备的安装就位，应以设备到货状态、设备外形尺寸、安装空间、吊装设备站位等因素综合考虑确定。

1. 容器安装方法

（1）分部安装法：将设备分为若干元件，分别吊装后在安装位置上进行组合。分部安装法分为正装法和倒装法两种。

（2）整体安装法：有垂直吊装法、前牵后溜法、递夺法、扳转法等。

2. 起重机吊装方法

采用吊车吊装设备的吊装方法有抬吊法、单吊车提升滑移法、双吊车提升滑移法和双吊车抬带滑移法等。这些方法具有工艺原理透彻清晰，力学计算简单准确，工艺设计简捷方便，吊装过程操作简便，吊装平面布置灵活，对吊装现场适应性好等特点。

1）起重机选择应考虑的因素

（1）起吊设备与构件的外形尺寸、重量和安装标高。

（2）建筑物的外形尺寸：厂房内的跨度、屋架上下弦的标高、基础标高等。

（3）安装工程量、工作操作面等。

（4）安装现场的情况：行走空间、周围的建筑物。

（5）现场现有的机械与技术力量的配备情况。

（6）起重机的技术性能：起重量、作业半径和起吊高端等。

2）起吊的重量

起重重量计算公式如下：

$$G_{吊装} = G_{本体} + G_{吊索具} \tag{5-1}$$

式中 $G_{吊装}$——吊装重量；

$G_{本体}$——被吊装物本体重量；

$G_{吊索具}$——吊索具重量。

3）起吊高度

起重机的起吊高度是由起吊设备的高度来决定的。油田设备体积比较小，多采用汽车吊进行吊装；气田塔类设备比较大，多采用大吨位履带吊车进行吊装，如图5-21所示。

起吊高度可根据式（5-2）计算：

$$H = h_1 + h_2 + h_3 + h_4 \tag{5-2}$$

式中 H——起吊高度；

h_1——吊装索具的高度；

h_2——设备高度；

h_3——设备吊装时与基础的间距；

h_4——设备基础的高度。

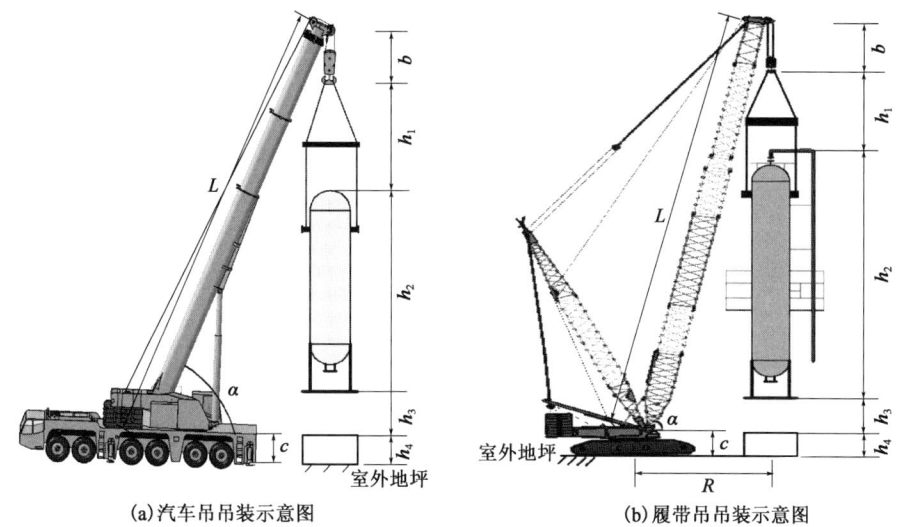

(a) 汽车吊吊装示意图　　　　(b) 履带吊吊装示意图

图 5-21　吊装高度示意图

起重臂出杆长度可用式（5-3）计算：

$$L = [(H-c)+b]/\sin\alpha \tag{5-3}$$

式中　L——起重臂出杆长度；

H——起吊高度；

c——起重臂下端距离地面的高度；

b——起重机自身吊钩长的最小值；

α——起重臂仰角。

以上各参数也可在CAD绘图软件中按照1∶1的比例进行建模，就可以通过CAD的测量功能直接验算起重机主臂碰杆、吊钩碰到限位装置等问题。

4）履带或支腿对地压强

履带或支腿的对地压强可用式（5-4）计算：

$$p = F/S = (G_{起重机}+G_{吊装})/S = (G_{起重机}+G_{本体}+G_{吊索具})/S \tag{5-4}$$

式中　$G_{起重机}$——起重机自重；

F——履带或支腿对地压力（起重机的自重与吊装重量之和）；

S——履带或支腿的接地面积。

一般来讲，大型结构或设备吊装，起重机都配有专业的路基板或路基箱以增大起重机的对地面积，其接地面积可以按照路基板或路基箱的表面积来计算。

式（5-4）对地压强是按照平均值法计算得来，而在吊装实际过程中，前履带的对地压强要大于平均值，后履带的对地压强要小于平均值。所以按照最危险的情况进行考虑时，吊装场地的地耐力必须不小于2F。

二、静设备安装的定位放线

1. 设备基础的定位

1）中小型设备基础定位

一般中小型设备基础定位的测设方法与厂房基础定位相同。不过在基础平面图上，如设备基础的位置是以基础中心线与柱子中心线的关系来表示时，这时测设数据需将设备基础中心线与柱子中心线的关系换算成为矩形控制网距离指标桩上的关系尺寸，然后在矩形控制网的纵横对应边上测定基础中线的端点。对于采用封闭式施工的基础工程（即先进行厂房围墙施工后进行设备基础施工），则根据内部控制网进行基础定位测量。

2）大型设备基础定位

因为大型设备基础中心线较多（有各部件的中心线、各组螺栓的中心线等），所以为了便于施测、防止弄错，在定位以前，往往需要根据设计图纸编绘中心线测设图，将设备部件的中心线及地脚螺栓组中心线统一编号，并将其与柱子中心线和厂房控制网上距离指标桩的尺寸关系注明。定位放线时，按照中心线测设图，在内部控制网或厂房控制网对应边上测出中心线的端点，然后在距离基础开挖边线1~1.5m处定出中心桩，将基础定位以便开挖。

2. 安装中心线确认

1）确认基准中心点

安装基准线一般都是直线，按两点决定一条直线的原理，只要确定两个基准中点就可以确认该安装基准线。

安装基准点通过建筑物来确定。多台互相关联的设备一般通过现场的永久中心线和坐标原点来确认，根据就近的建筑物的主轴线和建筑物柱的中心线通过经纬仪和采用几何作图法来确认设备安装的基准中心点，如一排同规格的设备安装应首先确认整体的基准点，以绘制基准中心线。独立安装的设备可以设备基础的基准线来确认安装基准点。

2）基准线的确认

确定了基准点后，就可以根据基准中心点进行放线。放线的形式一般包括以下几种：

（1）画墨线。画墨线就是通常土建中常采用的方法，但是误差较大，一般的误差值在 2mm 以上，而且距离长时画线不清，也容易消失。主要用于精度要求不高的地方。

（2）以点代线。安装时不需要整条画线，可以画几个点来代替。画点时先拉出一条线或用经纬仪投点，在线上需要的地方画出几点。精度要求不高时可用墨直接画，要求较高时用中心板画。画点时要画成"▽"，以它的下尖端为准。

（3）拉线（拉钢丝线）。拉线用的线一般采用强度较大的钢丝，钢丝直径一般根据拉线距离确定，通常直径在 0.3~0.8mm。钢丝不应打结，拉线的距离不宜过长，一般不超过 40m。所拉线上对准基准中心点处各挂一个线锤，用以调整中心位置，调整后线锤不宜取下，便于检查中心线是否变动。拉线不应碰触其他物体，以免产生偏差。拉线交叉时，长线应在下方、短线在上方。拉线的钢线在空中不易看清，为防止被人碰到或碰断，可在线上挂上醒目的标志（如彩带、纸等）。

3. 安装标高线确认

1）设备基础标高线

在基础上用水准仪通过厂区的永久坐标原点绘制相应的标高基准线。也同上文提到的中心基准线一样有画墨线、以点代线等，用红铅油写在该点的基础上，高于厂区永久基准点的用"＋"表示，低于厂区永久基准点的用"－"表示。

2）设备安装标高

设备安装标高有绝对标高和相对标高两种。但是，在设备安装中，为了计算方便一般采用相对标高。安装平面图中静设备安装时的标高往往为设备底座的标高（设备底座面减去基准标高所得的数值）。

而在安装时静设备标高的确认往往要考虑设备安装调整，要注意以下几方面：容器安装中标高要以工艺管线中的标高为找正依据，以管径大的标高为准；多台同规格的设备成排安装时，以成排同一标高的工艺口为准，以保证美观；两台或两台以上设备安装之间有水平关联时，要以该连接处的标高为准。

三、垫铁安装

1. 垫铁选择

安装时使用的垫铁（图 5-22）应符合设计规定；当设计无规定时，宜按表 5-3 选用。

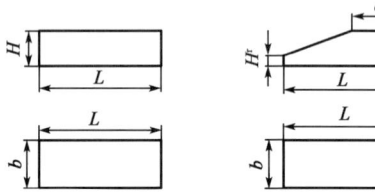

图 5-22 垫铁

L—垫铁长度；b—垫铁宽度；H—垫铁厚度；H^r—斜垫铁薄端厚度；a—斜垫铁厚端长度

表 5-3 平垫铁、斜垫铁规格　　　　　　　　　单位：mm

项次	平垫铁			斜垫铁				
	L	b	材料	L	b	H^r	a	材料
1	100	50	普通碳素钢	110	45	≥3	4	普通碳素钢
2	120	65		130	55	≥3	6	
3	160	65		170	55	≥4	8	
4	180	75		200	65	≥4	8	
5	200	75		220	65	≥5	10	
6	250	85		270	75	≥5	10	
7	300	100		320	85	≥6	12	
8	340	100		360	85	≥6	12	
9	400	100		420	85	≥6	14	

注：①厚度 H 可按实际需要及材料情况决定；
　　②斜垫铁斜度宜选 1∶10 到 1∶20；
　　③斜垫铁应与项次相同的平垫铁配合使用。

2. 垫铁的布置

（1）垫铁要放在地脚螺栓的两侧。

（2）地脚螺栓较近时可均匀分布放置成"十"字形。

（3）负荷集中的地方，如台板四角和加强筋部位。

(4) 每组垫铁总数一般不得超过 3 块，在垫铁组中，厚垫铁放在下面，薄垫铁放在上面，最薄的安放在中间。

(5) 在设备找正后，钢制垫铁要电焊牢固。

(6) 垫铁应露出设备外沿 20～30mm，伸入长度要超过地脚螺栓。

四、地脚螺栓的安装

在机械设备安装工程中，地脚螺栓是不可缺少的附件之一，它的作用是将设备与基础牢固地连接起来，以免设备在工作时发生位移和倾覆。地脚螺栓主要包括死地脚螺栓、活地脚螺栓、锚固式地脚螺栓三类。死地脚螺栓通常用于固定在工作时无冲击和振动或振动很小的中小型设备；活地脚螺栓一般用来固定工作时有强烈振动和冲击的重型设备；锚固式地脚螺栓又称膨胀螺栓，主要用于无振动的轻小型设备。

1. 地脚螺栓的选择

地脚螺栓、螺母和垫圈一般都是设备自带的，应符合设计和设备安装技术文件的规定。如无规定则可参照下列原则选用：

（1）地脚螺栓的直径应小于设备底座上地脚螺栓孔，其关系可按表 5-4 选用：

表 5-4 孔径与螺栓直径关系

孔径，mm	11～13	13～17	17～22	22～27	27～33	33～40	40～48	48～55	55～65
螺栓直径，mm	10	12	16	20	24	30	36	42	48

（2）地脚螺栓的长度应按施工图样的规定，如无规定，可按式（5-5）确定：

$$L = 15D + S + L_1 \quad (5-5)$$

式中　L——地脚螺栓的长度，mm；

　　　D——地脚螺栓的直径，mm；

　　　S——垫铁高度、设备底座和螺母厚度以及预留余量的总和，mm；

　　　L_1——经验数据，通常为 5～10mm，即在理论长度上再增加一定的余量。

2. 地脚螺栓的安装

1）地脚螺栓垂直度

地脚螺栓安装时应垂直，无倾斜，其垂直度控制在 1/100 内。如果安装不垂直，必定会使螺栓的安装坐标产生误差，给安装造成一定的困难，如果螺栓孔的底座很厚时，甚至无法进行安装。螺栓安装不垂直，其承受外力的能力下降。

2）地脚螺栓的敷设

在施工过程中，经常碰到的是对死地脚螺栓的二次灌浆，即是在浇灌基础时，预先在基础上留出地脚螺栓的预留孔洞，安装设备时穿上地脚螺栓，然后用混凝土或水泥砂浆把地脚螺栓浇灌固定。

地脚螺栓在敷设前，应将地脚螺栓上的锈垢、油脂等清除干净，但螺纹部分要涂上油脂，然后检查与螺母的配合是否良好，敷设地脚螺栓的过程中，应防止杂物掉入螺栓孔内，以保证灌浆的质量。在准备对弯钩式地脚螺栓进行二次浇灌时，应注意其下端弯钩不得碰到底部，至少要留出 100mm 的间隙，螺栓到孔壁各个侧面的距离不能少于 15mm。如间隙太小，灌浆时不易填满，混凝土内就会出现孔洞。如设备安装在地下室或基础上的混凝土楼板上时，则地脚螺栓弯钩端应钩在钢筋上；如无钢筋，则应用一圆钢横穿在弯钩上。

3）拧紧

在预留孔内混凝土达到其设计强度的 75% 以上时，方可拧紧地脚螺栓，各螺栓的拧紧力应均匀；拧紧后，螺栓应露出螺母，其露出的长度宜为螺栓直径的 1/3~2/3。

4）做好相应的施工记录

安装过程中应详细做好相应的施工记录，真实反映地脚螺栓的型号、规格等内容，为今后的维修、更换提供有效的技术资料。

3. 地脚螺栓常见问题的处理

地脚螺栓埋设的好坏，直接影响设备安装的质量。有些设备对标高、位置的准确性要求很严，特别是自动化程度高的联动设备，要求更严。因此，在地脚螺栓埋设之后和设备安装之前，必须对其进行检查和矫正。当发生偏差时，应根据设备的实际情况进行处理，采用不同的处理方法。

1）地脚螺栓中心偏差的处理

地脚螺栓直径在 30mm 以下，中心线偏移 30mm 以内时，可先用氧乙炔将螺栓烤红,再用大锤将螺栓敲弯(或用千斤顶顶弯),矫正后要用钢板焊牢加固,防止拧紧螺栓时复原。

如果螺栓间距不对,则可将用氧乙炔火焰烤红之后用大锤敲弯,在中间焊上钢板加固,在以后的灌浆时把它灌死。

对于大螺栓(直径在30mm以上)发生较大偏移时,应先将螺栓切断,用一块钢板焊在螺栓中间,如螺栓强度不够,可在螺栓两侧焊上两块加固钢板,其长度不得小于螺栓直径的3~4倍。

2)地脚螺栓标高偏差的处理

(1)螺栓过高时,须将高出部分割去再套螺纹。在套螺纹时,要防止油类物质滴到混凝土基础上腐蚀和影响基础的质量。

(2)螺栓偏低且偏差数值不大时(在15mm以内),可用氧乙炔把螺栓烤红,然后把它拉长。拉长的方法是用两叠垫板作支座,再在其上边架一块中间有孔的钢板套在地脚螺栓上,上面用螺母拧紧,借助拧紧螺母的力量而将螺栓烤红处拉长。螺栓直径拉细处必须加焊2~3块钢板加固。如设备已放在基础上搬动不便,在机座凸缘强度足够的情况下,就可以直接在底座上拧紧螺母,把螺栓拉长。当拧到适当长度后,必须将螺母松开,以免螺栓冷却后拉力过大,甚至压裂底座凸缘。

如螺栓过低(低于其要求高度15mm),不能用加热法拉长时,可在螺栓周边挖一深坑,在距坑底约100mm处将螺栓切断,另焊一新制作的螺栓,标高要符合要求,然后再用圆钢加固。加固圆钢长度一般是螺栓直径的4~5倍。

3)地脚螺栓在基础内松动的处理

在拧紧地脚螺栓时,可能使螺栓松动,此时应先将螺栓调整至原位置,并将螺栓周围的基础铲出足够的位置,然后在螺栓上焊纵横两个U形钢筋,最后用水将坑内清洗干净并灌浆,待混凝土凝固到设计强度后再拧紧螺母。

4)活地脚螺栓偏差的处理

活地脚螺栓偏差的处理方法大致与死地脚螺栓的方法相同,只是可以将地脚螺栓拔出来处理。如螺栓过长,可在机床上切去一段再套螺纹;如螺栓过短,可用热锻法伸长;如位置不符,用弯曲法矫正。

五、基础灌浆

1. 灌浆法

塔类、较高容器、振动较大的设备采用直埋地脚螺栓,其优点是便于地脚螺栓定位尺寸的调整而不需要定义模板,缺点是不够稳定。其他静设备采用预留孔二次灌浆埋入法,其优点是地脚螺栓便于调整和便于设备安装,缺点是现浇的混凝土与原基础的结合不如直埋地脚螺栓法牢固。

1)一次灌浆

对于初次找平、找正的设备的预留孔进行一次灌浆,灌浆料用规定标号的细石混凝土,当预留孔内的混凝土强度达到设计强度的75%后,进行设备的找正找平工作,并且用垫铁进行调整,严禁用松紧地脚螺栓的方法进行找正,满足规范要求后,均匀拧紧地脚螺栓,点焊垫铁组,填写隐蔽工程记录,然后进行二次灌浆。

2)二次灌浆

二次灌浆工作在隐蔽工程检查合格,设备最终找正找平后24h后进行,而且在灌浆之前,应对设备找平数据进行复测。二次灌浆工作必须连续进行,不得分次灌浆,灌浆用料一般用细石混凝土为宜,其标号应比基础混凝土的标号高一级。

2. 坐浆法

坐浆前先将基础安放垫铁位置处的表面混凝土铲除,并用水冲洗干净,再用压缩空气吹去积水;坐浆时将木盒放在安装垫铁的位置上,然后将里面捣实,达到表面平整,并略有出水现象为止;用水平仪测定垫铁标高和水平度,如有高低不平时,调整垫铁下面的砂浆厚度即可;达到标准强度36h即可安装设备。

3. 压浆法

先在地脚螺栓上点焊一根小圆钢,作为支承垫铁的托架,点焊的强度以保证压浆时能被胀脱为度;将焊有小圆钢的地脚螺栓穿入设备底座的螺栓孔;设备用临时垫铁组初步找正;将调整垫铁的升降块调至最低位置,并将垫铁放到小圆钢上,将地脚螺栓的螺母稍稍拧紧,使垫铁与设备底座紧密接触,暂时固定在正确位置上;灌浆时,先灌满地脚螺栓孔,待混凝土达到规定强度的75%后,再灌垫铁下面的压浆层,压浆层的厚度一般为30~50mm;压浆层达到初凝后期(手指按压,还能略有凹印)时,调整升降块,胀脱小圆钢,将压浆层压紧;压浆层达到规定强度的75%后,拆除临时垫铁组,进行设备最后的找正;当不能利用地脚螺栓支承调整垫铁时,可采用螺钉调整垫铁或斜垫铁支承调整垫铁,待压浆层达到初凝后期时,松开调整螺钉或拆除斜垫铁,调整升降块,将压浆层压紧。

六、安装测量方法

在立式设备安装中,要严格控制垂直度。

1. 线坠法

塔体的铅垂度测量如图 5-23 所示,在塔顶互成垂直的 0°和 90°两个方向上各挂一根垂线至底部,然后在塔体上、下部的 A、B 两测点上用直尺进行测量。在塔体上部 0°和 90°两个方向上塔壁与垂直线之间的距离为 a_1、a'_1;下部的距离为 a_2、a'_2。上、下两侧塔体在 0°和 90°两个方向上不垂直偏差量(Δ)分别为 a_1-a_2 和 $a'_1-a'_2$。

故设备在 0°和 90°两个方向上的垂直度可用式 (5-6)计算:

$$(\Delta)/h = (a_1-a_2)/h \text{ 和}(\Delta)/h = (a'_1-a'_2)/h \tag{5-6}$$

2. 经纬仪法

另一种测量垂直度的方法就是用经纬仪测量,在塔吊装前先在塔上作好测点标记,待塔竖立以后,用经纬仪测量塔体上、下部的 A、B 两测点。若 A 点垂直投影下来能与 B 重合,即说明塔体在投影面上垂直;若 A 点垂直投影下来不能与 B 点重合,则说明塔体不垂直。如图 5-24 所示。

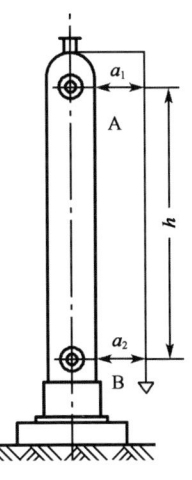

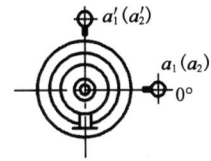

图 5-23 线坠测量设备的垂直度

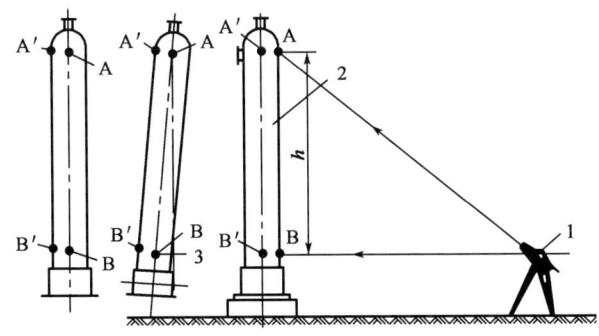

图 5-24 经纬仪测量塔的垂直度

1—经纬仪;2—塔体;3—测量标杆;A、B、A′、B′—测量点标记

此时可以用测量标杆测出其偏量为 Δ，故塔体的垂直度为 Δ/h。用同样的方法测量塔体另一方向（与前一次呈 90°方向）的垂直度（A'、B'测点）。

用垂线测量高塔（20m 以上）时，为避免气象条件的影响，测量工作应避免在一侧受阳光照射及风力大于 4 级的条件下进行。

第四节 卧式容器安装

油气田卧式容器多为整体安装，本节以整体安装的双鞍座卧式容器为例，介绍卧式静设备安装工艺过程。关于卧式静设备的施工准备、开箱检验、灌浆等工序的施工在本章第三节中已经介绍，本节主要介绍卧式静设备的安装程序、吊装及找正、找平。

一、安装程序

卧式容器的一般安装程序为：施工准备──→设备开箱检验──→基础交接验收──→吊装就位──→初找正、找平──→地脚螺栓孔灌浆──→精找正、找平──→二次灌浆──→附件安装──→内件安装──→清洗封闭。

二、吊装

为了提高卧式设备起重吊装工作效率，必须结合工程的具体情况，因人、因地、因材制宜，选用相应可靠的起重工具和机械，编制切实可行的吊装方案。

目前起重吊装多采用以下几种方法：

（1）利用起重机械，如汽车吊、履带吊、塔式吊、桥吊、液压顶升设备等进行吊装。

（2）利用厂房、构筑物、设备的某些结构，如梁、设备人孔等作为吊点，配置简单起重机具，如倒链、卷扬机等进行设备吊装。

（3）设置两木搭、三木搭、支架配合倒链、卷扬机等进行物件及设备的吊装。

（4）设置桅杆进行吊装。对于高大及重型设备，起重桅杆是一种最常用、最重要而又最简单的起重装置。在缺少大型吊车的年代,是最重要的吊装形式。

(5) 设置缆索起重机进行吊装。

当前,油气田卧式静设备多选用汽车吊、履带吊等起重机械进行吊装,采用单台起重设备吊装或两台起重设备抬吊的方法,如图5-25所示。卧式设备吊装时,一般不焊接吊耳,而是采用捆绑法吊装。

(a) 单台吊车吊装

(b) 双台吊车抬吊

图 5-25　卧式设备吊装图

三、找正、找平

1. 设备的找正与找平基准线

设备找正与找平应按基础上的安装基准线(中心坐标、水平标记)对应设备上的基准测点进行调整和测量;设备上作为定位基准的面、线对安装基准的平面位置及标高的允许偏差,应符合设计图样及规范的要求。调整和测量的基准如下:设备支撑(裙式、耳式支座,支架等)的底面标高应以基础上的标高基准线为基准;设备的中心线位置应以基础上的中心画线为基准;卧式设备的水平度一般以设备的中心画线为基准。

2. 设备找正及找平

(1) 设备找正及找平测点一般应选择在:机器上加工精度较高的表面,轮廓面主法兰口、水平或铅垂的轮廓面、其他指定的基准面或加工面。

(2) 以设备顶部人孔或管口法兰面为准。在小的测定面上可直接用水平仪检测,大平面上应先放上平尺,在平尺上用水平仪进行测量。测量时在测量面上0°和90°位置分别进行测量,水平仪在使用时,应正反各测一次,以纠

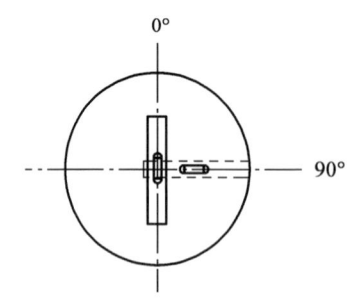

图 5-26 法兰面的水平找正

正水平仪本身产生的误差。如图 5-26 所示。

(3) 以卧式设备基础标高线及纵横中心线为基准，测量设备标高和位置，用调节垫铁组高度、撬动设备支座等方法进行调整，保证设备标高及中心线位置偏差值不大于 5mm。

(4) 用 U 形管水平仪测量卧式设备轮廓线。在制造卧式设备时，一般在设备两侧水平轮廓线上标记有四个冲孔，可作为找平用的测点。采用 U 形管水平仪测量四个测点的高度差，通过改变垫铁组高度等方法将设备的轴向和径向水平度调整到允许偏差范围之内，并且要保证坡度和坡向。如图 5-27 所示。

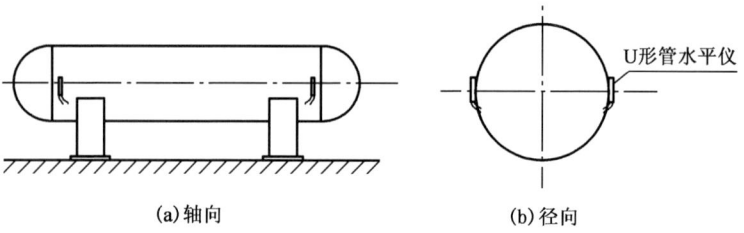

(a) 轴向　　　　　　　　(b) 径向

图 5-27　U 形管水平仪找平

(5) 卧式设备就位，除设备本身找正、找平外，在工作温度下承受膨胀和收缩的设备，在滑动端的地脚螺栓紧固后，应再将螺母回松 0.5~1mm，然后紧固锁紧螺母，以保持这一间隙。当采用滑动底板时，设备支座的滑动面应清洁干净，并涂上润滑剂。

(6) 设备设计文件与产品安装使用说明书有坡度要求时，应按其要求执行，无坡度要求的设备，水平偏差宜低向设备的排泄方向。对于高温或低温设备，位置偏差宜偏向补偿温度变化所引起的伸缩方向。设备安装调整完毕后，应立即按设备安装资料的要求做好设备安装记录。

(7) 安装过程中，设备的连接口应进行保护，以免杂物进入设备内部。

(8) 设备找平时，应根据要求用垫铁（或其他专用调整件）调整精度；不应用紧固或放松地脚螺栓及局部加压等方法进行强制调整。紧固地脚螺栓前后设备的允许偏差均应符合规范要求。

第五节　塔设备安装

塔设备属立式设备，塔体高、重量大。由于受运输条件、现场吊装能力和现场施工环境等因素的限制，大型塔设备一般采用分段供货、现场分段组焊的安装方法。本节以分段安装的立式塔设备为例，介绍立式静设备的安装过程。

一、安装方法

分段安装的塔设备主要采用两种安装方法：卧式组焊整体吊装法、分段吊装立式组焊法。施工过程中需要根据吊装设备能力、技术水平、到货状态、场地、工期等各种影响因素，合理选择安装方法。

（1）卧式组焊整体吊装法是在塔基础附近使用滚轮、支座、道木垛等搭设组装平台，将分段到货的塔段架在平台上，然后组对焊接成整体，焊道经检测合格后，进行整体吊装就位。此方法多用于中小型塔设备的安装，其优点是地面操作多、组对焊接等工作难度较小、质量控制较容易；缺点是占用场地大、需要大型吊装设备。

（2）分段吊装立式组焊法是将塔段倒运至基础附近后，先将底段吊装就位并找正、找平，而后依次将中段、上段吊至空中组对，进行环缝焊接。此方法可用于各种塔设备安装，但多用于大型塔设备，其优点是操作灵活，可根据吊装能力和现场条件调整塔分段数量；缺点是高空作业量大，安全风险高，组对及找平、找正困难，焊接及热处理难度大。

二、安装程序

立式塔设备的一般安装程序为：施工准备——→设备检查验收——→基础检查验收——→分段组对焊接吊装——→找正找平——→二次灌浆——→压力试验——→内件安装——→清理封闭。

三、施工准备

塔设备安装前，需要做好下列准备工作：

（1）组织有关专业技术人员进行施工图会审；全面熟悉图样和相关标准，编制工艺文件、焊接工艺卡等。

（2）组织安装人员熟悉施工图样及有关规范要求，并对施工班组进行技术交底，使其明确安装程序及安装质量要求。

（3）建立压力容器现场组焊质量保证体系，并逐级进行交底，确保内部质量控制措施到位，信息沟通及时。

（4）编制明确的质量、工序控制程序，明确各工序控制责任人。

（5）向安装地的市级（含地级市）以上技术监督部门提交《特种设备安装改造维修告知书》，并按相关法规要求提交必要的文件和资料。

（6）检查施工机具及手段，用料和施工用水、电的准备情况。

（7）按平面布置图铺设预制平台，放置焊机房、工具房、休息室，划定材料、构件及半成品存放场地。

（8）做好施工现场的"三通一平"，特别是应使设备运输通道畅通，无任何障碍；做好现场平面布置，清理出作业面。

四、设备检查验收

应对塔的结构尺寸及制造质量进行复验，并确认合格后才能安装，检查的主要内容如下：

（1）设备内、外表面质量合格。

（2）各开口方位、尺寸与设计图样吻合。

（3）分段处的圆度应不大于 $1\%D_g$，且不大于 25mm。

（4）筒体的凸凹处应平滑过渡，其凹入深度以母线为基准测量，不超过该凸凹处长度或宽度的 1%。

（5）筒体分段处外周长偏差应符合表 5-5 的规定。

（6）裙座底板上的地脚螺栓孔中心圆直径允差、相邻两孔弦长和任意两孔弦长允差均不得大于 2mm。

表 5-5　外周长质量标准　　　　　　　　　　单位：mm

公称直径	<800	800～1200	1300～1600	1700～2400	2600～3000	3200～4000
允许偏差值	±5	±7	±9	±11	±13	±15

（7）坡口尺寸应符合设计图样和相关标准的规定，表面不得有裂纹、分层、夹渣等缺陷。

（8）组对口不圆度调整：往往由于保护不当，在吊装发运、运输过程中发生变形，组对口不圆度常出现超标现象，组对前必须将壳体端部不圆度调整合格，采用千斤顶（或加减丝）和顶杆对筒体进行撑圆。

五、卧式组对

在油气田工程中，多数分段交货塔设备拉运到施工现场后，将分段到货的塔段组对焊接成整体，然后整体吊装。

（1）塔段组对前，按图样方位在筒体内、外壁分别找出 0°、90°、180°、270°方位线及准圆（若设备带有标记，应进行核对）。

（2）设置滚轮架支座或胎具支座，支座的数量应视分段的长度和重量经计算确定，其位置应避开人孔接管等。支座处的地基应压实，不应发生不均匀沉陷。

（3）两滚轮与壳体的中心夹角控制在 60°～70°。

（4）将对口处周长差换算成直径差，计算出错边量，对口时沿圆周均匀分配。对口错边量应符合表 5-6 的规定，当两侧钢材厚度不等时，组对口错边量以较薄板厚度为基准确定。

表 5-6　接缝对口错边量　　　　　　　　　　　　单位：mm

对口处钢材厚度（δ）	错边量允许偏差
$\leqslant 20$	$\leqslant \delta/4$
$20 < \delta \leqslant 40$	$\leqslant 5$
$40 < \delta \leqslant 50$	$\leqslant \delta/8$
> 50	$\leqslant \delta/8$，且不大于 20

（5）将分段塔段吊到滚轮架或胎具支座上，对正四条方位线，以各分段的对口基准圆为基准，调整间隙、错边量，并用直径为 0.5～1mm 钢丝检查直线度，合格后进行定位焊。

（6）调整塔体直线度，合格后进行接口点焊，点焊应在没有太阳照射情况下进行（最好在早晨九点种前）。点焊应按正式工艺进行，并采用对称点焊。

六、立式组对

施工时将待组对的筒节、封头上段和下段组对，逐段向上累加提升，直至整体组装完成。该施工方法采用的施工机具简单，根据组对筒节不断升高需要搭建组对平台，不断地盘取周长和点焊，控制错边量和塔段同心度。

1. 设备内部分布件及支撑件的安装

（1）原则上临近设备分段处的分布件及支撑件不进行安装，以免影响塔的空中组对。

（2）认真确认塔体支撑圈标高及方位，使之反映到每一段的标高和方位上。

（3）各分布件或支撑件定位画线后，其标高及方位必须经班组、工艺责任师、焊接责任师以及质量检验责任师同时在现场确认无误后方可进行安装。

（4）焊接前必须检查确认同层分布件已安装、必要的防变形措施采取后方可进行焊接，严禁边安装边焊接，致使局部变形较大影响本体的椭圆度。

（5）需彻底清除塔内外的熔渣和飞溅物。

2. 设备各段梯子平台的安装

（1）在满足吊装要求的情况下，为减少空中作业，梯子平台应尽量在塔体地面分段组对后安装完毕。要注意保证其反映在各个段上的标高及方位正确无误。

（2）梯子就位时，应保证与平台或立柱搭设牢固，必要时应增设加强角钢。

（3）栏杆的安装应注意栏杆的垂直度、高度和栏杆间距，拐角处平滑过渡。

（4）梯子安装时应保证与平台或立柱连接牢固、可靠。栏杆、梯子安装完毕后，应及时清除焊渣、毛刺，各尺寸允许偏差应满足规范要求。

（5）如组对口处下方的平台距离组对口太高，满足不了组对操作要求，需安装临时平台，见图5-28。

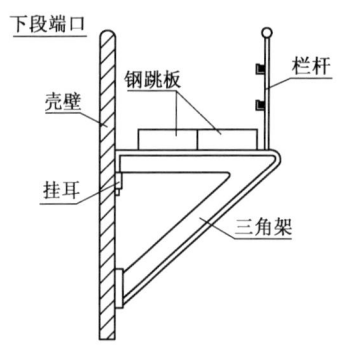

图5-28 临时平台示意图

3. 塔体各段的空中组对

1）底段塔体的吊装

（1）底段塔体吊装前在基础面上画好安装基准线及定位基准标记；并用油漆作好0°、90°、180°和270°的标记，在每个地脚螺栓旁预先摆放好一组垫铁。

(2) 对于筒体直径较大的塔，为了防止筒体在吊装过程中发生变形，每段筒体的两端组对口都要加"米"字支撑和弓形板固定加强，以保证筒体的椭圆度，便于对接环缝的组对。

(3) 塔体吊起后，旋转塔体，以基础上的中心线为基准，直到塔体上的0°、90°、180°和270°方向标记和基础上的中心线一致，然后使塔底座环上的地脚螺栓孔对准基础地脚螺栓，慢慢放下塔体。

(4) 以基础上的标高基准线为基准，利用垫板将塔找正和找平。

(5) 以塔体中心线为基准线，利用经纬仪测定四个方向的上下两点，调整垫铁，使垂直度符合要求。

(6) 塔体找正与找平后，其允许偏差应符合规范要求。

(7) 塔体找正与找平后，拧紧地脚螺栓的螺母，固定塔体。

2）上（中）段塔体的吊装

(1) 组对时，在下段筒体的上口内侧每隔1000mm焊一块定位板，再吊装筒体。

(2) 塔体吊到位后，注意上、下段的0°、90°、180°和270°方向标记，调节其四条方位母线，使其对正，且偏差小于5mm；再用调节丝杠和间隙片调整其上、下段的间隙基本一致后，利用卡子、斜尖调整错边量，符合要求后方可点焊。

(3) 用经纬仪测量塔体垂直度，其结果符合上表要求后才可进行定位焊接。点焊长度一般为每间隔200mm焊接50mm，点焊时的工艺与正式焊工艺相同。点焊牢固后，方可松开吊车，进行焊接。

(4) 自下而上依次将每段中各个筒节组对完，将各个控制参数控制在允许偏差范围内。

(5) 每段组对完成前后必须认真测量总长度、底端、顶端标高以及端口外形尺寸等数据，作为下一段安装依据，以便及时消除焊接收缩等引起的偏差。

七、焊接

油气田塔设备材质多为20R、16MnR钢，且采用单层钢板结构，设备均为压力容器。焊接是压力容器制造中的特殊工序，必须严格执行《特种设备安全监察条例》、《压力容器安装改造维修许可规则》（TSG R3001—2006）、《压力容器》（GB 150.1～GB 150.4—2011）等法规及标准规范要求。

(1)焊接工艺规程必须按规定评定合格方可用于指导焊接。

(2)焊接过程中所采用的焊接工艺,均须以合格的焊接工艺评定为依据。工程开工前,焊接责任工程师根据焊接工艺评定报告和设计要求编写焊接工艺规程,所有的焊接工作均需按批准的焊接工艺规程严格执行。

(3)参加本工程施焊的焊工都要按《特种设备焊接操作人员考核细则》(TSG Z6002—2010)进行考试,取得相应项目的合格证,才能上岗焊接。

(4)焊工应按图样、工艺文件、技术标准施焊。

八、吊装

油气田地面工程的塔设备多采用机械化吊装,所用的吊车视设备的重量和吊装高度来确定。其优点一是施工工期短,二是对其他工种作业影响较小,三是所需劳动力较少。一般采用一台主吊车提升设备的顶部,设备尾部采用辅助吊车配合抬送,如图 5-29 所示。

(a)吊装

(b)塔体就位

图 5-29 塔设备吊装

塔类设备一般重量重、直径大,起吊时尾部裙座受力集中。为了防止吊装过程中裙座变形,必须对裙座的底部采取加固措施,增加三角支撑架或十字支撑架,减少吊装时裙座的变形,以免影响设备的就位速度。

设备本体图上一般都不设计设备安装吊耳,需要施工单位根据现场设备吊装的要求,按照有关规范选择安装设备的吊耳。在确定设备吊耳的设置点时,不仅要考虑到设备吊装工艺的需要,而且还要考虑到设备本体的结构形式和本体结构组件的影响。通常吊耳的形式有两种:一种是管式吊耳,一种是板式吊耳。吊耳的选型要视设备的重量和吊装工艺的需要而定。相比之下,管式吊耳的受力较均匀，钢丝绳的脱卸较为方便，且用料省、制作方便，板式吊耳只在垂直状态时受力较好。

九、压力试验

（1）根据设计要求和有关标准、规范规定，在塔体必须在无损检测或者整体热处理完毕后才能进行水压试验。

（2）压力试验前，塔体各连接部位的紧固螺栓必须装配齐全、紧固妥当。必须使用两块量程相同并经校正的压力表，置于便于观察的部位，一般在塔顶部和塔底部各安装一块，要求精度等级不低于 1.5 级，试验时压力以塔顶部压力表读数为准。

（3）压力试验场地应有可靠的安全防护设施，并经技术负责人和安全部门检查认可。压力试验过程中不得进行与试验无关的工作，无关人员不得在试验现场停留。

（4）试压所用的水必须是洁净的，同时应将滞留在塔体内的空气排净。

（5）塔体外表面应保持干燥，待塔体壁温与液体温度接近时，才能缓慢升压至设计压力；确认无泄漏后继续升压到规定的试验压力，保压 30min，然后降至设计压力下保压进行检查，检查期间压力应保持不变。

（6）不得采用连续加压以维持试验压力不变的做法。不得带压紧固螺栓。

（7）试验时以无压降、无渗漏、无可见变形、无异常声响为合格。

（8）塔体在充水、排水过程中，应对基础进行沉降观测，并作实测记录。

十、塔内件的安装

（1）板式塔和填料塔的内件安装应在塔体压力试验合格并清扫干净后进行，内件安装时，应严格按照技术文件规定施工，以保证传质、传热时气液分布均匀。

（2）内件安装前，应清除表面油污、焊渣、铁锈、泥沙及毛刺等杂物，对塔盘零部件还应编注序号以便安装。

（3）塔盘安装前应进行预组装，预组装时在塔外按组装图把塔盘零部件组装起来，调整并检查塔盘是否符合图样要求。

（4）板式塔的内件包括支撑点、降液板、受液盘、塔盘板、溢流堰、通道板等，安装时需要保证其允许偏差符合规范要求。

(5) 颗粒填料（环形、鞍形、鞍环形及其他）安装应符合下列规定：

①颗粒填料应干净，不得含有泥沙、油污和污物。

②颗粒填料在安装过程中应避免破碎或变形，破碎变形者应拣出；塑料环应防止日晒老化。

③颗粒填料在规则排列部分应靠塔壁逐圈整齐正确排列，排列位置允许偏差为其外径的 1/4。

④乱堆颗粒填料也应从塔壁开始向塔中心均匀填平。鞍形填料及鞍环形填料填充的松紧度要适当，避免架桥和变形，杂物要拣出，填料层表面要平整。

⑤颗粒填料的质量、高度和填充体积应符合设计要求。

(6) 丝网波纹填料安装应符合下列规定：

①丝网波纹填料填充时，应保证设计规定的丝网波纹片的波纹方向与塔轴线的夹角，其允许偏差为±5°。

②丝网波纹填料分块装填时，应从人孔装入，每层先填装靠塔壁一圈，后逐圈向塔中间装填，每块用特制的夹具固定，填装时要压紧，网块与筒体内壁、网块与网块要相互紧贴，无间隙。

③丝网波纹填料的质量、填充体积应符合设计要求。

(7) 塔内施工作业应注意的问题：

①打开所有人孔，并在顶部人孔处安装排风扇。

②办理"进入有限空间作业证"，并得到有关部门的审批。

③进入塔内进行内件安装人员数要有控制，每平方米不宜超过 1 人，且应穿防滑鞋，佩戴安全带，人体重量应由横梁来支撑。

④搬运和安装塔内件时，要轻拿轻放，防止碰撞弄脏，避免变形损坏并注意每层塔盘安装完毕后，必须进行检查，不得将工具等遗忘在塔内。

⑤在塔内工作时，宜轮班作业，每班作业时间不宜过长，在上部，人孔处的指挥人员要时刻注意观察容器内工作人员的站位情况、工作情况、以防安全事故发生。

十一、设备清理、封闭

1. 设备内部清理

设备安装完毕后应进行设备内的清扫工作，清理设备内部的泥沙、边角料等杂物，清理完毕由施工单位、监理、业主联合检查，确认合格后，方可封闭，并及时填写《设备清理检查封闭记录》，并签字认可。

2. 法兰及垫片的检查

（1）密封垫安装前需再次检查，法兰密封和密封垫的形式应相适应，密封面应光洁，无机械损伤、径向划痕、锈蚀等缺陷。

（2）安装垫圈时，应在垫圈的接触面上均匀地涂上一层薄薄的与介质不起化学反应和污染产品的涂料或润滑剂，如鳞状石墨、二硫化钼、白凡士林或液状石蜡等。

（3）密封垫应安装平正，位置正确，不得有偏斜或中心偏移，并应接触良好，如接触不良，应进行研磨或修整。

3. 螺栓的紧固

（1）端盖与筒体法兰的相对位置必须安装准确，使所有的螺栓都能顺利穿入，不得受任何强制力，并应在螺栓、螺母的螺纹和螺母与垫圈的接触面上涂鳞状石墨或二氧化钼润滑剂。

（2）紧固螺栓前，应先用均匀的紧固力将螺母初步拧紧。

（3）紧固螺栓时，应按图 5-30 所示顺序，沿直径方向对称均匀地紧固，重复此步骤不少于六次，直到所有的螺母紧固达到设计图样或技术文件上要求的紧固力矩或螺栓伸长值为止。也可按图 5-31 所示顺序，分三次进行：第一次采用对称法，使其紧固程度达 70%；第二次采用间隔法，使其紧固程度达 90%；第三次采用顺序法，使其紧固程度达 100%。

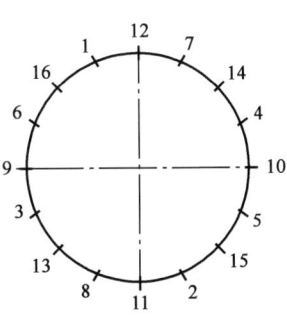

图 5-30　紧固螺栓示意图

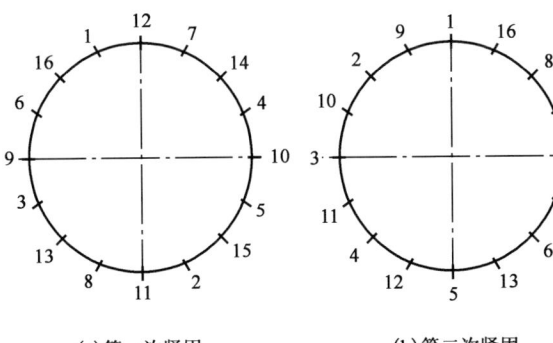
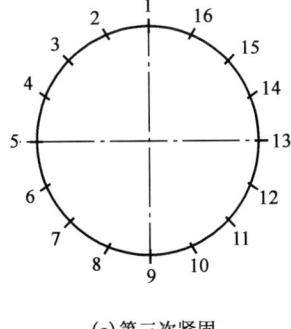

(a) 第一次紧固　　　(b) 第二次紧固　　　(c) 第三次紧固

图 5-31　紧固螺栓示意图

（4）螺栓紧固后，用塞尺检查端盖法兰与筒体法兰之间的间隙及平行度。使用铝垫圈时误差不大于 0.3mm，使用钢垫圈时不大于 0.1mm。

（5）紧固后的螺栓应分别用小锤逐个敲击螺母，用听声法来检验螺栓紧固的均匀程度。

（6）松开螺栓时，按紧固方法相反的顺序对称松开，每次松开 1/12～1/16 圈，直到所有螺母完全松开为止。

（7）在高温高压设备的安装中，如设计图样或结束文件对紧固螺栓有热紧的要求时，应按设计规定进行。

第六节　安全施工技术措施

一、安全危险源识别

在静设备安装过程中，由于人的不安全行为、物的不安全状态等原因，可能会产生高空坠落、物体打击、起重伤害、车辆伤害、机械伤害等安全事故，造成人员和经济上的损失。为避免事故的发生，在静设备安装前必须进行危险源的辨识，正确、合理地评估风险的影响程度。静设备安装常见的安全危险源及产生的危害主要有以下几点：

（1）高处作业无脚手架和防滑、防坠落措施、有洞无盖、临边无栏、梯子及护栏焊接强度不够发生踩空坠落或支撑物倒塌。

（2）高处作业时未系安全带、穿防滑鞋，或安全带挂系不牢发生坠落。

（3）现场交叉作业，上层施工时有工具、零部件、管件等掉落，砸伤下层作业人员。

（4）因吊装计算错误，致使吊装索具断裂、吊车损坏。

（5）吊装作业时，因捆扎不牢，斜吊、斜拉致使静设备倾倒。

（6）设备安装时，因配合不好或注意力不集中将手脚碰伤、砸伤。

（7）静设备安装完毕后，未及时紧固地脚螺栓或采取其他固定措施，静设备受碰撞或大风吹动发生倾倒。

二、安全施工措施

静设备安装应严格遵守有关安全规章制度，采取有效的预防措施，通过全员、全方位、全过程的严格监控，最大限度地减少和降低安全事故发生的频次，保证施工操作人员的身体健康。

1. 吊装方案编制

（1）吊装前施工单位需要核算设备重量、重心等参数，选取吊车、钢丝绳，设计制作吊耳、平衡梁，编制专项吊装方案。

（2）吊装方案需由建设单位、监理单位的有关技术部门批准。吊装时必须严格执行吊装工艺和程序。

2. 设备吊装

（1）设备吊装前，必须进行安全交底，明确所有参与人员的分工和职责。全面检查吊车、倒链、滑轮组、钢丝绳、吊耳等设备及机具。

（2）在工作区设隔离带，摆设明显标志，并有专人负责警戒，与吊装无关人员严禁入内。

（3）由专人负责统一指挥，指挥人员应位于操作人员视力能及的地点，发出的信号要鲜明、准确。起重设备驾驶人员要熟悉指挥信号，并按指挥人员的各种信号进行正确操作。当出现雪、雾、雨以及风力大于等于六级情况时，禁止吊装作业。

（4）起吊时，吊索要保持垂直，不得超出起重设备回转半径进行斜向拖拉，以免超负荷、钢丝绳滑脱或拉断绳索。

（5）起重设备操作时，臂杆提升、下降、回转要平稳，不得在空中摇晃，同时要尽量避免紧急制动或冲击振动等现象发生。

（6）采用双机抬吊法吊装设备时，要根据起重设备的起重能力进行负荷分配（吊重质量不得超过两台起重设备允许起重量总和的75%，每一台起重设备的负荷量不超过其安全负荷量的80%）。操作时，必须在统一指挥下，动作协调，同时升降和移动，并使两台起重设备的吊钩、滑车组基本保持垂直状态。两台起重设备的驾驶人员要密切配合，防止因一台起重设备失重，而使另一台起重设备超载。

3. 设备安装

（1）安装设备时，钳工及其他辅助人员要与起重人员密切配合，工作时

间必须注意力集中，不准打闹、串岗，以防止砸伤或挤伤。

（2）将静设备吊装放置在预埋地脚螺栓基础上之后，要进行设备的初找平、找正，然后紧固地脚螺栓，将设备固定住。对于预留孔地脚螺栓基础，应采取绳索绑扎等临时固定措施，待设备灌浆完毕，并紧固地脚螺栓后，才能拆除临时措施。

（3）带有联合底座的静设备在施工现场做短距离移动时，一般采用"滚筒法"移动，即用若干根直径100mm左右的钢管垫在设备底座下方，在设备底部的前后不断倒换钢管，推动设备前进。操作人员在倒换钢管时，不得用手直握钢管，以免压伤。指挥人员一定要注意钢管的倒换过程，当有挤压风险时，应立即停止倒运。

4. 高空作业

（1）塔设备立式组对或在框架上安装容器等高空作业时，应在操作区域设有操作平台、安全防护栏杆、防护网等安全措施。操作平台的跳板应铺平绑牢，不得出现挑头板。施工人员上下操作平台使用的梯子需要绑扎牢靠，梯子与地面夹角一般在60°~70°之间。

（2）现场作业人员需要戴安全帽，高空作业时佩安全带、穿防滑鞋，行走时注意脚下和人身安全。

（3）尽量避免交叉作业，在必须进行交叉作业时，注意上下层的坠落物，加强现场的HSE监督工作，严格按照"不伤害自己，不伤害他人，不被别人伤害"的原则施工。作业人员上下作业平台时要将携带的扳手、水平仪等工具和小件材料放在工具袋内。在平台上设置工具箱或材料箱，将各种小件物品放在箱子内。禁止上下抛掷工具或物件，并设专人监护。施工完毕后，及时将平台清理干净，做到工完、料净、场地清。

第六章 动设备安装

油气田地面工程中的动设备是指在油气生产装置中具有转动机构的工艺设备，是油气田地面工程各种场站及装置的心脏，对保证油气田生产的正常运行具有非常重要的作用。本章简要叙述油气田地面工程施工中常用动设备的种类、用途及其安装施工工艺等。

第一节 动设备的种类与作用

油气田地面工程的动设备种类比较多，常见的动设备有抽油机、风机、压缩机、往复泵、离心泵等。

一、抽油机的种类

抽油机是有杆抽油系统中最主要的举升设备，俗称"磕头机"，通过加压的方法将石油举升到地面。根据结构特点，抽油机可分为游梁式抽油机和无游梁式抽油机。游梁式抽油机又可分为常规型、适应型、节能型和自动型；无游梁式抽油机又可分为低矮型、滚筒型、塔架型、增程型和缸体型。根据油井深度对冲程的要求，抽油机可分为常规冲程抽油机和长冲程抽油机。在长冲程抽油机中，有增大冲程游梁式抽油机和卧式长冲程无游梁抽油机。根据驱动方式，抽油机分为普通异步电动机驱动型、变压异步电动机驱动型、大转差率电动机驱动型、超过转差率电动机驱动型、天然气发动机驱动型以及柴油机驱动型等。

1. 游梁式抽油机

游梁式抽油机包括常规型游梁式抽油机（图6-1）、异相型游梁式抽油机（图6-2）、前置型游梁式抽油机（图6-3）、异型游梁式抽油机（图6-4）、弯游梁式抽油机（图6-5）、斜直井游梁式抽油机（图6-6）、两级平衡游梁式抽油机（图6-7）。

图6-1 常规型游梁式抽油机实物图

图6-2 异相型游梁式抽油机实物图

图6-3 前置型游梁式抽油机实物图

图6-4 异型游梁式抽油机实物图

图6-5 弯游梁式抽油机实物图

图6-6 斜直井游梁式抽油机实物图

2. 无游梁式油机

无游梁式油机包括链条抽油机（图6-8）、皮带抽油机（图6-9）、直线电动机抽油机（图6-10）。

图6-7　两级平衡游梁式抽油机实物图

图6-8　链条抽油机实物图

图6-9　皮带抽油机实物图

图6-10　直线电动机抽油机实物图

二、风机的种类和用途

风机是气体压缩和气体输送机械的习惯简称，它是把驱动机的机械能转变为气体能量的一种机械。风机种类繁多，各有不同的结构特点和适用范围，按照输送气体出口压力的不同，风机可分为通风机（风压≤0.015MPa）、鼓风机（0.015MPa＜风压＜0.35MPa）、压缩机（风压≥0.35MPa），油气田地面工程通常所说的风机主要是通风机和鼓风机。

1. 风机的种类

根据使气体增压的作用原理不同,把风机分为透平式和容积式。

1)透平式风机

透平式风机是通过旋转的叶片把机械能转变为气体的压力能和速度能,随后在固定元件中使部分的速度能转化为压力能。透平式风机又可分为离心式、轴流式、混流式、横流式。

(1)离心式风机:利用叶轮片高速旋转产生的离心力来吸入并压出气流,在离心力作用下气体沿着轴向进入风机,在叶轮内沿着径向流出,离心式风机具有较高的压力系数、相对低的流量系数。根据叶片出口安装角不同,离心式风机分为前向、径向、后向离心式风机。离心式风机一般由叶轮、机壳、集流器、电动机和传动件(如主轴、带轮、轴承、三角带等)组成。叶轮由轮盘、叶片、轮盖、轴盘组成,机壳由蜗板、侧板和支腿组成。实物图片见图6-11。

(2)轴流式风机:气体轴向进入旋转叶道,被加压后再轴向排出,具有低压、大流量、高效的特点。轴流式风机一般由叶轮、机壳、集流器和电动机组成。叶轮由叶片和轮毂组成,机壳由风筒、机架板和支架组成。实物图片见图6-12。

图6-11 离心式风机实物图　　　　图6-12 轴流式风机实物图

(3)混流式风机:气体以与主轴成一定角度进入旋转叶道,具有高压、大流量的特点。混流式风机的出口压力和流量介于轴流式风机和离心式风机之间,其结构与轴流式风机相似,一般由叶轮、机壳、集流器和电动机组成。其机壳由风筒、导流内筒、导叶等组成。

(4)横流(贯流)式风机:气体横贯旋转叶道进入、再横贯流出,出口气流扁平,风速高。风幕机(空气幕)是横流式风机中的代表产品,它可有效阻隔室内外空气的对流，因而风幕机在有空调或有异味的公共场所应用广泛。

2）容积式风机

容积式风机是依靠在气缸做往复运动的活塞或旋转运动的活塞的作用，使气体的体积缩小而提高压力。容积式风机又可分为往复式（包括活塞式和隔膜式）和回转式（包括滑片式、螺杆式、罗茨式）。

罗茨式风机输送的风量与转数成比例，具有结构简单、运转平稳、性能稳定的特点，适应多种用途，应用广泛。罗茨式风机实物图片见图6-13。

图6-13 罗茨式风机实物图

2. 风机的用途

风机在油气田地面工程中有以下用途：

(1) 作为排粉机、通风机和引风机应用于锅炉机组运行，并多采用离心式和轴流式风机。炉膛燃烧煤粉经加热后由排粉机输送至炉膛燃烧，用通风机通风可以使煤粉充分燃烧，燃烧后产生的烟气由引风机排入大气中。

(2) 作为鼓风和引风设备。油气田地面工程强制通风式空冷器，一般采用轴流式风机作为鼓风或引风设备，如图6-14所示。油田污水处理站污水沉降罐曝气工艺常用罗茨式风机作为鼓风设备。

(3) 作为排尘设备用于易产生粉尘的场所。如油田地面工程三元液配置站等，多采用离心式风机。

(4) 作为通风设备用于易产生有毒、有害气体场所、防爆厂房等。油气田地面工程场站的化验室、加药间、泵房等场所，多采用轴流式风机。

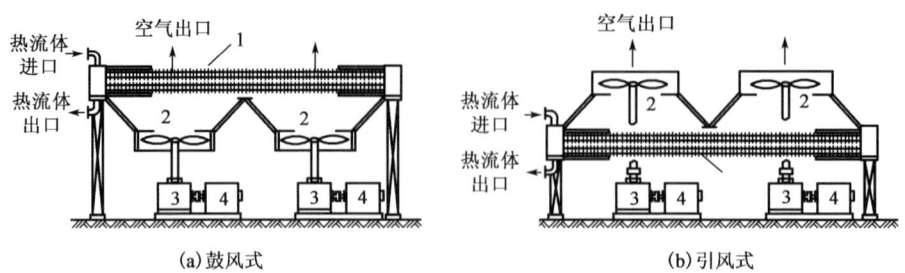

图 6-14 风机在空冷器的应用示意图
1—空冷器；2—风机风扇；3—风机变速箱；4—风机电动机

三、压缩机的种类和用途

1. 压缩机种类

油气田地面工程常用的压缩机有离心式压缩机、往复式压缩机、螺杆式压缩机。

（1）离心式压缩机：离心式压缩机具有输气量大而连续、运转平稳、机组外形尺寸小、重量轻、占地面积小、设备易损部件少、使用期限长、维修工作量小、气体不会被润滑油污染等优点，适用于气量大、气量波动不大且排气压力为中低压的情况。随着气体动力学研究成果的应用，离心压缩机的效率不断提高；高压密封、小流量窄叶轮的加工、多油楔轴承等新技术，解决了离心压缩机向高压力、宽流量范围发展的一系列问题。这些成果和技术使离心式压缩机的应用范围大为扩展，在很多场合取代了往复压缩机。离心式压缩机实物见图 6-15。

图 6-15 离心式压缩机实物图

（2）往复式压缩机：往复式压缩机运转有两个特点，一是运行过程中产生往复惯性力，通过机构传给基础；二是有明显脉动性质的气体压力，产生交变的活塞力作用在压缩机机构上。由于要承受较大的脉冲力，压缩机的零部件通常比较粗大，因此机器比较笨重。往复式压缩机结构复杂、品种繁多，适用于小流量、高压力的场合。往复式压缩机实物见图6-16。

图6-16 往复式压缩机实物图

（3）螺杆式压缩机：兼有往复式和离心式压缩机的许多优点，可调范围宽，操作平稳；结构简单，易损件少，能在大的压力差或压力比的工况下工作；体积小、重量轻，运动中无往复惯性力，对地面基础要求不高。螺杆式压缩机实物及结构见图6-17。

 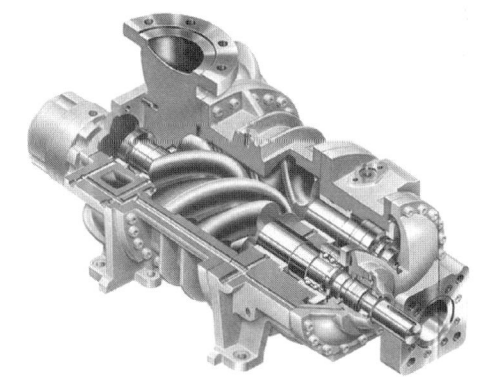

(a)实物图　　　　　　　　　　(b)结构示意图

图6-17 螺杆式压缩机

2. 压缩机用途

压缩机在油气田地面工程中主要有以下几个各方面的用途：

(1) 作为天然气的输送设备，应用于压气站，将天然气升压、输送，主要是离心式、往复式压缩机。

(2) 作为天然气增压设备，应用于轻烃回收站。在轻烃回收站，当天然气特别是油田气的压力比较低时，往往需要选用压缩机进行增压，一般采用往复式和离心式压缩机。

(3) 作为制冷剂如丙烷、氨的增压设备，应用于制冷系统。油气田地面工程采用冷凝分离法进行轻烃回收时，制冷单元也需要采用压缩机对制冷介质进行压缩液化，一般采用螺杆式压缩机。

(4) 作为负压机应用于油田原油稳定装置。原油稳定装置闪蒸时闪蒸罐内需要形成负压，一般选用螺杆压缩机对闪蒸罐抽真空，罐内压力可达 -0.05MPa。

(5) 作为油田注气设备。海上油田注气用的离心式压缩机压力可高达 70MPa。

(6) 作为空气压缩设备，为场站自控系统提供仪表风，也为场站管道吹扫提供扫线风，常采用螺杆式空气压缩机。

(7) 应用于油气田地面工程建设，为施工过程中的管道试压、吹扫、通球提供压缩空气。这类空压缩机一般为螺杆式可移动空气压缩机。

四、泵的种类和用途

泵是输送液体或使液体增压的机械。泵将原动机的机械能或其他外部能量传送给液体，使液体能量增加。泵主要用来输送水、油、酸碱液、乳化液、悬乳液等，也可输送液体、气体混合物以及含悬浮固体物的液体。

1. 泵的种类

1）叶片式泵

叶片式泵是一种依靠泵内作高速旋转的叶轮把能量传给液体，进行液体输送的机械设备，属于这种类型的泵有离心泵、轴流泵、混流泵及涡流泵。

(1) 离心泵：离心泵的基本部件是高速旋转的叶轮和固定的蜗壳形泵壳，叶轮对泵内液体做功，液体被连续不断地吸入和排出，实现液体的输送。离心泵具有结构简单、效率高、流量和扬程范围广、操作容易等特点，是油田场站中应用最广泛的泵，主要用于输送原油、成品油、污水、滤后水、清水等介质。离心泵实物见图 6-18。

(a) 单级离心污水泵实物图　　　(b) 多级离心注水泵实物图

图 6-18　离心泵实物图

（2）轴流泵：利用叶轮旋转对水体产生的推力（升力）工作，是一种大流量、低扬程的泵，有立式、卧式、斜式及贯流式数种形式。轴流泵扬程低、流量大，液体沿泵轴轴线方向流动，适于吸送清水或物理及化学性质类似水的其他液体。

（3）混流泵：利用叶轮旋转产生的离心力和推力联合作用工作，斜向出流，又称斜流泵，有卧式和立式两种。混流泵兼有离心泵和轴流泵的优点，结构简单，高效区宽，使用方便。

（4）涡流泵：涡流泵也称漩涡泵，主要由叶轮、泵体和泵盖组成。叶轮是一个圆盘，圆周上的叶片呈放射状均匀排列；泵体和叶轮间形成环形流道，吸入口和排出口均在叶轮的外圆周处；吸入口与排出口之间有隔板，由此将吸入口和排出口隔离开。漩涡泵的特点是流量小、扬程高、具有自吸功能，可用来输送黏度较小的无固体颗粒、类似于水的液体及高挥发性和含有气体的液体。

2）容积式泵

容积式泵靠工作部件的运动造成工作容积周期性增大和缩小而吸入、排出液体，并靠工作部件的挤压而直接使液体的压力能增加。主要包括往复式泵和旋转式泵。

（1）往复式泵：依靠作往复运动的活塞或柱塞推挤液体。往复泵的操作特性是在一定转速下，泵的流量不随扬程而变，有自吸功能，启动前不需要灌泵，采用旁路调节流量。属于这种类型的泵有各种形式的活塞泵、隔膜泵，主要用于输送流量小、输出压力高的液体。隔膜式计量泵可以输送剧毒、易燃、易爆和腐蚀性液体。柱塞泵结构实物见图 6-19。

图 6-19　柱塞泵实物图

（2）旋转式泵：又称转子泵，依靠做旋转运动的部件推挤液体。属于这种类型的泵有齿轮泵、螺杆泵、滑片泵。齿轮泵的流量小、扬程高，适合用于黏稠液体乃至膏状物料的输送，但不能输送含有固体粒子的悬浮液。目前油气田常用的齿轮泵为外啮合齿轮泵，这种泵运行时有噪声和振动，近几年来已逐步采用内啮合齿轮泵，其较外啮合齿轮泵工作平稳，但制造较复杂。转子泵的操作性能与往复式泵相似。螺杆泵实物图片见图 6-20。

(a) 污水提升螺杆泵

(b) 采油井口螺杆泵

图 6-20　螺杆泵实物图

2. 泵在油气田地面工程中的用途

油气田生产中，原料、半成品和成品大多是液体，而将原料制成半成品和成品需要经过复杂的工艺过程，泵在这些过程中起到了输送液体和提供物理反应和化学反应的压力流量的作用。

油气田地面工程站内泵按照用途分为输油泵、掺水泵、热洗泵、注水泵、注入泵、采暖泵、污油泵、污水泵、排污泵、加药泵、燃料油泵、润滑油泵、井口采油泵等。

（1）输油泵用于增压运送原油，实现原油在油田场站内部、场站之间的集输及末站油库原油外输，一般采用离心泵。

（2）掺水泵用于增压并输送热水对单井集油管线进行掺水，是中转站掺水集油流程的主要设备，一般采用离心泵。

（3）热洗泵用于增压并输送热水，对结蜡单井进行热洗，是中转站热洗流程的主要设备，一般采用离心泵。

（4）注水泵用于增压并输送清水或滤后水，是油田二次采油注水的主要设备，在油田注水站清水或经污水站处理后的滤后水通过注水泵升压进入注水管网，通过注水井注入地下，一般采用离心泵，泵的扬程较大，一般为900～2200m。该泵运行时噪声较大，易产生振动，对安装质量要求较高。

（5）注入泵用于增压向地下注入聚合物（聚丙烯酰胺溶液）、三元液（聚合物、碱、表面活性剂）、液态 CO_2 等驱油剂，是油田三次采油中注液的主要设备。在油田注入站从配置站输送的聚合物、三元液经注入泵升压与高压注水混合，进入单井注聚管道，通过注聚井注入地下。因此，该泵的工作压力要高于注水管网压力，一般采用柱塞泵，泵的额定压力一般为16～35MPa，排量较小，一般为0.4～24m^3/h。该泵运转时较为平稳，振动小，噪声低。由于注入液的腐蚀性强，泵的缸体采用不锈钢材质。作为液态 CO_2 注入泵时，泵的额定压力可达32MPa，液态 CO_2 易气化产生泄漏，对柱塞泵的密封部件要求比较高。

此外，在采用高压蒸汽驱油的油田，柱塞泵可作为高压蒸汽注入锅炉的前置增压设备。

（6）采暖泵用于油气田场站热循环系统。采暖泵将采暖炉加热的水增压输送到各散热器，失热后的水再通过管路返回到采暖炉加热，完成热水系统的循环。采暖泵的排量和扬程较低，一般采用离心泵。

（7）污油泵是将原油集输、分离、污水处理过程中回收的污油重新输送至原油集输系统的设备。该泵排量和扬程要求较低，一般采用离心泵。

（8）污水泵主要用于油田污水处理站，实现对污水的升压、外输以及污水过滤罐的反冲洗，一般采用离心泵。

（9）排污泵是油田场站中把污水池中污水输送到指定装置或场所的设备，对泵的排量和扬程要求不高，但要求有自吸功能，一般采用螺杆泵、潜水轴流泵。潜水泵的电动机是干式全封闭潜水三相异步电动机，可以长期浸入水中运行，所以潜水泵安装在污水池中运行。

（10）加药泵是在原油集输、污水处理过程中向系统加入药液（如：破乳剂、防垢剂、混凝剂等）的设备，泵的排量小，要求有较强的防腐能力。油田上一般采用隔膜计量泵，该泵体积小，安装更方便，运行时噪声低。近年来橇装化的加药装置（将加药泵、储药罐、泵的进出口工艺管道紧凑布局，安装在同一平台底座的组合化设备）在油田得到广泛的应用。

（11）燃料油泵用于增压并把燃料油输送到指定的设备，常见于成品油储库，一般采用离心泵。

（12）润滑油泵将润滑油增压并输送到需要润滑的设备及元件，用于压缩机、注水泵等设备的润滑油系统。

（13）井口采油泵作为采油设备安装于油井井口，螺杆泵与抽油机相比，节能30%～40%，效率高15%，且体积小、噪声低，具有投资少、设备结构简单、操作方便、节能及适应性强等优点，备受国内外油田重视。

第二节 抽油机的安装

一、抽油机的安装程序

抽油机安装工艺流程见图6-21。

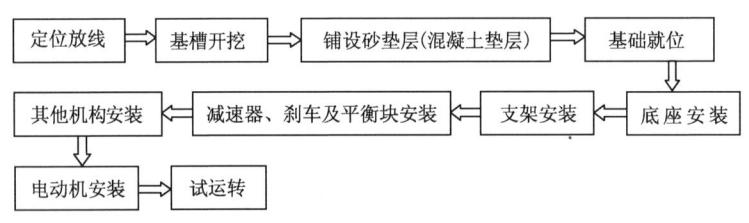

图6-21 抽油机安装工艺流程图

二、安装工艺要点

1. 基础施工

1）基础种类

基础是抽油机正常运行的基本保证，若基础失稳，轻则使抽油机抖动，

第六章 动设备安装

重则使抽油机倾斜倒地。抽油机的基础通常采用增设混凝土构件基础的方法。根据不同的地质条件以及施工条件,可选择固定基础或活动基础。

固定式基础是整体现场一次浇筑成形,一般不再移动。活动式基础是分成1~3块提前预制,使用时运至井场使用,活动式基础运输方便,可再利用,目前多采用这种基础,常规游梁式抽油机基础采用2块箱式基础。

在基础上固定抽油机底座常用地脚螺栓,地脚螺栓的连接方式有多种,常见的有预留孔式、预埋式、焊接式、开口挂钩式等。

2)基础安装准备

预制基础安装前需进行验收,包括质量保证资料的验收和外观质量的验收,然后对通井路进行铺垫,保证运送和吊装抽油机基础的车辆能够顺利进入井场。

现场浇筑的基础提前准备好原材料的质量保证资料,并把原材料运至施工现场妥善存放,把施工用的各种计量工具、搅拌工具及振动棒运至施工现场。

(1)定位放线。

对抽油机的基础基槽进行放线时,要考虑本地区主导风向,避免井中漏气、漏液被风吹向抽油机和原动机,同时还应考虑井场条件,保证抽油机安装后有足够的空间,便于修井作业。放线尺寸一般比基础尺寸每侧大200~300mm作为操作面,同时放线必须以井口为参考标准进行放线。

(2)基槽开挖。

放线完毕之后就需要对基础基槽进行开挖,开挖可以采用人工或机械方式,机械开挖需人工配合修整,基槽开挖到距离设计标高差100~200mm时,停止开挖,待铺设砂垫层时再进行开挖,防止基槽超挖。如果地势低洼,在开挖过程中需要采用排水及降水措施。

(3)铺设砂垫层。

一般预制基础的基槽下侧都需要铺设一定厚度的砂卵石垫层并进行夯实,夯实系数符合设计要求,但一般不小于0.94,厚度为300~500mm;现浇基础下铺设一定厚度的垫层,厚度一般为100~200mm。如果是低洼地或沼泽地,则需要进行毛石基础加深处理,处理完之后再在加深基础上面铺设20~40mm厚度的砂垫层。砂垫层及砂卵石垫层的平整度用水准仪进行测量。

3)基础的安装工艺

(1)固定基础的安装。

固定式基础的安装在垫层铺设完之后,根据基础的形状尺寸进行钢筋绑扎、模板安装和混凝土浇筑，基础养护后拆除模板并进行基础四周的土方回填夯实。需要说明的是，模板安装完之后所有的预留孔和预埋件位置必须进行再次核实确认无误，基础浇筑所需的混凝土必须严格按配合比报告单进行。

（2）活动基础的安装。

活动式基础的安装一般分成1~3块，在井场进行现场吊装（图6-22、图6-23）。吊装时可采用汽车吊车或履带吊车，吊装前所用索具和吊绳必须经检查没有安全隐患。

图6-22　前箱基础吊装图

图6-23　后箱基础吊装图

整体基础进行整体吊装就位；分块基础吊装按照各分块与井口距离，从近到远进行吊装就位，吊车的吨位根据分块基础中最重的进行选择。

整体基础吊装就位后或分块基础每块吊装就位后，用水准仪在基础的四个角测量基础的水平度，如水平度达不到要求，则用吊车吊起基础，用砂垫层找平。整体基础的纵向中心必须与基槽中心重合，同时最接近井口的地脚螺栓的预留孔或预埋件与井口的距离应符合要求；分块基础每块基础都必须与基槽中心重合，同时每块基础之间纵向中心线要重合，且靠近井口的基础的最前面的地脚螺栓的预留孔或预埋件与井口的距离应符合要求。

分块基础就位后，用钢板把每块基础焊接在一起，形成一个整体。对基础埋地部分进行防腐处理之后，在基础四周及基础内部用土进行分层回填夯实。

2. 机体的安装

1）机体安装前的准备

机体安装前必须对机体进行验收，包括质量保证资料的验收和外观质量的验收，对照装箱单对抽油机机体所有部件进行外观质量验收，并对所带的配件和专用工具的数量和质量进行验收。然后对安装抽油机的井场进行勘察，根据井场的实际情况确定运送抽油机的卡车和卸装抽油机的吊车进入井场的先后顺序和停放位置。一般井场是卸装抽油机的吊车先进入井场就位后，然后拉抽油机的卡车倒入井场，吊车把抽油机从卡车上卸下后，卡车离开井场，给吊装抽油机让出操作空间。

2）机体安装

抽油机的种类较多，但是用得最普遍的是游梁式抽油机，其他形式的抽油机用得较少，因此这里主要介绍游梁式抽油机的安装。

(1) 底座安装。

底座安装前对基础地脚螺栓孔（螺栓槽、预留孔、预埋件）及基础表面进行清理，清除螺栓孔内及基础表面的杂物，然后将地脚螺栓放入螺栓孔内（螺栓槽内、预留孔内）或根据安装底座实际位置将螺栓焊在预埋件上，在基础顶面四角及中间的 6 条地脚螺栓一侧各放置一组垫铁，用水准仪对垫铁进行找平，如垫铁厚度不合适应进行调整。

用吊车吊装底座，要使其底座纵向中心线与基础纵向中心线重合。将螺栓的垫片（压板）及螺母戴上，并对称均匀拧紧，露出螺纹 2~3 个螺距，对外露螺纹涂油脂防护。在每条地脚螺栓的两侧各垫一组垫铁，高度和块数应符合标准的要求，垫铁组应露出底座面外边缘，平垫铁露出 10~30mm，斜垫铁露出 10~50mm，垫铁组伸入底座的长度应超过基础地脚螺栓的中心。采用水平尺或水准仪进行找平，找平后将垫铁组相邻垫铁焊接固定。

(2) 支架安装。

如图 6-24 所示，用吊车将支架吊装在底座上，在支架上部中心用线坠进行检测，使其在底座的投影与底座控制中心重合，调整支架的水平度符合规范要求，然后紧固底座与支架之间的连接螺栓，见图 6-25。

图 6-24　从卡车上卸抽油机的现场图片

图 6-25　支架安装现场图片

(3) 减速器安装。

安装减速器前应清理其底面泥土及夹杂,使其保持清洁;吊装减速器,应使其底中心线与底盘纵向中心线重合,并保证减速器被动轴处于水平状态;然后紧固底座与支架之间的连接螺栓,见图6-26。

(4) 刹车装置安装。

刹车装置安装应牢固、操作灵活、张合均匀,保证曲柄在任何位置均能制动平稳、可靠。调整刹车拉杆长度,保证刹车架后余4个齿为宜。

(5) 平衡块安装。

首先,将曲柄调整到水平位置,利用刹车装置将曲柄固定,锁上保险锁,将刹车安全装置的锁块放入刹车毂外缘的凹槽内,确保安全。安装前清除平衡块、曲柄的装配面及曲柄燕尾槽内的泥土等杂物。先吊装上部一侧的平衡块,并将平衡块调整到曲柄上部装配面合适的位置,之后紧固两侧及中间保险锁块的螺栓(另一侧平衡块同样安装)。然后拉紧刹车装置,将刹车安全装置的锁块从刹车毂外缘的凹槽内拿出,控制刹车装置,利用平衡重的惯性将曲柄旋转180°,使得未装平衡块的曲柄装配面水平向上,利用刹车装置将曲柄固定,锁上保险锁,将刹车安全装置的锁块放入刹车毂外缘的凹槽内,吊装安装另外2块平衡块,见图6-27,方法同上。4块平衡块安装完毕后,松开刹车装置,使曲柄平衡块处于竖直自重状态。

图6-26 减速器吊装现场图　　　图6-27 平衡块吊装现场图

(6) 游梁连杆机构安装。

如图6-28所示,在地面上将游梁、横梁、连杆、驴头及吊绳组合成一体,并进行紧固,吊装并安装于支架上,紧固游梁与支架的连接螺栓,并将连杆的下侧大圈套在曲柄销装置的壳体锥面上,用四个螺栓紧固。测量两连杆内侧到曲柄加工面对应点的距离是否符合规范要求,若超差,可松开支架上固定中央轴承座的螺栓,左右移动游梁,直至其间距达到要求为止。纵向调整游梁,使悬绳器中心与井口中心对中,用静态重锤法检查。同时,应根据装配图要求位置进行梯子、平台及附件安装,并将螺栓紧固。

(a) (b)

图 6-28 游梁连杆机构吊装现场图

(7) 电动机安装。

如图 6-29 所示,吊装电动机安装于底座上,电动机的横向位置(相对抽油机)以电动机皮带轮端面与减速器皮带轮端面应在同一平面内,且保证两轴平行,采用拉线检查两轴平行度。通过调整电动机底座前后的调整螺栓来调整皮带的松紧,然后用螺栓把电动机底座紧固在抽油机底座上,并按规定位置安装电控箱,并认真核对电动机旋转方向。

图 6-29 皮带安装现场图

3. 抽油机试运转

1) 试运前的准备工作

(1) 电气准备:试运转前抽油机接地应按照设计要求施工完成且接地电

阻测试合格；变压器到抽油机的电缆按设计敷设完成且电缆的绝缘电阻符合要求；电动机旋转方向应正确，无载荷运转24h无异常情况。

（2）工艺准备：井口组合阀安装完毕，且井口与计量间的工艺管线热水循环正常；各润滑点加注符合要求的润滑油脂，减速器内齿轮油加至油位指示器的两刻线或两孔之间；对各活动部位进行检查，清除杂物，对各键、销部位及各紧固件进行牢固度检验。

2）试运转

（1）无载荷试运转：利用平衡块的惯性无载荷断续启动抽油机，使曲柄转动1～2圈，仔细观察驴头、游梁、连杆、曲柄、减速器等动作和升降是否灵活自如，有无摩擦碰撞现象。同时检验刹车装置的可靠性，曲柄在任何位置时，刹车装置制动应可靠。

（2）有载荷试运转：将悬绳器与抽油杆连接紧固，利用平衡块的惯性断续启动抽油机，检查有无卡杆、偏磨井口密封填料盒以及整机有无明显震动情况。

（3）试生产：关闭井口掺水和集油管线的连通阀，打开井口的掺水阀门、出油阀门及采油树的生产阀门；然后松开抽油机的刹车，让曲柄平衡块调整到自重下垂状态；然后启动抽油机，开始正式运转。在运转过程中要检查电动机的温度，注意倾听抽油机有无异常声响，还要到计量间检查集油管线的温度变化情况。集油管线温度正常情况为由热变凉，然后又由凉变热，证明整个工艺系统正常。

三、抽油机安装的安全注意事项

（1）现场拉运车辆及吊装车辆状况应保持良好。

（2）根据现场情况将吊车停靠在地基牢固、利于吊装的地方，并且将吊车支腿的地方放置铁板等大面积垫支物。

（3）现场各种机械设备由专人操作，其他人员不准随意乱动。

（4）现场吊装车辆设专人指挥，吊车司机应技术娴熟。

（5）施工人员上岗时必须穿着工作服、佩戴安全帽，高空作业系安全带。

（6）所用吊装钢丝绳选用合理，严禁超负荷使用。

（7）吊装过程中，起重臂下严禁站人，也不许通过或逗留；起重臂移动速度应缓慢，起吊中因故中断，必须采取措施，不得使被吊物长时间悬空。

（8）吊装抽油机基础应采用两根钢管，防止重心偏离基础旋转。

（9）履带吊吊装时，禁止吊装抽油机基础时行驶。

(10) 抽油机基础就位时，施工人员禁止进入基础两侧的基槽内，防止造成挤压伤害。

(11) 操作者站在抽油机操作台作业时，下方严禁站人，防止工具和配件从高空坠落造成人员遭受物体打击伤害。

(12) 严禁在抽油机运转或尚未停稳时靠近运动件进行润滑、检查、加油、调整传动皮带。

(13) 使用刹车时应先停电，待曲柄将要停转时，再缓慢将刹车刹在所需位置，不得急刹。

(14) 调整平衡块位置时，应置曲柄于水平位置后再进行调节，调节后必须上紧各个螺栓并装上保险锁块。

第三节　风机的安装

一、风机的安装程序

离心式风机解体安装工艺流程见图6-30。轴流式风机解体安装工艺流程见图6-31。

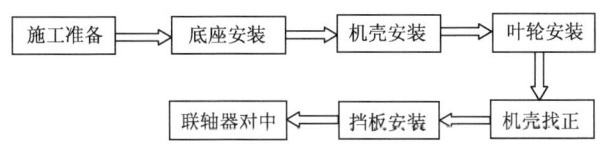

图6-30　离心式风机解体安装工艺流程

图6-31　轴流式风机解体安装工艺流程

二、风机的安装要点

1. 离心式风机安装

1) 施工准备

(1) 开箱检验。

风机的开箱检验应在建设单位、监理单位、施工单位、生产厂家的有关人员共同参与下进行。设备开箱的方法是，先拆去箱盖，待查明情况后再拆开四周的箱板，箱底一般暂不拆除。拆箱时要选择适当的工具，不应蛮干、用力过猛和碰撞设备，保证开箱的安全。需要仔细检查时，应清除设备上的防锈油脂，注意不用硬度高于设备的刮具刮油脂（通常用薄铜片、铅片或竹片做刮具）。对设备上特别精密的轴颈等机件，要用煤油或汽油洗去防锈油，并以干净细布仔细擦干，应当注意，对已装配好的设备一般是不进行拆检的，仅做外观和底座安装尺寸的检查，另外对有铅封的部件，更不能随意拆开，要由有关专业人员负责拆检和验收。主要检查以下内容：

①检查设备出厂合格证、质量证明书、结构图、安装图、工艺流程图、安装使用说明书、设备装箱清单及零配件明细表等技术文件。

②按照装箱清单，核对设备名称、型号、规格、包装箱数，并检查包装状况。对设备和零部件的外观进行检查，应不缺件、无损坏和锈蚀等，并核对数量。检查专用工具是否齐全。

③核对风机的主要安装尺寸并与设计图样对照。

④检查验收过程中，对转动或滑动部位未经清洗加油严禁转动或相对滑动。

⑤开箱检查认可后，应认真做好检查记录，办理验收手续，参加验收的各方代表均应签署验收记录。

⑥风机开箱检查还要注意以下事项：

（a）核对叶轮、机壳和其他部位的主要安装尺寸是否符合设计要求。

（b）风机进口和出口的方向（或角度）应与设计相符，叶轮旋转方向和定子导流叶片的导流方向应符合设备技术文件的规定。

（c）风机外露部分加工面应无锈蚀，转子的叶轮和轴颈、齿轮的齿面和齿轮的轴颈等主要零件、部件的重要部位应无碰伤和明显变形。

（d）进、排气口应有盖板严密遮盖，防止尘土和杂物进入。

⑦开箱验收后，对箱内所有部件、零件、配备工具以及技术文件等都要妥善保管，以免丢失、损坏。

在开箱检查过程中，如发现有缺少资料或主要零部件存在严重质量问题时，应由供应部门与生产厂家取得联系进行处理。

(2) 基础验收。

基础施工完毕、养生期满后，对基础进行交接验收，要符合以下要求：

①基础表面无不允许有的裂纹、蜂窝、空洞、露筋等缺陷。

②检验基础强度已达到设计强度的75%;用50N重的手锤敲击基础检查密实度,应无空洞声音。

③基础的位置、标高、预留地脚螺栓孔尺寸是否与图样相符。

④检查基础各部尺寸,检查验收允许偏差,满足GB 50204—2002(《混凝土结构工程施工质量验收规范(2010年版)》)的要求。

⑤根据主机地脚螺栓孔的相对尺寸以及基础纵横中心线等,在基础上放出安装基准线。

⑥基础表面成麻面,放置垫铁处铲平,基础表面无杂物、油污,地脚螺栓孔内无杂物和积水。

⑦检查验收完毕后办理基础检查验收记录。

基础验收发现几何尺寸、预留孔洞、标高等超出允许误差时,与有关部门协商处理,并办理相关手续。

(3)拆卸、清洗和装配。

当技术文件、规范或业主有清洗要求时,在安装前对风机部件进行拆卸清洗。

2)底座安装

底座安装前应在基础上先画好纵向、横向中心线,把底座吊放在基础上,穿上地脚螺栓,螺纹露出高度约3~5个丝扣。并调整底座在基础平面上的位置,使底座与基础上的纵、横向中心线达到上下一致;用临时垫块对底座进行初步找平。以上工作完成后进行二次灌浆,灌浆必须保证地脚螺栓在机器底座螺栓孔中心,同时在预留孔上口处应灌平整,不能有凸凹现象。等待灰浆完全硬化后,拆去临时垫块,在每根地脚螺栓的两边各插入一组垫铁(即一个平垫铁和两个斜垫铁的组合)。均匀拧紧地脚螺栓,同时用水平仪检查纵、横向水平,使其满足技术文件要求。如水平度超出误差范围,可通过两块斜垫铁的插入深度给予调整,直到所有地脚螺栓逐渐拧紧,而且纵、横水平值达到误差范围为止。

3)机壳安装

对于转子和轴承座组合一起就位的机壳,必须先将风机外壳下半部初步就位,然后再就位转子和轴承座。对转子和轴承座不一起就位的机壳,先将轴承座找正和固定,再将外壳下部初步就位,并按基础中心线初步找正,使外壳本身保持垂直,初步拧紧地脚螺栓。

4）叶轮安装

将装配好的叶轮吊放到轴承座上，检查叶轮的水平度、标高和中心位置，使其符合技术文件的要求。轴颈与轴瓦的间隙也应符合技术文件的要求。机壳中心线与转子中心线的偏差不应大于2mm。

5）机壳找正

风机叶轮找正后，就可根据叶轮的位置调整风机外壳，即调整叶轮和外壳的配合间隙。机壳找正时，先将上半部外壳装在已初步找正的下半部外壳上，并用螺栓连接固定。然后测量调整以下间隙，使它们符合设备技术文件的要求：

（1）叶轮后盘与外壳的轴向间隙。

（2）风机外壳的舌与叶轮之间的间隙，舌与叶轮的间隙一般为叶轮外径的5%～10%。

根据以上要求，将外壳调整好后，再拧紧地脚螺栓，将外壳最后固定。

6）挡板安装

安装调节挡板要顺着气流方向，不能搞错。挡板的开度与角度指示要装得一致，开关灵活，各片挡板之间有2～3mm的间隙。风机出入口的方形调节挡板在轴头上刻有与挡板位置相符的标志。

7）联轴器对中

联轴器安装前先将电动机初步就位，并调整其位置，使标高及水平度基本符合要求。联轴器的对中找正主要是对两个半联轴器的径向位移、端面间隙、轴线倾斜进行调整，使之符合技术文件或规范的要求。联轴器间的端面间隙可直接用塞尺或钢板尺测量，联轴器径向位移、轴线倾斜度的对中常用双表找正法，这是目前使用较多的一种方法。

将百分表表架固定在从动轴半联轴器上，安装两只百分表，表指在驱动轴半联轴器上，分别测量径向和轴向偏差。同时将联轴器旋转一周，分别记录两只表在上、下、左、右四个位置的指示值。对超出标准的应予以调整直到符合标准。

2. 轴流式风机安装（空冷器风机）

1）施工准备

轴流式风机的施工准备与离心式分机类似。

2）机体安装

水平剖分机组应将主体风筒下部、轴承座和底座在基础上组装后用成对斜垫铁找平。

垂直剖分机组应将进气室安放在基础上，用成对斜垫铁找平，再安装轴承座，且轴承座与底平面应均匀接触，以进气室密封圈为基体、将主轴装入轴承中，然后依次装上叶轮、机壳、静叶和扩压器。

3）机体找平

水平剖分机组和垂直剖分机组的纵向和横向安装水平偏差均不应大于 0.10/1000，分别在主轴和轴承座中分面上进行测量。

立式机组的安装水平偏差不应大于 0.10/1000，且应在轮毂上进行测量；具有减速器的立式机组安装水平偏差不应大于 0.10/1000，且应在减速器加工面上进行测量。

4）叶片校正

叶片校正时，应按设备技术文件的规定校正各叶片的角度，并锁紧固定叶片的螺母，如需将叶片自轮毂上卸下时，必须按打好的字头对号入座，防止位置错乱破坏转子平衡。如叶片损坏需更换时，在叶片更换后，必须锁紧螺母并符合设备技术文件规定的要求。叶轮与主体风筒间的间隙应均匀分布并符合设备技术文件的规定。

5）联轴器对中

一般以空冷器轴流风机为基准，调整电动机进行对中；使联轴器的径向位移、轴线倾斜度符合技术文件要求。

三、风机的试运转

1. 试运转前准备

（1）检查电动机的转向，要与风机的转向相符。

（2）盘动转子，不能有碰刮现象。

（3）检查轴承的油位和供油。

（4）轴流风机检查叶片数量、叶片安装角度、叶顶间隙、叶片调节装置功能、调节范围等是否符合设备技术文件的规定。

（5）检查各紧固连接部位。

2. 试运转

（1）点动电动机，各部位无异常现象和摩擦声响后，进行连续运转。

（2）启动后调节时，电流不得大于电动机的额定电流值。

（3）风机启动达到正常转速后，首先在调节门开度在 0°～5°之间小负荷运转，待达到轴承温升稳定后连续运转不少于 20min。

(4) 小负荷运转正常后，逐渐开大调节门，但电动机电流不得超过额定值，直至规定的负荷为止，连续运转不少于 2h。

(5) 试运转中，检测轴承温度、轴承部位的振动速度有效值（均方根速度值）应符合技术文件的要求。

第四节　压缩机的安装

一、压缩机安装程序

离心式压缩机整体安装工艺流程见图 6-32。活塞式压缩机安装工艺流程见图 6-33。

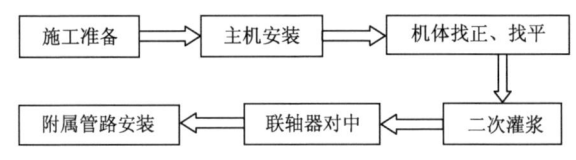

图 6-32　离心式压缩机安装工艺流程

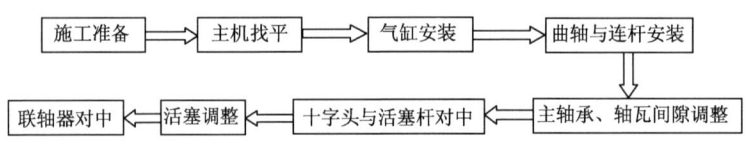

图 6-33　活塞式压缩机安装工艺流程

二、压缩机安装要点

1. 离心式压缩机安装

1) 施工准备

压缩机安装前要做好开箱验收和基础验收的施工准备工作，技术文件、规范或业主有清洗要求时，还应对压缩机部件进行拆检清洗。

2) 主机安装

主机安装前对底座底面和基础表面进行清洁，除去锈蚀、油污和杂物，并在底座上标记纵横中心线。按吊装方案将主机吊运至基础上方,再缓慢放置在基础上。

3) 找正、找平

用千斤顶和其他工具调整设备的位置,使设备底座上的纵横中心线标记与基础中心线重合,偏差不大于5mm。通过底座上的调整螺钉调整设备水平度和标高,用框式水平仪等检测仪器进行测量直至符合技术文件及规范的要求。详见图6-34。

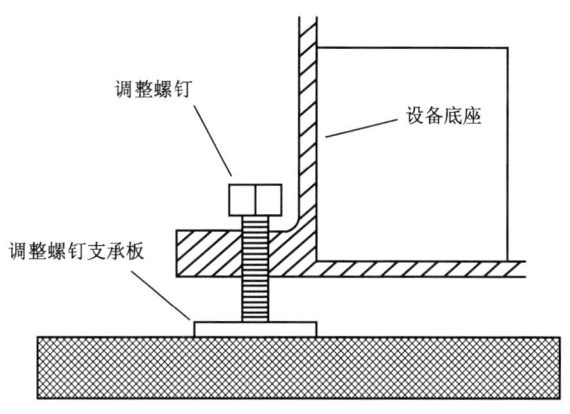

图6-34 安装调平示意图

4) 二次灌浆

将基础表面的灰尘、积水吹扫干净后进行二次灌浆,先灌地脚螺栓孔,再灌设备底座与基础之间的空间。灌浆使用微膨胀混凝土,参考配比见表6-1。水泥使用525号硅酸盐水泥,砂子最大粒径2.5mm,含泥量小于0.5%;碎石最大粒径15mm。灌浆必须在安装人员配合下进行,不间断地边浇灌、边捣固。灌浆完成后进行喷水养护。灌浆层凝固后强度达到设计的75%时,松开底座的全部调整螺钉,使设备均匀地压在基础上,灌浆层凝固强度达到设计的100%时,拧紧地脚螺栓。

表6-1 二次灌浆微膨胀混凝土参考配比

名称	配比(重量比)				
	水泥	砂	碎石	水	铝粉
微膨胀混凝土	1	1.86	2.87	0.41	0.00005

5) 联轴器对中

压缩机机组一般有两个联轴器,齿轮箱与电动机及齿轮箱与压缩机之间各一个，压缩机组的对中找正就是通过三个部分联轴器之间的径向和轴向偏差调整，调整螺钉进行调节。因三个部分的结构、速度及介质温度等因素，其转轴的受热位移有一定的差异，因而出厂时均有一冷态找正偏差值，以对正常运转时各部分转轴位移调整。

找正时注意环境温度以 15～20℃ 为宜，具体按压缩机说明书要求进行。对中找正以齿轮箱为基准向两头找正。作为基准的增速机安装必须严格执行规范及设计要求，这样才能保证机组的安装位置，联轴器对中找正方法同前节所述。

6）附属油管路安装

压缩机的油系统管路现一般都采用不锈钢管，这样可以有效地保证油系统内部的清洁。安装时需注意以下问题：

(1) 焊接应采用氩弧焊打底，并应充氩保护，确保管道焊口内部无焊渣等杂物，同时也保证了焊缝的质量。

(2) 管道布置应整齐美观，水平安装的回油管，倾向油箱的坡度不应小于 5‰。

(3) 油管路经试压合格后，设计有要求时应进行酸洗钝化处理，以减少油循环时间。酸洗钝化后还应用清水冲洗干净，并将管内的积水放干再进行吹干。

(4) 油站及油系统的油冲洗：

①冲洗用油必须与正式运转用油相近，可按说明书要求选用。

②灌油前油箱必须清理干净（用干布及面粉团清理）。

③油循环时，各轴承的出入口应用临时管线串接起来，形成回路，根据冲洗流程，确定阀门的启闭状态。

④油循环可用油系统中的自身油泵冲洗，冲洗时油温在 40～75℃ 范围内，并按规定的温度和时间交替进行。

⑤油冲洗合格标准如下：在各润滑点入口处设 180～200 目过滤网，经 4h 通油后，每平方米软质颗粒不超过两点，不得有任何硬质颗粒，并允许有少量纤维体。

2. 活塞式压缩机安装

1) 施工准备

压缩机安装前要做好开箱验收、基础验收和必要的拆检、清洗等施工准备工作。

2）主机找平

将主机整体吊上基础就位，用水平仪通过主轴孔找机身纵向水平，通过中体滑道找机身横向水平，偏差值不得大于技术文件及规范的要求。调整完毕后进行二次灌浆，灌浆应连续进行，对水平度重新进行复查校正。

3）气缸安装

安装气缸应以中体滑道轴心线为基准，找各列气缸的中心线，同轴度允许偏差符合间隙表规定，气缸的倾斜方向应与中体滑道倾斜方向一致。气缸各连接螺栓应对称、均匀紧固，气缸的支承应接触良好、受力均匀。

4）曲轴与连杆安装

主轴承在装配时，首先必须测量轴承壁厚，偏差不大于 0.02mm。其次，必须与轴承孔壁全面积贴合，不得有任何间隙，保证其贴合度达到 70% 以上，而且在两轴承瓦的分界面也不得有任何间隙。连杆大头瓦的安装也应如此。

连杆是连接曲轴与十字头的部件，它将曲轴的旋转运动转换为活塞的往复运动，所以在安装时必须抓好连杆螺栓与十字头销的安装。对于十字头销的安装，一方面必须保证十字头销孔与十字头销的配合锥面，用涂色法检查应有 80% 的均匀接触面，同时十字头销与十字头体的装配还应注意油孔位置对准。此外，连杆的安装可以用来检查十字头滑道轴线对曲轴轴线的垂直度。

曲轴与连杆安装完后，反复盘车，观察主轴承与曲柄、连杆大头瓦与曲柄的轴向间隙是否均匀，以避免产生摩擦。

5）主轴承、轴瓦间隙调整

主轴承、连杆大头瓦间隙的调整按照设备技术文件的要求值严格执行，否则将会引起故障，甚至造成事故。由于主轴承瓦和连杆大头瓦是内壁有环向油槽的薄壁瓦，因此，安装时不得以刮研的方法调整间隙，只能一次性更换。

6）十字头与活塞杆对中

由于大、中型活塞式压缩机十字头与活塞杆的连接为法兰连接，因此只能通过调整法兰上的四条螺栓的紧固程度来调整活塞杆与十字头的对中。检查方法是：在紧固法兰螺栓的同时，用塞尺分别测量十字头的前、中、后三个部位与滑道的径向间隙，看其是否相等，否则就要重新紧固四条螺栓，直到偏差在 0.01mm 以下。

7）活塞内、外止点间隙的调整及活塞环安装

当活塞装上后，用软铅条从气阀孔伸入气缸内，盘车测量活塞在气缸中

的内、外止点间隙,如不符合技术文件的要求,可以通过在活塞杆与十字头接合处增减垫片加以调整,直到符合要求为止。此外,也可以利用测量活塞内、外止点间隙来判断长时间运行机组的活塞螺帽是否松动。

活塞环的作用是密封气缸与活塞之间的间隙,防止气体从压缩容积一侧漏向另一侧。所以,活塞环的安装首先必须保证活塞环与环槽间隙满足技术文件的要求。间隙过小,热胀后影响活塞环的预紧力;间隙过大,易造成活塞环磨偏,气缸镜面与活塞环间不易形成油膜。其次,同一组活塞环切口应相互错开,并且所有切口位置必须与阀孔错开,否则易产生泄漏。

8)联轴器的对中

联轴器的对中与前述离心式压缩机的联轴器对中方法基本一致。

三、压缩机试运转

1. 试运转准备

(1)检查并紧固气缸盖、气缸、机身、十字头、连杆、轴承盖等的紧固件。

(2)检查、调整仪表和电气设备,电动机的转向符合压缩机的要求。

(3)确认润滑油脂的规格数量符合设备技术文件的规定,供油情况正常。

(4)清洁进气管路。

(5)保持冷却水系统进水和排水管路畅通。

(6)盘动压缩机数转,保证灵活无阻滞现象。

(7)检查各级安全阀是否灵敏。

2. 无负荷试运转

(1)将各级吸气阀、排气阀拆下。

(2)启动压缩机随即停止运转,检查各部位,无异常现象后,再依次运转5min、30min和4~8h。每次运转前,均检查压缩机的润滑情况是否正常。

(3)运转中油压、油温和各种摩擦部位的温升均应符合设备技术文件的规定。

(4)运转中各运动部件应无异常响声,各紧固件应无松动。

3. 空气负荷试运转

(1)空气负荷试运转前,先装上空气滤清器,并逐级装上吸气阀、排气阀，启动压缩机进行吹洗。从一级开始，逐级连通吹洗，直至排出的空气清洁为止，每级吹洗时间不应少于30min；各级吹洗压力按设备技术文件的规定执行。

（2）吹洗后，拆下各级吸气阀、排气阀清洗干净，并检查有无损坏。

（3）逐渐升压运转，在排气压力为额定压力的1/4状态下运转1h；额定压力的1/2状态下运转2h；额定压力的3/4状态下运转2h。在额定压力下运转时间按设备技术文件的规定执行，如无规定，应不少于24h。

（4）压缩介质不是空气的压缩机，采用空气进行负荷试运转时，最高排气压力应符合设备技术文件的规定。

（5）压缩机在升压运转中，无异常现象后，方得将压力逐渐升高，直至稳定在要求的压力下运转。

（6）压缩机运转中油压不得低于0.1MPa，曲轴箱或机身内润滑油的温度，有十字头的压缩机不高于60℃，无十字头的压缩机不高于70℃。

（7）压缩机各级排水温度不高于40℃。

（8）压缩机的振动和声音应正常。

（9）压缩机试运转合格后，更换润滑油。

第五节　离心泵的安装

离心泵具有结构简单、性能稳定、检修方便、操作容器、适应性强等特点，在油气田生产中的应用十分普遍。

一、离心泵安装程序

离心泵的安装程序见图6-35。

图6-35　离心泵的安装程序

二、离心泵安装要点

1. 施工准备

泵安装前要做好开箱验收、基础验收等施工准备工作。新出厂的泵通常不要求进行解体清洗，利旧的泵应根据需要进行解体检查，主要查看内部零部件磨损及装配情况，清除表面锈蚀和杂物。

2. 吊装就位

离心泵就位时需根据泵体的大小和重量采用不同的方法。小型泵可采用人工抬、搬；中型泵可利用拖排、滚杠等进行撬、滚；大型泵可立桅杆，利用滑轮组吊运，也可使用起重设备将泵体吊放到基础上。

3. 找正、找平

离心泵找正要以基础或墙柱中心线为基准，采用拉钢丝线方法进行测量。泵体上的纵向中心线是以泵轴的中心线为准，横向中心线是以出口管的中心线为准。

找平时通常在泵进出口法兰或底座找平块上用水平仪进行测量，对于大型多级离心泵以两轴颈为测点，把水平仪放在轴颈上，测读读数，通过调整泵的底脚与台板间的垫片厚度，使泵处于水平状态。

4. 联轴器对中

泵整体找正、找平后用双表找正法对联轴器进行找正对中，使得联轴器端面间隙、平行度、轴向倾斜和径向倾斜误差符合技术文件或规范的要求。

三、泵试运转

1. 试运转前的准备

（1）设备找平、找正完成并经复核，且安装记录齐全、签字手续完善。

（2）各润滑部位应加入符合规定的润滑剂。

（3）泵入口必须加过滤网，过滤网有效面积应不小于泵入口截面积的两倍。

（4）检查冷却、保温、冲洗、过滤、润滑、密封等系统及工艺管道，确定连接正确、无渗漏现象，管道应冲洗干净，保证畅通。

(5) 试运转所需动力、仪表、冷却水、循环水等确有保证。

(6) 测试仪表、工具、记录表格齐备。

(7) 与试运转有关的电气和仪表调校合格。

2. 离心泵单机试运转

1) 电动机试运转

(1) 脱开联轴节,手动盘车应灵活,无卡涩及异常声音等,然后点动电动机,确认电动机的转向是否与要求一致。

(2) 电动机点动无异常后,启动电动机,连续运转 2h,检查电动机运转工况,运转过程中每隔 30min 检查电动机振动、温度、电流等是否异常,并做记录。

(3) 电动机启动电流不宜过高,运转电流应低于额定电流。

(4) 电动机温升不得超过铭牌的规定,一般滚动轴承的温升不得超过 80℃。

2) 单机试运转

(1) 按设计旋向转动联轴节,盘车应灵活,无卡涩和杂音等异常现象,关闭泵的进、出口阀门。

(2) 打开泵的进、出口阀门同时打开泵或管路的放空阀,缓慢盘车,排出管道内的气体,以免运转时产生气蚀,压力表处也应排出气体,最后关闭出口阀门、放空阀。

(3) 机械密封冷却水管路也应打开阀门进行放空,以排出管道内的气体,并接通冷却水。

(4) 启动电动机,当达到额定工况立即缓缓打开出口阀门。

(5) 对于离心泵一般不应用入口阀门来调节流量,以免产生气蚀,泵一般不宜在低于 30% 额定流量下连续运转。用出口阀门来调节流量,使电动机运行不超过额定电流。

(6) 泵试运转时间为 4h,在泵运转过程中做以下检查,并每隔 30min 记录一次。

① 电动机电流不应超过额定电流。

② 用测温仪检查泵及电动机轴承温度。

③ 检查振动,振幅不大于 0.02mm。

④ 检查机械密封,机械密封允许泄漏量为 5mL/h。

(7) 停车应按以下步骤:

① 逐渐关闭出口阀门,切断电流。

②关闭入口阀门，排净水，待泵体各部冷却后关闭冷却水及相应的辅助管路。

第六节　安全控制措施

一、安全风险源分析

动设备在安装、调试的过程中存在安全风险，可能因物体坠落打击、作业人员高空坠落、机械伤害、电弧伤害、触电伤害等危险因素造成人员伤害，或因运输保管不当、操作不当或者保护措施不当对动设备造成损伤，在动设备开箱检查、安装、试运等过程中，对人的安全和设备的安全进行风险识别，制定风险消除措施，防止安全事故发生。

二、安全措施

1. 人的安全

1) 预防物体坠落打击伤害

设备吊装的过程中或交叉作业时，可能因为指挥不当、吊装方法不正确或操作人员违章，发生物体坠落造成地面人员伤害，应提前采取措施加以预防。

(1) 起吊时要有专人指挥，指挥人员应站在能够照顾全面工作的位置，若指挥者与起重设备操作手中间有障碍物使其不能清晰辨认信号，应设专人传递指挥信号，所发信号必须准确、清楚。

(2) 吊装指挥人员必须熟悉吊装方案、设备性能、操作信号和安全要求，起吊前起重人员必须明确分工，交底清楚。

(3) 起吊物件时，严禁操作人员在起吊物下方，防止坠落伤人。

(4) 高处作业人员随身携带的工具应放入工具装，精心保管，以防坠落伤人。拆卸下的物料、剩余材料和废料等都要加以清理及时运走，不得任意向下乱掷。

(5) 尽量避免立体交叉作业，立体交叉作业要有相应的安全防护措施，

第六章　动设备安装

无措施严禁同时进行施工。

（6）风力大于 5 级（含 5 级）时禁止吊装作业。

2）预防高空坠落伤害

有些设备的附件安装位置较高，属于高处作业，施工时应采取防坠落的相关措施。

（1）高处作业人员必须经体检合格，方可进行高处作业。对患有精神病、高血压、视力和听力严重障碍的人员，一律不准从事高处作业。

（2）参加高处作业人员，应在开工前进行安全教育，并经考试合格。

（3）高处作业人员应按规定要求穿戴劳保服、安全帽，正确使用安全带。

（4）高处作业中发现安全设施有缺陷和隐患必须及时解决，危及人身安全时必须停止作业。

（5）高处作业所用的索具、吊笼、吊篮等设备、设施均需经过检验后方可使用。夜间高处作业必须配备充足的照明。

（6）在高处吊装施工时，密切注意气候变化，遇有暴雨，6 级及以上大风，大雾等恶劣气候，应停止露天作业。

3）预防机械伤害

（1）安装施工使的用角向磨光机必须有防护罩，操作时作业点前方不允许有其他人员，防止砂轮片破损碎片伤人。

（2）试运前对已安装的泵进行检查，确认部件安装齐全、牢固。

（3）联轴器等转动部件必须安装防护罩。

（4）试运行现场必须有专人统一指挥，各工种应密切配合，防止机械伤人。

（5）设备启动时启动人员不要站在联轴器等转动部件两侧，防止部件飞出造成人员伤害。

（6）设备处于远程控制时，机器随时可能启动，必须挂牌提醒或现场派人监护。

4）预防电弧伤害

设备找平后，将垫铁全部电焊牢固，焊工焊垫铁时，要正确使用手套、焊帽、护目镜。旁边人员不要直视焊垫铁处，以防电焊弧光灼伤眼睛。

5）预防触电伤害

（1）施工使用的电动工具，配备额定漏电动作电流不大于 15mA、额定漏电动作时间小于 0.1s 的漏电保护器。

（2）手持式电动工具使用前，应对电源线、开关、外壳进行检查，不得有绝缘开裂、破损现象，接头要牢固，开关要灵活，通电后要做空载检查，运转正常后方可正式作业。

(3) 试运前对设备供电系统进行检查确认，合格后方可试运。

(4) 试运期间，设专人由电气专业人员负责送电合闸，试运完毕切断电源，其他人员不得随意送电。

6) 预防其他伤害

(1) 设备开箱时，应谨防包装箱上钉子伤人，用撬杠撬时，不可用力过猛，以防碰伤。

(2) 设备就位前，对基础进行处理打麻面时应佩戴护目镜，防止碎石屑崩入眼中。

(3) 设备就位后，穿地脚螺栓和垫垫铁时，注意不要挤伤或砸伤手指。

(4) 找正需使用撬杠撬动设备时，撬杠旁边不得站人，防止用力过猛撬杠滑出伤人。

(5) 设备运转试运测量温度时，应小心不要用手触摸温度过高的部位。

2. 设备安全

1) 自然因素造成设备损害风险及预防措施

在设备现场保存、安装过程中，恶劣天气或环境可能对设备造成损害，雨淋可能造成设备部件生锈、长期阳光曝晒可能造成设备外表涂漆褪色，应采取适当的防护措施对设备加以保护。

(1) 设备运抵现场将开箱检查后，如设备暂不安装，应将包装箱重新包装，室外保存时应"下垫上盖"，放置于高于场地的平台上，并用防雨布苫盖，防止雨淋、阳光暴晒。

(2) 设备的进口、出口及其他开口部位进行临时封堵，避免雨水、灰尘及其他杂物落入机体。

(3) 散装的设备部件、附属配件等应置于室内保存。

2) 人为因素造成设备损害风险及预防措施

由于安装过程操作不当、安装后交叉施工可能对设备造成损害，这类损害在设备安装施工中较为常见。

(1) 设备开箱时使用的工具要适宜，用力不能过猛，防止造成设备损坏。

(2) 整体安装的设备，设备在现场二次倒运或吊装时，要保证其内外质量不受损坏，必要时取下易损坏零部件。

(3) 现场组装的设备，绳索的捆绑不得损伤机件表面，转子、轴颈和轴封等处均不应作为捆绑部位。

(4)吊装过程中要根据设备重量和跨度合理选择吊车，摆放位置以及吊点要合理，保证平稳起吊，吊装时缓吊轻放，防止倾斜、剐碰，避免机体外表损伤、表面涂漆划伤。

(5)管路与设备连接部位不得强力组对，机壳不得承受其他机件的重量，防止机壳变形。

(6)设备安装完毕后采取必要的防护措施，用苫布遮盖，防止其他工序施工污染机体。

(7)设备试运前确认电源电压是否与额定电压匹配，并检查空气开关、热继电器、设备接地等安全装置必须可靠。

(8)设备试运转时，严格检查设备的运转方向，当发现反转应立即停机，切断电源，把三相线任何两根对调再重新开机，否则会损坏设备。

(9)设备发生故障或有不安全因素存在时，不得强行开机试运，应切断电源，并做出显著标记。

第七章 防腐、保温工程施工

油气田地面工程的防腐、保温是利用化学或物理方法,对油气田所涉及的各种容器、管道以及其他工装设备进行整体或局部保护,使其能够抵御输送介质、空气或土壤腐蚀的工艺技术,可以杜绝污染,延长设施的使用寿命,降低开发成本,提高经济效益,确保安全生产。

油气田地面工程防腐、保温涉及各种设备、设施甚至各种零配件,无论是地面上安装的储罐、容器、架空管线,还是埋地的长输管线,在制造和使用过程中,外受阳光暴晒,大气污染侵蚀,土壤腐蚀破坏,内部需输送各种腐蚀性酸碱盐介质的侵蚀,甚至还要承受一定的温度、压力和冲刷力,都会对钢材产生一定的腐蚀作用。因此,油气田地面工程设施防腐、保温作为隐蔽工程的一部分,其施工质量、材料选择、施工工艺等,都直接关系到工程建设质量,关系到油田工装系统的使用寿命。学好防腐、保温技术,对指导工程建设实践意义重大。

第一节 防腐、保温结构和特点

油气田地面工程中的防腐、保温工程主要包括三方面:一是注采和集输系统中油、气、水分离联合站、污水处理站以及聚合物配置站中涉及的各类容器、储罐、工艺管线的防腐、保温;二是站间或远输(长输)的油气管线的防腐、保温;三是原油深加工系统(化工厂)中各类高压、高温、耐腐蚀性要求高的装置和管线的防腐、保温。

一、常用防腐结构

根据输送介质、环境条件的不同,油气田地面工程采用的防腐蚀方法也不同。对金属设备的防腐处理主要从三个途径加以解决:一是提高材料本身性能,例如使用合金钢和非金属材料;二是提高附加性能,例如对金属材料实施电化学保护,或加入缓蚀剂减轻腐蚀;三是改变性能,例如涂料和涂层防腐，主要起屏蔽和阻隔作用，达到防腐效果。因此，油气田防腐的基本结构通常包括：加入缓蚀剂、电化学保护、涂料防腐、涂层防腐、耐蚀合金防腐和非金属材料应用等。

缓蚀剂是一种化学防腐方法，作用方式是薄膜和钝化，是油田开发初期或介质强腐蚀采用的办法，目前在井下油管防腐领域应用普遍。

电化学保护是长输管道、站场储罐普遍应用的物理防腐方法。通过改变金属材料电极电位达到防腐效果。

涂料防腐结构是在金属材料表面，涂装形成一种致密的保护膜，厚度在$80\sim500\mu m$之间。常用有液体环氧涂料、固体环氧粉末、聚氨酯涂料、丙烯酸涂料、导静电涂料。

涂层防腐是在金属材料表面，涂覆形成一种抗冲击性强的保护层，厚度在$1\sim8mm$之间。常用有石油沥青、改性沥青、水泥砂浆、玻璃钢、二层结构聚乙烯（2PE）、三层结构聚乙烯（3PE）等。

耐蚀合金及复合衬层防腐是以金属材料为基材，通过各种方法在其表面黏合一种耐腐蚀合金材料，形成一种金属复合层结构。

非金属材料防腐就是将各种非金属材料制作成各种管道和储罐，应用于油田工艺系统。常用有各种改性聚乙烯塑料管道、玻璃钢管道或储罐。

二、常用保温结构

油气田地面工程常用的保温结构大体分为有机保温层和无机保温层两类。有机保温层是利用聚氨酯、聚乙烯、聚苯乙烯等各种泡沫塑料，在金属材料外表面包敷成一定厚度的保护层，起到隔热、保温效果。无机保温层是利用纤维类（毛毡、岩棉或硅酸铝纤维）、珍珠岩、蛭石等材料，在容器或管道外表面制作成一定厚度的保护层，起到阻燃、隔热、保温效果。

按照设备或管道所采用的保温层顺序，完整的保温结构应是一种复合层，结构形式为：金属——防腐层——保温层——防护层。

三、防腐、保温工程的特点

（1）依托主体工程，与工程同步竣工。

防腐、保温工程作为油气田地面工程的重要组成部分，与工程主体同步设计，施工中依据工序连续施工。被保护的设备、管道也只有完成防腐、保温施工后方可达到设计目的。如涂敷涂层的设备、管道在保护状态下运行可

达到设计使用年限,保温工程可使系统的热能利用率达到设计要求。在 GB/T 21448—2008《埋地钢质管道阴极保护技术规范》中也要求"强制电流阴极保护系统应与管道主体工程同时勘察,同时设计,同时施工。"

(2) 施工技术成熟,应用普遍。

油气田地面工程防腐、保温各项施工技术均已经形成了完善的工艺流程、操作规程、质量检验及验收规范,能够保证施工过程连续、可靠、可追溯。目前普遍采用的喷砂除锈技术,涂层施工技术,储罐及管道的保温施工技术及阴极保护技术均有相应的国家及行业标准支持。

(3) 防腐保温结构的应用相对固定,不同介质环境不能混用。

工程所处的环境条件是决定防腐、保温结构的重要因素。同一区域腐蚀介质相同,使用条件相同,腐蚀机理一致,则防腐层的结构要求也就一致。而不同环境条件以及不同的防腐材料,其耐腐蚀功能也不完全相同,不恰当的防腐层将起不到保护作用。例如在暴露的大气环境下,采用重防腐涂料对设备实施外表面防腐,由于内防腐涂料虽然抗腐蚀性能优越,但涂层的耐候性能有限,因此也会因涂层失效而失去防腐蚀作用。

(4) 施工质量直接关系到工程使用寿命。

防腐施工存在质量问题,造成涂层缺陷,例如漏涂、划伤、针孔、击穿,都会在金属表面形成大阴极小阳极腐蚀电池,在一定导电介质溶液中,形成电化学腐蚀,致使被保护金属严重腐蚀,缩短设备寿命,甚至会酿成事故。而在防腐、保温复合层的防护层施工中,如防护层存在缺陷,会改变保温层腐蚀环境,使之处于严重的腐蚀趋势下,影响使用寿命。

(5) 一次性投资较少,经济效益、社会效益明显。

防腐、保温工程一般造价不超过工程总价的 10%,但对工程寿命、管理、维护及节约能源、降低运行成本都起着至关重要的作用,适当的防腐、保温结构加上优质的工程质量在保证工程寿命的同时也起到了减少重复建设投资、提高生产效率的效果,发挥工程的经济效益及社会效益。

第二节　钢材防腐表面处理

油气田地面工程的各种防腐构件,需要在建设中完成的防腐工作包括各种涂料、涂层以及保温层的制作。任何层间结构是否经久耐用,除了与层面

第七章 防腐、保温工程施工

材料质量和性能有关外,施工中对基材的表面处理控制是一个重要的环节。表面处理是对金属表面的清理和清洁,是涂装前的重要工序,关系到层间附着力和使用寿命。

一、表面处理的作用

在油气田地面工程所需的管道、容器和金属结构件施工中,在涂敷前对它们的内外表面进行处理,在很大程度上可以决定金属材料的使用寿命。表面处理优劣,很大程度决定着涂层与基体的黏结力。在除锈质量、涂层厚度和施工条件诸因素中,除锈质量对防腐质量的影响最大,从而影响到使用寿命。一般认为,在防腐成本的各种因素中,表面处理质量占50%,涂层厚度占19%,涂层种类占5%,施工环境占26%。长期生产实践证明:除锈质量好的钢材表面比除锈质量差的或未经除锈处理的表面,其防腐层的使用寿命要长3~5倍。因此,在防腐施工之前,必须将钢管、容器表面的氧化皮、铁锈、焊渣、油污或盐分等杂质彻底除掉。

二、表面预处理方式

金属表面处理技术通常包括化学表面处理、机械表面处理、火焰除锈、镍—磷化学镀技术、表面镀锌技术和氮化防腐技术等。

化学表面处理技术是采用溶剂、碱液、电解或表面活性剂等化学溶剂,经过皂化、分散、溶解和挥发等过程,去除金属表面的油脂、油污、高黏度和高熔点的矿物油方法。常用的化学表面处理技术有脱脂(碱液化学除油、电解除油、有机溶剂除油)、酸洗(化学酸洗、电化学酸洗)、磷化等方法。化学表面处理技术的优点是速度快,在使用专用设备的情况下,溶剂消耗小,因而成本不高;缺点是在不使用专用设备的情况下,溶剂消耗大、效率低、污染环境。化学表面处理适用于专业化工厂操作,特别是对旧容器、管道、油管等修复和表面处理比较实用。

现代防腐技术对于规则的部件,在不改变金属材质的情况下,采用火焰加热的方法,在专用加热炉中,将设备或管道整体加热到300~400℃,时间40~120min,使油脂碳化,再经机械除锈除去油污的表面处理方式。

三、常用的表面处理方法

油田地面工程中的管道和储罐容器，通常采用的表面处理方法主要有：手工方法、机械方法和化学方法三种。

手工方法即用砂纸、钢丝刷子或砂轮将物体表面的氧化层除去，然后再用有机溶剂如汽油、丙酮、苯等，将浮锈和油污洗净。适用于一些较小的物件表面及没有条件用机械方法进行表面处理的管道表面，可除掉钢表面上所有松动的氧化皮、疏松的锈层和旧涂层。

机械方法是用动力驱动的钢丝刷除锈机（或喷射、抛射除锈机）等，对金属表面预处理。该方法适用于大型、大批量、规则（或不规则）金属件表面的处理。其中钢丝刷除锈用于工厂化生产中，对管道外表面预处理。喷射、抛射除锈是工厂化预制或现场施工中对除锈质量要求比较高的实用工艺技术和重要方法，适用于对管道、容器、各种储罐及构件的内外表面的预处理，包括干喷砂法、湿喷砂法、密闭喷砂法、抛丸法、滚磨法和高压水流除锈法等，其中现场施工应用最广泛的是干喷砂法（图7-1、图7-2）。干喷砂法的主要优点是：效率高、质量好、设备简单，但操作时灰尘弥漫，劳动条件差，严重影响工人的健康，且影响到喷砂区附近的施工作业。

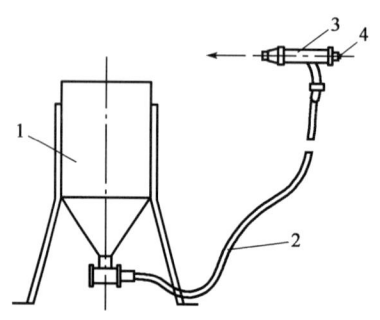
图7-1 喷砂机结构
1—储砂罐；2—橡胶管；3—喷枪；
4—压缩空气接管

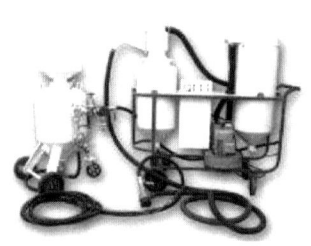
图7-2 喷砂装置

1. 喷射、抛射除锈适用范围

喷射、抛射除锈与化学处理比，具有表面光洁度和粗糙度易于控制，无化学污染，可满足任意涂层涂敷的优点，是工程中应用最多且较为理想的除锈方式。可以彻底清除钢材内外表面全部锈蚀、钢材表面缺陷（夹渣、分层或毛刺)、有机涂层等，达到均匀粗糙度和光洁度。喷射除锈适用于管道内壁除锈，管接头的预处理，大型容器、储罐内外除锈，板材预处理等。抛射除锈适用于工厂预制大批量管道外壁除锈、铸构件前期处理等。喷射除锈灰尘较大，对环境和基材表面容易产生二次污染；抛射除锈灰尘小，通过除尘器的吸附和收尘，二次污染小，对环境污染少。

2. 喷射、抛射工艺区别

喷射除锈是以压缩空气为动力，以石英砂或钢砂、钢丸按照一定比例的混合物为磨料，在 50～70m/s 的速度下，将磨料喷射到工件表面，除掉锈层、氧化皮、灰土、旧涂层等。为除掉金属表面的盐分，也可采用高压水喷射，将自来水加压后，冲击已喷射的金属表面，达到除盐效果。喷射除锈的优点是效率高、动力消耗少、设备投资少、操作设备易于搬迁，缺点噪声大、敞开式喷射易于污染环境。

抛射除锈是利用专用设备的抛丸器叶轮的高速旋转，在密闭的器械中，将钢丸和钢砂的混合磨料，以 60～80m/s 的速度，离心抛向金属表面，去除表面锈蚀氧化皮、夹层，达到除锈效果。抛射除锈的优点是效率高、无污染、磨料可回收利用、可连续作业，缺点是设备结构庞大复杂、不易搬动、一次投资较大。

3. 喷射、抛射除锈注意事项

(1) 空气必须经净化处理，使其成为无油、无水的干燥气体，工作压力保持在 0.6MPa 以上。

(2) 磨料的选择，要求砂粒坚硬、有棱角、清洁干燥、无杂质。

(3) 钢管旋转，喷枪经拉杆出平车送入行进速度调整。

(4) 确保管的内喷枪枪头角度为 45°，用工业陶瓷喷嘴，工作距离 120mm，外喷枪喷射密度为 $68kg/m^2$，达到最佳效果。

(5) 喷抛射除锈要求环境温度在 −5℃ 以上，并严禁在雨雪天气或空气湿度大于 80% 的潮湿天气作业。

四、钢材表面处理技术等级

钢材表面处理是防腐涂装施工的首要步骤。根据金属表面不同的锈蚀程度，以及涂层对基材的黏结力不同，需要采取不同等级的处理。钢材表面处理前，需要对锈蚀程度进行判断，处理后需要对最终处理质量进行评价，包括两项基本内容：一是除锈等级及清洁度；二是表面粗糙度或锚纹深度。涂装前，工件表面既清洁又粗糙，才能保证涂层黏结质量。对于钢材表面处理前的锈蚀等级评定、除锈质量控制和除锈以后的检测与评定，已有通用性标准。油田地面工程也等同或等效采用了下列标准：

GB/T 8923.1—2011《涂覆涂料前钢材表面处理 表面清洁度的目视评定 第1部分：未涂覆过的钢材表面和全面清除原有涂层后的钢材表面的锈蚀等级和处理等级》；GB/T 18570.3—2005《涂覆涂料前钢材表面处理 表面清洁度的评定试验 第3部分：涂覆涂料前钢材表面的灰尘评定（压敏粘带法）》；GB/T 18570.9—2005《涂覆涂料前钢材表面处理 表面清洁度的评定试验 第9部分：水溶性盐的现场电导率测定法》；SY/T 0407—2012《涂装前钢材表面预处理规范》；EN ISO 11124 2—1997《用涂层材料涂覆前钢表面的准备工作 金属喷射清洁材料的要求 第2部分：冷硬铸铁砂粒》。

1. 钢铁表面的锈蚀等级

不同的钢材表面，熔炼中高温氧化，暴露在空气中受潮，经过各种介质的浸泡等，其单质铁表面都会附着铁离子氧化物，即铁锈。按照相关标准，对钢材表面的锈蚀程度，可以分为A、B、C、D四个等级加以评价。

A级：全面覆盖着氧化皮而几乎没有铁锈的钢材表面；

B级：已发生锈蚀，并且部分氧化皮已经剥落的钢材表面；

C级：氧化皮已因锈蚀而剥落，或者可以刮除，并且有少量点蚀的钢材表面；

D级：氧化皮已因锈蚀而全部剥落，并且已普遍发生点蚀的钢材表面。

为了形象反映各种锈蚀等级和除锈等级，国家标准GB/T 8923.1—2011中第五章均有彩色图片并提供比对照片，在石油行业标准SY/T 0407—2012中，对表面锈蚀等级也分为A、B、C、D四级，并备有相应比对照片，施工单位的检测人员可以据此进行直观判断。

2. 钢材的除锈等级

针对不同的锈蚀表面，按照基材所涂覆的防腐层材料的吸附功能不同，对金属表面锈蚀的处理也按不同级别加以界定。手工和动力工具除锈可分为二级，喷射、抛射除锈可分为四级。

1）手工和动力工具除锈分级

（1）St2级：彻底的手工和动力工具除锈，钢材表面应无可见的油脂和污

第七章 防腐、保温工程施工

垢,且没有附着不牢的氧化皮、铁锈和油漆涂层等附着物。

(2) St3级:非常彻底的手动或动力工具除锈,钢材表面应无可见的油脂和污垢,且没有氧化皮、铁锈和油漆涂层等附着物,底材显露出部分的表面,应具有金属光泽。

油田地面工程中金属容器、储罐、管道的手动或动力工具除锈,一般要求达到St3级。该表面适用于对涂层附着力要求一般或涂层亲和力大的基材,例如油田钢管表面涂敷石油沥青防腐层,站内或室内水储罐、容器、输气管线的外防腐漆涂刷前期处理。

2) 喷射、抛射除锈分级

(1) Sa1级(清扫级):轻度的喷射或抛射除锈,钢材表面应无可见的油脂和污垢,且没有附着不牢的氧化皮、铁锈和油漆涂层等附着物。

(2) Sa2级(工业级):彻底的喷射或抛射除锈,钢材表面无可见的油脂和污垢,并且氧化皮、铁锈和油漆涂层等附着物基本清除,其残留物应是牢固附着的。

(3) Sa2.5级(近白级):非常彻底的喷射或抛射除锈,钢材表面无可见的油脂、污垢、氧化皮、铁锈和油漆涂层等附着物,任何残留痕迹应是点状或条纹状的轻微色斑。

(4) Sa3级(白级):使钢材表面清洁的喷射或抛射除锈,钢材表面应无可见的油脂、污垢、氧化皮、铁锈和油漆涂层等附着物,表面显示均匀的金属光泽。

通常,石油工程中金属容器、储罐、管道的喷射、抛射除锈,一般要求达到Sa2.5级以上,见图7-3和图7-4。

图7-3 抛丸除锈前后对比　　图7-4 钢管表面处理达到近白级

3. 除锈质量检验

油田地面工程中各种储罐、钢结构件及管道在表面预处理后,对于除锈质量的基本检验项目为：表面除锈等级、清洁度和锚纹深度，特殊条件下也要测试钢材表面盐分含量。

（1）表面除锈等级的确认：是区分工具除锈和喷射、抛射除锈的基本方法，不同的除锈工艺对应不同的除锈等级，采用标准照片现场对比，就可以直观地判断出钢材表面的除锈等级。而后续涂装不同的涂层，对表面处理的等级要求也不同，一般由设计单位提出要求或由施工单位参照执行行业标准。

（2）表面清洁度检验：工程上主要采用拓印检验法，即用清洁的专用透明胶带，附着在钢材表面上，用拓笔擦拭，使胶带与钢材全面接触，取下胶带后，在自然光照下，肉眼观察胶带表面是否有灰尘等杂质。

（3）锚纹深度检验：可用便携式粗糙仪来测定，该仪器由分表和马蹄形底座组成（图7-5）。测头是圆锥形的，使用时，在玻璃板上校零后可进行测量，以若干点钢材表面齿形锚纹深度的算术平均值为钢材表面的粗糙度。目前工程上采用先进的数字式表面粗糙度测试仪，将探头接触钢材表面，可直接读取数据（图7-6）。不同涂层根据涂料与钢材的表面张力不同，所要求的锚纹深度不同，一般为 $25\sim100\mu m$ 之间，地面工程所涉及的容器和管道，内外表面的锚纹深度要求为 $30\sim100\mu m$。

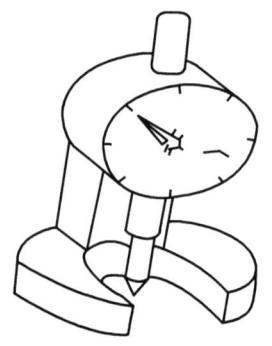

图7-5　便携式粗糙仪外形图

图7-6　数字式锚纹深度仪测试

第三节　防腐层的涂装施工方法

防腐层涂装施工就是将涂料或涂层涂敷于被保护的材料表面，使其形成具有所需性能的涂膜过程。这一过程是一项系统工程，应从施工前准备、原

第七章 防腐、保温工程施工

料进厂检验、表面预处理、施工环境、施工过程控制以及最终检验入手，实施全过程质量控制，认真执行技术标准、操作规程和作业指导书，从而生产预制出高质量涂层产品。在具体的涂装过程中，还需针对不同材料和基材的要求，选择合适的防腐材料、施工方法以及干燥或冷却方式，才能确保施工质量。

防腐层的保护作用有三个方面，一是隔离作用，即把金属与腐蚀性介质隔离，以达到防腐目的；二是缓蚀作用，即借助涂料的内部组分与金属反应，使金属表面钝化或生成保护性物质，提高防腐层的保护作用；三是电化学保护作用，即在涂料中使用比铁活性高的金属作填料（如锌等），起到牺牲阳极保护作用，减缓腐蚀。

在具体的工程实践中，还要注意以下因素：环境因素，包括涂敷环境，使用环境；材料因素，指被涂敷设施的材质、表面状态、涂料性能及防腐层的配伍性（如底漆和面漆的配伍性）等；施工因素，主要指施工方法及施工质量。

一、防腐层的基本要求

防腐层施工前，要确定三项基本内容，即结构、性能及工艺。防腐层结构一般是由施工涂敷条件、防腐层所处的空间位置决定，防腐层性能由所处的环境条件或抗腐蚀的介质因素确定，防腐层工艺由涂层涂敷条件和施工质量决定。了解和掌握结构、性能及涂敷工艺，对提高使用寿命和防腐工程质量十分必要。

1. 防腐层的结构要求

从防腐层种类上，可分为涂料防腐和涂层防腐，涂料防腐层总厚度一般在 $350\sim650\mu m$，适合于现场施工，涂层防腐层厚度 $1\sim8mm$，由于涂敷工艺复杂，通常需要工厂化预制。从防腐层使用工况上，分为耐中低压、耐酸碱盐各种浓度腐蚀。从防腐层使用环境上，可分为埋地和架空，一般情况下，埋地管道因施工条件要求高，通常使用涂层防腐。从防腐层数目上，可分为单一防腐层和复合防腐层，例如单层环氧涂层、双层环氧粉末涂层、三层结构聚乙烯防腐层等。

2. 防腐层的性能要求

由于使用条件不同，对防腐层的性能要求也不同，概括起来说，要求防腐层应具备防腐性好、可靠性高、成本低、适用性好、施工方法简便、良好的可修复和断面补伤性能、良好的阴极保护相容性以及可吊装性。对于管道、储罐或容器内防腐层，需要耐油、气、水和酸、碱、盐等介质腐蚀，以防腐性能为主；对于埋地管道防腐层，除需要防腐性能好外，还需要具有良好的机械性能；对于暴露在大气中的各种设施，要求抗紫外线和耐老化性能优越。具体要求如下：

（1）防腐性指耐酸、碱、盐介质腐蚀性强，耐油浸泡和耐水性好。例如环氧涂料耐化学稳定性检测是在3%~10%的酸、碱、盐介质中浸泡90d，涂层应无起泡和脱落，在原油和污水中浸泡无变化。

（2）较好的抗磨损能力，例如粉末涂料，规定条件下磨损不大于20mg。

（3）与基材附着力强，阴极剥离不大于10mm，并且具备良好的抗弯曲、抗冲击等机械性能，涂层表面光滑平整阻力小。例如粉末涂料附着力为1级，耐阴极剥离；液体环氧涂料附着力为2级。

（4）抗机械性能好，包括耐冲击、柔韧性好。

（5）耐老化性强，耐紫外线、耐大气老化性能好：一般要求耐环境应力开裂大于1000h。

（6）柔韧性好，伸缩率高，最好与钢铁的膨胀系数接近。

（7）埋地管道的绝缘性能好，并应抗细菌腐蚀，井下油管还应具有防垢、抗CO_2和H_2S腐蚀。

（8）储罐防腐涂层还要求具有防静电功能。

3. 防腐层的工艺要求

防腐层施工与涂敷成型工艺直接关系到防腐层使用寿命、周期成本和使用价值。采用不同的除锈工艺，钢材表面的除锈等级和锚纹深度有很大不同；同样采用喷抛除锈，由于使用的磨料性质、粒径大小以及破损磨料回收工艺不同，也会造成钢材表面的清洁度和粗糙度的不同，进而影响喷涂质量。就涂层成型条件而言，冷作成型与热作成型也不同，涂层与基材的黏结是物理黏结还是化学黏结，对涂层的附着力和剥离强度影响很大。因此，完善的涂敷工艺应做到以下几点：

（1）应按所选涂层的技术要求进行表面处理和涂装。

（2）必须按涂层要求配备相应的施工机具和检测仪器。

（3）应注意防火、防爆、安全和防毒措施。

（4）严禁在风、霜、雨、雪天气，温度低于-5℃，空气相对湿度大于80%的环境下施工作业。

二、常用的防腐蚀涂料

涂料有很多种，但其组成主要是由成膜物质（基体树脂）、颜料、溶剂和助剂等 4 种成分构成。

基体树脂是能形成漆膜的高分子树脂，是决定漆膜性质的主要因素；颜料是不溶于水、溶剂、油类的细微粉末，赋予涂料颜色和遮盖力；溶剂是用于分散成膜物质和颜料的，具有调节黏度和溶解作用；助剂对涂料储存性、施工工艺性和物理性能有明显作用。

涂料品种繁多，分类的方法也很多。若按其是否有颜料可分为清漆和色漆；按成膜物质和颜料的分散状态分类，有溶剂性涂料、无溶剂涂料、分散悬浮型涂料、水乳胶型涂料和粉末涂料等；按涂料在防腐层结构中的作用，可分为底漆、中间漆和面漆；按使用效果可分为绝缘漆、防锈漆、防污漆、防腐蚀漆等。还有按照施工工艺分类，可分为挥发型自干涂料，例如醇酸树脂涂料、沥青漆、天然橡胶涂料；烘烤型涂料，例如环氧酚醛涂料、热固性丙烯酸树脂涂料；双组分涂料，例如液体环氧涂料、聚氨酯涂料、无溶剂液体环氧涂料、环氧有机硅涂料；高固体份涂料，例如，热熔结环氧粉末涂料、聚乙烯粉末涂料、聚脲弹性体，等等。根据国标《涂料产品分类和命名》(GB/T 2705—2003)，共计 18 大类。

油气田地面工程所用的防腐涂料多为重防腐涂料。重防腐涂料是一种复合涂层体系，由高性能的底漆、中间漆和面漆构成，防腐层采用 $250\sim500\mu m$ 的厚涂层。为了防止局部破损得到保护，通常采用富锌涂料（或环氧云铁）底漆，并通过阴极保护抑制损伤部位的腐蚀发生，中间层采用厚浆型环氧涂料或玻璃鳞片厚浆型无溶剂涂料，面层采用耐水、耐化学性、耐候性优良的高固体份涂料，例如热缩性丙烯酸涂料、聚氨酯涂料、氯化聚乙烯涂料等。下面介绍几种典型的防腐涂料单体。

1. 环氧树脂防腐涂料

环氧树脂涂料是目前油田地面工程上应用最广泛、品种最多的一种防腐涂料。环氧树脂涂料是以环氧树脂为成膜物的涂料，根据相对分子质量的高低可分为液态和固态。液态的易溶于芳烃溶剂，固态的需用芳烃与极性溶剂（如醇、酯、酮）的混合溶剂溶解。按环氧树脂的组成形态，环氧树脂涂料可分为五类，即溶剂型液体环氧涂料、无溶剂液态环氧涂料、热固性环氧粉末、水性环氧树脂涂料和其他环氧树脂涂料等，特征是：

（1）极强的附着性。环氧树脂含有极性的烃基和醚键，使环氧基与金属表面的游离键形成化学键，且与玻璃、木材、水泥等也有很好的附着性。

（2）良好的韧性。环氧基位于分子的两端，交联间距大，因此，固化后的漆膜具有很好的柔韧性。

（3）优良的耐化学性。环氧树脂分子结构内含有醚键，而醚键在化学上最稳定，对于水、溶剂、酸、碱等都具有良好的抵抗能力，尤以耐碱性突出。

环氧树脂涂料主要用于油田输送污水管线、油罐和污水储罐的内防腐、架空管道、储罐的外防腐。常见液体环氧涂料的性能指标见表7-1，环氧粉末涂料性能指标见表7-2。

表7-1 液体环氧涂料性能指标

项目		指标	
		底漆	面漆
黏度（涂-4杯），s		>30	>30
细度，μm		<80	<80
附着力，级		1~2	1~2
柔韧性，mm		1	1
耐冲击，cm		≥50	≥50
硬度（2H铅笔）		无划痕	无划痕
干燥时间，h	表干	<4	<4
	实干	<24	<24
固体含量，%	甲组分	>70	>70
	乙组分	>80	>80
耐化学试剂性（180d）	10%NaOH	合格	
	10%H_2SO_4		
	5%NaCl		
耐盐雾性（500h）		一级	
耐污水性（100℃，3个月）		合格	

表7-2 环氧粉末涂料性能指标

项目	指标
外观	色泽均匀、无结块
密度，g/cm^3	1.3~1.5
粒度分布，%	>150μm的不大于3.0 >250μm的不大于0.2

第七章 防腐、保温工程施工

续表

项　　目	指　　标
不挥发物含量，%	≥99.4
胶化时间，s	≤180（180℃） ≤120（200℃） ≤60（230℃）
水平流动性，mm	22～28
磁化物含量，%	≤0.002

2. 聚氨酯防腐涂料

聚氨酯防腐涂料是以聚氨甲基酸酯树脂为基础的涂料。聚氨酯涂料具有多种优异的性能，不仅涂膜坚硬、柔韧、耐磨、光亮、丰满、附着力强、耐油、耐酸、耐溶剂、耐化学腐蚀、电绝缘性能好而且可低温或室温固化，能和多种树脂混溶。

聚氨酯涂料在各油田应用也较为广泛，特别是用作储油罐外壁防静电涂料。表7-3是用于油气田管道、储罐等设备内外防腐蚀的聚氨酯防腐涂料的主要技术指标。

表7-3　油气田用聚氨酯防腐涂料技术指标

项　　目	指　　标
黏度（涂-4杯），s	20～80
固体含量，%	>60
柔韧性，mm	1
附着力，级	1
干燥时间（实干），h	<24
耐油性（常温浸泡半年）	涂膜无变化

3. 高含氯量氯化聚乙烯涂料

高含氯量氯化聚乙烯（HCPE）是热塑性硬质脆性的高分子合成树脂。由于其分子链结构中不含双键，氯原子呈无规则分布，因此具有良好的耐候性、耐臭氧性、耐燃性、耐化学品性和耐油性。以高含氯量氯化聚乙烯为基料制成的涂料在防腐、防锈、阻燃性等方面均具有较为优异的性能，广泛适用于石油化工、冶金、化肥、海洋设施、船舶等行业。高氯化聚乙烯涂层的特点如下：

(1) 漆膜坚硬、平整、光滑、颜色鲜明、寿命长；
(2) 耐酸、碱、盐等化学药品侵蚀；
(3) 耐水、耐油、阻燃、耐寒、耐湿热老化、耐臭氧；
(4) 附着力高，耐冲击性能、柔韧性好；
(5) 其综合防腐性能优于氯磺化聚乙烯、氯化橡胶等防腐涂料；
(6) 价格适中。

HCPE涂料的技术性能见表7-4。本系列涂料可分为富锌底漆、带锈底漆、防锈底漆、中间漆、防腐面漆及防腐清漆。

表7-4 高氯化聚乙烯系列防腐涂料及其涂层物理性能

项 目	富锌底漆 HC-01	带锈底漆 HC-02	防锈底漆 HC-03	中间漆 HC-04	防腐面漆 HC-05	防腐清漆 HC-06
外观	锌灰	红褐色	铁红	红褐色	各色	淡黄色
黏度（25℃），s	≥65	≥65	≥65	≥65	≥75	≥75
固体含量，%	≥65	≥50	≥40	≥40	≥35	≥25
干燥时间，h	表干≤0.5，实干≤24					表干≤4 实干≤24
细度，μm	≤70	≤70	≤70	≤70	≤60	—
附着力，级	1	1	1	1	1	—
柔韧性，mm	1	1	1	1	1	1
抗冲击力，cm	≥50					

4. 其他防腐蚀涂料

除上面介绍的各类防腐涂料外，油气田还根据各自的腐蚀特点及防腐要求选择使用其他一些防腐涂料，例如玻璃鳞片重防腐涂料、有机和无机富锌涂料、稀有金属合金纳米重防腐涂料、防锈可焊涂料、防静电涂料等。一般情况下，油气田储罐内防腐采用导静电环氧涂料，外防腐采用有机富锌底漆、环氧中间漆和聚氨酯面漆等。油气田管道内防腐一般采用溶剂型液体环氧涂料防腐，随着环保要求的提高，越来越多地采用了无溶剂液体环氧涂料防腐，或热熔结环氧粉末防腐。对于特殊腐蚀条件、防腐结构，则采用喷涂聚脲防腐层。

除了涂料的技术性能应满足要求外，按NB/T 47014—2011《承压设备焊接工艺评定》和GB 150.1~150.4—2011《压力容器[合订本]》的要求进行评定和检查时，涂防锈可焊涂料的焊接工艺性能和焊缝质量与未涂防锈可焊涂料的相比，应无变化。

三、涂装施工方法

　　涂层的涂装方法，是将涂层涂敷到被保护的基材表面，形成致密的保护层，常用的成型方法有刷涂法、喷涂法、挤涂法、淋涂法、缠绕法等。

　　根据被涂物体的材质、形状、环境条件、涂料性能以及经济因素综合考虑，成型工艺主要分为涂装前的预处理、涂料的涂敷、涂层干燥或固化三个步骤完成。

　　涂装前的预处理起到清理基材表面污物，提高涂层附着力和对金属基体防腐蚀保护能力的作用。涂层干燥或固化是指涂料完成涂敷之后，由液体转变成致密完整的固态薄膜的过程。只有最终形成致密完整的固态薄膜，涂料才能更好地发挥其装饰和保护作用。

　　1. 刷涂（或滚涂）

　　刷涂是比较传统而又最普通的施工方法，优点是工具简单，适应性强，可涂装所有开放性、任何形状的物体，不受场地条件的限制，凡能用手触及的部位都可以进行刷涂施工。缺点是手工劳动生产效率低，劳动强度大，涂层外观质量欠佳。油性调和漆、醇酸漆等可用这种方法施工，对于防锈底漆，如油性红丹漆，采用刷涂可以增加涂料对钢材的润湿能力，提高防锈效果。而对于一些快干挥发性涂料，如硝基漆、过氯乙烯等不宜采用刷涂的方法。

　　1）刷涂（或滚涂）操作要领

　　（1）指刷：刷涂系手工作业，操作者的熟练程度和责任心对刷涂质量影响很大。刷涂时要紧握刷柄，并始终保持与被涂表面垂直，用力适度，运速均匀。

　　（2）步骤：刷涂前先将漆刷沾上涂料，并浸满全刷的 1/2，并按照涂布、抹平、修整三步骤进行。

　　（3）滚涂时，首先在涂料盘中注入涂料，然后反复滚动滚刷黏附涂料。

　　（4）滚涂时滚刷应按照"W"形轨迹运行。

　　2）刷涂施工的注意事项

　　（1）涂料黏度要适当。太稀流淌、太稠流挂，一般用涂－4黏度杯测定，以 100mL 涂料在一定温度下，测定从杯孔漏出的时间，以 30～50s 为宜。

　　（2）刷涂技巧。垂直刷涂时最后休整时应由上向下进行，水平刷涂时最后应按光线照射方向进行，仰面刷涂时漆要少蘸、用力要轻、刷子运行要慢，背对光线抹平、修整。

(3) 漆刷的维护。使用前将漆刷的刷毛浸入硝基清漆中浸泡片刻，取出后使刷毛干燥被固定住，使用时将刷毛 1/2～2/3 部位洗净再用，可防止脱毛。刷涂完成后要将刷子上的残留涂料刮去并清洗干净。

油田地面工程中各种联合站内阀门、管线、小型储罐维修的外防腐，涂刷各种防锈底漆、醇酸漆等通常采用该方法。

2. 喷涂法

喷涂法是利用专业喷涂设备，以压缩空气为动力，使涂料在喷枪喷嘴内雾化喷出的涂装方法。特点是设备投资少，操作容易掌握，涂膜均匀，效率高；部分涂料因雾化而蒸发，损耗大、浪费大，同时，由于溶剂大量蒸发，会影响操作者的健康并污染环境。常用的喷涂方法有空气喷涂、高压无气喷涂、静电喷涂等，其中油气田工程中常用的是空气喷涂及高压无气喷涂法。在各种大型容器、储罐、管线防腐中通常使用该方法。

1) 空气喷涂法

空气喷涂法以压缩空气（压力为 0.3～0.5MPa）作动力，利用专门的喷枪工具（图 7-7），把涂料吸入，在喷枪嘴处形成负压喷出，气流将涂料冲散成微粒，分散成雾状，均匀涂敷到工件表面（图 7-8）。空气喷涂法是应用最广泛的一种涂装方法，几乎可适用于一切涂料品种。

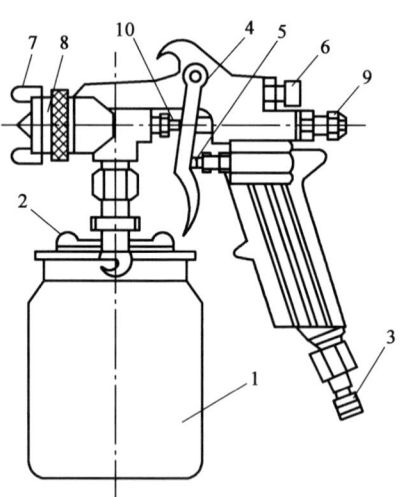

图 7-7 涂料喷枪结构

1—漆罐；2—轧篮螺栓；3—空气接头；4—扳机；5—空气阀杆；6—控制阀；7—喷嘴；8—螺母；9—螺栓；10—针塞

第七章 防腐、保温工程施工

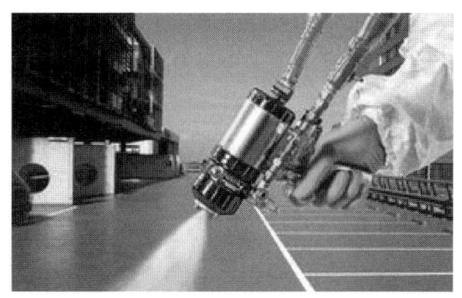

图 7-8 喷涂施工

(1) 空气喷涂法的基本方法及注意事项：

①喷涂作业前，根据涂料品种、被涂物形状及质量要求，将喷枪空气压力、涂料喷出量和喷雾图形幅宽调整到最适宜程度。

②喷涂作业中，要掌握好喷涂距离、喷枪运行速度、喷雾图形的搭接要领。喷涂距离保持恒定是确保漆膜厚度均匀一致的重要因素之一，一般应控制在15～30mm之间，距离近漆膜厚，效率高，距离远漆膜薄，效率低。喷枪运行速度控制在30～60cm/s内，运行速度低，漆膜厚，易流挂，运行速度高，漆膜薄，易漏涂。搭接宽度应视喷雾图形的形状不同而各有差异，见表 7-5。

表 7-5 喷雾图形的搭接

喷雾图形形状	重叠宽度	搭接间距
椭圆形	1/4	3/4
橄榄形	1/3	2/3
圆形	1/2	1/2

注：表中数据是指重叠宽度和搭接间距占有效喷雾幅度的比例。

③涂料黏度影响平整度，黏度大漆雾粒度大，黏度小粒度小。不同黏度应采用不同喷涂量，当喷涂黏度高的涂料时，可以调低喷涂量，反之亦然。黏度与环境温度有关，温度低黏度急剧提高，影响雾化平整度差。理想的喷涂温度为 20～30℃。

(2) 空气喷涂法的优点。

①涂装效率高，每小时可喷涂 150～200m^2，是刷涂工艺效率的 8～10 倍。

②涂膜薄而均匀，光滑平整，外观装饰性好。对于被涂物的孔洞、缝隙以及倾斜、曲折、凸凹不平的复杂结构都能均匀、无遗漏地涂装，是其他任

何涂装方法无法做到的。

③适应性强，不同性能的涂料和不同材质、形状的工件都可以喷涂方法施工，而且不受场地限制。

（3）空气喷涂法的缺点。

①施工时加入的稀释剂用量大。由于空气喷涂不适用于高黏度涂料，在施工中为降低涂料黏度要加入大量有机溶剂稀释，因此在施工中有大量的有机溶剂挥发，一方面造成空气污染，作业环境恶劣，影响工人身体健康，另一方面存在易燃的安全隐患，因此在操作时必须保证良好的通风。

②涂料利用率低。一般只有50%~60%的涂料得到利用，对小件工件喷涂时，涂料利用率更低。

③施工层次较多。由于喷涂形成的涂膜很薄，所以需要反复喷涂几次才能达到相当的涂膜厚度。

硝基、过氯乙烯、丙烯酸涂料和溶剂型液体环氧涂料等挥发漆多用喷涂法涂施，对微小件较少采用。

2）高压无气喷涂法

高压无气喷涂是为了减少涂料损失，减少大气污染，提高喷涂效率而开发的涂料喷涂的先进方法。该方法不需要借助压缩空气使涂料雾化，而是通过高压泵将涂料加压到10~25MPa，经喷嘴小孔喷出，使涂料高速喷出并立即剧烈膨胀，雾化成极细的颗粒，涂敷到工件表面。

高压无气喷涂具有涂料固体组分高，涂料回弹和漆雾飞扬小，因而节省漆料、减少污染、改善劳动条件；工效高，比一般空气喷涂要提高数倍至十几倍；涂膜质量较好，附着力好，适宜于中大口径管道和储罐的内外表面涂装等优点。缺点是设备投资大，操作要求高（图7-9）。

(a) 高压无气喷涂车

(b) 高压无气喷枪混合头

图7-9 高压无气喷涂设备

第七章　防腐、保温工程施工

高压无气喷涂适合各种液体涂料，目前常用的是双组分涂料喷涂，其喷涂注意事项如下：

(1) 双组分涂料的正确配比是决定喷涂质量的关键。因此，喷涂前，应根据重量比和涂料密度，调整好压送容积比。

(2) 喷涂作业中长时间停机，应关闭混合器主剂和固化剂控制阀，打开清洗剂控制阀，清洗干净喷嘴。

(3) 喷涂终了，应彻底放空涂料，用溶剂充满储料系统和管路系统。

3) 静电喷涂法

静电喷涂是在喷枪与被涂工件之间形成高压静电场，使枪口附近空气产生电晕放电，使流经的涂料带电，吸附到工件表面。该方法被普遍应用于汽车、电器工业中，目前在油田工程上也被用于管道内、外表面热熔结环氧粉末涂敷。

该方法首先需要将喷涂钢管的内、外表面喷抛射除锈，经中频感应器或加热炉整体预热，将钢管加热到180~230℃，环氧粉末在压缩空气推动下，通过供粉管到达专用喷枪的头部，使粉末粒子带上负电荷，经导流锥体均匀喷出，附着在钢管内、外表面，粉末在加热状态下熔融、流平、胶化、固化，形成均匀光滑的涂膜。

静电喷涂法的主要优点是：

(1) 粉末喷涂在密闭空间完成，无污染；

(2) 粉末中不含有机溶剂，因而不挥发，不污染环境；

(3) 粉末喷涂箱可使多余粉末回收并重复利用，利用率80%以上，节约原料；

(4) 热熔结可确保涂膜外观平整、光滑，附着力强。

缺点是对压缩空气要求高，否则喷枪或输料管中粉末易结块，堵塞通道，影响喷涂质量，并且设备投资大、配套工装多。

4) 离心喷涂法

离心喷涂法是利用离心喷涂机对管道产生高速旋转，使预先放置的半固态材料，在离心力作用下，均匀分布到钢管内壁表面。在油田地面工程管道防腐中使用的水泥（改性水泥）砂浆衬里防腐管道，就是利用这种方法生产的。

离心喷涂法按照成型方式可分为管旋转和离心机喷头旋转两种形式，管旋转法适用管径范围159~273mm，单管长度6~12m的钢管喷涂，一般为工厂化预制居多，采用离心转胎，将钢管卡紧，在钢管的高速旋转下，在内壁表面形成均匀衬层。离心机喷涂法是将喷涂机安装在小车上,小车带动喷涂机进入管道内,将砂浆喷至内壁形成衬里,小车上装有工业电视监控,操作者可以在管外屏幕上直接观察喷涂情况,或用磁带录制施工实况,以便控制涂敷质量。离心机法适用管径426mm以上的钢管喷涂,一次作业长度大于500m。离心法衬里厚度按照管径不同为5~14mm,所生产管道可用于油田高压注水、注聚合物以及民用引水工程中。

3. 挤涂法

挤涂法是利用成型胎具或模具,将防腐膜成型材料挤出,并在钢管上形成一种连续致密保护膜的方法。主要应用于管道内、外防腐层制作,分为管内防腐层挤涂和管外防腐层挤涂。在管道内防腐施工初期,该方法起源于管道内壁通球施工与表面清理,后来应用于涂敷浓浆型防腐涂料、水泥砂浆、玻璃钢鳞片防腐的施工。优点是设备投资少,缺点是防腐层薄厚不均,黏结力低,目前在工程中很少采用。管外防腐层挤涂是将被涂敷材料在挤出机中加热熔融致黏流状态,从圆模机头中将防腐材料挤出,在管道外表面形成防腐层。一般情况下,预制直径159mm以下2PE防腐层、R-PP改性沥青防腐层,其特点是防腐层可连续成型、薄厚均匀、厚度可调可控、设备操作简便、工效高(图7-10)。

(a)挤涂底胶层

(b)挤出防腐层

图7-10 管道2PE防腐层成型

挤涂法成型工艺控制影响因素有:

(1)圆模机头要结构合理、精度高,表面粗糙会影响防腐层光滑度和精度。

(2)根据原料物理性能,合理控制加热温度,温度低挤出不稳定、表面不光滑,温度高涂层不连续、易断裂。

(3)钢管外观质量影响成型质量,例如钢管弯曲度超标以及表面处理不

第七章 防腐、保温工程施工

达标，可导致薄厚不均或涂层黏结力下降。

4. 淋涂法

淋涂法是浸涂法的改进，其原理是将涂料在被涂表面上自然浸涂涂装。涂料通过喷嘴或窄缝从上方淋下，被涂物通过传动装置从下方通过，实现涂装，多余的涂料进入回收容器，再通过泵提送到高位槽循环使用。淋涂法涂装质量与涂料的黏度、输送速度、窄缝宽度或喷嘴大小以及涂料所受压力等因素有关。淋涂法具有效率高，作业性好，涂料损失极小，在工艺参数稳定可靠时外观优良的优点；缺点是涂料覆盖受涂料物理性能影响大，如果结块、沉淀，影响厚度和光洁度。油田曾用该方法生产聚乙烯或改性聚乙烯防腐管。

5. 缠绕法

缠绕法是防腐材料按照一定的螺旋角度缠绕到钢管外表面，形成具有一定厚度的防腐层。按防腐材料在基材表面的成型状态和温度可分为冷缠法和热缠法。常用冷缠法预制的防腐层有：冷缠聚乙烯胶带防腐层、煤焦油瓷漆防腐层、环氧煤沥青防腐层、沥青基胶带防腐层；常用热缠法预制的防腐层有石油沥青防腐层、直径168mm以上两层结构聚乙烯、三层结构聚乙烯防腐层（图7-11）、三层结构聚丙烯防腐层等。上述两种缠绕法的共同点是防腐层为多层结构，且一次缠绕同步完成。按照管径和防腐级别的不同，冷缠法防腐层厚度通常为0.8~7.0mm，热缠法防腐层厚度为1.8~3.7mm。冷缠法施工工艺简便，设备投资少，可以工厂预制也可现场预制，各层间物理黏结，因而与钢管的黏结性取决于表面处理质量以及防腐材料性能；热缠法施工工艺复杂，设备投资大，一般为工厂化预制，或采用橇装式设备，也可以现场预制。防腐层之间通过化学键黏结，防腐层与钢管黏结强度高，涂层抗阴极剥离。

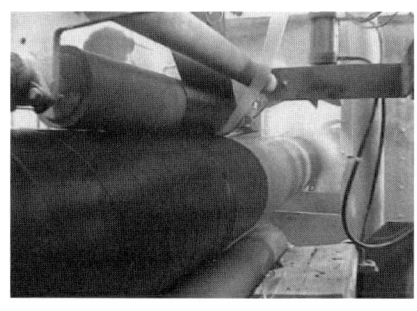 

(a) 三层涂覆成型　　　　　　　　(b) 3PE管成品

图7-11　三层结构聚乙烯防腐层

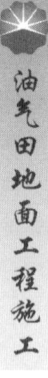

第四节 保温层的成型施工方法

一、保温层的基本要求

油气田地面工程集输用储罐、容器和管道，通常架空或埋地，绝大部分需要保持储罐和管道内温度（一般不超过65℃），设置外保温层。保温层一般分为无机保温层和有机绝热材料保温层。

1. 保温层的结构要求

国内在输送高黏度原油时，根据工艺要求，集输系统通常采用保温材料用于隔热保温，此外在保温基础上，还需在保温层和钢管之间布置蒸汽或热水伴热管，采用导电橡胶、碳纤维等电伴热材料。

按照容器或管道输送介质的温度不同，保温层结构也不相同。当介质温度小于150℃时，保温层一般用聚氨酯有机材料；当介质温度大于150℃时，一般采用岩棉、珍珠岩等无机材料，也有用无机和有机材料组成复合保温层结构，其中无机材料隔热，有机材料保温。

单纯的保温层不足以抵御空气、雨水等侵蚀，因此工程上为确保保温结构的可靠性和有效性，均采用完整的保温结构形式：钢材——防腐层——保温层——防水保护层，即"三防体系"。

防腐层可以抵御渗透到保温层的空气对钢材表面的侵蚀，并与保温层形成良好的黏结作用；保温层起到保温、隔热和保冷作用；防护层的主要作用是防水、抗机械损伤，且具有优良的耐紫外线老化和耐大气腐蚀性。

2. 保温层的性能要求

无论是有机保温材料还是无机保温材料，其保温性能应符合如下条件：

(1) 导热系数不大于 0.10W/（m·K）；

(2) 硬质保温材料密度不大于 220kg/m^3，半硬质保温材料密度不大于 200kg/m^3，软质保温材料密度不大于 150kg/m^3；

(3) 除软质、半硬质、散状材料外，硬质无机成型制品的抗压强度不得小于 0.3MPa，有机成型制品的抗压强度不得小于 0.2MPa；

(4) 在使用温度下性能稳定：保温材料制品的允许使用温度应高于介质温度；

(5) 阻燃或不燃，水分含量小、吸水性低，对金属无腐蚀作用；

(6) 相同温度范围内，所用的保温材料应是导热系数小、密度小、造价低，可就地取材或就近取材，易于预制施工。

3. 保温层的性能检测

工程上对保温层的检测包括外观质量检验和保温层性能检测。外观检验主要是保温层厚度和表面成型质量，保温层厚度要达到设计或标准要求，外观目视检查，保温层应平整、光滑、无凹陷、无破损。保温层性能指标是衡量保温效果的依据，常用的性能检验指标包括导热系数、吸水率、抗压强度和表观密度。

导热系数是衡量保温效果的主要指标，有机材料导热系数小于无机材料，因此有机材料的保温效果更优良，例如聚氨酯导热系数仅为 $0.03W/(m·K)$，而珍珠岩导热系数则大于 $0.03W/(m·K)$，快速导热系数测定仪可直接测量聚氨酯泡沫的导热系数值。

吸水率大小直接影响保温效果，当保温材料吸水以后，保温性能下降，对钢材外表面有侵蚀作用，例如聚氨酯材料一旦浸水，对钢材产生"酸性腐蚀"，直接影响钢材使用寿命。无机材料进水，保温层易塌陷。按照保温层进水前后重量变化，可计算得出吸水率，聚氨酯泡沫吸水率小于 $0.03g/cm^3$。

抗压强度是表征保温层抵御外力破坏的性能，埋地保温材料强度大于 $0.2MPa$，可有效抵御土壤和外力的伤害。

表观密度是影响泡沫保温性能的因素之一，是核算成本的重要指标。表观密度对导热系数的影响很大，通常密度越大，导热系数越大，聚氨酯泡沫表观密度为 $40\sim60kg/m^3$ 时，保温效果最好。

二、常用的保温层材料

油田地面工程常用的无机材料有：岩棉、硅酸铝、珍珠岩或超细中空纤维棉等无机保温材料；常用的有机材料有：硬质聚氨酯泡沫塑料、聚乙烯泡沫塑料、聚苯乙烯泡沫塑料等。

1. 聚氨酯泡沫塑料

1) 组成

聚氨酯泡沫塑料在油田地面工程中应用最普遍，其由聚醚多元醇、异氰酸酯和助剂，在一定温度下反应制成。聚醚多元醇通常包括乙二胺聚醚、403聚醚等，或者由上述各成分组成的混合物，也称组合聚醚。助剂的作用是保持泡沫塑料稳定性和工艺性，通常由表面活性剂、催化剂和发泡剂组成，其中发泡剂具有常温挥发性，必须随用随配。传统的发泡剂氟利昂CFC-11，破坏大气臭氧层，已明令禁用。目前普遍应用的有聚氨酯发泡剂141B、环戊烷发泡剂或自来水作为发泡剂，也称无氟发泡剂（图7-12）。

(a) 聚氨酯管壳　　　　　　　　　　　　(b) 聚氨酯保温管

图7-12　聚氨酯泡沫保温材料

2）基本性能特点

聚氨酯泡沫塑料在有机保温材料中，是被公认的保温性能最好的材料，基本特点是质轻、高强。与同类有机材料相比，具有以下性能特点：

(1) 可快速反应成型，且为常温反应。聚氨酯泡沫是反应型有机材料，通常在30s内乳白，2min内初步固化，特别适用于模具成型。两种原料的反应温度为20～25℃，而聚乙烯泡沫塑料的成型温度高达350℃。

(2) 耐温性：聚氨酯是有机材料中耐温比较高的材料，其耐温性取决于所用原料中的聚醚成分，以聚酯为主料配制的组合聚醚所生成的聚氨酯泡沫，耐温达到150℃，以乙二胺聚醚为主料配制的组合聚醚，耐温100℃。聚苯乙烯泡沫塑料耐温70℃。

(3) 防水性：聚氨酯材料为多孔材料，闭孔率88%以上，吸水率仅为2.2%，而聚苯乙烯泡沫塑料吸水率8.2%。

(4) 抗压性：聚氨酯泡沫塑料分为硬质聚氨酯和软质聚氨酯，工程上应用的硬质聚氨酯泡沫抗压强度大于0.2MPa，聚苯乙烯抗压强度大于0.35MPa，聚乙烯泡沫塑料抗压强度0.034MPa。

2. 聚乙烯泡沫塑料

聚乙烯泡沫塑料是油田地面工程联合站中常温容器、储罐应用的保温材料之一，无毒、无味、不吸水，导热系数略高于聚氨酯泡沫，表面比较光洁美观，施工方便，使用寿命长。难燃性聚乙烯泡沫塑料板材是采用科学配方和合理的工艺技术制成，达到了国家标准难燃材料 B1 级的要求，消防产品防火性能的要求，也可广泛应用于制冷工业、建筑业暖通设施（图 7-13）。

(a) 聚乙烯板材原料

(b) 聚乙烯保温管

图 7-13 聚乙烯泡沫塑料

聚乙烯泡沫产品的特点如下：

（1）密度小、容重轻，回复率高、伸缩强度大，外观为蜂窝状，孔洞均匀分布，具有独立的气泡结构。

（2）表面吸水率低，防渗透性能好，替代传统的"三油四毡"❶、沥青木杉板等材料。

（3）耐酸、碱、盐、油等有机溶剂腐蚀，耐老化性能优良。

（4）高温时不流淌，低温时不脆裂。耐温－45～80℃不流淌、不变形、不脆裂，使用寿命长。

（5）环保，施工简便，防渗、防漏效果佳。

3. 矿渣棉及岩棉

矿渣棉是以工业矿渣如高炉矿渣、磷矿渣、粉煤灰等为主要原料，经过重熔、纤维化而制成的无机质纤维。岩棉又称岩石棉，是矿物棉的一种，是以天然岩石及矿物等为原料制成的蓬松状短细纤维。常用岩棉以玄武岩、辉

---

❶ "三油四毡"是用石油沥青、玻璃丝布和毛毡制作的最传统防腐层，结构为：底漆—沥青—玻璃丝布—沥青—玻璃丝布—沥青—玻璃丝布（共三层）—毛毡（第四层）。

长岩、白云石、铁矿石、铝矾土等为主要原料，经高温熔化、纤维化而制成无机质纤维。按使用温度分普通岩棉（小于 900℃），高温岩棉（大于 900℃）。优质岩棉能耐 1250～1400℃高温。矿渣棉及岩棉所制成的岩棉管（壳）、卷板（图 7 - 14）等，在油田地面工程中用于高温储罐、管道保温。

(a) 岩棉卷板

(b) 岩棉管（壳）

图 7 - 14 岩棉制品

矿渣棉与岩棉的基本性能特点如下：

（1）绝热性能：绝热性能好是岩棉、矿渣棉制品的基本特性，在常温条件下（25℃左右）导热系数在 0.03～0.047W/（m·K）之间，高温条件下（600℃以下）导热系数为 0.11～0.145W/（m·K）。

（2）燃烧性能：岩棉、矿渣棉制品的燃烧性能取决于其中可燃性黏结剂的多少。岩棉、矿渣棉本身属无机质硅酸盐纤维，不可燃，在加工成制品的过程中，有时要加入有机黏结剂或添加物，这些对制品的燃烧性能会产生一定的影响。

（3）隔音性能：岩棉、矿渣棉制品具有优良的隔音和吸声性能，其吸声机理是这种制品具有多孔性结构，当声波通过时，由于阻力的作用产生摩擦，使声能的一部分为纤维所吸收，阻碍了声波的传递。

4. 膨胀珍珠岩

国内外珍珠岩占主导地位的用途是生产膨胀珍珠岩及其制品（图 7 - 15）。膨胀珍珠岩是国内使用最为广泛的一类轻质保温材料，据有关部门统计，目前国内膨胀珍珠岩在市场上的应用比例为建筑工程约 60%，热管道保温约 30%，装饰材料约 10%，故主要还是用于建筑节能和设备及管道保温。

尽管珍珠岩应用广泛，但由于珍珠岩生产企业的能耗等问题，出现了许多取代珍珠岩的材料。在代用材料中，用作灰浆和建筑领域的隔热材料，片状蛭石是一种最有竞争性的材料；用作轻质骨料，浮石、膨胀黏土、页岩和

(a)珍珠岩原料

(b)珍珠岩管壳

图 7-15　膨胀珍珠岩制品

火山灰岩火山灰渣或泡沫水泥等，它们成本低、结构强度高，超过珍珠岩。在隔热方面，玻璃纤维、矿物棉、硅藻土、石棉、纤维和塑料泡沫也是有力的竞争对手。

三、保温层预制、成型施工方法

1．保温管预制、成型施工方法

1）保温管包覆成型法

这种保温管通常在工厂内预制成型，其基本结构为：钢管——聚氨酯泡沫——聚氯乙烯膜；主要生产设备有：配料罐、混料罐、混合器、合模器等，为简易型连续生产线，预制管径为 60～159mm，班产量 1.5～5km。

包覆成型是保温管生产预制最简单的机械化成型方法，主要预制施工工序包括：

（1）原料配制：将异氰酸酯和聚醚多元醇分别注入配料罐，按照一定比例加入发泡剂、稳定剂和消泡剂配制。

（2）成型：将料液分别用比例调节泵注入喷枪中混合，注入混合器。

（3）合模：将聚氯乙烯工业膜通过合模器舒展、半合模，与钢管形成环形空间，注入混合料，在一定温度下边随钢管前进，边成型发泡，同时用工业胶带黏结纵缝。

为了确保成型质量，成型过程中应按照环境温度及时调节液料比例和钢管行进速度，严禁在低温和雨、雪、风、霜天气下操作。该工艺的主要优点是生产效率高，设备结构简单；缺点是泡沫成型密度低，外观不平整，泡沫中间有空洞产生。

2) 保温管"一步法"成型

聚氨酯泡沫保温管"一步法"工艺,是在包覆法成型基础上发展起来的带压发泡工艺方法,主要特点是外护聚乙烯层和聚氨酯保温层可以同步包敷到钢管表面,与聚氯乙烯工业膜比,防护层厚度加大,钢管从表面处理到外护层包敷一次完成。该工艺的主要设备包括:钢管预处理系统、保温防护层成型系统和冷却定型与端面处理系统。该工艺适宜的管径为 48~377mm,保温层厚度不大于 50mm,防护层厚度 1.2~2.5mm;要求环境温度不低于 −15℃,相对湿度应小于 85%,且严禁在雨、雪、雾及大风天气下进行露天作业(图 7-16)。

(a)钢管预处理系统

(b)保温防护层成型系统

(c)冷却定型与端面处理系统

图 7-16 保温管"一步法"成型工艺

(1) 成型工艺流程。

保温管"一步法"成型工艺流程见图 7-17。

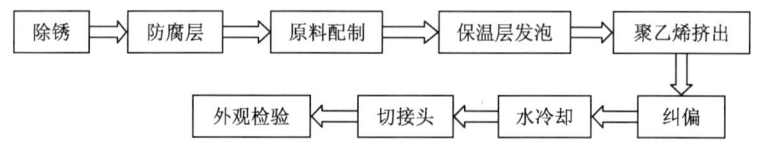

图 7-17 "一步法"成型工艺流程图

(2) 主要操作要求。

①除锈:应用喷(抛)射除锈,质量达到标准规定的 Sa2.5 级,表面处理后,防止表面受潮、生锈或二次污染,并在 4h 内进行表面涂敷或包覆。

②做防腐层:按照设计要求,可采用涂刷防腐涂料、缠绕聚乙烯胶带等防腐层结构。

③保温层原料配制:生产前,发小泡试验,测定比例、乳化时间和固化时间;生产时,甲、乙组料通过比例泵输送到喷枪内,在喷枪内连续混合后,靠喷枪的压缩空气将混合料喷注到钢管与聚乙烯保护层形成的环状空间内,

压缩空气压力 0.4~0.7MPa，连续注入，连续发泡。

④挤出包覆：钢管传输包敷前，应采用无尘热源加热，根据钢管直径调整作业线，应使钢管中心、挤出机机头、定径套中心及纠偏环中心保持在一条水平线上，控制挤出机身及机头温度，从机身到机头，温度在 150~220℃ 之间逐渐升高。

⑤纠偏：通过磁力探头自动测试并调整纠偏环与钢管的距离，在聚氨酯泡沫料半固化前，使钢管与保温层达到同轴度要求。控制纠偏机与发泡位置同步，最大纠偏范围 60mm，可控同轴度误差±（3~5）mm。

⑥水冷却：采用循环水喷淋，在距离机头定径套 100mm 处开始冷却，冷却水流量要足，压力要小，以浇到管线上不飞溅为宜。冷却水温度控制在 20℃左右，经冷却的外表面温度达到 50℃以下。

3）保温管"管中管"法

保温管"管中管"法通常也叫"两步法"，是将预先生产的防护管套穿在钢管外表面，并在所形成的环形空间内注入聚氨酯原料定位成型的方法。按照发泡设备、运动方式和保温管的基本性能参数不同，可分为"管中管"低压发泡法和"管中管"高压发泡法。油田生产的埋地输油管道，管径在 377mm 以下时，主要采用"一步法"成型工艺，生产管径大于 426mm 时，通常采用"管中管"成型工艺。

低压发泡法是将低压发泡机固定在移动小车上，泡沫料在压缩空气作用下，通过比例泵将不同量的化工料，通过长杆喷枪输入钢管与外护管组成的环形空间，边退边注入物料，同步发泡。泡沫料通过压缩空气注入，并在一端敞开的空间内自由发泡，原料反应和混合压力为常压，俗称低压发泡。

高压发泡法是用气动加料泵将泡沫料汁入储料槽，经过滤后，由两台高精度高压计量泵，把 A、B 两组分发泡料液各自输送到搅拌头，经过高速度强烈二次搅拌，使料液均匀从灌注头喷出，注入环形空间，泡沫料在高压条件下喷出，并在相对密闭的空间被强制发泡，泡沫混合均匀，密度大，抗压强度高。高压发泡法适用于管道口径大、自重大，对保温层抗压强度要求高的管道成型。

无论是低压发泡法还是高压发泡法，在具体的预制过程中，都分为防护管预制和发泡成型两个步骤。

(1) 外护管生产工艺流程。

聚乙烯外护管预制生产工艺流程见图 7-18。

(2) 发泡成型生产工艺流程。

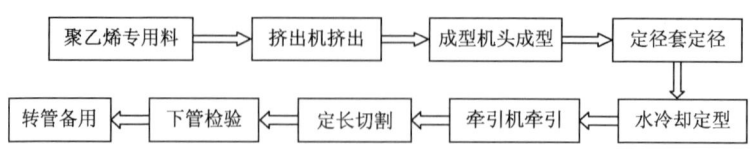

图 7-18 聚乙烯外护管预制流程图

"管中管"高（低）压发泡生产工艺流程见图 7-19。

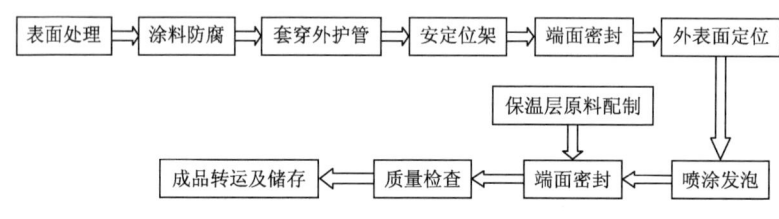

图 7-19 高（低）压发泡流程图

4）保温管聚氨酯喷涂法

保温管聚氨酯喷涂法是利用高压混合机，将聚氨酯泡沫的两种原料混合，直接喷涂到钢管外壁并快速固化成型的工艺方法。与"一步法"和"管中管"法比，该成型工艺按照管径规格不同，泡沫塑料密度可以在 $30\sim60kg/m^3$ 内调节，更优越的是该工艺防护层也可用聚脲喷涂防护层代替聚乙烯外护层，而且单管端头可用喷涂聚脲密封，无需带防水帽，从而使保温管形成完整统一体。由于聚脲与聚氨酯同属极性有机材料，二者黏结牢固，没有脱粘现象，防护层厚度可以在满足强度的条件下任意设定。聚氨酯喷涂法的主要生产设备有：卡管转胎、发泡机组、喷涂机组；主要工艺流程为：钢管——转胎旋转——喷涂聚氨酯——喷涂聚脲。

5）管道保温层扣模成型法

扣模成型法也叫一次灌注成型法，主要用于在施工现场预制保温管，是最传统的方法之一，最初主要用在 DN150mm 以下管径的现场发泡，保温管结构为：钢管——聚氨酯保温层——聚氯乙烯塑料工业膜。目前，国内大口径（DN1000mm 以上）玻璃钢直埋热力管道也采用扣模法生产。扣模成型法保温管结构为：钢管——聚氨酯泡沫塑料保温层——玻璃钢防护层。

工艺原理：保温管预制采用分段扣模，根据设计要求的保温层厚度，决定模具内径尺寸，将模具制作成上、下半模，端面分片法兰密封。将钢管套穿到预先制备的模具上，用发泡机按比例灌注 A、B 组分泡沫料，经冒口排

第七章 防腐、保温工程施工

气后，双组分物料乳化、固化，在钢管与模具间形成稳定的保温层。扣模预制分为低压发泡和高压发泡两种方式，其中中、小口径保温管预制使用低压灌注发泡机（图7-20）。

2. 容器保温层现场制作法

油气田用容器的保温层主要采用现场施工制作的方法，且可按照保温材料的不同选择不同的施工方法完成。

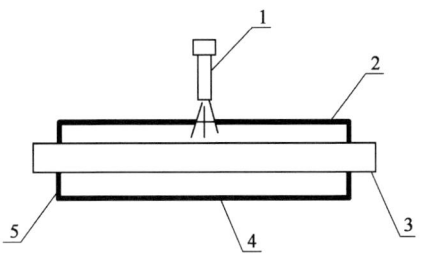

图7-20 扣模发泡工艺图
1—低压发泡机；2—上模；3—钢管；
4—下模；5—密封法兰

保温层施工方法有捆扎法、嵌装层铺法、粘贴法、拼砌法、填充法、浇注法、喷涂法等。在油气田地面工程中常用的有捆扎法、粘贴法和喷涂法等。

1) 捆扎法

捆扎法是把绝热材料制品敷于容器表面，再用捆扎材料将其扎紧、定位的方法，是绝热层施工的常用方法，适用于软质毡、板、管壳，硬质、半硬质板等各类保温绝热材料制品。捆扎法多用于中、小型圆筒设备的绝热，当用于大型筒体容器时，需依托固定件或支撑件来捆扎、定位。

捆扎法施工时，一般选用镀锌铁丝、不锈钢丝、金属带、粘胶带进行捆扎，当保温材料为聚氨酯、酚醛泡沫塑料等脆性材料时，不宜采用镀锌铁丝、不锈钢丝捆扎。油气田用容器保温施工中保温层的捆扎通常采用镀锌钢带捆扎，捆扎时不允许螺旋式缠绕捆扎，每块绝热制品上捆扎不少于两道，使用硬质材料时捆扎间距不大于400mm，半硬质材料不大于300mm，软质材料为200mm。

在进行容器封头的保温层施工时，先将保温制品按封头尺寸加工成扇形块，错缝敷设，在封头中心设置活动环，在切点位置设置固定环，捆扎材料一端固定在活动环上、一端固定在固定环上，捆扎成辐射形拉条，相邻的拉条间用扎紧条拉连，如图7-21所示。保温层采用双层或多层结构时须对各层表面进行找平和严缝处理，分层进行捆扎。

保温材料选用软质或半硬质制品时，可采用嵌装层铺法施工，下料后的材料尺寸大于施工部位尺寸10~20mm，敷设时制品穿挂嵌装于保温销钉上，缝隙处进行挤缝。保温层外敷设一层铁丝网形成一个整体。

2) 粘贴法

粘贴法是用各类黏结剂将保温绝热材料制品直接粘贴在设备表面的施工

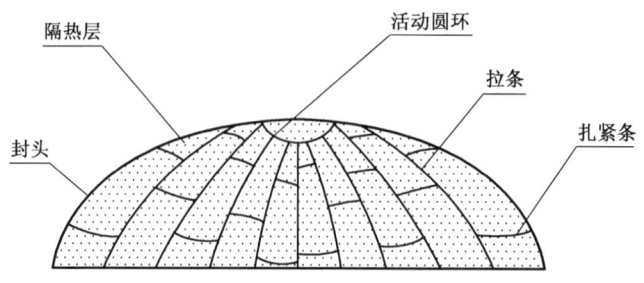

图 7-21 封头保温层捆扎

方法，适用于各种轻质绝热材料制品的油田中、小型容器、储罐内外表面的保温施工。采用粘贴法施工保温层，必须选择与保温材料相匹配、固化时间短、黏结力强的黏结剂，黏结剂须满足使用温度的要求，且不能对金属壁产生腐蚀。施工时，在绝热制品的黏结面上均匀满涂 2.5~3.0mm 厚的黏结剂，均匀用力挤压，使绝热制品与保温壁面贴紧、粘牢，随粘、随用，卡具靠实；也可用橡胶带临时固定，待黏结剂固化后拆除。

3）喷涂法

喷涂法是利用机械和气流技术将料液或粒料混合、输送至特制喷枪口送出，使其附着并固化成型在绝热面上的一种先进的施工方法，适用于各种大型容器和储罐内、外表面的保温层施工。采用喷涂法施工可在保温界面上形成一个整体、无接缝的保温层，与传统型材类绝热材料相比，克服了接缝多、安装工序复杂、附件安装多、易老化变形、使用可靠性不稳定的弊端，可在任意曲面和复杂结构面上自由喷涂塑形。喷涂法常使用的绝热材料有聚氨酯泡沫塑料、酚醛泡沫塑料、矿物纤维等。

第五节　钢质管道防腐补口施工

在整个管线的防腐施工中，管道接头是最薄弱部分，补口质量的好坏，是影响管道整体使用寿命的重要因素。由于管道防腐保温结构的多样性，管道补口、补伤的材料、方法也是多种多样的，实现管道接头补口一体无缝，是保证管道整体使用寿命的关键，确保管道接头与管体同材质，补口材料性能不低于本体，是保证补口质量的关键。按照管道类型，防腐管道采用多层复合结构，石油沥青管采用沥青玻璃丝布混合结构，2PE 和 3PE 防腐管，通常采用聚乙烯热收缩带（套）补口。保温管道采用硬质聚氨酯泡沫塑料和聚乙烯热收缩套联合补口，确保了补口部位与管体同材质。

一、补口施工工艺总体要求

补口施工按照管道类型不同，其工艺也不同，总体要求如下：

（1）材料与结构：补口材料应与管体防腐层、保温层一致或相容，其保护材料的性能等级和结构应不低于主体管线防腐层的要求。同时还要考虑其经济性。

（2）补口处钢管表面处理：补口前应除掉补口处的泥土、油污、潮气和变质的防腐层；钢管表面预处理的质量应符合标准要求，符合有关埋地管道外防腐层技术规定；焊缝处应无焊渣、棱角和毛刺，并除去潮气。

（3）补口施工环境要求：在雨、雪、雾及大风天气进行补口施工时，需采用有效措施，否则不应作业。特别是沥青类防腐层补口需注意其补口施工时的环境温度要求。

（4）补口施工：在补口材料的涂敷作业中，需严格按照有关防腐、保温层的施工规定进行，如带底漆的补口材料必须待底漆表干后才能涂敷面漆，补口材料与管体防腐层材料搭接要满足两者收缩性要求等。

（5）补口质量检测：包括外观质量、厚度检查、黏结力检查、漏点检查等项目。由于补口在防腐层保护中的重要性，补口的质量控制更加严格，上述4项指标检查不合格者均需返工，直至合格方可使用。特别要提出的是对于弯头、三通等特殊部位的防腐层涂敷，需认真选择适合现场环境的施工工艺及质量控制方法，防止这些部位成为防腐层保护的薄弱环节。

二、聚乙烯热收缩带（套）补口

1. 工艺流程

长输管道应用最多的是三层结构聚乙烯管道，油田站间、站内埋地防腐管道，如石油沥青管道、二层结构聚乙烯防腐管道和冷缠胶带防腐管道等，均采用聚乙烯热收缩套或冷缠带补口，基本结构为：钢管——涂刷防腐层——聚乙烯热收缩带（套）。基本流程见图7-22。

2. 施工要点

（1）聚乙烯热收缩带（套）的现场检验和复验应符合要求。除锈所用的

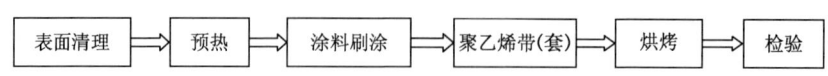

图 7-22 聚乙烯热收缩带（套）补口流程图

砂子应颗粒均匀，避免受潮且不掺有杂物。

（2）补口前，必须对补口部位进行表面处理。表面处理时，首先将补口部位的泥土、油污和杂草等杂物清除干净，将两侧防腐层切成斜角再进行除锈。除锈时应将搭接部位的管本体防腐层一并打毛，除锈等级符合设计要求。应将焊缝处的焊渣、毛刺等清除干净，特别注意管道最低处的铁锈应除尽。

（3）用火焰或中频加热器对补口部位进行预热并严格控制预热温度，应用点温计等业主允许的仪器测量钢管表面、顶、侧、底四个点的温度，预热温度应符合产品说明书的要求。

（4）涂刷防腐层：三层结构聚乙烯管接头，需涂刷双组分固态环氧涂料，涂层湿膜厚度符合要求，表干后进行下道工序。二层结构聚乙烯直接进入下道工序。石油沥青管需涂刷沥青底漆。

（5）按制造厂的推荐作法安装热收缩带（套），热收缩带（套）轴向与原防腐层搭接宽度应大于 100mm，周向搭接宽度应大于 80mm。

将热收缩带（套）定位后，调好火焰加热器的火焰，以不冒黑烟为宜。先从中间位置沿环向均匀加热，使中央部位先收缩，然后再从中央向一边均匀移动加热，使热收缩带（套）均匀收缩，用辊子滚压或戴耐热手套用力挤压，将空气完全排出，至端部约 5cm 处时，将火焰调小，转从侧向向内加热胶面，至胶熔融后，再缓缓加热热收缩带（套），直至端部周向底胶均匀溢出。一端收缩好后，再以同样的方法加热另一端，直至端部周向底胶均匀溢出。热收缩带（套）的固定片应搭接在热收缩带（套）重叠搭接的合缝处，边加热边用辊子或戴耐热手套用力挤压，排出空气，直至固定片周胶粘剂均匀溢出。滚压或挤压时，应特别注意焊缝两侧的空气应完全排出。应避免长时间烘烤同一地方以防止烧焦或烤爆。

（6）当天没有补完的焊口，应重新除锈再补口。

3. 补伤修复

对直径小于或等于 30mm 的损伤，可用聚乙烯补伤片直接进行补伤。补伤前，应先清除补伤处的泥土、油污并把周围聚乙烯层打毛。用火焰给清理好的损伤处加热，再贴上补伤片烘烤、碾压，使其平整，排出空气，直至补伤片四周胶粘剂均匀溢出。补伤片与损伤处搭接应不小于100mm。

直径大于30mm的损伤，在清理加热后，将损伤处切成圆形边缘，并倒成钝角，再贴上补伤片烘烤、碾压，使其平整，排出空气，直至补伤片四周胶粘剂均匀溢出。最后在修补处包覆一条热收缩带，包覆宽度应比补伤片的两边至少大50m。

补伤后进行包括外观、漏点及黏结力的质量检查。

4. 质量检验

补口后进行包括外观、厚度、漏点及黏结力等四项内容的质量检验，要求：外观平整、光滑、无皱褶和气泡，搭接结合紧密；防腐层厚度符合设计要求，用电火花检测无漏电为合格；按照补口比例用拉力器测试补口胶带内聚力；黏结强度符合设计要求。

三、埋地钢质管道硬质聚氨酯泡沫塑料补口

硬质聚氨酯泡沫塑料防腐保温管是油田地面工程建设中最常用的埋地保温管道，具有保温性能好、热损失低、施工技术成熟、综合造价低等优点。但在使用过程中，如保温层受到水的侵蚀，水与CO_2或络合氯离子反应生成酸使管道腐蚀造成穿孔，而补口失效是保护体系破坏的主要原因。因此其补口补伤质量控制是施工中的关键。

1. 结构要求

保温管道补口结构对延长管道使用寿命至关重要。保温管道补口结构的总要求是：补口材料及结构应与保温管道本体同材质；补口及补伤处的防腐保温层等级及质量，应不低于保温管的防腐保温等级及质量。当采用其他结构形式补口时，防腐保温等级及质量也应不低于保温管的防腐保温层指标要求。常见的保温层补口结构见图7-23。

2. 施工工艺流程

聚氨酯是用于埋地聚氨酯泡沫塑料保温管道的理想补口材料，在工程应用十分普遍。保温管道补口基本结构为：防腐层补口——保温层补口——防护层补口。按照结构要求，底层采用冷缠聚乙烯胶带或涂料，中间保温层采用聚氨酯泡沫塑料现场发泡，防护层采用聚乙烯热收缩套补口，基本流程见图7-24。

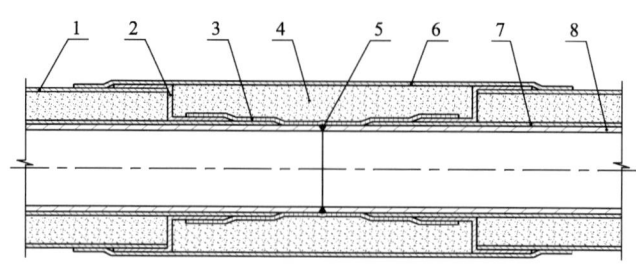

图 7-23　防腐保温层补口结构图

1—防护层；2—防水帽；3—补口带；4—补口保温层；
5—管道焊缝；6—补口防护层；7—防腐层；8—钢管

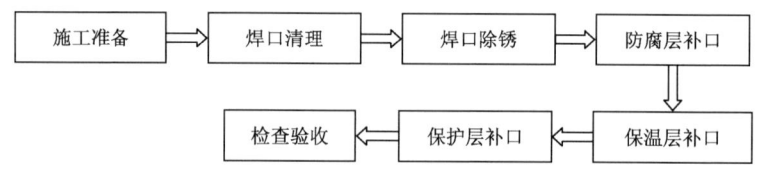

图 7-24　硬质聚氨酯泡沫塑料补口工艺流程图

3. 补口、补伤工具

(1) 补口模具：常用的模具一般用软质塑料片、镀锌铁皮和黑铁皮等制成，其内径应与管道外保护层的外径尺寸相同，上方有浇注孔。软质聚乙烯塑料片模具操作方便，和泡沫不易黏结，可减少清模次数，与管体防腐层接触严密，优于铁皮模具。

(2) 保温层修补工具：用于修整补口接头处及浇注孔处多余的泡沫，可使用钢锯条、刀锯或刀子。

(3) 火焰加热器：用来加热聚乙烯热收缩带（片、套），一般采用专用的火焰喷枪。该喷枪以石油液化气为燃料，喷火面积大。禁止使用气焊枪烘烤，因它的火焰集中、温度高，不易控制温度。

4. 施工要点

(1) 补口、补伤用的底漆、泡沫塑料、聚乙烯胶带、辐射交联热缩材料的验收及复验符合有关要求。除锈所用的砂子符合规定并且不含水分和其他杂质。

(2) 补口前，必须对补口部位进行表面处理。表面处理时，首先将补口部位的泥土、油污和杂草等杂物清除干净，再进行除锈。除锈时应将搭接部位的管本体防腐层一并打毛，除锈检验合格。

(3) 依次进行防腐层、保温层和防护层的补口。

(4) 对防腐层补口应按下列程序进行：

①当介质温度低于70℃时，防腐层采用补口带，当介质温度高于70℃时，防腐层补口采用防腐涂料。

②补口带的规格必须与管径相配套。

③钢管与防水帽必须干燥，无油污、泥土、铁锈等杂物，除去防水帽的飞边并用木锉打毛，补口带与防水帽搭接长度应不小于40mm，封口必须在管道顶部，封口处搭接长度不应小于40mm。

(5) 对保温层补口应按下列程序进行：

①应使用内径与防水帽处外径相同尺寸的补口模具，模具必须紧固在端部防水帽处，其搭接长度不小于50mm，浇口向上，保证搭接处严密。

②当环境温度低于5℃时，模具、管道和泡沫塑料原料预热后再混合注入聚氨酯液料发泡。

(6) 防护层补口必须用补口套，补口套规格要与管径相配套，补口套与原防护层搭接应不小于50mm，补口时的烘烤温度应能保证外防腐层不被损坏。

5. 补伤

(1) 防护层有破口、漏点和深度大于0.5mm的划伤等缺陷时应进行补伤，补伤前应除去伤处泥土、水分、油污等杂物，并将防护层修平、打毛，补口带剪成需要的长度并大于破口处100mm，补伤后，接口周围应有少量的胶溢出。

(2) 当保温层损伤深度超过10mm时，将损伤处修整平齐，按补口要求修整好保温层。

(3) 当防腐层破损时，应将破损处的污物清理干净并进行除锈，除锈合格后，再修好防腐层。

6. 质量检验

(1) 观察泡沫发泡情况，要求补口处泡沫塑料无空洞、发酥、软缩、泡孔不均、烧芯等缺陷。逐个检查补口处外观质量，要求无烤焦、空鼓、皱纹、咬边缺陷，接口处有少量胶均匀溢出。防腐层厚度不小于设计厚度，补口套（带）与防护层的搭接长度应不小于50mm。

(2) 对补口处进行破坏性检验，测试剥离强度，常温剥离强度应不小于$50N/cm^2$，无内聚破坏。

(3) 电熔焊完成后，对补口进行气密性试验，气密性试验压力为：补口内部压力高于外部环境压力 0.02MPa，压力稳定 30s 后，在焊接处涂肥皂水，通过目测观察，在焊接部位无气泡出现为合格。

四、石油沥青防腐层补口

传统的石油沥青防腐层，按照防腐等级，分为"三油四布"、"四油五布"结构补口。目前石油沥青管正逐渐被 2PE 和 3PE 防腐管替代，但因其材料低廉，与钢管黏结牢固，在工程中仍被使用。补口中应用的热熔沥青对环境有一定影响。

1. 施工要点

（1）补伤材料与管本体相同，补口材料的验收及复验按要求进行。

（2）补口前将管道焊口处的泥土、油污、焊接飞溅物、毛刺等清理干净，除锈等级达到设计要求。

（3）补口等级与原防腐层防腐等级相同，当两端等级不同时，以防腐等级较高端为准。

（4）补口用沥青的熬制温度控制在 230℃ 附近，最高不得超过 250℃。熬制过程中经常搅拌防止沥青熬焦，及时清除沥青表面上的漂浮物。熬制时间以确保水分得到充分脱除为好。熬制好的沥青逐锅（连续熬制应按班批）进行针入度、延度、软化点三项指标的检验。

（5）补口前用沥青与无铅汽油调制的底漆涂刷干燥、无尘的补口处，涂层厚度应在 0.1～0.2mm。

（6）常温下浇涂沥青与涂底漆的时间间隔不应超过 24h。浇涂沥青时，沥青的温度以 200～230℃ 为宜。浇涂沥青后立即缠绕玻璃布，玻璃布应干燥、清洁。缠绕时注意控制玻璃布压边宽度、搭接长度，玻璃布上石油沥青的浸透率达到 95% 以上，严禁出现大于 50mm×50mm 的空白。当环境温度低于 −15℃ 或相对湿度大于 85% 时，停止补口作业，除非采取有效防护措施。

（7）聚氯乙烯工业膜外保护层适应缠绕时的管体温度，并经现场试包扎合格后方可使用。外保护包扎应松紧适宜，无皱褶、脱壳。压边宽度为 20～30mm，搭接长度为 100～150mm。

2. 质量检验

沥青管接头外观质量可以直接判断补口质量。外观沥青与玻璃布应浸透均匀，与管本体搭接牢固。对沥青进行针入度、延度、软化点三项指标的检验合格。

第七章 防腐、保温工程施工

第六节 储罐的现场防腐保温施工

大型钢质储罐的内外防腐一般需要在现场完成，一般是按照预处理—内防腐层施工—外防腐层施工—外保温层施工顺序完成。预处理通常采用喷砂除锈，按所用涂料类型可用空气喷涂或高压无气喷涂。涂层结构按照设计要求和防腐层厚度，为"一底两面"或"两底两面"等。防腐层厚度为$80\sim250\mu m$。高压无气喷涂使用无溶剂液态环氧涂料，一次成膜厚度$200\sim300\mu m$，最终可达到$450\mu m$以上。储罐外保温层可以喷涂聚氨酯保温层，也可用岩棉、玻璃纤维棉，外包覆铁皮。

一、储罐的现场防腐施工

油田储罐按储存的介质分为清水罐、回注污水罐、含水原油罐和成品油罐。油田污水或含水原油储罐，一般选用液体环氧涂料、聚氨酯涂料以及鳞片防腐涂料等。成品油或原油罐，一般选用导静电防腐涂料。温度较高的储罐如渣油罐、过热蒸汽容器等，采用环氧酚醛涂料或各类耐温防腐涂料。腐蚀较为严重的储罐，用环氧富锌涂料或无机富锌涂料作底漆，然后再作相应的面漆。涂料结构通常为"两底两面"、"两底四面"、"一底三布三胶两面"、"一底四布四胶两面"等多种结构。涂层厚度分为普通级（$150\sim200\mu m$）、加强级（$200\sim300\mu m$）和特加强级（$300\sim500\mu m$）。

1. 涂层施工工艺要求

（1）应按所选涂层的技术要求进行表面处理和涂装。

（2）必须按涂层要求配备相应的施工机具和检测仪器。

（3）注意防火、防爆、防毒等安全措施。

（4）严禁在风、霜、雨、雪天气和温度低于$-5℃$，空气相对湿度大于80%的环境下施工作业。

2. 液体环氧涂料施工要求

1）除锈要求

（1）除锈之前，应将钢材表面的可见污物、灰土、油脂、焊渣、毛刺和焊接飞溅物等清除。钢材表面如有灰土、松散物时，用刚性纤维刷或钢丝刷清除干净（不包括油和油脂）。

钢材表面有油污时，先用铲刀等工具刮掉附着在钢材表面上的较厚的油或油脂，然后根据现场情况选择使用清洁剂、乳化剂、碱液或蒸汽清洗钢材表面直至清除油及油脂，但最后钢材表面不得残留对防腐层有害的物质。

钢材表面有焊渣、毛刺和焊接飞溅物时，用动力驱动的旋转式或冲击式除锈工具，如旋转钢丝刷、砂轮等清除；使用动力工具不能达到的地方，要用手工工具做补充清理，如钢丝刷、粗砂纸等。在使用工具除锈时不能造成钢材表面损伤。

对罐内壁表面必须进行喷砂或喷丸除锈，彻底清除被涂面上的铁锈、油污、氧化皮或旧漆膜等。除锈后的金属表面应达到 Sa2.5 级。

（2）喷砂或喷丸材料应选用石英砂、金刚砂或钢丸等。喷砂材料使用前必须干燥，含水量不得大于 1%。喷砂除锈时喷嘴与金属罐壁距离一般为 80～200mm，角度一般为 30°～75°。

（3）供喷砂用的压缩空气必须干燥洁净，不得含有水分和油污。空气过滤器的填料应定期更换，空气缓冲罐的积水应定期排放。

（4）除锈完毕后，要用干燥洁净的压缩空气将罐表面的尘土吹干净，检查表面锚纹深度是否符合设计要求，设计无要求时，采用液体涂料涂装基体表面锚纹深度应控制在 40～75μm。合格后，必须在 4～6h 之内涂上底漆，以防返锈。

2）涂料施工

（1）涂料涂刷时必须按设计要求的底、面漆配套品种施工，与设计要求不相符的底、面漆不得使用。

（2）刷漆时必须按设计要求的涂层结构施工，未经设计单位同意不得随意增减涂刷层数。

（3）涂料在施工之前，先进行试涂，可根据施工的环境温度，对涂料的稠度、固化剂的加入量作适当的调整，直到调配出既能保证涂层厚度，又符合要求黏度的涂料，才允许进行大面积的涂刷。防腐层涂装施工时，钢材基体表面温度应高于环境露点温度 3℃，并且不宜高于 50℃，涂敷环境温度以 15℃～30℃为宜。

（4）涂料开桶后仔细搅拌均匀，发现有结皮、碎片或其他杂质，要用工具将漆皮及杂质清除，再将漆液搅拌均匀，并用 125～150μm 网孔金属网过滤后才能使用。使用的涂料必须符合规定的储存期限，超过储存期的可按产品标准规定的项目检验，符合要求的仍可使用，不符合的不得使用。

（5）金属表面有凸凹不平时，刮涂腻子填平，当腻子固化经打磨平整后才允许进行涂料的涂刷。

（6）为保证施工人员的安全和健康，在容器和储罐内施工时要加强通风，作业时要穿戴好防护用品，作业时间不宜过长，要进行轮换作业，以防止中毒现象发生。

3. 涂层的质量检查

1）一般规定

（1）施工期间各工序的检查要注意全面性和整体性。罐顶、罐壁、罐底都要进行检查。验收时以储罐的顶、壁和底划分各为一单元。

（2）施工期间每完成一道工序，施工和生产单位的质量检查员必须进行检查，发现问题立即整改。防腐工程施工完毕，组织有关部门进行防腐涂层的质量检查和验收。

（3）质量检查员认真做好各工序间的质量检查记录和整改记录，作为防腐工程竣工验收时各工序间的质量检查依据。

2）外观检查

涂层表面颜色一致、无皱纹、无气泡、无流挂。

3）附着力检查

按划格法进行漆膜与金属间的附着力检查：在涂有漆膜的金属表面，利用单面刀片横竖间隔 2mm 画格，在 $4cm^2$ 的面积上画 100 个方格，以金属表面漆膜的方格脱落不超过 35％为合格。

4）厚度检查

涂层厚度必须符合设计要求，测厚时用漆膜测厚仪进行检测。选择若干区域，每块区域面积为 $10m^2$，受检区域的面积总和不小于总面积的 5％。用仪器进行测量的结果，允许 10％的读数低于规定值，但每一单独读数不得低于规定值的 90％。检验时如发现质量不合格，需进行复涂直至合格，然后重新检验。

涂层电火花检漏（漆膜针孔检查）：电火花检漏所需电压，依据 SY/T 0063—1999（《管道防腐层检漏试验方法》）标准计算。外防腐层每平方米不超过 1 个漏点可行修补，否则要全面复涂。

二、储罐的现场保温施工

储罐保温施工须在储罐安装完毕，试压、沉降及防腐施工完成并检验合格后进行。施工内容主要包括附件安装、保温层施工及保护层施工，当保温储罐处于地下时还有防潮施工。储罐的现场保温是在防腐层完成后，所做的最终处理工序。按照保温材料不同，可采用有机聚氨酯泡沫喷涂，无机硬质或软质保温材料人工粘贴的方法。

储罐保温施工前，需要安装保温附件，包括固定件、支撑件及防雨檐。固定件是固定保温层及保护层的构件，包括销钉、钩钉、螺栓、螺母、自锁紧板等；支撑件是指支撑保温层及保护层的构件，包括托架、支撑圈、支撑板等。附件安装均应在储罐防腐施工之前完成。

目前油田内经常使用的附件主要是支撑圈和防雨檐。在立式储罐保温前环向安装支撑圈，支撑圈一般选用 50mm×5mm 的角钢焊接在罐壁上，底圈距离罐底 50mm，顶圈距离罐顶 100mm，底圈向上每圈间距 1900mm，相邻两承重圈之间每隔 6m 焊一根 50mm×5mm 的扁钢做拉筋。在不允许直接焊接支撑圈时，可采用抱箍法安装支撑圈。

当储罐保温层采用两种以上保温材料的复合结构时，各种保温材料的施工厚度须执行设计要求。分层施工保温层时，同层应错缝，上下层应压缝，其搭接的长度大于 100mm。

为了减少保温层的热量损失，保温层的施工要尽量减小型材之间的缝隙，当采用硬质或半硬质保温材料时，保温层的缝隙宽度不应大于 5mm，并且各层缝隙均应进处理严密。

1. 施工程序

聚氨酯现场喷涂主要适用于罐体外保温层制作，与工厂化预制相比，喷涂工艺与原理基本相同，施工地点多变、环境条件复杂、成型质量受外界影响因素大。储罐保温材料应用的有机保温材料有：硬质聚氨酯泡沫塑料、高发泡聚乙烯泡沫塑料、聚苯乙烯泡沫塑料等。由于干态的泡沫塑料对金属无腐蚀现象，但遇到水潮解会使被保温的金属储罐产生腐蚀。因此采用有机泡沫塑料的保温储罐，要设可靠的外保护防水层和防腐层。

施工顺序为：罐体安装——喷砂除锈——防腐——聚氨酯泡沫保温——外防护层制作。

1) 喷砂除锈

对于外包覆无机软质保温材料，在现场喷砂除锈前，应按照设计要求在管体外壁焊接固定钉、保温层托件。彻底清除外表面油污，采用干燥的石英砂、干燥的压缩空气，并注意保护现场设施和环境。

2）防腐层施工

防腐层的作用是防止储罐电化学腐蚀，一旦保温层受潮，可预防储罐外壁锈蚀。储罐外壁防腐底层一般为无机富锌底漆、环氧煤沥青面漆，富锌底漆具有耐高温特点，可以抵御焊接温度保持涂层完整，环氧煤沥青面漆可以保证罐体防水性、防腐性，且柔弱性好，附着力强，干燥较快。

3）保温层施工

目前聚氨酯泡沫塑料被认为是储罐较理想的绝热保温材料，保温层可采用喷涂法、模塑浇注和预制块粘贴法三种成型工艺。喷涂法是目前工程上应用最多的方法，使用双组分高压无气喷涂机喷涂，保温层与基材黏结牢固、工效高。模塑浇注和预制块粘贴适用小储罐外保温，为保证黏结需要涂刷液体环氧树脂胶，同时要对接缝二次黏结，防水和潮气侵袭。

4）防护层施工

外保护层的作用是防止雨水、湿气侵入保温层，使泡沫塑料始终保持干燥状态；防止泡沫塑料被太阳光照射而造成老化、脆裂现象；防止或尽量减少机械碰伤和鸟类侵害损伤。

常用的外保护材料有铝皮、铁皮、石棉水泥抹面和喷刷油漆。前三种材料的共同缺点是自重大、需要承重框架和保温钉固定，另外，各种材料还各有缺点，如铁皮、铝皮搭边接缝的密封质量较难控制，石棉水泥抹面易开裂，喷刷油漆抗碰撞性差、寿命短等。

目前，较多选用聚酯玻璃钢组成整体性外保护层，玻璃钢保护层不但自重轻，而且可与聚氨酯泡沫塑料牢固粘合成完整保护体系。

2. 聚氨酯喷涂施工

1）配料

在施工前，发泡剂按一定的比例混合在组合聚醚白料中。由于发泡剂是一种极易挥发的物质，为防止提早挥发，在施工前将发泡剂混入，可确保比例和发泡效果。

2）控制发泡喷涂量

保温层厚度大于20mm时，要根据每次喷涂保温层厚度逐层喷涂，直至达到最终厚度，一般每层以20mm厚为宜。多次喷涂时，第一层为打底层，厚度约为5mm，第二层以后按正常比例施工。喷涂过程中严格控制聚氨酯平整度，对于硬泡聚氨酯保温层厚度超出5mm部分，可用手锯将过厚处修平。最后用直径1mm的钢针采用插针法检查保温层的最小厚度，要求不小于设计厚度。

3）喷涂参数控制

聚氨酯泡沫的形成需经历乳化、初凝和熟化三个阶段。物料喷涂前需要试验乳化时间，控制在30s以内，乳化时间太短，枪口会阻塞，乳化时间太长物料会流失或滴落。混合喷涂以后，变色发泡物料初凝，可用手感测试，以不粘手为宜，一般控制在10～12s内，初凝时间长工效低，初凝时间短易分层，影响导热系数。

4）环境温度和湿度条件

从工程实践可以看出，罐体温度对聚氨酯的发泡效率有很大的影响。环境温度低，聚氨酯第一遍喷涂的反应热量被迅速吸收，减少了发泡量；环境温度高，反应加快，保温层强度低、密度小。环境最佳温度为20～30℃。由于反应材料异氰酸酯组分很容易和水反应生成脲，如果聚氨酯中脲键含量升高，则泡沫塑料将变脆，泡沫与基材的黏结力降低。因此，要求待喷表面清洁干燥，相对湿度小于80%，且无锈、无粉尘、无污染、无潮气，雨天不得施工，若有露或霜，应去除露、霜并干燥表面。

5）原料配比的偏差

机器发泡与手工发泡的密度差别较大。通常，机器的固定料比为1∶1，但由于各厂家白料的黏度差别较大，造成实际料比与机器固定料比不符。当白料过量时表现为泡沫密度低，颜色发白，泡沫强度下降，手感软，气温低时易收缩；当黑料过量时表现为泡沫密度高，颜色深，泡沫强度高，手感硬而脆。这些情况下应立即核对料比，查看过滤器是否堵塞，压力、温度指示是否正常，以确保黑、白料比例的准确性。

6）风力

喷涂作业时，要求风速在5m/s以下。风速超过5m/s，将吹失反应产生的热量，影响聚氨酯泡沫的快速发泡反应，使产品表面变脆。同时，由于喷涂发泡机将原料混合后，以雾化状态喷出，如风速过大，将会吹走雾化颗粒，增加原料损耗，污染环境。

3. 软质无机保温层施工

储罐保温多选用无机保温材料、矿物纤维保温材料，其优点是造价低、质量轻，耐老化性能好。其保温结构主要有三种方式：一是采用岩棉或矿棉板做保温层，要求保温材料支撑板上开排水孔；二是采用玻璃棉毡为保温层，当软质保温层的厚度大于80mm时，可分两层施工，小于或等于80mm时均为一层施工，施工时将玻璃棉毡从下而上放置，紧贴罐壁；三是采用水泥蛭石为保温层，现已被硬质硅酸盐保温材料取代。

第七章 防腐、保温工程施工

4. 硬质无机保温层施工

储罐保温如果采用硬质硅酸盐保温型材，为加强整体稳定性，储罐外壁需安装承托圈板。为了处理好冷道散热，圈板的宽度应略小于保温层厚度，安装后用轻质灰浆封堵。同时，预制保温块必须用镀锌钢带扎紧，以保证保温层于罐壁的整体连接。硬质保温材料与层支撑板间留50mm伸缩缝，在罐底部留300mm不保温部分，目的是定期检查大角焊缝和排出保温层内浸入的水分。

5. 防护层施工

储罐外护层有非金属保护层和金属保护层两种形式。非金属保护层包括布、毡、箔、卷材类包缠型保护层、玻璃钢及复合材料保护层、抹面及涂膜弹性体涂料涂抹保护层等。金属保护层常采用镀锌钢钣、彩钢板、不锈钢板、铝合金板等，油田地面工程中储罐保温的保护层以镀锌铁皮和彩钢板最为常见。

在油田立式储罐防护层通常采用0.75mm厚镀锌铁皮压型板。镀锌铁皮在检验合格后、施工前，使用彩板滚压成型机预制成瓦楞板形式，瓦楞板的长度和数量需根据储罐的尺寸及支撑圈的间距确定，并综合考虑铁皮的横向和纵向搭接及余量。

保护层敷设时自下而上进行，环向接缝采用上搭下形式，搭接长度为100mm；每张瓦楞板固定在不少于两道的支撑圈上，使用抽芯铝铆钉固定，铆钉间距均匀，且处于每个波谷处。环向搭接为一个波形，并用$M5 \times 15$自攻螺钉固定，螺钉间距200mm，且每张铁皮上不应少于5个。为防雨水浸入，应改变外部包裹铁皮的咬边形式，顶部装挡雨板，边缘缝隙用麻丝和防水密封材料填充。

当保护层施工遇到障碍时，下料应按设备外形和瓦楞板的尺寸进行排版拼样，开出合适的孔，开孔使用机械切割方式进行，不能采用火焰切割，开口误差不得超过3mm。开口处的缝隙在施工完成后还需使用防水密封胶进行密封处理。

当使用彩钢板做外护层时，在下料及施工过程中注意对外涂层的保护，当外护层安装完成后，应使用厂家提供的彩钢板修复涂料对损伤的涂层进行修复。

此外，从罐体腐蚀情况来看，腐蚀最严重的部位是罐底和罐的上部。对这两个部位的防腐蚀措施还有：

(1) 在罐体底部，距离地面 0.5m 左右部分不宜保温，而应注重防腐处理。保温层从距离地面 0.5m 以上开始，这可防止地下水通过保温层吸水或渗入雨水造成腐蚀。

(2) 在罐的顶部，要设防水檐，即在罐顶外焊防水檐，让雨水流淌在保温层外。

6. 施工注意事项

严禁在雨天施工，但对于大风天气储罐保温施工，要注意下列几个问题：

(1) 抗风。要提高外保护层的抗风能力，使用铁皮或玻璃钢外护壳时，由于铁皮刚度不够，在风力很大的地区，或被强风撕裂，或整张脱落，或几张铁皮、玻璃钢连锁脱落。加强抗风能力，首先要使铁皮与罐体联结，固定钉必须牢固，以加强铁皮刚度。

(2) 防雨。多数保温材料具有较强的吸水性，故在保温工程的各个环节都要注意防水。在材料堆放、施工工程中应随时注意天气变化对保温材料的影响。保温结构应注意铁皮保护层接口，储罐本体支撑角钢及开口处的局部处理。

第七节　电化学保护施工

一、电化学保护方法

金属在自然环境和工业生产过程中的腐蚀损坏，大部分是由于电解质溶液的作用而引起的电化学腐蚀，电化学保护就是利用外部电流使金属电位发生改变从而达到减缓或防止金属腐蚀的一种方法。其基本原理是利用被保护金属与保护金属间的电极电位差，从保护金属不断向被保护金属输送电子，使阴、阳极达到等电位，腐蚀原电池作用就被迫停止。

在管道及储罐电法保护工程中，经常使用的电法保护类型有外加电流阴极保护、牺牲阳极阴极保护、直流杂散电流排流保护、交流杂散电流排流保护等，管道工作者应充分了解各种电法保护的优、缺点并根据实际情况灵活运用它们的优点，使长输管道和储罐得到最有效的保护。这对延长管道使用寿命，提高管道运输的安全性及经济性十分重要。

以下介绍两种常用的电化学保护方法。

第七章 防腐、保温工程施工

1. 外加电流阴极保护

外加电流阴极保护又称强制电流阴极保护，是根据阴极保护的原理，用外部直流电源作阴极保护的极化电源，将电源的负极接至被保护构筑物，将电源的正极接至辅助阳极，在电流的作用下，使被保护物对地电位向负的方向偏移，从而实现阴极保护。它的适用范围比较广，只要有便利的电源，邻近没有金属构筑物的场合，几乎都适合选用外加电流阴极保护。

油气田地面工程管道在利用外加电流阴极保护时，其使用条件要求被保护的管道必须具有良好的电连续性，具有良好的防腐层，被保护管道与非保护的低电阻接地体、接地装置、设备等构筑物都有良好的绝缘。对新建管道按经验选取保护参数，常规选取的参数如下：

(1) 管道自然电位——0.55V；
(2) 最小保护电位（管道保护末端电位）——0.85V；
(3) 最大保护电位（通电点保护电位）——1.25V；
(4) 防腐层电阻按所选用防腐层材料性能指标选取，常用的石油沥青为$1\times10^4\Omega\cdot m^2$；熔结环氧粉末为$5\times10^4\Omega\cdot m^2$；三层聚乙烯为$1\times10^5\Omega\cdot m^2$；
(5) 钢管电阻率：低碳钢（20）取$0.135\Omega\cdot m^2/m$，16Mn钢取$0.224\Omega\cdot m^2/m$；
(6) 电源效率70%；
(7) 保护电流密度按所选用防腐层电阻指标选取，见表7-6。

表7-6 保护电流密度选取原则

防腐层电阻，$\Omega\cdot m^2$	5000～10000	10000～50000	>50000
保护电流密度，$\mu A/m^2$	50～100	10～50	<10

2. 牺牲阳极阴极保护

利用不同金属材料之间电位不同的原理，将电位低的金属与电位高的被保护金属连接，以电位低的金属作为阳极，使被保护金属成为阴极而实现保护的方法。该方法不需要外部电源，对邻近金属构筑物干扰较小，适用于缺乏外部电源和地下金属构筑物较复杂地区的管道及储罐的防腐蚀。

二、常用电化学保护施工

1. 外加电流法

管道阴极保护站是提供外加电流的装置，通常由保护间、电源设备和站外设施三部分组成。保护间是配电和安装电源设备的场所，需要独立设置；电源设备是由提供保护电流的直流电源设备及其附属设备组成，包括交流或直流配电设施；站外设施包括通电点装置、辅助阳极地床系统、阳极引线、测试桩、检查片及绝缘法兰等阴极保护的必要设施。

外加电流阴极保护的辅助阳极的种类很多，从材料性能方面可分为钢铁、高硅铸铁、石墨、磁性氧化铁和柔性阳极等。从埋设方式上可分为浅埋式（立式、水平式）、深井式、浅井粗管式阳极等。

浅埋阳极地床具有施工简单、投资少的特点。阳极通常采用立式埋设，周围须填埋100mm厚填充料，填充料顶部再填埋5～10mm的砾石或粗砂。填充料不仅可以减少阳极的接地电阻，而且可以消除气阻，保证阳极的正常工作。各单支阳极通过并联母线相连后引入接线箱，再由阳极电缆连接接线箱与电源设备，从而实现阳极地床与电源的导通。

深井阳极地床有开口式和闭口式两种，深度一般在15m以上，通常应用闭口式，需使用钻井设备进行施工。闭口式阳极深井完钻后，要用清水置换出井内的泥浆，防止辅助阳极安装过程中泥浆沉淀堵塞排气管。阳极安装有地面整体组装和井口分段组装两种方式，安装中必须保证阳极处于井孔的中心，阳极布置与阳极导线相适应保，且阳极导线应留有一定的余量。闭口式深井阳极安装中，还应使排气保持顺直，在填装填料过程中应密封排气管两端，使进入排气管的填料或泥浆尽量少。阳极安装完后，在井口固定好阳极导线，然后接入接线箱。

油气田地面工程的储罐底板安装在沥青砂基础上，随着时间的推移沥青砂层会产生裂纹，使得地下水上升造成底板腐蚀，对于这种情况，行之有效的方法就是阴极保护。对于土壤电阻率较高、储罐直径较大的情况，通常采取外加电流保护，其保护电流、电压可根据需要任意调节；对于土壤电阻率较低、储罐直径较小，且周围地下金属构筑物布局复杂的情况，通常采取牺牲阳极保护方法。为了有效地控制保护电流，与罐体相连的管道都应采用绝缘法兰或绝缘接头。

旧储罐的阴极保护无论是牺牲阳极法还是外加电流法，阳极一般分布在罐的四周。新建储罐的阳极应埋在基础下面地下水位以下，以保证阳极工作稳定，且电流分布均匀。当罐底面积较大时，辅助阳极的布置对底板中心部位的保护水平起决定作用，通常可选择罐周直立式、罐旁深井式、罐底斜角式和罐底水平式阳极。当保护对象为几个罐时，可将几个罐作为一个联合体共同保护。

第七章 防腐、保温工程施工

储罐内壁实施外加电流阴极保护的关键是辅助阳极的选择和分布。内壁多选用体积小、寿命长的阳极,如铅、镀铅型阳极,电流仅限于在储罐内流动,不会对罐外部设备造成干扰,但对于罐内部会产生干扰,可使用跨接电缆加以消除。

对原油脱水储罐辅助阳极的安装主要注意几个问题:一是阳极和罐体必须绝缘良好,阳极下面必须使用绝缘屏;二是阳极位置应在水层中,防止液面降低造成阳极回路空载;三是所有阳极接线必须密封良好,电缆外皮能耐油,不能用铠装电缆。

由于外加电流阴极保护容易在原油脱水罐内壁产生保护电流分布不均问题,并且在维护管理过程中,可能会因操作不当而产生火花引发事故。所以在原油脱水罐内部防腐蚀较少选用外加电流阴极保护。

外加电流阴极保护工程安装完毕后,要对系统进行认真的检查,施工质量完全符合设计及规范要求后才能进行通电试运行。通电前还应对系统的一系列参数进行测试、记录,包括土壤电阻率、管地自然电位、罐地自然电位、阳极接地电阻、相邻金属结构对地电位等。调试过程中,电源的输出电压要由小到大进行调试,随时注意输出电流的变化情况,并对管地电位、罐地电位、阳极地床输出电流、阳极地床电位梯度等进行测试、记录。系统极化72h小时后,调试的保护电位稳定并达到设计或标准要求时系统调试结束。

2. 牺牲阳极法

锌及锌合金阳极是最早使用的牺牲阳极材料。锌合金阳极不仅能用于低电阻率土壤中,还可以用于海洋环境,不足之处在于其相对钢铁的有效电位差小,只有 $0.2\sim0.25V$,因此用于土壤环境时,电阻率应小于 $15\Omega \cdot m$。工程上常用的阳极材料是镁及镁合金阳极,适用于电阻率比较高的土壤和淡水中。

在实际管道工程设计中,在平原或土壤性质较为均一的环境中,牺牲阳极可等距分布埋设;在丘陵、山区则不能等距分布。不论阳极是等距或不等距埋设,都要根据管径、壁厚、防腐涂层电阻率、土壤电阻率、土壤腐蚀性、地形以及施工方便等情况,综合确定选用牺牲阳极的种类和阳极埋设位置,并测定埋设位置的土壤电阻率,然后计算确定所需的阳极数量。

1) 牺牲阳极安装

牺牲阳极埋设分立式和卧式两种,立式埋设常使用钻孔法施工,卧式埋设则直接采用开槽施工。埋设位置分轴向和径向埋设,一般情况下距管道外壁 $3\sim5m$,最小不宜小于 $0.3m$,埋设深度以阳极顶部距地面不小于 $1m$ 为宜,但须在冰冻线以下，在干旱地带、河流等特殊地段，还应根据地势、水文条件做相应处理。成组布置时阳极间距以 2～3m 为宜。

为了保证阳极性能的稳定发挥，阳极四周必须均匀的填埋不少于 50mm 的填充料。填充料一般由石膏粉、工业硫酸钠、工业硫酸镁、膨润土组成。根据阳极材料不同、土壤电阻率不同，填料的组分也不同。

阳极通过电缆与保护对象相连，连接方式可直接相连或通过测试桩相连。电缆敷设时埋深不小于 0.7m，且应留有一定的余量，电缆施工应符合规范要求。

2）测试系统

牺牲阳极阴极保护的测试系统应具备显示被保护体的自然电位、阳极性能、保护电位的功能。通常还应在相邻两组牺牲阳极及管段的中间部位设置测试桩，桩的间距以不大于 500m 为宜。

第八节　安全环保措施

油气田地面工程防腐保温施工中的安全环保危害因素，已经随着新材料、新技术和新工艺的应用普遍得到控制，但作为直接由操作者完成的施工作业过程，从直线责任和属地管理的角度出发，了解施工过程中可能存在的安全隐患，进而采取必要的预防措施，对实现"更健康、更安全、更环保，追求无伤害、无污染、无事故"的总目标具有重要作用。

一、安全管理

1. 危险源识别

油气田地面工程防腐保温预制与施工阶段，虽然按照施工规范操作，没有安全隐患和潜在施工事故发生，但由于防腐保温工程施工涉及化工材料，并且使用各种大型设备进行施工操作，以及恶劣的天气条件等，对施工人员的健康、安全仍然会存在潜在的危险因素。施工中可能存在着中毒、窒息、火灾、触电、高处坠落、物体打击、受限空间作业、机械伤害等危险因素。

（1）防腐保温施工中，多数情况下需要使用各种液体或固体化工材料，这些材料无论是有机材料还是无机材料，都具有一定挥发性，容易引起人的

第七章　防腐、保温工程施工

过敏反应，如被吸入，可能造成呼吸系统中毒或感染，危害人身健康。

（2）多数液体化工材料在储存中，因高温或开放式存放，可能持续挥发而污染环境；在喷涂、发泡、稀释、溶解、加热等过程中，产生各种挥发物质，造成污染或危害操作者健康。

（3）各种钢材表面喷射、抛射除锈，长期在噪声环境中操作，或在开放环境中作业，操作者可能会罹患矽肺，造成听力下降等。

（4）现场施工中，对大型储罐外防腐施工，存在高空作业的安全隐患和危险性。各种大型罐保温施工，保温材料的颗粒、纤维可能导致皮肤过敏等。

（5）施工使用的高压喷涂设备，以及进行挤出包覆、机头加热等作业时，存在着因设备泄露导致高压介质喷出伤害，高温液体喷出导致烫伤，以及各种电气设备受粉尘污染，发生绝缘老化，导致设备故障、触电、电气防爆失效等安全隐患。

（6）长输管道施工中在管沟下作业时，由于作业面空间狭窄和土质松脱，存在土壁裂缝及倾、坍危险。

2. 安全控制措施

正确的预防和纠正措施是确保人身安全、健康的必要条件，严格执行各种安全管理规定、制度，认真遵守安全条例、安全操作规程，认真反"三违（违章指挥、违章操作、违反劳动记录）"，实施属地管理，都是安全生产的必要保障。此外，就防腐保温施工而言，做好生产前预防、生产中保护、生产后杜绝等安全控制措施也很必要。

（1）施工人员要接受安全知识培训和教育，上岗前做好人身防护，佩戴必要的安全工具、穿戴防静电服装，戴棉质手套或绝缘手套。操作人员必须经培训考核合格，特种设备人员要持证上岗，在高空作业中，建立必要的防护设施，杜绝各种安全事故发生。患有呼吸道病症者，不能参加防腐工作。高空作业人员必须佩戴经检查合格的安全带，安全带必须拴在施工人员上方牢固的构件上，不要拴在有尖锐棱角的部位，安全带必须高挂低用，安全带必须为双勾五点式。

（2）生产施工前，做好安全讲话，熟知安全规程，制定安全预案，配备和购置安全设备、设施和劳保用品，确保人身安全。要按规定做好钢管脚手架等的防雷接地保护，接地体可用角钢，不得使用螺纹钢。手持式电动工具使用前，应对电源线、开关、外壳进行检查，接头要牢固，开关要灵活，通电后要做空载检查，运转正常后方可正式作业。

（3）施工前，检查各种施工设备运转是否正常；对各种原料的种类、名称、型号及质量进行检查，严格按说明书的要求堆放、储存和保管使用；液体原料应密闭储存在通风干燥处，固体粉末状材料应远离明火和风口；检查一切用电的机械设备与电动工具的金属外壳，必须可靠接地，接地线要符合标准，严禁将外壳接地线和工作零线接在一起；施工现场的每台用电设备必须有自己专用的开关箱，箱内开关及漏电保护器只能控制一台设备；电气设备和线路必须绝缘良好，电线不得与金属物绑在一起。

（4）施工现场禁止明火，严禁吸烟，如遇大风天气动用明火，需填报操作许可证。废旧储罐维修前，要检查可燃或有毒气体浓度，不贸然施工。在罐内施工必须采取强制通风方法（严禁通氧气），通风设备使用防爆型。施工过程中保持连续通风，保证足够的换气量，并需设置操作人员出入的专用口。人员接触有毒、有害气体时，遇有恶心、呕吐、头昏等情况，要立即到新鲜空气环境处休息，严重者送医院治疗。发生中毒、窒息的紧急情况，抢救人员必须佩带隔离式防护器具进入作业空间，并至少留一人在外做监护和联络工作。

（5）金属表面进行喷砂除锈前，对喷砂设备进行检查，喷射管应接地，一切正常后才能开始施工。操作时待操作人员拿好喷枪并发出信号后，才能将压缩空气送入喷砂设备，操作终了或中途停止时，待喷砂管内压缩空气排净后才允许放下喷枪。喷砂时，无关人员不得靠近喷砂现场。

（6）喷砂罐、储气罐等压力容器必须定期进行检验，必须配置压力表、安全阀，并定期校验。供气系统由专人操作，无关人员不得乱动。

（7）喷砂作业由专人指挥，不得出现压缩空气误送等操作失误。

（8）喷砂枪口不得对人或自己，出现喷砂枪口堵塞时，必须泄压处理，不得带压操作，经常检查喷砂管及连接件，发现问题及时进行更换，以防爆裂伤人。

（9）施工后对喷涂设备应随时检修，喷涂用设备或零件及时用溶剂清洗，以免残余涂料固化影响使用。对挤出设备和中频感应设备电源应及时检查，用后立即关闭，对防爆电器的绝缘性能注意测试防止老化。

（10）沟下作业时应设置专人在沟上进行监护，注意土壁有裂缝及倾、坍可能时，人员要立即撤离并及时处理。作业人员进入受限空间前，应首先拟定和掌握紧急状况时的外出路线、方法。沟下必须有供作业人员上下操作坑的梯子，梯子顶部必须伸出作业坑边缘至少 1.05m。沟内作业人员必须衣着轻便，应时刻注意周边环境变化，如听到应急指令时，应马上撤离到沟上安全地带。

挖出的土方堆土侧距离沟边的距离不小于1m，沟下作业过程中严禁重型设备在操作坑边缘通过。

二、环保控制

1. 危险源识别

油气田地面工程的环境保护，除了在施工设计阶段需要做好环境评价以外，也要防止在实施防腐保温施工过程中，因各种材料挥发可能产生的环境污染，以及施工作业过程中，可能产生的各种废气、废液、废渣对环境造成的二次污染。

（1）废液污染。在液体喷涂残液、清洗剂、稀释剂，高压水清理、化学清洗、容器试压、设备冷却等的废水、废液，如果不经过滤或处理直接排放，可能污染地下水源。

（2）废气污染。大风条件下或在开放的环境中喷砂施工，粉末喷涂会产生悬浮粉尘或颗粒物，污染环境。

（3）废渣污染。各种保温材料发泡、玻璃钢固化、高温塑料固化废弃物等残渣，不经处理在任何地方堆放，都会污染环境。

2. 环保控制措施

（1）施工前，应检查各种通风设备，并使之处于良好工作状态，特别是旧容器、储罐维修，要检查废气或有害气体浓度，自然通风要保持空气流通。

（2）施工中，正常使用粉尘除尘器或离心通风机，监测有害气体浓度。各种废液要集中收集、统一处理、达标排放，不能擅自排入江河、湖泊或城市下水管网，避免污染地下水源。

（3）各种喷砂除锈、抛射除锈作业，必须在密闭环境和固定场所进行，并确保收尘设备工作稳定，并应及时清理除尘器。

（4）各种生产废渣、固体废弃物能回收二次利用的要统一处理再利用，不能利用的要集中运输到指定场所，统一销毁处理。

（5）任何防腐、保温施工，在作业前一定要做好工程安全环保预案和施工安全措施、环保措施，确保不污染环境或被施工环境污染。

（6）防腐施工区内禁止使用明火和携带火柴、打火机等引火物。严禁使用汽油、丙酮、苯等易挥发品擦洗衣物、设备，以免引起意外的烧伤、火灾、爆炸等事故。

（7）高空作业地点有冰、霜、雪，必须清理干净，并采取防滑措施。

（8）进入罐内作业须使用安全电压和安全头灯照明，在罐内使用安全头灯电压应为12V且绝缘良好。使用手持电动工具应有漏电保护装置，无照明条件下不得进入罐内作业。

（9）作业人员进入罐内前，应首先拟定和掌握紧急状况时的外出路线、方法，施工过程中设置专人进行监护，受限空间内人员应安排轮换作业或休息，每次作业时间不宜过长。

总之，安全环保是油气田工程防腐、保温施工的重要环节，只有严格遵守执行安全操作规程和施工作业规范，坚持以人为本抓安全，一切事故都是可以控制和避免的。安全源于责任心、源于设计、源于质量、源于防范，只要从技术上掌控防腐、保温施工操作规律和必要的安全防范措施，并不断持续改进措施，才能做到零伤害、零污染、零事故，在健康、安全与环境管理方面，逐步达到国际同行业先进水平。

第八章 电气工程施工

电气工程是油气田地面建设工程中的一项重要工程，包括内容较多，本章仅对油气田地面工程中常见的35kV及以下电压等级的架空电力线路，变电所、变电站内高低压配电工程施工进行介绍。

第一节 架空电力线路施工

架空电力线路是用绝缘子将输电导线固定在直立于地面的杆塔上以传输电能的输电线路，由导线、避雷线、绝缘子串、杆塔、接地装置等组成。油气田地面工程架空电力线路的电压等级一般有380V、6kV、10kV、35kV、110kV、220kV。

一、架空电力线路的构成

架空电力线路的电压等级不同，构成部分有所不同。10kV及以下架空电力线路主要由杆塔基础、杆塔、架空导线、绝缘子、金具、横担、拉线、接地装置等部分组成，35kV架空电力线路除上述构成部分外还包括避雷线（又称架空地线），如图8-1所示。

1. 杆塔基础

杆塔基础按杆塔形式分为电杆（指混凝土电杆）基础和铁塔基础。

1）电杆基础

电杆基础分为埋杆基础及三盘基础。埋杆基础是将电杆下段直接埋置于基坑内，利用置于基坑内的杆段承受下压力及倾覆力矩的基础；三盘基础是以混凝土预制底盘、卡盘和拉线盘为主要部件与埋置于地下的混凝土杆段组成的基础，35kV及以下架空电力线路的混凝土电杆都采用此类基础。

2）铁塔基础

油气田常用的铁塔基础为现浇混凝土基础，角钢铁塔所采用的基础为现浇混凝土方形基础,钢管杆所采用的基础为现浇灌注桩基础。

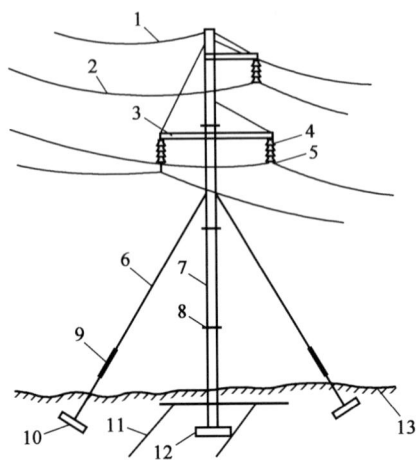

图 8-1　35kV架空电力线路结构示意图
1—避雷线；2—导线；3—横担；4—悬垂绝缘子串；5—悬垂线夹；6—拉线；
7—混凝土电杆；8—杆段接头；9—拉线金具；10—拉线盘；
11—接地装置；12—基础；13—地面

2. 杆塔

杆塔是用来支持架空导线和避雷线及其附件的支持物,以保证导线与导线、导线与避雷线、导线与地面或交叉跨越物等有足够的安全距离。

杆塔按材料可分为钢筋混凝土杆、钢管杆和铁塔三大类；按作用可分为直线杆塔、耐张杆塔、转角杆塔、终端杆塔、跨越杆塔和分支杆塔。10kV线路一般采用混凝土电杆,35kV线路一般采用混凝土电杆和铁塔。

(1) 直线杆塔:也称中间杆塔,用于线路的直线段上。

(2) 耐张杆塔:也称承力杆塔,耐张杆塔上的导线用耐张线夹、耐张绝缘子串固定,电杆两边的导线用跳线连接起来。耐张杆塔将线路分成若干耐张段,便于线路的施工和检修,耐张段的长度一般不超过 2km。

(3) 转角杆塔:用于线路转角处,分直线转角杆和耐张转角杆两种。

(4) 终端杆塔:终端杆塔是耐张塔杆的一种,用于线路的首端和末端。

(5) 跨越杆塔:用于线路与河流、铁路、公路、通信线路或其他电力线路交叉跨越处,有直线跨越杆塔和耐张跨越杆塔,一般以直线杆塔较多。

(6) 分支杆塔:用于线路中间需要分支的地方,起架空线路引出分支线的作用。

3. 导线

架空电力线路导线既要有良好的导电性能，又要具有较高的机械强度、耐振性能和一定的耐化学腐蚀能力，且价格经济合理，所以架空导线一般选用铝材。油气田常用的导线有铝绞线和钢芯铝绞线两种，铝绞线是将多根直径相等的硬铝线绞制在一起形成的，型号用"LJ"表示；钢芯铝绞线内层（或叫芯线）为单股或多股镀锌钢绞线，外层为单层或多层硬铝绞线，型号用"LGJ"表示。

4. 避雷线

杆塔的避雷线为架空安装方式，也称架空地线，它可将雷、云对地放电引向自身，并泄入大地，使被保护物免遭直接雷击，是架空电力线路最常用的防雷设施。35kV架空电力线路安有避雷线，10kV及以下架空电力线路不安装避雷线。避雷线一般采用镀锌钢绞线，型号用"GJ"表示。

5. 绝缘子

绝缘子是输电线路绝缘的主体，其作用是悬挂导线并使导线与杆塔、大地保持绝缘。架空电力线路的绝缘子按电压等级可分为高压绝缘子和低压绝缘子；按结构可分为悬式绝缘子、针式绝缘子、蝶式绝缘子、棒式绝缘子；按材质可分为瓷质绝缘子、钢化玻璃绝缘子和合成绝缘子。油气田架空电力线路常用的绝缘子有材质为瓷质和钢化玻璃的悬式绝缘子和针式绝缘子，合成材料的棒式绝缘子和针式绝缘子。

6. 金具

在架空线路上用于悬挂、固定、保护、接续架空线或绝缘子以及在拉线杆塔的结构上用于连接拉线的金属器件叫金具。金具一般分为五大类：固定金具、连接金具、接续金具、保护金具、拉线金具。

（1）固定金具：用于将导线、避雷线固定在绝缘子上的金具，主要包括悬垂线夹、耐张线夹等。

（2）连接金具：用于将绝缘子组成绝缘子串或用于绝缘子串、线夹、杆塔和横担等相互连接的金具，包括球头挂环、碗头挂板、直角挂板、平行挂板、U形挂环等。

（3）接续金具：用于导线、避雷线连接的金具，包括接续管、补修管、并沟线夹等。

（4）保护金具：包括防振锤、铝包带等。

（5）拉线金具：包括楔形耐张线夹、UT形线夹等。

7. 横担

横担是杆塔中重要的组成部分，它的作用是用来安装绝缘子及金具，以支承导线、避雷线，并使之按规定保持一定的安全距离。横担按用途可分为直线横担、转角横担、耐张横担；按材料可分为铁横担、复合绝缘横担。

8. 拉线

拉线用来平衡电杆各方向的拉力，防止电杆发生弯曲或倾倒。按用途和结构不同，常用拉线可分为以下几种：

（1）转角拉线：用于转角杆。

（2）普通拉线：又称终端拉线，用于终端杆。

（3）人字拉线：又叫防风拉线，用于基础部坚固、交叉跨越杆或较长耐张段中间的直线杆上。

（4）过道拉线：又称水平拉线，由于电杆距离道路太近，不能就地安装拉线时，即在道路的另一侧立一根杆，在此杆上做一道拉线。

（5）弓形拉线：又称自身拉线，为防止电杆弯曲，在因地形限制不能安装拉线时，可采用弓形拉线。

9. 接地装置

架空电力线路的接地装置由接地线和接地体组成，35kV架空电力线路的接地装置作为防雷装置的一部分，其作用是将直击于架空地线的雷电流引入大地，以提高线路耐雷水平，减少线路雷击事故；10kV及以下架空电力线路的接地装置主要作为杆上电气设备的保护接地。

二、架空电力线路的施工

架空电力线路的施工工序流程如图8-2所示。

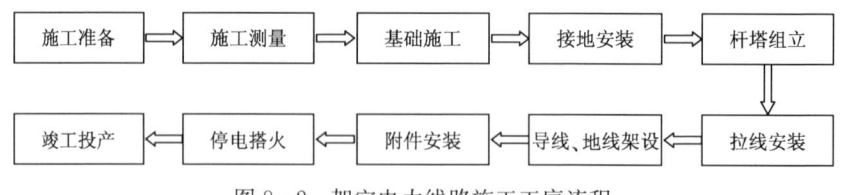

图8-2 架空电力线路施工工序流程

1. 施工准备

架空电力线路施工准备包括技术准备、人力资源准备、施工机具和设备准备、施工物资准备以及现场准备。关于施工准备的具体要求见本教材第二章相关内容。

2. 施工测量

施工测量主要包括两项内容：对设计的线路走向、转角、高差、杆位等进行复核测量（简称复测）；根据设计的基础类型对基坑和拉线坑进行测量及坑口放样（简称分坑）。

（1）线路复测、分坑一般采用经纬仪、皮尺、标杆、塔尺、钢卷尺、百米绳，测量使用的经纬仪最小读数不应大于 $1'$，测量用的仪器及量具在使用前必须经检定合格。

（2）线路复测内容包括线路的直线性、转角度数、档距、塔位高差以及地形、地物之间的高差和沿线跨越情况，复测结果应与路径平面和断面图、杆塔明细表及基础明细表相同。

（3）线路复测时，两相邻直线桩之间横线路位移不应超过50mm，顺线路位移，35kV架空电力线路不应超过设计档距的1%，10kV及以下架空电力线路不应超过设计档距的3%。

（4）交叉跨越复测时，应核查被跨越物名称，测量被跨越物高程，与最近杆塔的距离，并做详细记录。

（5）全线路所有杆塔施工测量时，应根据杆塔中心桩及分坑中心桩位置钉出前、后、左、右控制桩，以便施工及质量检查复核中心桩位置。

（6）当复测结果与设计不符时，应及时向设计单位或部门提出，请设计解决。

3. 基础施工

1）基坑开挖

基坑的挖掘方法包括人工开挖、电力打洞机开挖、挖掘机开挖等。一般情况下，基坑数量较少且比较分散的混凝土电杆基坑采用人工开挖；基坑数量较多且比较集中的10kV及以下混凝土电杆基坑采用电力打洞机开挖，35kV基坑一般采用挖掘机开挖；钢管杆基础一般为灌注桩，其基坑采用钻孔机钻孔。

（1）开挖时，应根据不同土质适当放边坡，可采用阶梯式边坡、挡土板，或采用袋装土护壁、井点降水方法开挖，注意防止坑壁坍塌。

（2）基坑挖好后，为防止坑底扰动应尽量减少暴露时间，及时进行下道工序的施工，如不能立即进行下道工序，则应预留150～300mm土层，在基础施工前开挖。

(3) 基坑开挖完成后，应逐基进行检查，基础坑深允许偏差为＋100mm、－50mm，同基基础坑在允许偏差范围内应按最深一坑抄平，双杆基坑根开的中心偏差不应超过±30mm。

2) 底盘安装

电杆组立前进行底盘安装，底盘的安装方法有吊车吊装、吊盘法和滑盘法。35kV架空电力线路底盘一般采用吊车吊装，10kV及以下架空电力线路的底盘以及在特殊地质、地形施工，无法采用吊车时，可选用吊盘法和滑盘法。

(1) 吊盘法：在坑口外的地面上用三根木杆（或钢管）设置三脚架，在其上方悬挂滑车组，将底盘挂在滑车组下端的吊钩上，如图8-3所示。用人力收紧滑车组牵引绳（φ18标绳），使底盘徐徐升起，在底盘将要离开地面时，用棕绳（φ16）作制动绳拖住底盘使其向坑口缓慢移动，将底盘吊至坑口上方，慢慢松出滑车组，使底盘落至坑底。

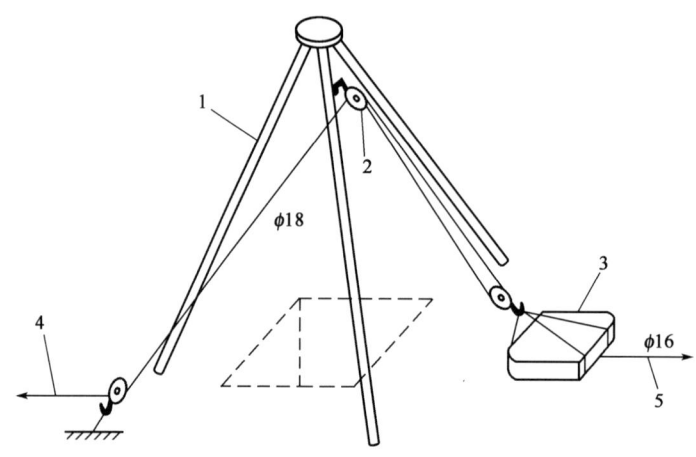

图8-3 吊盘法安装底盘示意图
1—三脚架；2—滑车组；3—底盘；4—牵引绳；5—制动绳

(2) 滑盘法：选择两根比坑深长一些的圆木，斜放于坑内，如图8-4所示。将底盘运至坑口，使底盘沿木杠滑至坑底，抽出木杠，将底盘平放于坑底，并调整至中心位置。

3) 拉线盘安装

35kV架空电力线路拉线盘一般采用吊车吊装，10kV及以下架空电力线

第八章 电气工程施工

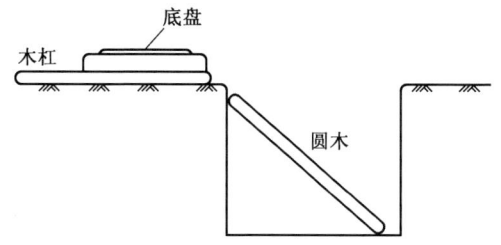

图 8-4 滑盘法安装底盘示意图

路拉线盘的安装一般采用滑盘法。首先，将拉线棒、拉线盘在坑口地面上按设计图组装好，然后用棕绳系住拉线盘，使其沿木杠缓缓滑至坑底，调整拉线盘方位达到设计要求，同时调整好拉线棒与地夹角，如马道中间有凸起物阻挡，应铲平，不得打弯拉线棒。拉线盘安装完毕，应及时回填土，并分层夯实。

4）卡盘安装

卡盘安装和电杆组立同步进行，35kV 架空电力线路卡盘一般采用吊车安装，10kV 及以下架空电力线路卡盘，靠近电杆根部的采用吊盘法安装，靠近坑内上部的采用滑盘法安装。

（1）吊盘法：利用电杆作为起吊滑车组的悬挂点，将卡盘起吊，如图 8-5 所示。当卡盘将要离开地面时，用棕绳拖住，使其缓慢靠近电杆，然后沿保护木杠慢慢松至安装位置，调整卡盘方向符合设计要求后，安装卡盘抱箍，拧紧螺帽，进行回填土并夯实。

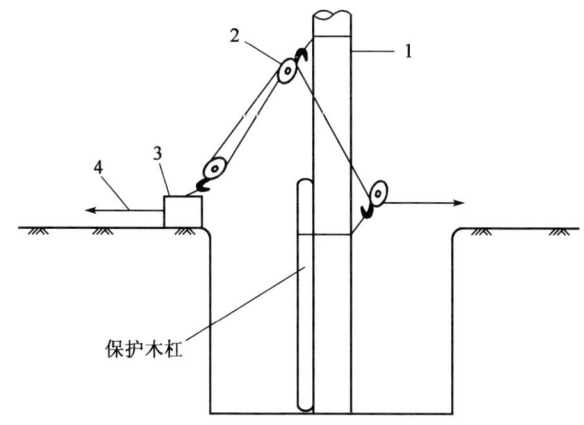

图 8-5 吊盘法安装卡盘示意图
1—电杆；2—滑车组；3—卡盘；4—棕绳

（2）滑盘法：滑盘法的操作要点和底盘安装的滑盘法相同，但要注意在安装时，应在电杆旁临时竖立保护木杆，防止卡盘下滑过程中碰撞电杆。

5）基础浇注

铁塔基础及钢管杆基础为现场浇注混凝土，现场浇注混凝土施工见本教材第三章"土建工程施工"章节的有关内容。

4. 接地安装

架空电力线路的接地装置为人工接地体，有水平敷设和水平与垂直联合敷设两种方式。水平敷设的接地体一般采用镀锌圆钢、扁钢，垂直敷设的接地体一般采用镀锌角钢、钢管。

接地装置一般与基础工程同步施工，或基础工程结束后随即安装接地装置。接地装置的施工有两种方法，一种是集中整体预制，即将每基杆塔的接地装置焊接成一组，运输到现场安装；一种是在现场分别安装接地装置的各部分。接地装置安装的具体要求详见本章第六节。

5. 杆塔组立

组立混凝土电杆的方法为整体组立，组立铁塔、钢管杆的方法有整体组立和分解组立两种。

图8-6 混凝土电杆组立

1）混凝土电杆组立

混凝土电杆主要采用汽车吊或履带吊整体组立，如图8-6所示。

（1）立杆前，不影响吊装的横担、抱箍等杆上附件应在地面组装完成。

（2）立杆时，根据杆型选择好吊点，并绑扎好起吊钢绳。吊点和钢绳的选择应经过计算确定，以保证电杆重心位于吊点下方，保持电杆的直立状态及吊装安全。

（3）电杆进入基坑后，调整电杆，使电杆位置、角度、横担方向正确。

（4）电杆立好后应正直，位置偏差应符合下列规定：

①单杆：

(a) 直线杆的横向位移不大于50mm；转角杆的横向位移不大于50mm。

(b) 直线杆的倾斜，35kV架空电力线路不大于杆长的3‰；10kV及以下架空电力线路杆梢的位移不大于杆梢直径的1/2。

②双杆：

(a) 直线杆结构中心与中心桩之间的横向位移不大于50mm；转角杆结构中心与中心桩之间的横向、顺向位移不大于50mm。

(b) 迈步不大于30mm。

(c) 根开不超过±30mm。

2) 铁塔组立

铁塔组立常用的施工方法有吊车整体组塔、外拉线抱杆组塔、无拉线小抱杆组塔。

(1) 吊车整体组塔：铁塔在地面上放倒组装，采用吊车整体进行组立，如图8-7所示。吊车整体组塔适用于具有开阔场地，并且杆塔自身重量不大，高度在30m以下的铁塔组立。吊车整体组塔的关键是吊点的选择和补强，组立铁塔时吊点应绑在主材与斜材的交叉处，以保证吊点强度和吊点稳定，确保铁塔吊装后不产生永久变形。

图8-7 吊车整体组塔

(2) 外拉线抱杆组塔：如图8-8所示，将抱杆用锁脚钢绳把根部固定于已组塔身的一角塔内或塔外主材上，抱杆顶部用4根钢绳做抱杆拉线分别固定于地面。抱杆顶部悬挂起吊滑车组，将起吊钢绳连接到起吊滑车组上，并通过安装在塔脚上的地滑车后连接到绞磨上，以绞磨作为动力进行塔材的吊装。将塔材在地面分片组装好后进行吊装，吊装时在分片的构件上下部分别设置控制绳和攀根绳用于起吊角度的控制。当吊装完一侧塔材时，利用抱杆拉线调整抱杆，使其向另一侧倾斜，以便于起吊另一侧的塔材。当此段塔材组装完毕且螺栓紧固后，提升抱杆于此段上，继续进行上一段塔材的起吊安装。

(3) 无拉线小抱杆组塔：该方法与外拉线抱杆组塔方式基本相同，用锁脚钢绳将抱杆根部固定于已组塔身的一角塔内或塔外主材上，抱杆顶部不设置拉线。一般无拉线抱杆重量较轻，采用人工进行提升即可，抱杆可选用钢管抱杆或木抱杆。

3) 钢管杆组立

钢管杆由于具有美观、占地面积小等优点，一般在经过城区的架空线路中使用较多。钢管杆杆段之间一般采用法兰连接，组立时，将杆段和横担在地面组装好后采用吊车整体吊装。

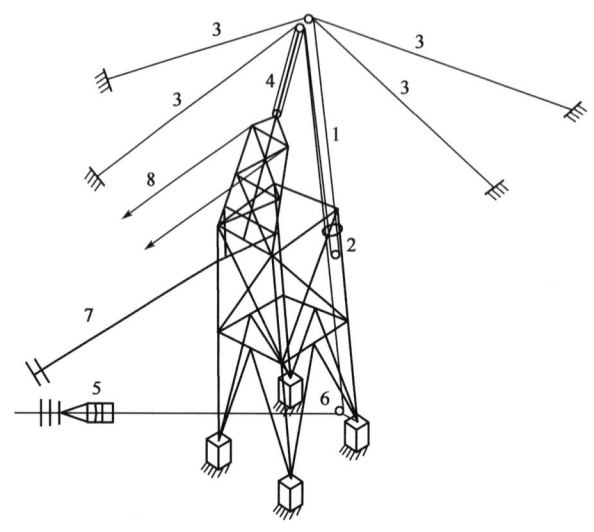

图 8-8 外拉线抱杆组塔示意图
1—抱杆；2—锁脚钢绳；3—抱杆拉线；4—起吊滑车组；
5—绞磨；6—地滑车；7—攀根绳；8—控制绳

6. 拉线安装

杆塔组立完成后进行拉线安装。拉线由上、下两部分构成，上部分通过楔形线夹和拉线抱箍与杆塔相连，下部通过 UT 线夹和拉线棒相连。拉线安装时应注意线夹舌板与拉线接触紧密，受力后无滑动现象，线夹凸肚在尾线侧，线夹处露出的尾线长度为 300~500mm，尾线回头后与本线扎牢。

7. 导线、地线架设

架线施工工序为：施工准备——→放线——→紧线——→导线、地线连接。

1) 施工准备

(1) 清除线路通道内的障碍物，如树木、农作物等，保持线路通道畅通。

(2) 搭设跨越架：线路跨越不停电线路、通信线、公路和铁路时，需要搭设跨越架，常用的跨越架一般采用木制脚手杆或毛竹搭设。

常用的跨越架有两种结构，双侧单排跨越架多用于跨越一般公路、通信线路、10kV 及以下电力线路等，如图 8-9 所示；双侧双排跨越架多用于跨越铁路、高等级公路、35kV 架空电力线路等，如图 8-10 所示。

第八章　电气工程施工

图 8-9　双侧单排跨越架　　　　图 8-10　双侧双排跨越架

（3）在 35kV 架空电力线路直线杆塔横担上悬挂绝缘子串及放线滑车、地线放线滑车，转角杆塔上安装导地线放线滑车。

（4）在耐张杆塔上设置临时拉线进行补强，一般情况下混凝土耐张杆紧线前不需要设置临时拉线，铁塔及钢管杆必须设置临时拉线。

（5）以一个耐张段为一个紧线段，布置导线、地线和架设导线、地线放线轴。

2）放线

35kV 及以下架空电力线路导线和地线放线方法基本相同，一般采用拖地放线的方法，拖地放线可采用人力放线和行走机械放线。

（1）人力放线是 35kV 及以下架空电力线路最常用的放线方法。在导线前端均匀布置人员牵引导线，每放线到一基杆塔时，导线应超过该杆塔一段距离后停止牵引，将线头拉回，与放线滑车引绳相连，使导线穿过滑车后继续牵引。开始时，三相导线可由三组人员同时拖放，拖放到一定距离拖放不动时，三组人员变两组，拖放其中两条导线，拖不动后再集中成一组拖一条导线，一相一相拖放完毕。如图 8-11 所示。

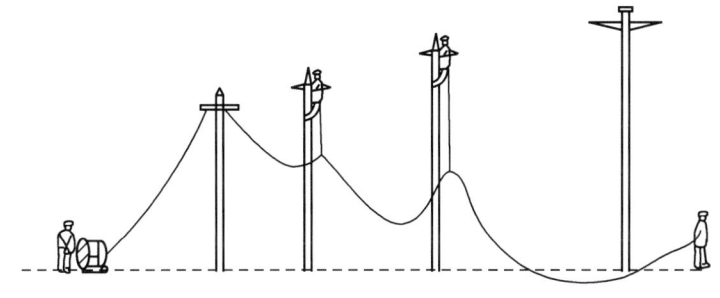

图 8-11　人力放线示意图

(2) 行走机械牵引放线是指用汽车或拖拉机沿线路通道行使进行牵引放线。放线时，行走机械用牵引绳套与导线相连，导线单根牵放，方法与人力放线相同。

导线放完后，如果在一个紧线段内导线长度不够需要接头时，要采用接续管进行连接。导线或地线接续管的压接一般采用机械或液压钳压接。10kV 及以下架空电力线路在同一档距内，同一根导线或地线上的接头不应超过 1 个；35kV 及以下架空电力线路在同一档距内，同一根导线或地线上不应超过 1 个直线接续管及 3 个补修管。

3) 紧线

紧线一般以设计给定的耐张段作为紧线段，耐张段一端的杆塔用来紧线，另一端的杆塔用来挂线。紧线方法有单线紧线法和双线紧线法，35kV 架空电力线路普遍采用单线紧线法，10kV 及以下架空电力线路普遍采用双线紧线法。紧线设备一般采用机动绞磨或拖拉机。

紧线施工包括现场布置，在挂线杆塔上挂线，在紧线杆塔上收紧余线，观测导地线弧垂，在紧线杆塔上画印，松线，地面割线、安装耐张线夹，挂线等。

紧线的顺序一般是：先紧地线，后紧导线；三相导线水平排列时，先紧中导线，后紧边导线。

(1) 现场布置。

单线紧线现场布置如图 8-12 所示。

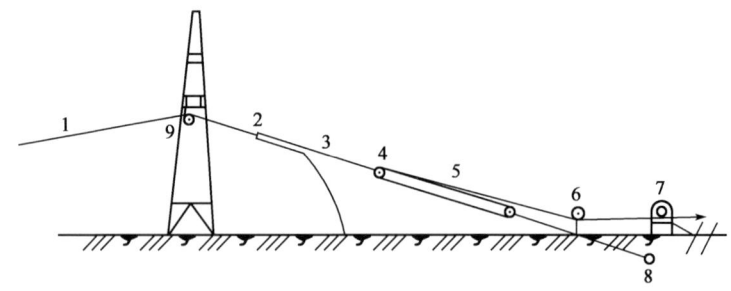

图 8-12 紧线现场布置示意图

1—导线；2—导线卡线器；3—总牵引钢丝绳；4—起重滑车；5—绞磨绳；
6—地滑车；7—机动绞磨；8—钢管地锚；9—画印滑车

(2) 挂线施工。

①在挂线杆塔的地面上按设计图样要求组装耐张绝缘子及金具串，将导线与耐张线夹连接，并预留出跳线所需要的导线长度。

第八章　电气工程施工

②在杆塔横担的挂线孔附近悬挂滑车，通过棕绳将组装好的绝缘子串及导线提升到横担挂线孔位置，进行安装。

③以同样的方法挂地线，安装方法与导线相同。

④挂线顺序为先挂地线，再挂导线。

⑤导线和地线上有防振锤时，挂线前一并装上，安装时注意防振锤的位置要正确。

（3）抽余线、紧线、画印、放线。

①在紧线杆塔端先用人力或机械抽余线，使导线或地线离开地面。

②余线抽完后，在紧线杆塔的牵引侧线或地线上安装卡线器，并将紧线牵引绳与之相连。35kV架空电力线路一般用一牵一方法收紧导地线；10kV及以下架空电力线路一般中间导线单独紧线，两根边导同时紧线。

③启动机动绞磨或拖拉机紧线。由于地线张力较小，可通过牵引绳直接收紧地线或通过移动滑轮收紧地线，导线由于张力较大，可通过滑轮组牵引绳再收紧导线。

④观测导地线弧垂值度符合要求后，紧线杆塔上人员进行高空画印。画印操作方法是：对准挂线孔中心吊一线坠，在线坠的垂直下方，导线或地线的交点上用油性记号笔做上标记。画印后，松开导地线，使其缓慢落地。

（4）割线、安装耐张线夹。

①根据高空画印点的位置确定耐张线夹的安装位置，由高空画印的印记点往导线侧测量 λ 距离再画印，此处为耐张线夹的出口处，如图 8-13 所示。由印记点往地线侧测量 λ_1 距离再画印，此处为地线楔形线夹出口点，如图 8-14 所示。

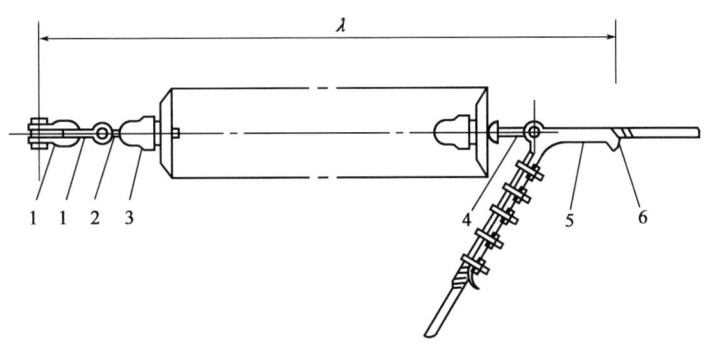

图 8-13　导线绝缘子串及金具长度示意图

1—U形环；2—球头挂环；3—绝缘子；
4—单联碗头；5—耐张线夹；6—铝包带

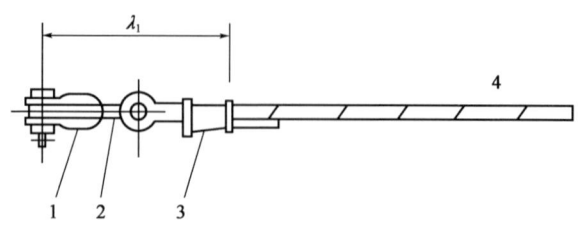

图 8-14　地线耐张金具长度示意图
1—U 形环；2—直角挂环；3—耐张线夹；4—地线

②螺栓形耐张线夹根据第二次画印位置及耐张线夹底槽的长度并预留跳线长度后割线，在导线与耐张线夹紧贴处范围内缠绕铝包带一层，缠绕长度超出导线与线夹接触部分 30mm，到位后将铝包带两尾端压向线夹槽中部，然后安装 U 形螺栓并拧紧。

③地线楔形线夹根据第二次画印预留线夹内及回头长度后割线，将钢绞线端头由楔形线夹尾孔插入，然后将钢绞线弯成圆弧形，最后将其尾端插入线夹孔内并垫以舌铁，在钢绞线弯环顶点处垫木敲打，使线夹内的钢绞线与舌铁及线夹本体紧密贴合，将线夹尾处外的线头与本线用 14 号镀锌铁线绑扎两处，每处绑扎 40～50mm。

（5）紧线施工。

①在距离耐张线夹出口约 40～50cm 处安装卡线器，卡线器后端与挂线牵引绳相连接。

②将绝缘子串用棕绳绑扎固定在牵引绳上，检查耐张绝缘子及金具的弹簧销、穿钉、螺栓的穿向，符合规范要求后，开始牵引。

③当绝缘子串（地线为金具串）刚离开地面时，暂停牵引，检查安装的防振锤锤头方向是否正确，不正确应重新调整，并复查安装尺寸。调整后继续牵引，待挂线金具接近挂线孔时，应缓慢牵引，由杆塔上作业人员提起挂线金具并指挥牵引机械配合，待挂线金具到挂线孔时，停止牵引并安装连接螺栓。

④紧线完毕后，复查导地线弧垂，如符合设计及规范要求，做好记录；如不符合要求，报告紧线指挥人员进行调整弧垂。

（6）弧垂观测。

弧垂观测最常用的方法为等长法，又称平行四边形法。

①按当日的环境温度和观测档距查设计弧垂表确定弧垂值。

②在观测档相邻两杆塔上，由架空线悬挂点处各向下量出一段垂直距离，使其等于该档的观测弧垂值，在此固定弧垂板，如图 8-15 所示。为使目标

看得清楚,一般在板尺上涂以艳丽颜色。

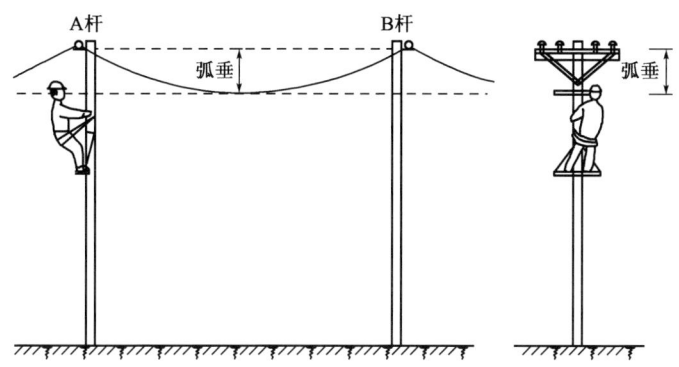

图 8-15 用等长法观测导线垂度示意图

③观测人员从 A 杆弧垂板的上平面瞄准到 B 杆的弧垂板上平面,当架空导线或地线的最低点与两弧垂板上平面的连线相切时,导线或地线弧垂即满足紧线要求。

4) 导线、地线连接

导线、地线的连接一般采用接续管钳压连接或液压连接。连接操作必须严格按照施工标准进行,以确保导线、地线具有较高的机械强度和良好的电气性能。导线、地线的连接要求如下:

(1) 不同金属、不同规格、不同绞制方向的导线和地线严禁在一个档距内连接。

(2) 35kV 架空电力线路在同一档距内,同一根导线或地线上不应超过 1 个直线接续管及 3 个补修管接头。补修管之间、补修管与直线接续管之间及直线接续管(或补修管)与耐张线夹之间的距离不应小于 15m。

(3) 10kV 及以下架空电力线路在同一档距内,同一根导线上的接头不应超过 1 个。导线接头位置与导线固定处的距离应大于 0.5m。

(4) 导线、地线连接后的握着力不应低于原导线、地线强度的 95%。

8. 附件安装

导线或地线的附件安装包括悬垂金具、耐张杆塔的跳线及防振锤的安装。

1) 悬垂金具安装

直线杆塔的导线悬垂绝缘子串,在放线前已将绝缘子及其与横担连接的金具进行安装,因此,附件安装仅是安装绝缘子串下端与导线连接的金具,地线与此类似。直线悬垂金具串安装的步骤是:提升导线,拆除放线滑车,安装悬垂线夹及金具串，拆除安装工具，复查安装质量。

（1）35kV 及以下架空线的提升，一般不需要工具，用人力肩扛法。

（2）安装人员用肩部扛起架空导线，使放线滑车不受力后将其拆除，安装上悬垂金具串，最后将导线放置于线夹槽内，在与线夹接触部位的导线上沿导线外层绞制方向缠绕一层铝包带后，拧紧 U 形固定螺栓。

（3）安装好的直线悬垂金具串连同绝缘子串应垂直于地面。

2）防振锤安装

（1）直线杆塔的防振锤在悬垂金具安装完后即可安装。

（2）防振锤的安装数量及距离按设计图样要求。防振锤的安装距离：直线杆塔以悬垂线夹中心向两侧测量距离，耐张杆塔以耐张线夹与绝缘子串连接的螺栓为中心向两侧测量距离。

（3）安装时，在防振锤夹板与导线接触部位的导线上应沿导线外层绞制方向缠绕一层铝包带，长度露出防振锤夹板 30mm，拧紧固定螺栓。

3）跳线安装

紧线完成后，需要将耐张杆塔前后的导线或地线进行连接，此连接通称为跳线（也称引流线）。地线跳线的连接应根据设计要求，或与本线绑扎，或连接在杆塔的地线支架上。35kV 及以下架空电力线路的导线跳线采用并沟线夹连接，并沟线夹不少于 2 个，跳线的长度为设计要求长度。

9. 停电搭火

停电搭火是将新建线路导线和已建线路导线采用跳线方式连接在一起。新建线路施工完毕后，即可进行停电搭火作业。

10. 竣工投产

架空电力线路完工后，经施工、建设、监理、设计及运行单位各方共同确认合格后，该工程通过竣工验收。工程在竣工验收合格后，进行竣工试验，测定线路绝缘电阻、核对线路相位、以额定电压对线路冲击合闸 3 次，带负荷试运行 24h。试验合格后，即可投入运行。工程竣工后，向建设单位移交全部工程记录、竣工图。

三、杆上电气设备安装

为满足 10kV 及以下架空电力线路特殊功能的需要，在电杆上还安装有变压器、隔离开关、真空断路器等设备。

第八章 电气工程施工

1. 柱上变压器台安装

柱上变压器台作为井口抽油机配电装置在油气田的应用最为广泛，杆上变压器台一般为双杆结构，杆上安装有变压器、高压隔离开关、避雷器、高压跌落式熔断器、高压电容器和低压配电箱，如图8-16所示。柱上变压器台电杆组立时，杆上金具一般先不安装，直接组立电杆，杆上金具及电气设备，除变压器采用吊车安装外，其他全部采用人力安装。柱上变压器台安装要求如下：

(1) 水平倾斜不大于台架根开的1/100。

(2) 变压器、隔离开关、避雷器、配电箱均应接地可靠，接地电阻符合设计规定。

(3) 设备之间连接的引线应紧密可靠，接触良好。避雷器引上、引下线一般采用铝线，引上线截面积不小于$25mm^2$，引下线截面积不小于$35mm^2$。

(4) 隔离开关刀刃合闸时接触紧密，分闸后应有不小于200mm的空气间隙，宜使静触头带电。

2. 隔离开关杆安装

隔离开关杆是为了避免在线路故障和检修时扩大停电范围而设立的具有明显断开点的线路分断杆，一般安装在变电所架空电力线路出口干线和并排的分支线路上，杆上安装有隔离开关和避雷器，如图8-17所示。隔离开关一般先在地面组装到电杆上，同电杆一同吊装；也可先在地面将隔离开关托架组装到电杆上，立杆后再安装隔离开关。隔离开关杆安装要求如下：

图8-16 柱上变压器台

图8-17 隔离开关杆

(1) 隔离开关操作机构灵活。

(2) 隔离开关刀刃合闸时接触紧密,分闸后应有不小于200mm的空气间隙,宜使静触头带电。

(3) 三相连动隔离开关的三相隔离刀刃应分、合同期。

3. 真空断路器杆安装

真空断路器可以切断线路负荷,一般作为两条线路之间的联络开关使用。当变电所一条线路的出线柜检修时,为避免整条线路停电,合上线路上安装的断路器,用另外一条线路的电源给此线路供电。断路器杆安装有真空断路器、高压隔离开关和避雷器,如图8-18所示。断路器杆安装方法与柱上变压器台相同。断路器杆安装要求如下:

图8-18 断路器杆

(1) 水平倾斜不大于拖架长度的1/100;

(2) 操作灵活,分合闸指示正确可靠;

(3) 外壳接地可靠,接地电阻符合设计规定。

第二节 电缆线路施工

一、常用电缆简介

1. 电缆的分类

(1) 按芯线材质划分:有铜芯线和铝芯线。

(2) 按电压等级划分:有高压电缆和低压电缆。

(3) 按绝缘层划分:有塑料、橡皮、聚氯乙烯、交联聚乙烯等,其中以聚氯乙烯和交联聚乙烯作为绝缘及护套的电缆应用最广。

(4) 按电缆用途划分:有电力电缆和控制电缆。

(5) 按电缆芯数划分：电力电缆可分为单芯、两芯、三芯、四芯和五芯；控制电缆从两芯起一直到三十七芯。

2. 电缆的结构

电缆一般由导电线芯、绝缘层和保护层三个主要部分组成。

1）导电线芯

导电线芯用来输送电流，具有高导电性、一定的抗拉强度和伸长率、耐腐蚀性以及便于加工制造的特点，通常由铜或铝的多股绞线制成。

2）绝缘层

绝缘层的作用是将导电线芯与相邻导体以及保护层隔离，抵抗电力电流、电压、电场对外界的作用，保证电流沿线芯方向传输。绝缘的好坏，直接影响电缆运行的质量。

电缆的绝缘层材料分为均匀质和纤维质两类。均匀质有橡胶、聚乙烯、聚氯乙烯、交联聚乙烯、聚丁烯等；纤维质有棉、麻、绸、纸等。

3）保护层

保护层简称护套，它是为使电缆适应各种使用环境的要求，而在绝缘层外面所施加的保护覆盖层，主要作用是保护电缆在敷设和运行过程中，免遭机械损伤和各种环境因素的破坏，以保持长时间稳定的电气性能。所以，电缆的保护层直接关系电缆的寿命。

二、电缆敷设

电缆根据周围的环境和电缆的数量、长度以及作用的不同，敷设方法也有所不同。油气田电缆敷设方法主要有直接埋地敷设、电缆导管内敷设、电缆沟内敷设、电缆桥架上敷设等。

1. 直接埋地的电缆敷设

直接埋地敷设是将电缆直接埋在地下的方法，此方法不需要建设其他结构设施，是一种比较简单而又经济的敷设方法。此方法适用于地下环境不会对电缆产生腐蚀和破坏，交通不密集且不宜使用架空敷设的地方。

1）施工准备

（1）电缆敷设前应仔细审查设计图纸和有关技术文件，核对已进场的电缆型号及规格是否符合设计要求。

（2）检查电缆表面有无损伤，测量电缆的绝缘电阻是否符合施工规范要求。

(3) 按照设计和实际路径计算每根电缆的长度。

2) 挖电缆沟

(1) 按设计图纸测量电缆沟走向,用白灰在地面上画出电缆行经的路线和沟宽。

(2) 可采用挖掘机或人工开挖电缆沟,电缆沟转角处应挖成圆弧形,以保证电缆的弯曲半径不小于规定值。电缆沟深度应保证电缆敷设后,电缆表面距地面的距离不小于0.7m,在穿越农田和车行道下深度不小于1m。

(3) 如遇有坚硬石块、砖头和含有酸、碱等腐蚀性物质的土壤时,则应及时清除掉,换上无腐蚀性的松软土。当电缆沟全部挖完后,沟底铺一层100mm厚的软土砂层,作为电缆的垫层。

(4) 在电缆与公路、城市道路、厂区道路交叉时,应事先埋设电缆保护管,然后将电缆穿进管内敷设。电缆管的两端宜伸出道路路基两边各0.5m以上,伸出排水沟0.5m,在城市街道应伸出车道路面。

3) 电缆敷设

(1) 电缆敷设前,按计算长度合理安排每盘电缆敷设数量,减少电缆接头。敷设时,遵循先长后短的原则,避免造成浪费。

图8-19 人力拉引施放电缆

(2) 电缆运输到敷设地点后,将电缆盘固定在放线架上,作业人员从电缆盘的上部牵引出电缆,逐渐将电缆施放在滑轮上,采用人力拉引(图8-19)或机械牵引方式沿电缆沟敷设。

(3) 牵引中不得有扭曲、打折现象,电缆最大牵引强度符合规范要求。电缆敷设时,注意电缆弯曲半径应符合规范要求。

(4) 电缆敷设完后,在电缆上面铺一层100mm的软土砂层,并加盖砖或混凝土盖板保护,覆盖宽度应超过两侧电缆各50mm,如图8-20所示。

(5) 在直线段每隔50~100m、电缆接头、转弯、进入建筑物等处埋设方位标志或标桩,以便于日后检修和防止外来机械损伤。

(6) 直埋电缆回填土前,需经隐蔽工程验收合格后进行回填,回填土要分层夯实。

2. 电缆导管内的电缆敷设

电缆在进入建筑物、穿过楼板及墙壁,从电缆沟引至电杆、设备、墙外表面或可能受到机械损伤的地方，需采用穿导管的方法进行敷设，如图8-21所示。

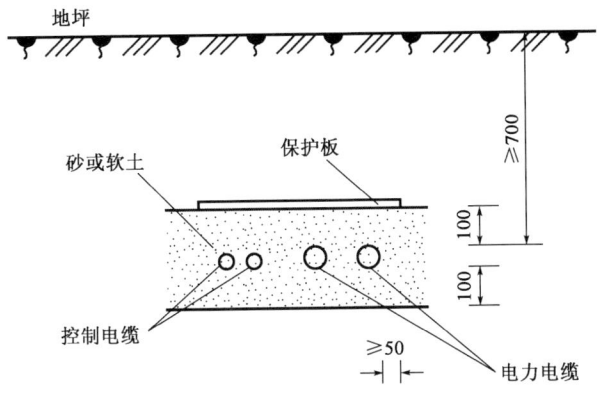

图8-20 直埋电缆敷设示意图

1) 电缆导管的加工和敷设

(1) 采用切割机、弯管机及套丝机对所使用的电缆导管进行统一预制，电缆导管一般采用镀锌钢管，规格、型号须符合设计规定。

(2) 非防爆区域的电缆导管管口一般采用打喇叭口或套丝机将管口内侧进行平滑处理，去掉毛刺和尖锐棱角以防电缆损伤。

图8-21 导管内电缆敷设

(3) 防爆区域内的电缆导管一般采用套丝机套扣处理，如加装防爆挠性管、与设备连接的电缆导管等。

(4) 引至设备的电缆管管口，应设在便于与设备连接且不妨碍设备拆装和进出的位置，并列的电缆导管管口高度应一致。

2) 电缆敷设

(1) 检查电缆导管内是否有积水及杂物堵塞，如有可用铁丝或钢丝绑上棉纱或布在管内来回拖动，清除管内杂物或积水。

(2) 在电缆导管内穿入铁丝或钢丝，之后将其绑扎到电缆端头部进行牵引，并可在电缆上涂抹无腐蚀性的润滑剂，以减小摩擦力。

(3) 穿入管内电缆的数量应符合设计要求，交流单芯电缆不允许单独穿入钢管内。电缆穿管敷设完后，管口要封堵严实。

3. 电缆沟内的电缆敷设

电缆沟内电缆敷设（图 8-22）过程如下：

（1）首先进行电缆沟和电缆支架的施工，并对角钢支架应进行防腐处理。

（2）在电缆沟底层角钢支架上敷设镀锌扁钢接地带，并将各层支架采用镀锌圆钢与接地带连接，保证所有支架接地良好。

（3）高压、低压电力电缆，强电、弱电控制电缆要按顺序由上而下分层配置，含有 35kV 以上高压电缆引入时，为满足弯曲半径要求，可由下而上配置。

（4）电缆采用尼龙绑扎带固定在支架上。

（5）电缆敷设完毕后，要及时清除电缆沟内杂物，盖好盖板。

4. 电缆桥架上的电缆敷设

电缆桥架上的电缆敷设（图 8-23）要求：

图 8-22　电缆沟内电缆敷设　　　图 8-23　电缆桥架上电缆敷设

（1）电缆桥架在每个支吊架上要固定牢固，桥架连板的螺栓要紧固，螺母位于桥架的外侧。

（2）铝合金桥架在钢支架上固定时，须在支架和桥架间加垫绝缘衬垫以防止桥架电化腐蚀。

（3）直线段钢制电缆桥架超过 30m、铝合金或玻璃钢电缆桥架超过 15m 时，应设置伸缩缝，采用伸缩板连接。

（4）金属电缆桥架全长不大于 30m 时，不应少于 2 处与接地或接零干线相连；全长大于 30m 时，应每隔 20～30m 增加与干线的连接点。

（5）高压、低压电力电缆，强电、弱电控制电缆要按顺序进行排列，不宜混放；控制电缆在桥架上不超过 3 层，交流三芯电力电缆在桥架上不超过 2 层。

第八章　电气工程施工

(6) 水平敷设的电缆，首尾两端、转弯两侧及每隔5~10m处采用尼龙绑扎带固定；垂直敷设的电缆，全塑型电缆和控制电缆每隔1m采用尼龙绑扎带固定，其他电缆间隔1.5m。

(7) 电缆进入电缆沟、建筑物等部位要做密封处理。

三、冬季电缆的敷设措施

冬季气温低，电缆在低温下会变硬、变脆，因此在低温下敷设电缆时，电缆绝缘容易受到损伤。电缆敷设要尽可能避免在低温下施工。如果在冬季施工，电缆存放地点在敷设前24h内的平均温度以及敷设现场的温度低于表8-1规定的数值时，应采取措施将电缆预热才能敷设。

表8-1　电缆允许敷设最低温度

电缆类型	电缆结构	允许敷设最低温度，℃
油浸绝缘电力电缆	充油电缆	-10
	其他油浸纸电缆	0
橡胶绝缘电力电缆	橡皮或聚乙烯护套	-15
	铅护套钢带铠装	-7
塑料绝缘电力电缆	—	0
控制电缆	耐寒护套	-20
	橡胶绝缘聚氯乙烯护套	-15
	聚氯乙烯、绝缘聚氯乙烯护套	-10

电缆预热的方法有提高周围空气温度法和电流加热法。

(1) 提高周围空气温度法：是将电缆放在有加温设施的室内或帐篷里进行加温，此方法需要的时间较长，当温度为5~10℃时，需要72h；当温度为25℃时，需24~36h。

(2) 电流加热法：是使电流通过电缆导体加热电缆。加热时，首先把电缆盘架设在放线架上，并把电缆盘外面的保护物拆除，将电缆一端三相导体短接，另一端接至变压器低压侧或电焊机输出端子上，通过控制电流大小对电缆加热。采用电流加热法加热电缆注意事项如下：

①加热电流不能大于电缆的额定电流，电源部分应有可以调节电压的装置和适当的保护设施，以防电缆过载而损坏。

②使用电流加热法加热后，电缆表面的温度应根据各地的气候条件来决

定,但不得低于5℃。电缆加热后应尽快敷设,放置时间不宜超过1h。

四、电缆头制作

1. 电缆头的分类

(1) 按制作工艺划分:有热缩电缆头、冷缩电缆头和干包电缆头。

(2) 按使用部位划分:有终端电缆头和中间电缆头。

(3) 按使用环境划分:有户内电缆头和户外电缆头。

(4) 按电压等级划分:有高压电缆头和低压电缆头。

油气田常用的电缆头有高压冷缩和热缩的户内电缆终端头、户外电缆终端头和中间电缆头,低压热缩电缆头和干包电缆头。

2. 电缆头的制作安装

高压电缆头按制造厂的电缆头制作说明书进行制作,不同厂家生产的高压电缆头制作方法有所不同,电缆头的制作必须由经过培训的专业人员进行。以下以10kV冷缩电缆头为例,介绍电缆头的制作安装。

10kV热缩电缆头的制作方法与冷缩电缆头的制作方法类似,只是在热缩分支手套、热缩管安装时,需要采用电吹风或者喷灯加热使其收缩。35kV电缆头的制作工艺与10kV电缆头类似,这里就不做介绍了。

1) 10kV冷缩电缆终端头

10kV冷缩电缆终端头一般施工工序为:剥外护套、钢铠和内衬层——固定钢铠、铜屏蔽地线,缠密封填充胶——固定冷缩分支手套——固定冷缩管——剥铜屏蔽、半导电层——固定冷缩终端——压接接线端子——密封端口——高压试验。制作要求如下:

(1) 钢铠、外半导电层的留置长度要严格按说明书要求执行,避免间距不够造成半导电层对钢铠放电。

(2) 在剥各相绝缘层外部半导体时,不要用刀环向切割,以避免在各相绝缘层上留下对绝缘及损伤较大的环向切痕。

(3) 各相绝缘层表面要用砂纸仔细打磨,使其光滑无刀痕、无半导体残留点,并用清洁纸清洁。清洁时,从端头到外半导层,切不可来回擦。

(4) 在接地安装时,将钢铠地线与铜屏蔽地线分开,不要短接。

图8-24为冷缩电缆终端头制作。

第八章 电气工程施工

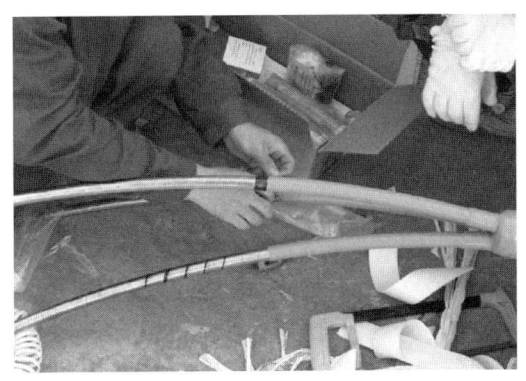

图 8-24 冷缩电缆终端头制作

2) 10kV 冷缩电缆中间头

10kV 冷缩电缆中间头一般施工工序为：剥外护套、钢铠和内衬层──剥屏蔽层、外半导电层──剥绝缘层、绝缘套接头绝缘主体──压接连接管、装配接头绝缘主体──套铜网、绕第一层防水带、连接铜编织带──绕第二层防水带、绕铠装带──高压试验。制作要求如下：

(1) 外半导电层的留置长度要严格按说明书要求执行，避免间距不够造成连接管对半导电层放电。

(2) 在剥各相绝缘层外部半导体时，不要用刀环向切割，以避免在各相绝缘层上留下对绝缘层损伤较大的环向切痕。

(3) 各相绝缘层表面要用砂纸仔细打磨，使其光滑无刀痕、无半导体残留点，并用清洁纸清洁。清洁时，从端头到外半导层，切不可来回擦。

(4) 制作完毕的中间头必须在铠装带胶层完全固化后方可移动。

3) 干包电缆头

低压电力电缆和控制电缆一般采用塑料带干包电缆头。首先预留好电缆终端的长度，剥掉电缆绝缘外护套和内衬层（如有钢铠和屏蔽层也要剥掉）；然后取一些剥掉的内衬层（一般为绝缘纸或者塑料）作为填充材料缠绕在外护套端口周围；最后用塑料带缠绕在填充材料上，制作成干包电缆头。带有钢铠和屏蔽层的电缆需要将钢铠和屏蔽层接地，一般可用剥掉的屏蔽层（一般为软钢编织带）或软铜编织带作为接地线。

3. 电缆头制作的质量控制

(1) 电缆外观应整洁无破损，电缆头制作完成后用摇表测量电缆及电缆头的绝缘电阻，高压电缆按规范要求做直流或交流耐压试验。

(2) 电缆头的制作必须在天气晴朗、空气干燥的情况下进行，空气相对湿度宜在70%以下，施工场地应清洁，无飞扬的灰尘或纸屑。

(3) 在制作电缆终端头过程中应特别注意保持清洁，同时应尽量缩短制作时间，电缆剥切后，在空气中暴露的时间越长，侵入杂质、水分、气体、灰尘等的可能性就越大，从而影响终端头质量，因此要求在施工之前充分做好各项准备工作，保证制作时不间断。

第三节　动力及照明配电装置安装

一、导管配线安装

导管配线常用的导管是镀锌钢管，有明配和暗配两种。明配是把导管敷设在墙和梁及楼板等结构表面的明露处，一般在有防爆要求的场所和轻钢结构的厂房中经常使用明配导管；暗配是把导管埋设在墙内、楼板、地面等结构内表面看不到的地方。

1. 导管配线一般施工步骤

(1) 对进场的镀锌钢管进行检查验收。

(2) 按照图纸和规范进行导管下料、套丝、弯管等加工，并进行安装和防腐处理。

(3) 清扫管路，把导线穿入管中。

(4) 按要求与用电设备连接好。

2. 导管配线施工要求

(1) 导线应严格按照设计图纸要求进行配置，暗配导管埋设深度与建筑物、构筑物表面的距离不应小于15mm，明配导管应排列整齐，固定点均匀，安装牢固。

(2) 导线之间、导线与地之间绝缘良好，线间及线对地的绝缘电阻值必须大于$0.5M\Omega$。

(3) 接线盒、配电箱、开关应安装牢固，与保护管连接紧密。接线盒、配电箱、开关柜内导线应留有适当余量。

(4) 保护管表面应平直，不应有显著的折皱、不平和弯扁现象。钢管及支架安装应牢固、平直、排列整齐，管口应光滑有护口，管内无毛刺及铁屑，连接要紧密。跨越伸缩缝和沉降缝处的接线盒应固定牢固，管径大小应符合设计要求。

(5) 金属导管接地应良好。

二、配电箱安装

配电箱有动力配电箱和照明配电箱，分为明装和暗装。明装配电箱一般安装在支架上或采用膨胀螺栓安装在墙体上，暗装配电箱安装要求如下：

(1) 配合土建预留配电箱安装位置，宽度超过 300mm 的暗装配电箱，其顶部要安装混凝土过梁。

(2) 配电箱安装分箱体安装和面板安装，首先进行箱体安装，埋入墙内的箱体要安装牢固，垂直度误差不大于配电箱高度的 1.5‰，底边距地面 1.5m，箱体与抹灰面相平。

(3) 箱体开孔应与导管管径适配，严禁使用气焊、电焊开孔，箱体应接地良好。

(4) 配电箱面板四周边缘应紧贴墙面，不能缩进抹灰层内，也不得突出抹灰层。

三、照明灯具安装

1. 荧光灯的安装

荧光灯一般用在值班室、控制室、配电室和化验室等房间内，安装方式有吸顶安装、吊链安装和嵌顶安装三种。吸顶安装的荧光灯，在混凝土结构的屋面板上一般采用安装膨胀螺栓的方式进行灯具的固定；在吊顶上安装时，直接采用自攻钉固定。吊链安装的荧光灯，吊链在屋顶的固定的方法与吸顶安装方法相同，吊链的另一端固定在荧光灯上，电源从屋顶的配管中采用花线接到荧光灯接线端子上。嵌顶安装是将灯具镶嵌在吊顶上，灯具下表面基本与吊顶在同一平面上。

2. 工厂灯的安装

工厂灯一般应用在工业厂房内，光源根据灯具的不同而不同，常用的光源为节能灯。在水泵房、注入站厂房等干燥环境一般使用普通的工厂灯；在锅炉房和水罐罐间阀室等潮湿的环境一般使用防水工厂灯；在油泵房、油气阀组间、污水泵房等有防爆要求的场所使用防爆工厂灯。目前，由于油气田工业厂房大多为钢结构屋顶，工厂灯的安装方法以采用明装导管安装方法为主，灯具采用明装的接线盒固定安装或吊装在导管上。

3. 投光灯的安装

投光等主要用于场区的照明，一般采用横担安装在混凝土电杆顶部，两个为一组。投光灯分为普通型和防爆型两种，防爆投光灯主要用于有爆炸和火灾危险的区域。

4. 路灯的安装

路灯由基础、灯杆和灯具三部分组成。路灯基础为混凝土构件，灯杆一般为圆形或者六边形的钢管，灯具安装在灯杆上，分为普通型和防爆型。路灯基础可预制安装，也可现场浇注。灯具在地面组装到灯杆上，然后采用吊车将灯杆组立到基础上。路灯安装时应注意每基路灯都需要单独安装接地装置。

四、开关及插座安装

开关及插座有明装和暗装两种方式，暗装的开关和插座用螺丝固定安装在墙内的铁盒或塑料盒上；明装的开关和插座一般为防爆型的，与导管之间采用丝扣连接。安装要求如下：

（1）暗装开关、插座应有专用盒，严禁无盒安装。开关盒周围抹灰处应尺寸正确、阳角方正、边缘整齐、光滑。

（2）开关、插座安装用的金属盒、穿线的金属导管等应按规定做好接地或接零，防止发生触电危险。

（3）开关接线时，应仔细辨认识别好导线，导线分色应正确，应严格做到开关控制（即分断或接通）电源相线，开关断开后灯具上不带电。

（4）插座接线时，导线应正确与插座进行连接。面对插座，单相双孔插座应水平排列，右孔接相线，左孔接中性线；单相三孔插座，上孔接保护接地线，右孔接相线，左孔接中性线；三相四孔插座，保护接地线应在正上方，下孔从左侧起分别接在 L1、L2、L3 相线。同样用途的三相插座，相序应排列一致。

第八章　电气工程施工

第四节　电动机及启动装置安装

电动机作为油气田上重要的动力设备，应用非常广泛，大部分生产机械，如抽油机、油泵、风机、水泵等都是用电动机来拖动的。油气田所使用的电动机通常按电压等级分为高压电动机和低压电动机。在注水变电站的注水泵机组和大型压缩机组上经常使用高压电动机，除此外，在其他场站经常使用低压电动机。本节仅对低压电动机及启动装置的安装进行介绍。

一、电动机安装

1. 准备工作

1）开箱检查

(1) 电动机包装及密封应良好，技术文件齐全。

(2) 电动机外观应完好，不应有损伤现象。

(3) 电动机规格型号符合设计要求，附件、备件齐全，无损伤。

2）基础检查

电动机基础，地脚螺栓孔的尺寸、质量应符合建筑工程施工及验收规范的规定。

2. 电动机安装

1）电动机安装前建筑工程需达到的条件

(1) 结束屋顶、楼板工作，不得有渗漏现场。

(2) 混凝土基础应达到允许安装的强度。

(3) 现场模板、杂物清理完毕。

2）电动机安装前检查要求

(1) 盘动转子灵活无碰卡现象。

(2) 润滑脂无变色、变质和变硬现象，性能符合电动机的工作条件。

(3) 电动机引出接线端子焊接或压接良好，编号齐全，裸露带电部分间隙符合产品标准的规定。

3) 电动机试运前检查要求

(1) 电动机本体安装检查结束，应进行的试验项目已按《电气装置安装工程　电气设备交接试验标准》(GB 50150—2006) 进行试验合格。

(2) 电动机的保护、控制回路调试完毕，动作正确。

(3) 盘动电动机转子时转动灵活，无碰卡现象。

(4) 电动机引出线相序正确，固定牢固，连接紧密。

(5) 电动机外壳油漆完整，接地良好。

二、启动、控制和保护装置安装

电动机的启动方法比较多，不同的启动方法所需用的启动设备也不同。油气田常用低压电动机的启动装置一般都安装在配电柜内，由多台设备组合在一起，分别起到电动机的启动、保护和控制作用，电动机回路如图 8-25 所示。随着技术的发展，一些新型的电动机启动控制装置在油气田的应用也越来越广泛，如软启动设备、变频设备等。

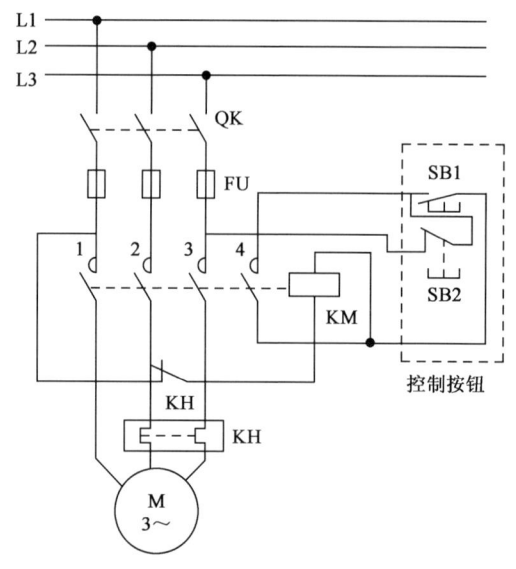

图 8-25　电动机回路图

L1，L2，L3—相线；QK—隔离开关；FU—熔断器；KM—交流接触器；
SB1—启动按钮；SB2—停止按钮；KH—热继电器

1. 启动、保护装置安装

电动机的启动、保护装置安装在电动机的主电路上，包括空气开关、交流接触器、热继电器和电动机综合保护器。电动机的启动、保护设备一般安装在配电柜或配电箱内,由制造厂组装好后成套供货,一般情况下,不需要单独安装。配电柜或配电箱到货后,需要检查柜内元器件是否与设计图相符,一次和二次回路连接是否正确,电气间隙和爬电距离是否符合规范要求。

2. 控制装置安装

控制装置主要包括控制电动机启停的控制按钮、操作柱。电动机的控制一般都采用异地控制方式,既在配电柜上安装有启动和停止的控制按钮,同时在电动机附近安装有就地起停的操作柱或按钮。操作柱一般采用膨胀螺栓垂直固定安装在电动机附近的地面上,就地操作按钮采用螺栓安装在支架上或采用膨胀螺栓固定安装在墙壁上。安装时,操作柱和控制按钮要固定牢固,接地良好。

3. 新型启动、控制和保护装置的安装

1) 软启动器

软启动器是一种集电动机软启动、软停车、轻载节能和多种保护功能于一体的新型电动机控制装置,主要由串接于电源与被控电动机之间的三相反并联闸管及其电子控制电路构成。软启动器是运用不同的方法,控制三相反并联闸管的导通角,使被控电动机的输入电压按不同的要求而变化,实现不同的功能。软启动器实际上是个调压器,用于电动机启动时,输出只改变电压并没有改变频率。

软启动器一般安装于配电柜中,安装时应垂直于地面,一般需要安装旁路接触器。电动机启动,旁路接触器闭合,使软启动器退出运行,直至停车时,再次投入,这样既延长了软启动器的寿命,又使电网避免了谐波污染,还可减少软启动器中的晶闸管发热损耗。

2) 变频设备

变频器是应用变频技术与微电子技术,通过改变电动机工作电源的频率和幅度的方式来控制交流电动机的电力传动元件。电动机采用变频器运转,启动电流被限制在150%额定电流以下,可减少用工频电源直接启动时产生的冲击,实现平滑启动。目前,在油气田变频器主要应用在注水、外输等大功率的低压电动机上。

三、电动机的接线

电动机的接线在电动机安装过程中是一项非常重要的工作。为了保证接线正确，接线前应先查对电动机铭牌的说明或电动机接线板上接线端子的数量与符号，然后根据接线图接线。当电动机铭牌或端子标号不清楚时，则应用仪表或其他方法查明电动机接线方式，然后再确定接线的方法。

油气田常用的三相交流电动机绕组的接法有星形（Y）和三角形（△）两种方法。星形接法是将三个绕组的终端连在一起，三个绕组的首端分别接在三根相线上；三角接法是将三相电动机三个绕组首尾相连，再把三个绕组的接点分别接到三根相线上。电动机接线如图 8-26 所示。

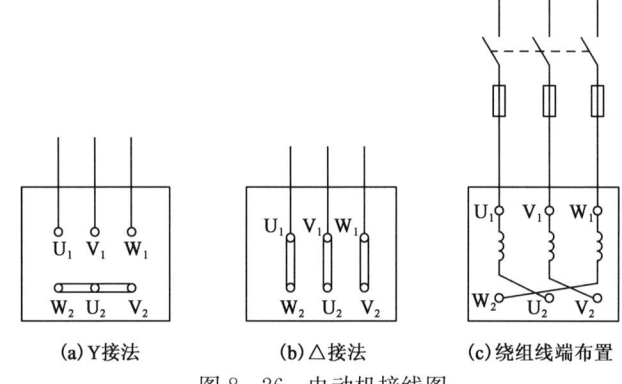

图 8-26　电动机接线图

U_1，V_1，W_1—绕组首端；U_2，V_2，W_2—绕组尾端

四、电动机试运行

电动机在投产前，应进行空载条件下的试运行工作，空载试运时间为 2h，电动机试运转中的检查应符合下列要求：

（1）电动机的旋转方向符合要求，无异声。
（2）检查电动机各部温度，不应超过产品技术条件的规定。
（3）滑动轴承的温度不应超过 80℃。
（4）电动机的双倍振幅值符合施工及验收规范要求。

第五节　变配电设备安装

油气田 35kV 及以下变配电设备主要包括 35kV 变电所和场站内高低压配电设备两大部分。35kV 变电所的电气设备主要有 35kV 主变压器、SF_6 断路器、35kV 电压互感器、35kV 隔离开关、10kV 高压开关柜、10kV 电容器组、10kV 站用变压器、控制保护屏、低压配电柜、连接母线等；场站内高低压配电设备主要有 10kV 变压器、低压配电柜、低压母线等。本节仅对油气田 35kV 变电所及场站内主要变配电设备的安装进行介绍。

一、变压器安装

油气田常用的 35kV 及以下变压器有油浸式变压器和干式变压器两种，户内变压器多采用干式，一般安装在变压器柜内。这里主要介绍 35kV 和 10kV 油浸式变压器的安装。

1. 35kV 变压器安装

35kV 变压器一般安装在 35kV 变电所内，通常称为主变压器，由器身和附件构成。35kV 变压器安装一般施工工序流程如图 8-27 所示。

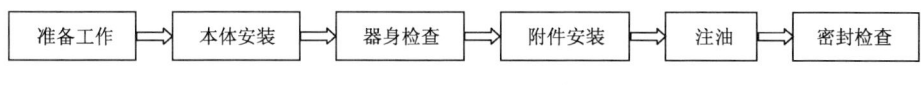

图 8-27 变压器施工工序流程

1) 准备工作

(1) 开箱检查。

①检查变压器规格、型号是否符合设计要求，清点技术文件是否齐全。

②油箱及所有附件是否齐全，有无锈蚀及机械损伤，密封是否良好。

③变压器箱盖螺栓是否齐全，是否紧固良好、无渗漏。

④瓷套包装是否完好，瓷体有无损伤。

(2) 基础检查。

变压器吊装前，应对变压器的基础、预埋钢板进行检查验收，以保证变压器基础或变压器台的强度、几何尺寸、坐标和标高等符合设计和施工规范要求。

2) 本体安装

(1) 变压器本体一般采用适宜吨位的吊车进行吊装。安装就位时，先找好变压器的安装方向，使高低压套出线符合设计要求，确定好变压器的就位尺寸。

(2) 变压器就位后，核对中心位置和进出线位置符合设计要求后，将变压器固定好。

(3) 装有气体继电器的变压器，应使其顶盖沿气体继电器气流方向有

1%～1.5%的升高坡度。

（4）法兰连接面应平整、清洁，采用耐油密封垫圈密封。

（5）装有滚轮的变压器，其滚轮应能灵活转动。变压器就位后，应将滚轮用轮子制动固定牢靠。

图8-28为变压器本体吊装施工现场。

3）器身检查

变压器安装前需进行器身检查，检查的一般工序为：施工准备——抽油、滤油——撤卸附件——吊罩——芯部检查。

当满足下列条件之一时，可不进行器身检查：制造厂规定可不做器身检查的变压器；容量在1000kVA及以下，运输中无异常情况的变压器；就地生产、短途运输的变压器，如果建设单位委托的变压器监造单位事先参加了制造厂的器身总装，质量符合要求，且在运输过程中进行了有效监督，无紧急制动、剧烈振动、冲击或严重颠簸等异常情况发生。

图8-28　变压器本体吊装施工现场

（1）施工准备。

①吊芯一般应选择在干燥、晴朗、无风的天气进行，雨、雪天气，风力达4级以上天气，相对湿度75%以上的天气，不得进行器身检查。

②周围空气温度不低于0℃，器身周围温度不低于周围空气温度，当器身温度低于周围空气温度时，应采取措施使器身温度高于周围空气温度10℃。

③对变压器场地四周进行清洁，并采取防尘措施。

（2）抽油、滤油。

①将放油管路与油箱下部的阀门连接，打开阀门将油全部放入储油罐中，首次抽取的绝缘油应采用压力式滤油机进行粗过滤。

②经粗过滤的绝缘油，回注前采用真空滤油机进行处理。

③现场采用的储油罐及管道均应清洗干净，检查合格。

（3）撤卸附件：拆除与钟罩连接的高低压套管、温度计等附件。

（4）吊罩：采用适宜吨位的吊车将钟罩吊起，起吊过程中，器身与箱壁不得有碰撞现象。

（5）芯部检查。

①铁芯应无变形，铁轭与夹件间的绝缘垫完好，铁芯无多点接地。

②铁芯拉板及铁轭拉带应紧固，绝缘符合产品技术文件要求。

③绕组绝缘层应完整，无缺损、变位现象，各绕组应排列整齐，间隙均匀；绕组的压钉应紧固，防松螺母应锁紧。

④引出线绝缘包扎应牢固，无破损、拧弯现象；引出线绝缘距离应合格，固定牢靠；引出线的裸露部分应无毛刺或尖角，焊接质量良好；引出线与套管连接应牢靠，接线正确。

⑤无励磁调压切换装置各分接头与线圈的连接应紧固正确；各分接头应清洁，且接触紧密、弹性良好；转动节点应正确停留在各个位置上，与指示器所指位置一致；转动盘应动作灵活，密封严密。

⑥绝缘围屏应完好，固定牢固，无松动现象。

⑦各部位应无油泥、水滴和金属屑等杂物。

⑧箱壁上阀门开闭应灵活，指示应正确。

⑨完毕后，应用合格的变压器油对器身进行冲洗，并从箱底的油堵处将油放净。同时注意，不可在油箱内部遗留杂物和残油。

4）附件安装

（1）散热器安装。

①安装前，将散热器用合格的绝缘油经滤油机循环冲洗干净，并将残油排尽。

②将法兰面清洗干净，吊装散热器与导油管路进行装配。

③管路中的阀门应操作灵活，开闭位置应正确，阀门及法兰连接处应密封良好。

（2）储油柜安装。

①储油柜应按照产品技术文件要求进行检查、安装。

②油位表的指示与储油柜真实油位相符。

③储油柜安装方向正确并进行位置复核。

（3）套管安装。

①瓷套管外观不得有裂纹、损伤，套管竖立和安装应符合产品技术文件要求。

②当套管进入引线根部应力锥时，应保护应力锥完好进入均压球内，应力锥不得受力。

③套管顶部的密封垫应安装正确、密封良好，连接引线时，不应使顶部连接松扣。

（4）气体继电器安装。

①气体继电器安装前应经检验合格，动作整定值符合要求。

②气体继电器应水平安装，顶盖上箭头标志应指向储油柜，连接密封严密。

③电缆引线在接入气体继电器处应有滴水弯，进线孔封堵应严密。

（5）压力释放装置的安装方向应正确，阀盖内部应清洁，密封良好。

（6）吸湿器与储油柜间的连接管密封应良好，吸湿剂应干燥，油封油位应在油面线上。

（7）温度计安装前应经校验合格，安装时温度计座内应注入变压器油，安装后密封应良好，无渗油现象。

（8）控制箱应密封，内外应清洁无锈蚀，接地应牢固、可靠。

5）注油

（1）绝缘油需经试验合格后方能注入变压器中。

（2）从变压器下部油阀注油，注油完毕后静置24h，静置完毕后从高低压套管、气体继电器、散热器、压力释放阀等部位将空气排尽。

6）密封检查

变压器安装完毕后，在储油柜上加0.03MPa气压或油压进行整体密封试验，试验持续时间为24h，应无渗漏。当产品技术文件有要求时，应按文件要求进行。

2. 10kV变压器安装

场站配电一般采用10kV变压器，落地安装在户外围栏内（图8-29）。安装时，变压器一般采用适宜吨位的吊车进行吊装，吊装完成后，再进行进线电杆组立、杆上电气设备安装、围栏施工以及进户母线的施工。10kV变压器安装要求如下：

图8-29　10kV变压器

（1）安装前，变压器的基础、预埋钢板应经检查验收合格。

（2）变压器就位后，核对中心位置和进出线位置符合设计要求后，将变压器固定好。

（3）装有气体继电器的变压器，应使其顶盖沿气体继电器气流方向有1％～1.5％的升高坡度。

（4）变压器器身及低压侧零线、母线应接地良好，接地电阻符合设计要求。

（5）10kV变压器的额定容量一般在1000kVA以下，不需要做器身检查。

二、隔离开关安装

油气田常用的隔离开关有 10kV 户外隔离开关和 35kV 户外隔离开关。10kV 户外隔离开关一般安装在架空电力线路上，安装方式前面已经介绍过，这里只介绍 35kV 户外隔离开关的安装。

35kV 户外隔离开关一般用在 35kV 变电所开关场，为三相分体结构。安装时，采用吊车一相一相吊装到金属构架上进行安装，三相全部安装完成后，再进行操作机构安装，最后进行隔离开关的高压试验和调整。隔离开关安装要求如下：

（1）安装前，应进行开箱检查，产品技术文件应齐全，到货设备、附件、备品、备件应与装箱单一致，设备型号、规格与设计图相符；设备应无损伤变形和锈蚀，漆层完好，瓷件应无裂纹、破损；导电部分可挠连接应无折损，触头镀银层应完好。

（2）相间距离允许偏差 10mm，相间连杆在同一水平线上，底座传动部分应灵活，并涂以适合当地气候条件的润滑脂。

（3）隔离开关触头接触时，不同期数值应符合产品技术文件要求，当无规定时，最大值不得超过 20mm。

（4）触头表面应平整、清洁，触头间应接触紧密，两侧接触压力均匀，导体插入深度符合产品技术文件要求，触头表面应涂以薄层中性凡士林。

（5）闭锁装置应动作灵活、准确可靠；带有接地刀的隔离开关，接地刀与主触头间的机械闭锁应准确可靠。

三、负荷开关安装

负荷开关是一种机构比较简单，具有一定开断和关合能力的高压开关设备，多用于容量较小，供电要求不高的配电网络中，负荷开关与熔断器串联使用，利用熔断器作为过负荷和短路保护。负荷开关一般安装在高压成套配电装置中，不需现场单独安装，负荷开关检查调整要求如下：

（1）触头表面应平整、清洁，触头间接触紧密，两侧的接触压力应均匀，合闸直流电阻测试应符合产品技术文件要求。

（2）合闸时，主固定触头应与主刀可靠接触；分闸时，三相的灭弧刀片应同时跳离固定灭弧触头。

（3）三相触头接触的同期性和分闸状态时触头间净距及拉开角度，应符合产品及技术文件要求。

（4）在安装带有RN1型熔断器的负荷开关时，安装前应检查熔断器的额定电流是否与设计一致。RN1型熔断器是用瓷管制成的，安装时应小心谨慎，防止碰坏，熔断器两端应焊封牢固，熔断管应紧密插入钳口内。

四、六氟化硫断路器安装

油气田常用的高压断路器有六氟化硫断路器和真空断路器，六氟化硫断路器一般安装在35kV变电所开关场内；真空断路器一般安装在高压开关柜内，随高压柜成套供货，不需要现场安装。六氟化硫断路器安装要求如下：

（1）六氟化硫断路器到达现场后应进行开箱检查，断路器外包装应无破损，技术文件齐全，设备的零件、备件及专用工器具应齐全、无锈蚀和损伤变形；绝缘件应无变形、受潮、裂纹和剥落；瓷件表面应光滑、无裂纹和缺损，铸件应无砂眼；充有六氟化硫气体的部件，压力值应符合产品技术文件要求；制造厂所带支架应无变形、损伤、锈蚀和锌层脱落。

（2）六氟化硫断路器的基础应符合下列规定：

①混凝土强度应达到设备安装要求。

②基础的中心距离及高度的偏差不应大于10mm。

③预埋件中心线偏差不应大于10mm，基础预埋件上端应高出混凝土表面1~10mm。

（3）六氟化硫断路器一般采用制造厂自带的支架安装在基础上。安装时，采用槽钢预制两个带有安装螺栓孔的底座，并将其焊接在基础预埋铁板上，再将支架与底座用镀锌螺栓连接到一起。支架与基础可采用垫片调平，垫片数量不超过3片，总厚度不应大于10mm。

（4）六氟化硫断路器吊装时，严格按设备上指定的吊点，不得随意吊装，以防止设备倾倒，并尽量不要拆除瓷套管上的外包装，以免吊装时钢绳磕碰瓷套管。

（5）六氟化硫断路器和操动机构的首次联合动作应在制造厂技术人员指导下进行，联合动作前，断路器内应充有额定压力的六氟化硫气体，并且六氟化硫气体充注前应经检验合格。

五、避雷器安装

避雷器是用来保护电力系统中各种电气设备免受雷电过电压、操作过电压、工频暂态过电压冲击而损坏的电气设备，在油气田变电所和架空电力线路中广泛应用。避雷器安装在被保护设备的前面，避雷器的一端接在线路或母线上，另一端与接地装置连接，如图8-30所示。

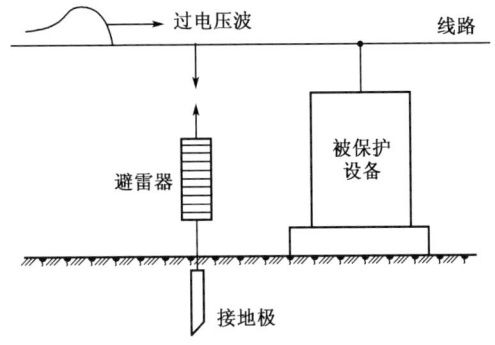

图8-30　避雷器接线示意图

当被保护设备进线线路上出现大于避雷器放电电压的过高电压时，避雷器开始对地放电，使线路和设备上的电压迅速降低，保护设备和供电线路不被破坏；当电压降到正常值时，避雷器停止放电，使电路正常工作电压不至于降低。避雷器安装要求如下：

（1）安装前应进行外观检查，采用瓷外套的避雷器瓷件与金属法兰胶装部位应结合牢固、密实，并涂有性能良好的防水胶；瓷外套外观不得有裂纹、损伤；采用硅胶外套时，外观不得有裂纹、损伤和变形。

（2）避雷器的绝缘底座安装应水平。

（3）并列安装的避雷器三相中线应在同一直线上，相间中心距离允许偏差为10mm，铭牌应位于便于观察的同一侧。

（4）避雷器安装应垂直，其垂直度应符合制造厂的要求。

（5）放电计数器和在线监测仪应密封良好，绝缘垫及接地应良好、牢固。

（6）所有安装部位螺栓应紧固，力矩值应符合产品技术文件要求。

六、电容器安装

在供电线路中，由于使用感性负载较多而使整个线路的功率因数降低，为了提高整个线路的功率因数，常在线路的末端和电感负载并联电容器。油气田常用的并联电容器有低压电容器和高压电容器，低压并联电容器主要安装在电容器柜内，由制造厂成套供货；高压并联电容器主要成组安装在35kV

变电所户外开关场内。本部分主要介绍35kV变电所电容器组的安装。

35kV变电所电容器组接线形式为三角形，并安装有串联电抗器、避雷器、放电线圈等设备，如图8-31所示。

电容器组安装要求如下：

（1）安装前应进行检查，电容器套管芯棒应无弯曲、滑扣，引出线端连接的螺母、垫圈应齐全；电容器外壳应无显著变形，外表无腐蚀，所有接缝不得有裂缝或渗油。

（2）电容器支架金属构件无明显变形、锈蚀，油漆应完整。

（3）电容器组安装时，应测量每个电容器的实际电容值，根据电容值按相分组，分组时应尽量使三相电容平衡，达到相电容最大值和最小值的误差不超过三相平均电容值的5%或符合设计要求。

（4）电容器应安放平正、牢固，铭牌面向维护通道，相邻电容器外壳的间距应符合设计要求。

（5）电容器一次接线应正确、符合设计，接线应对称一致，整齐美观，母线及分支线应标以相色。

（6）每个电容器的外壳及电容器的支架均应接地。

（7）电容器的熔断器安装应排列整齐，倾斜角度符合设计要求，指示器位置正确（图8-32）。

图8-31 高压电容器组

图8-32 电容器熔断器

（8）放电线圈瓷套应无损伤、相色正确、接线牢固美观。

七、盘、柜安装

油气田常用的盘、柜有高压开关柜、控制柜、直流盘、交流盘、低压配电柜等，盘、柜安装的一般施工步骤为：盘、柜基础制作安装——盘、柜开箱及搬运就位──→柜体安装──→母线安装──→二次回路结线。

盘、柜安装前，建筑工程需具备下列条件：

(1) 屋顶、楼板施工完毕，不得渗漏。

(2) 结束室内地面工作，室内沟道无积水、杂物。

(3) 预埋件及预留孔符合设计要求，预埋件应牢固。

(4) 门窗安装完毕。

(5) 有可能损坏已安装设备或设备安装后不能再进行施工的装饰工作全部结束。

1) 盘、柜基础制作安装

盘、柜槽钢基础的制作安装一般由土建完成，盘、柜安装前应对盘、柜基础安装质量进行验收，合格后方可进行盘、柜安装。盘、柜基础质量标准为：

(1) 不直度偏差：不大于 1mm/m，全长不大于 5mm。

(2) 水平度偏差：不大于 1mm/m，全长不大于 5mm。

(3) 位置误差及不平行度偏差：全长不大于 5mm。

(4) 槽钢基础顶部高出抹平地面 10mm，基础型钢应有明显的可靠接地。

2) 盘、柜开箱及搬运就位

(1) 盘、柜在安装地点附近开箱检查，盘、柜型号、规格符合设计要求，柜体应无变形、损伤、防腐良好，附件、备件齐全，产品技术文件齐全。

(2) 盘、柜吊装前，应按设计图规定的顺序将盘、柜做好标记，按顺序运输到室内进行安装。一般采用吊车将柜体吊到安装室门口，用手动插车运输至室内。在运输方式上，尽量避免采用滚杠运输的方式，以避免柜体与滚杠接触部位油漆脱落。

3) 柜体安装

(1) 根据设计图确定每个盘、柜的安装位置，安装时先将盘、柜调整到大致符合要求的位置，然后精确调整第一个盘、柜的位置（一般以进线柜为准），以第一个盘、柜为基准将其余柜逐次调整好。如图 8-33 所示。

(2) 柜体就位后，用磁力线坠测量盘、柜的垂直度，用垫片加以调整，水平度偏差的测量采用拉线观测、调整，调整好后进行固定。

(3) 盘、柜调整符合要求后，各盘、柜之间用镀锌螺栓连接到一起，主控制盘、继电保护盘和自动装置盘等与基础型钢连接的方式宜采用螺栓连接，其他盘、柜可采用焊接方式固定。采用焊接方式时，一般在盘、柜低部四角进行焊接，焊接后进行防腐处理。所有盘、柜基础槽钢应有明显的不少于两处的可靠接地。

(a)　　　　　　　　　　　　(b)

图 8-33　柜体安装

(4) 盘、柜安装质量需符合下列要求：

①垂直度偏差：不大于 1.5mm/m。

②水平度偏差：相邻两盘顶部不大于 2mm，成列盘顶部不大于 2mm。

③盘间偏差：相邻两盘边不大于 1mm，成列盘面不大于 5mm。

④ 盘间接缝不大于 2mm。

(5) 抽屉式配电柜的安装需符合下列要求：

①抽屉推拉灵活轻便，无卡阻、碰撞现象，抽屉能互换。

②抽屉的机械连锁或电气连锁装置动作正确可靠，断路器分闸后，隔离触头才能分开。

③抽屉与柜体间的二次回路连接插件接触良好。

④ 抽屉与柜体间的接触及柜体、框架的接地良好。

(6) 手车式柜的安装需符合下列要求：

①防止电气误操作的"五防"❶ 装置齐全，并动作灵活可靠。

②手车推拉灵活轻便，无卡阻、碰撞现象，相同型号的手车能互换。

③手车推入工作位置后，动触头顶部与静触头底部的间隙符合产品要求。

④ 手车和柜体间的二次回路连接插件接触良好。

⑤ 安全隔离板开启灵活，随手车的进出而相应动作。

⑥ 柜内控制电缆的位置不妨碍手车的进出且牢固。

⑦ 手车与柜体间的接地触头接触紧密，当手车推入柜内时，其接地触头

---

❶防止电气误操作的"五防"：防止带负荷分、合隔离开关；防止误分、误合断路器、负荷开关、接触器；防止接地开关处于闭合位置时关合断路器、负荷开关；防止在带电时误合接地开关；防止误入带电室。

应比主触头先接触,拉出时接地触头比主触头后断开。

4)母线安装

(1)目前盘、柜分支母线制造厂已经安装到柜体内,主母线由制造厂家预制好后随盘、柜一起运抵现场,盘、柜安装完成后可直接进行母线安装。

(2)母线应按制造厂的标识进行安装,母线的连接螺栓必须采用镀锌螺栓,螺栓采用力矩扳手紧固,紧固力矩应符合规范要求。

5)二次回路结线

(1)盘、柜安装及控制电缆敷设完成后,即可进行二次回路结线施工。

(2)引入盘、柜的电缆应排列整齐,避免交叉,悬挂电缆标识牌,编号清晰,并应固定牢固,不得使所接的端子排受到机械应力。

(3)铠装电缆在进入盘、柜后,应将钢带切断,切断的部位应扎紧,并应将钢带接地。

(4)电缆芯线和所配导线的端部应加装线路标号,标明回路编号,编号字迹应清晰且不易褪色。线路标号一般用异形管,采用专用打印机打印或者手写。

(5)每个接线端子的每侧接线不得超过两根。对于插接式端子,不同截面积的两根导线不得接在同一端子上;对于螺栓连接的端子,弯线方向应与螺栓旋紧的方向一致,当连接两根导线时,中间应加平垫片。

八、干式电抗器安装

油气田所使用的电抗器一般为干式空心电抗器,安装在35kV变电所及10kV户外电容器组回路中,如图8-34所示。

干式电抗器安装要求如下:

(1)安装前进行电抗器外观检查,支柱及线圈绝缘等应无损伤和裂纹,线圈无变形,支柱绝缘子及其附件应齐全。

(2)安装前对基础进行检查,基础内部的钢筋制作应符合设计要求,自身没有且不应通过接地线构成闭合回路。

(3)电抗器采用适宜吨位的吊车进行吊装,干式空心电抗器一般为三相垂直排列,安

图8-34 干式电抗器

装时必须按照制造厂标识的相序进行安装。

（4）干式空心电抗器的重量应均匀分配在所有支柱绝缘子上，找平时，支柱绝缘子底座下可放置钢垫片，但应牢固可靠。上下重叠安装的干式空心电抗器，应在绝缘子顶帽上放置与顶帽同样大小且厚度不超过4mm的橡胶垫片。

（5）干式空心电抗器的底层所有支柱绝缘子均应接地，其余支柱绝缘子不用接地，接地线不应构成闭合环路。

九、母线安装

油气田常用的母线包括矩形硬母线、软母线和封闭母线。软母线和封闭母线的安装相对比较简单，这里主要介绍35kV变电所变压器进户矩形硬母线的安装。

（1）首先进行母线桥架制作，桥架所用钢材的规格及尺寸应符合设计要求，安全净距必须符合规范要求，接地可靠，焊接及涂漆符合要求。

（2）母线桥架制作完成后进行支柱绝缘子的安装，安装前检查瓷绝缘子及法兰应完好且胶合牢固，并经试验合格，安装在同一水平面的支柱瓷绝缘子应位于同一平面上，母线直线段的支柱瓷绝缘子的安装中心线应在同一直线上。

（3）穿墙套管安装前，检查瓷件应完好，且经试验合格，水平安装时法兰在外，安装孔径应比套管直径大5mm以上，套管周围不能形成闭合磁路，套管接地端子应可靠接地。

（4）母线加工前，应进行检查矫正，母线矫正应用木锤或加工垫板间接敲打。母线煨弯加工应采用冷弯，母线弯曲处距母线金具及母线搭接位置不应小于50mm，不宜煨直角弯，弯曲处不得有裂纹或显著折皱，母线的最小弯曲半径应符合规范要求，多片母线的弯曲度应一致。

（5）母线钻孔应采用台钻，螺孔的直径不应大于螺栓直径1mm，螺孔应垂直、不歪斜，中心距离偏差不得大于0.5mm。

（6）母线搭接连接的尺寸、螺栓规格应符合规范要求。母线接触面应平整，无氧化膜，保持清洁，并涂以电力复合脂。经加工后的铜母线截面减少值不应超过原截面的3%，铝母线不应超过5%。母线与母线，母线与分支线，母线与电器接线端子搭接时，其搭接面的处理应符合规范要求。

（7）母线安装连接螺栓应用热镀锌螺栓，螺栓连接的母线两外侧均应有平垫圈，相邻螺栓垫圈间应有3mm以上的净距，螺母侧应装有弹簧垫圈或锁紧螺母。母线平置时，螺栓应由下往上贯穿，螺栓长度宜露出螺母2～3扣。

第八章 电气工程施工

(8) 母线的接触面应连接紧密，连接螺栓应用力矩扳手紧固，紧固力矩应符合规范要求。

(9) 母线与变压器套管接线板连接应采用铜、铝伸缩接头，并且铜板应搪锡。

(10) A、B、C 三相母线分别用黄、绿、红作为相色标志刷相色漆，涂漆应均匀整齐，无起层皱皮等缺陷，单片母线的所有面均应涂漆，距母线的螺栓连接及支持连接处、母线与电器的连接处以及距所有连接处 10mm 以内的地方不应涂漆。若设计要求母线按相色标志安装热缩套时，则无需刷相色漆。矩形硬母线安装如图 8-35 所示。

图 8-35 矩形母线安装

第六节 防雷及接地装置安装

一、防雷装置的安装

为避免雷电的伤害，油气田场站建筑物、构筑物以及架空电力线路一般安装有防雷装置，完整的防雷装置由接闪器、引下线、接地装置三部分组成。

1. 接闪器

接闪器是用来接受雷击电流的装置，根据被保护物形状不同，接闪器的形状有针、网、带、线等不同形状。避雷针主要用于保护露天变配电设备及建筑物或构筑物，一般用镀锌圆钢或镀锌钢管制成，在顶端砸尖，以利于尖端放电；避雷线主要用来保护架空电力线路，一般采用钢绞线；避雷带主要用于保护建筑物或构筑物，一般采用镀锌圆钢制作，沿建筑物屋顶四周易遭受雷击部位装设。接闪器的安装要求如下：

(1) 建筑物顶部避雷带等必须与顶部外露的其他金属物体连成一个整体，形成电气通路，且与避雷引下线连接可靠。

(2) 避雷针、避雷带应位置正确，以焊接方式固定的，焊缝应饱满无遗漏,以螺栓固定的,应连接牢固,且防松零件齐全,焊接部分补刷的防腐油漆完整。

(3)避雷带应平正顺直,固定点支持件间距均匀、固定可靠,每个支持件应能承受大于49N(5kgf)的垂直拉力,水平直线部分支持件间距0.5~1.5m,弯曲部分0.3~0.5m。

(4)建筑物、构筑物安装避雷针时,一定要使被保护物的最高点在防雷装置的保护范围之内,其接地电阻应不超过10Ω,当构筑物或建筑物高于30m时接地电阻不应超过5Ω。

2. 引下线

引下线是连接接闪器和接地装置的金属导体,是将雷电流引入大地的通道。引下线一般采用镀锌圆钢和扁钢制作,也可利用建构筑物自身或其内部的金属导体作引下线。引下线安装要求如下:

(1)避雷针的引下线一般采用镀锌扁钢,连接点不少于两处。

(2)避雷带的引下线一般采用圆钢,引下线与接地装置焊接在一起,引下线在1.5~1.8m处设置断接卡,并在断接卡以下部位采用角钢加以保护,以防止机械损坏。

(3)架空电力线路避雷线一般利用杆塔本身作为引下线,接地装置直接与杆塔本身相连接。

3. 接地装置

接地装置包括接地线和接地体,是防雷装置的重要组成部分。接地装置向大地均匀泄放雷电流,使防雷装置对地电压不至于过高。接地装置可用扁钢、圆钢、角钢、钢管等钢材制成。关于接地体和接地线的安装与电气接地相同,见下部分。

二、接地装置的安装

电气接地一般分为保护接地和工作接地两种,保护接地是为防止电气装置的金属外壳、配电装置的构架和线路杆塔等带电危及人身和设备安全而进行的接地;工作接地是为了电气设备达到运行要求的接地(如变压器中性点接地),作用是保持系统电位的稳定性,即减轻低压系统由于高压窜入而产生过电压的危险性。

接地装置由接地体和接地线两部分组成,接地体是与土壤直接接触的金属导体或金属导体组,又称接地极;接地线是将电气装置接地部分与接地体连接起来所用的金属导体,接地线根据位置不同又可分为接地干线和接地支线,如图8-36所示。

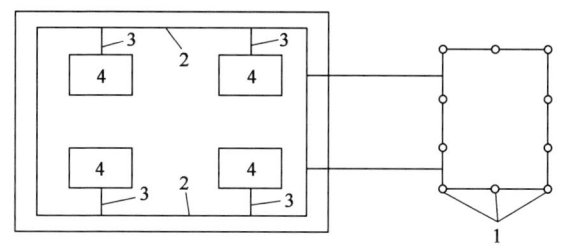

图 8-36 接地装置布置图
1—接地体;2—接地干线;3—接地支线;4—电气设备

1. 接地体的安装

接地体通常分为自然接地体和人工接地体,自然接地体是利用与大地有可靠连接的金属管道和建筑物的金属结构等作为接地体;人工接地体是利用钢材(如钢管或角钢)专门制作的接地体。油气田常用的接地体为人工接地体,一般采用镀锌角钢、钢管、锌包钢、铜包钢和石墨制作而成。

镀锌角钢、钢管、锌包钢、铜包钢等接地体的安装,一般是人工使用大锤直接将接地体垂直打入地下,施工时应在接地体上部加装钢制保护帽,防止将接地体上部砸裂或砸断;接地模块需要采用人力或机械挖掘接地坑后进行安装。接地体安装要求如下:

(1) 接地体顶面埋设深度应符合设计规定,当无规定时,不应小于0.6m。角钢、钢管、锌包钢、铜包钢等接地体应垂直配置。除接地体外,接地体引出线的垂直部分和接地装置连接(焊接)部位外侧100mm范围内应做防腐处理;在做防腐处理前,处理表面必须除锈并去掉焊接处残留的焊药。

(2) 垂直接地体的间距不宜小于其长度的2倍;水平接地体的间距应符合设计规定,当无设计规定时不宜小于5m。

(3) 接地模块可进行垂直埋设或水平埋设,埋设深度应符合设计规定。采用几个模块并联埋设时,模块间距不小于5m,如条件不允许,可适当减小。接地模块的极芯互相并联或与地线连接时,必须进行焊接,焊接处清除焊渣,涂上一层沥青或防腐漆,以防极芯腐蚀。

2. 接地线的敷设

接地线的敷设包括接地体间连接用的扁钢及接地干线和支线的敷设。接

地线的安装要求如下：

(1) 接地干线应在不同的两点及以上与接地网相连接。

(2) 每个电气装置的接地应以单独的接地线与接地汇流排或接地干线相连接，严禁在一个接地线中串接几个需要接地的电气装置。重要设备和设备构架应有两根与主地网不同地点连接的接地引下线，且每根接地引下线均应符合热稳定及机械强度的要求，连接引线应便于定期进行检查测试。

(3) 明敷接地线应水平或垂直敷设，支持件间的距离，水平直线部分为 0.5~1.5m，垂直部分为 1.5~3m，转弯部分为 0.3~0.5m；接地线沿建筑物墙壁水平敷设时，离地面距离宜为 250~300mm，接地线与建筑物墙壁间的间隙宜为 10~15mm，在接地线跨越建筑物伸缩缝、沉降缝处时，应设置补偿器，补偿器可用接地线本身弯成弧状代替。

(4) 明敷接地线，在导体的全长度或区间段及每个连接部位附近的表面，应涂以 15~100mm 宽度相等的绿色和黄色相间的条纹标识。当使用胶带时，应使用双色胶带。

(5) 当电缆穿过零序电流互感器时，电缆头的接地线应通过零序电流互感器后接地；由电缆头至穿过零序电流互感器的一段电缆，其金属护层和接地线应对地绝缘。

(6) 接地体敷设完后的土沟，回填时土内不应夹有石块和建筑垃圾等；外取的回填土壤不得有较强的腐蚀性；回填土应分层夯实。室外接地沟回填时，宜有 100~300mm 高度的防沉层。在山区石质地段或电阻率较高的土质区段，土沟回填时至少先回填 100mm 厚的净土垫层，再敷设接地体，然后用净土分层夯实回填。

3. 接地体（线）的连接

接地体（线）的连接普遍采用焊接，当有色金属接地线不能采用焊接时，可用螺栓连接、压接、热剂焊（放热焊接）方式连接，接至电气设备上的接地线一般用镀锌螺栓连接。接地体（线）的连接要求如下：

(1) 接地体（线）的焊接应采用搭接焊，搭接长度必须符合下列规定：

①扁钢为其宽度的 2 倍，且至少 3 个棱边焊接；

②圆钢为其直径的 6 倍；

③圆钢与扁钢连接时，为圆钢直径的 6 倍；

④扁钢与钢管、扁钢与角钢焊接时，为连接可靠，除应在接触部位两侧进行焊接外，还应焊以由扁钢弯成的弧形（或直角形）卡子或直接由扁钢本身弯成弧形（或直角形）与钢管（或角钢）焊接。

(2) 接地体（线）为铜与铜或铜与钢，连接工艺采用热剂焊（放热焊接）时，其熔接接头必须符合下列规定：

①被连接的导体必须完全包在接头里；

②要保证连接部位的金属完全熔化，连接牢固；

③热剂焊（放热焊接）接头的表面应平滑；

④热剂焊（放热焊接）的接头应无贯穿性的气孔。

(3) 采用钢绞线、铜绞线等作接地线引下时，需用压接端子与接地体连接。

(4) 用螺栓连接时应设防松螺帽或防松垫片。

接地装置安装完成后，应对外观进行检查，合格后进行接地电阻测量，接地电阻值应符合设计的规定。当接地电阻不能满足设计要求时，应增加接地极，也可用在接地体周围加入降阻剂的方法进行处理。

第七节 易燃、易爆场所的电气安装

一、危险场所的分类分级

国家根据发生火灾和爆炸事故的可能性和危险程度不同，将危险场所划分为气体爆炸、粉尘爆炸和火灾三类以及下设的八个级别。

油气田易燃、易爆场所大多属于气体爆炸和火灾危险场所，如输油和输气的阀组间和计量间、原油泵房、污水泵房、油库、集气站、天然气脱水站、天然气凝析液处理厂、天然气净化厂等。

1. 气体爆炸危险场所的区域等级

爆炸性气体、易燃或可燃液体的蒸气与空气混合形成爆炸性气体混合物的场所，按其危险程度的大小分为三个区域等级：

(1) 0级区域（简称0区），是指在正常情况下，爆炸性气体混合物，连续地、短时间频繁地出现或长时间存在的场所。

(2) 1级区域（简称1区），是指在正常情况下，爆炸性气体混合物有可能出现的场所。

(3) 2级区域（简称2区），是指在正常情况下，爆炸性气体混合物不能出现，仅在不正常情况下偶尔短时间出现的场所。

2. 粉尘爆炸危险场所的区域等级

爆炸性粉尘和可燃纤维与空气混合形成爆炸性混合物的场所，按其危险程度的大小分为两个区域等级：

(1) 10 级区域（简称 10 区），是指在正常情况下，爆炸性粉尘或可燃纤维与空气的混合物可能连续地、短时间频繁地出现或长时间存在的场所。

(2) 11 级区域（简称 11 区），是指在正常情况下，爆炸性粉尘或可燃纤维与空气的混合物不能出现，仅在不正常情况下偶尔短时间出现的场所。

3. 火灾危险场所的分类和分级

(1) 火灾危险场所只有一类，但由于在这个区域内火灾危险物质的危险程度和物质状态不一样，又将其分成三个不同危险程度的区：

21 区，指具有闪点高于环境温度的可燃液体，在数量和配置上能引起火灾危险的环境。

22 区，具有悬浮状、堆积状的可燃粉尘或可燃纤维，虽不可能形成爆炸混合物，但在数量和配置上能引起火灾危险的环境。

23 区，具有固体状可燃物质，在数量和配置上能引起火灾危险的环境。

(2) 在火灾危险环境中能引起火灾危险的可燃物质分为下列四种：

可燃液体，如柴油、润滑油、变压器油等。

可燃粉尘，如铅粉、焦炭粉、煤粉、面粉、合成树脂粉等。

固体状可燃物质，如煤、焦炭、木等。

可燃纤维，如棉花纤维、麻纤维、毛纤维、木质纤维、合成纤维等。

二、危险场所电气安装

爆炸和火灾危险场所的电气安装质量，将直接影响该区域内装置设备的运行安全和人身安全，施工单位必须严格按照国标 GB 50257—1996（《电气装置安装工程爆炸和火灾危险环境电气装置施工及验收规范》）的要求进行施工。安装要求如下：

(1) 安装前，检查设备的类型、级别、组别、规格型号是否符合设计要求，设备是否有"Ex"标志（防爆标志）和标明设备类型、级别、组别的标志铭牌，铭牌上是否有国家指定的检验单位发给的"防爆合格证号"；防爆接线盒、分线盒、活接头、隔离密封盒的级别、组别和规格型号是否符合设计要求。这些内容检验合格后，方可进行安装。

（2）导线不得直接连接，必须在接线盒或分线盒内连接或分路。

（3）电缆通过地面、过道或楼板等易受机械损伤处，均应装设钢管保护，保护管与建筑物的间隙，应按设计要求封堵严密。保护管两端管口处，应用非可燃性纤维堵严后再填塞密封胶泥。

（4）配线钢管螺纹的有效啮合扣数，管径为25mm及以下的钢管不应少于5扣；管径为32mm及以上的钢管不应少于6扣，并且不允许用倒扣连接。

（5）电缆在进入防爆设备的进线口时，电缆外套必须穿过弹性密封圈或密封填料，并且必须被弹性密封圈挤紧或钢管被密封填料封固，禁止拆掉密封圈或密封填料安装电缆，多余的进线口其弹性密封垫和金属垫片应齐全，并应将压紧螺母拧紧使进线口密封，金属垫片的厚度不小于2mm。

（6）配线钢管在通过隔墙时，应在隔墙的任意一侧装设隔离密封件。

（7）防爆配电箱、按钮、操作柱安装时，接合面的紧固螺栓应齐全，弹簧垫圈等防松设施应齐全完好，弹簧垫圈应压平。

（8）防爆配电箱、按钮、操作柱的隔爆面，经清洗后应涂磷化脂、电力复合脂或204号防锈油；组装时，隔爆面上不得有锈蚀层；防爆接合面的紧固螺栓不得任意更换，弹簧垫圈应齐全。

（9）电气设备的金属外壳、金属构架、金属配线管及其配件、电缆保护管等非带电的裸露金属部分，均应接地或接零，并且接地或接零良好。

第八节　安全施工技术措施

一、安全危险源识别

电气工程施工过程中存在的安全风险很多，常见的危险主要有触电、高处坠落、物体打击、机械伤害。跨越线路施工、停电作业、高压试验、电气设备试运行等施工过程中主要存在触电的风险；登杆、杆塔上作业中主要存在高处坠落的风险；高处作业现场，电杆及线盘拉运，杆塔组立，盘、柜安装，电缆敷设等施工过程中主要存在物体打击的风险；起重机组立杆塔、电气设备吊装、导线架设等施工过程中主要存在机械伤害的风险。

二、安全施工措施

工程开工前，应对电气施工过程中存在的安全风险进行识别、评估，制定安全预防措施，并在施工前进行安全技术交底。施工过程中，应严格按安全施工措施、安全技术交底和《电力建设安全工作规程》国家标准相应内容的要求执行。电气工程施工除常规安全施工措施外，还应注意采取以下措施预防安全风险。

1. 防触电措施

(1) 停电作业应按要求办理停电工作票，并严格按照程序进行操作，严禁约时、口头停电、送电。

(2) 在停电的设备或停电的线路上工作前，必须经检验确认无电压后方可装设接地线，装好接地线后方可进行工作。接接地线时应先接接地端，再接设备或线路端，拆接地线时顺序相反。

(3) 停电设备或线路恢复送电前，必须将工具、器具和材料清理干净，拆除全部地线，收回全部工作票，撤离全部工作人员，向运行值班人员交办工作票等手续。接地线一经拆除，设备或线路即应视为有电，严禁再去接触或进行工作。

(4) 跨越不停电线路时，应严格按照规程要求的安全距离搭设跨越架，所有跨越架均应设拉线。操作人员、工具和器具与带电体之间的最小安全距离必须符合规定。

(5) 高压试验时，应设安全警戒线或围栏，向外悬挂"止步，高压危险！"的标识牌。高压试验设备的外壳必须接地，接地必须良好可靠。高压引线长度适当，不可过长，引线用绝缘支架固定。

2. 防高处坠落措施

(1) 攀登杆塔前，应检查电杆基础是否牢固、电杆是否有严重的横向裂纹、铁塔脚钉是否齐全牢固，并对使用的攀登工具进行承力检验。

(2) 攀登电杆时，应使用安全带（绳）进行全过程保护。杆塔上作业时，安全带必须拴在牢固的构件上，不得低挂高用，并应随时检查安全带是否拴牢。

(3) 高处作业人员上下铁塔应沿脚钉或爬梯攀登，不得沿单根构件上爬或下滑。

(4) 攀登无爬梯或无脚钉的钢筋混凝土电杆必须使用登杆工具。多人上下同一杆塔时应逐个进行。严禁利用绳索或拉线上、下杆塔或顺杆下滑。

（5）作业时，遇冰雪、霜冻、大雾天气，作业人员应穿着防滑工作鞋。杆身表面有冰雪、霜冻时，禁止使用脚扣攀爬。

（6）遇有雷雨、暴雨、浓雾、沙尘暴、六级及以上大风时，不得进行高处作业。

3．防物体打击措施

（1）严禁工作人员站在作业处的垂直下方，工作点下方应设围栏，高空落物区不得有无关人员通行或逗留。

（2）高处作业应使用工具袋，工具、器材上下传递应用绳索拴牢传递或转移，并有防止脱落的措施。

（3）装运水泥杆和线盘应使用吊车，运输电杆和线盘必须绑扎牢固，用绳索绞紧，周围应塞牢，防止滚动、移动。装、卸水泥杆时，除打好掩木防止车身倾斜、杆子滚动以外，应加拦绳固定，防止散堆，严禁在溜放的杆子前方站人。

（4）线路拆旧施工时，拆除导线前杆塔要先安装可靠的拉线，做好防止倒杆塔措施。工作人员不得跨在或站在导线的下方和内角侧，防止拆除导线时意外跑线抽伤人，倒杆范围内严禁有人，杆塔工作人员应有防止杆塔晃动导致高空坠落的措施。

（5）盘、柜就位时人力应足够，指挥应统一，狭窄处应防止挤伤。盘底加垫时不得将手伸入盘底，单面盘并列安装时应防止靠盘时挤伤手。盘在安装固定好以前，应有防止倾倒的措施，特别是重心偏在一侧的盘。

4．防机械伤害措施

（1）吊车起重作业时，必须由专人进行指挥，起吊前要正确地选择吊点，确保在起吊过程中物件的平衡。在起吊过程中，起吊物和吊臂的下面严禁有人逗留和通过。

（2）当重物吊离地面后，工作负责人应再检查各部位受力和被吊物品绑扎情况，无异常方可正式起吊。物件落地后放置平稳，有防倾倒的措施。

（3）操作无齿锯时，操作人员应站在锯片的侧面，锯片应缓缓地靠近被割物件。严禁将无齿锯作为砂轮机磨削工件。

（4）敷设电缆时，应统一指挥，规定联络信号。电缆放线支架应有足够的机械强度，放置应稳固可靠、高度适中，放线杆两端高度应保持水平，防止放电缆时倾倒滚动伤人。电缆盘设专人看守，电缆盘滚动时禁止用手制动。

第九章 自动化仪表工程

油气田地面仪表工程的自控内容主要包括温度检测、液位检测报警、压力检测联锁、流量检测、可燃气体检测及报警、变频控制等。本章仅对油气田地面工程中常见的自动化仪表设备的安装调试以及自动化仪表电缆敷设、仪表管道安装、仪表回路试验、系统调试等知识进行介绍。

第一节 仪表专业分工界限及相关组成

一、仪表和其他专业的分工界限

油气田地面建设中的仪表工程和其他专业的分工界限可以根据施工图中的设计划分进行区别，原则上是材料、设备设计到哪个专业，由哪个专业进行施工。在实际的施工过程中，为了很好地明确施工责任，这一划分原则又被具体地定义为以下几个方面。

1. 仪表与工艺专业分工界限

流量计本体均由工艺专业安装，节流装置、压力检测仪表、在线分析仪表由工艺专业安装到一次取样阀；温度取源接头、法兰及保护套管由工艺专业安装；浮筒式液位计、液位开关的取源法兰、玻璃板液位计由工艺专业安装，法兰差压液位变送器、差压液位变送器要求工艺安装到一次取压阀，雷达液位计导波管、伺服液位计扶正管由工艺专业安装；执行机构本体由工艺专业安装，其气源、液源工艺需安装分支阀门到距执行机构1m以内。

2. 仪表与电气专业分工界限

电气专业负责把电源送到仪表盘及站控室PLC（可编程逻辑控制器）机柜开关的上侧，UPS电源进线由电气专业连接；电气设备、电气盘的连锁及状态信号的配接线一般由电气专业施工。站控室PLC机柜及仪表盘的接地由电气专业施工到盘、柜附近，并预留连接接头。

3. 仪表与土建专业分工界限

站控室盘、柜的槽钢基础、混凝土基础、地脚螺栓，电缆桥架的基础、钢结构，混凝土电缆沟、仪表电缆及桥架的进户洞、水池及污油池等的仪表安装孔均由土建进行施工。

二、仪表常用管件及阀门

1. 仪表常用阀门

仪表常用阀门有两阀组、三阀组、高压法兰截止阀、内螺纹截止阀、气源球阀五种形式。两阀组通常与压力变送器配套使用，三阀组通常与差压变送器配套使用，高压法兰截止阀一般用于注水泵出口管道的压力测量管路上，内螺纹截止阀通常作为取压一次阀使用，气源球阀主要用于仪表供气场合。

2. 仪表常用管件

仪表常用管件有防爆活接头、Y形密封接头、防爆格兰头、卡套接头、直通终端接头、承插焊锻制90°弯头、承插焊等径锻制三通、承插焊直通接头、焊接异径接头、铜制（钢制）气动管路接头等。

三、仪表回路的构成

1. 检测回路的构成

检测回路是仪表最基本、最简单的回路之一，一般由检测仪表、防雷栅、安全栅、输入模块、控制系统等组成。压力变送器、液位变送器、温度变送器、流量计、热电阻等一次仪表将工艺参数转化为标准的电信号，通过安全栅、防雷栅等元件进入PLC控制系统的模拟量输入模块，最终转化为数字信号，在计算机系统上显示相应的工艺参数。

2. 控制调节回路的构成

控制调节回路一般由检测仪表、防雷栅、安全栅、输入模块、控制系统、输出模块和调节阀及变频器等组成。在控制调节回路中，检测仪表的测量值PV、输入到DCS控制系统（分布式控制系统）的PID（P，比例；I，积分；D，微分）模块，与PID模块的人为设定值SV进行比较，DCS系统根据这一

偏差的大小，输出标准的 4~20mA 信号，控制调节的开度、变频器的输出，通过 P、I、D 的调整，使物料在给定值的上下范围内达到平衡，从而实现控制调节。

3. 报警连锁回路的构成

报警连锁回路一般由检测及开关仪表、防雷栅、安全栅、输入模块、控制系统、输出模块、继电器和执行机构及电动机等组成。检测仪表的测量值 PV 达到某一设定或开关仪表的节点动作时，DCS 控制系统报警，并通过数字输出模块输出节点信号控制继电器，继电器输出控制执行机构开启或闭合、电动机等动设备启动或停止。

第二节　仪表设备的校准和试验

仪表安装前必须进行校准和试验，以确认仪表的内部参数设置符合设计文件要求，仪表的功能符合产品技术文件所规定的技术性能。

一、准备工作

仪表设备在校准和试验前，应做好各项准备工作。

1. 试验间准备

仪表设备校准和试验应在室内进行，室内应清洁、安静、光线充足、通风良好，温度保持在 10~35℃，空气相对湿度不大于 85%，有符合试验要求的电源和仪表风气源，无强磁场干扰。

2. 标准仪器准备

试验用的标准仪器应具备有效的检定（校准）合格证，其基本误差的绝对值不超过被校仪表基本误差绝对值的 1/3。

3. 人员准备

仪表校准和试验的人员应具审核图样的能力及仪表专业等方面的基础知识，并经培训合格取得计量检定员证书。

二、一般要求

1. 外观检查

（1）设备的型号、规格、测量范围、材质、显示部分、电源等级等技术条件，以及外形尺寸、连接规格等应符合设计要求。

（2）设备无变形、损伤、油漆脱落、零件丢失等缺陷。

（3）端子、接头、安装支架等附件齐全。

（4）出厂合格证及检验报告、说明书齐全。

2. 试验结果要求

（1）仪表零点正确，偏差值不超过允许误差的1/2。

（2）基本误差小于该仪表精度等级。

（3）变差应符合仪表精度等级的允许误差。

（4）液晶显示部分数字完整，多种模式可调。

（5）指针灵活，无抖动、阻尼和跳动现象。

（6）双法兰等变送器能够100%负迁移。

三、校准和试验

仪表的校准和试验按计量法要求，与安全相关的仪表及参与贸易计量的仪表，必须送到国家法定计量部门进行校准和试验，并出具合格的检定证书。仪表校准和试验一般采用0、50%、100%三点校验法和0、25%、50%、75%、100%五点校验法。

1. 仪表电源设备的试验

仪表电源设备的试验内容主要包括绝缘电阻测量、电源输出试验和带负载能力试验等。仪表电源设备的绝缘电阻一般不应小于$5M\Omega$，电源箱的电源输出试验及带负载能力应符合产品说明书及设计文件的规定。

2. 压力检测仪表试验

压力检测仪表的试验设备主要有压力校验台、真空泵和压力校验仪等。试验时，采用试验设备对压力检测仪表进行加压，并与标准压力表或加压设备的示值进行比较，以验证压力检测仪表的准确性。

3. 温度检测仪表试验

温度检测仪表用Fluke 9011高低温校准炉对温度仪表进行校验。将温度仪表插入校准炉中，对各校验点进行加热升温，并且将各仪表的输出与校准炉的示值进行比较。双金属温度计的校准点不应少于3点，设计有特别要求的温度计，应做5点校验。热电偶、热电阻、一体化温度变送器校准点不应少于5点，校验前应做导通和绝缘检查。

4. 分析检测仪表试验

分析检测仪表用标准样品进行试验。含水分析仪校验时，用符合设计规定的标准样品进行试验，与标准样品进行比较，计算其检测精度是否符合要求。可燃气体报警器，有毒、有害气体传感器和感烟、感温探测器一般在安装后，在现场采用标准样品进行试验。

5. 显示仪表示值误差试验

（1）信号比较法：用信号发生器向被校仪表和标准仪器加同一信号，将被校仪表的示值与标准仪表的示值进行比较，求出各点示值误差。

（2）直接试验法：用标准仪器直接给被校仪表加信号，通过标准仪器的信号示值与被校仪表示值相比较，然后求出被校仪表的各点误差。

6. 流量检测仪表试验

流量检测仪表一般委托国家法定计量部门进行试验。

7. 物位仪表试验

（1）雷达液位计、超声波物位计安装完成后，将容器的制造高度、体积、死区等参数通过仪表面板或远红外通信器置入仪表，进行现场投用，超差时，改变以上参数值，重新设置，直至满足测量要求。

（2）浮筒式液位计可用带有刻度的容器中加入符合要求的液体介质（水）进行试验，检测其输出是否符合要求。

（3）浮球式液位变送器在全量程范围内3点手动托动浮球，变送器输出信号分别为0、50％、100％，其基本误差及变差均不应超差。

（4）浮球式液位开关检查时，用手操作浮球上、下移动，带动磁钢使开关触点动作，用万用表检查触点的通断。

（5）电容式物位开关试验时，将探头插入物料后，通电后状态指示灯亮，输出继电器应动作。

（6）音叉式物位开关试验时，通电后，用手指按压音叉端部强迫停振，输出继电器应动作。

（7）双法兰液位变送器试验，用压力校验台在正压室侧全量程5点校验，安装完成后，在空容器的状态下进行负迁移。

8. 调节阀、执行机构试验

(1) 调节阀模头应进行气密性试验，试验时，将 0.6MPa 的仪表空气输入薄膜气室，切断气源后 5min 内，气室压力不下降为合格。

(2) 事故切断阀应进行阀座密封试验，调节阀、开关阀进行耐压强度试验，调节阀进行泄漏量试验。

(3) 调节阀的行程试验，在全行程内进行正反行程试验，分 5 点进行检测，行程允许偏差为 ±1%。

(4) 事故切断阀必须进行全行程时间试验，在切断阀处于全开（或全关）状态下，操作电磁阀，使切断阀全关（或全开），用秒表测定电磁阀开始动作到切断阀走完全行程的时间，该时间不得超过设计规定值。

第三节　仪表的安装

一、施工程序

自动化仪表工程施工一般程序如图 9-1 所示。

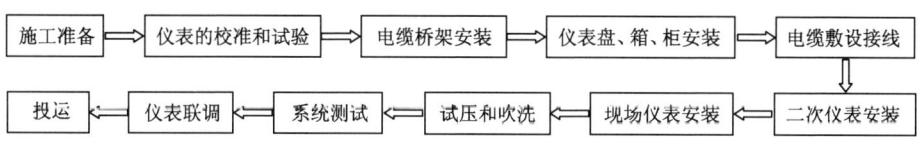

图 9-1　自动化仪表工程施工程序图

二、安装

1. 一般要求

(1) 有脱脂要求的仪表在安装前应进行脱脂。

(2) 仪表校准合格后方可安装。

(3) 仪表应安装在无强烈振动、无高温、无腐蚀、无强电磁场干扰的地方，安装位置应符合设计规定，并且便于安装、维护、观察及操作，所有仪表进线口不应朝上。

（4）仪表应安装在介质流速稳定处，尽量避免安装在管道的弯头处和工艺阻流件附近。

（5）压力与温度仪表在同一管段上安装时，压力仪表应在温度仪表的上游侧。

（6）仪表取源部件距离焊道的距离不应小于100mm。

（7）仪表安装应在工艺吹扫完成后进行，避免损坏仪表传感部件。

2. 温度检测仪表安装

油气田地面工程常用的温度检测仪表主要包括热电阻、热电偶、温度变送器、双金属温度计等。热电阻一般用于测量低温，在油气田地面工程中应用比较普遍（图9-2）；热电偶一般用于测量高温，在油气处理厂应用较多；双金属温度计用于温度指示。温度检测仪表的安装方法大体相同，首先在工艺管道或设备上安装温度取源部件，然后安装仪表设备，仪表设备与温度取源部件之间一般采用螺纹连接。

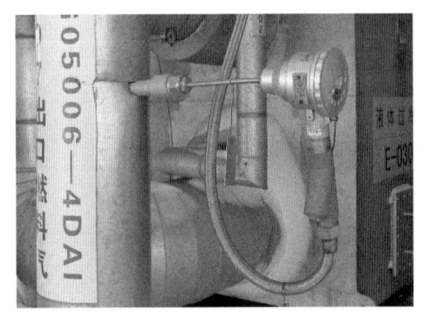

图9-2 热电阻安装图

1）温度取源部件安装

温度取源部件由工艺专业安装在工艺管道上，安装位置及方法由仪表专业技术人员现场进行交底。安装要求如下：

（1）取源部件的安装应在工艺管道预制、安装的同时进行，尤其是防腐、衬里管道和砌体或混凝土浇筑体上的取源部件，应预埋、预留。开孔和焊接工作必须在设备、管道的防腐衬里和压力试验前完成。

（2）在高压、合金钢、有色金属工艺管道和设备上开孔，应采用机械加工的方法，不可用火炬切割。

（3）取源部件的焊接应符合工艺管道焊接专业的要求。

（4）取源部件在管道上安装时，应逆介质流向呈45°安装，或垂直安装。

（5）安装位置应选择在被测介质温度变化灵敏，具有代表性和便于观察的地方。

（6）温度取源部件插入管道深度：直形连接头、45°连接头以不露出管道内壁为宜，保护套管和法兰式保护套管应插入管道中心线以下。

2）仪表设备安装

第九章　自动化仪表工程

(1) 双金属温度计金属套管的端部应有一定自由空间,套管端部不可与管壁接触,更不允许对套管端部施加压力。

(2) 热电偶安装时不要碰坏陶瓷保护外套。

(3) 热电偶必须有效接地,通过加热的办法实际测量热电偶的极性,严防极性接反。

(4) 热电偶取源部件的安装位置应远离强磁场。

(5) 热电阻、热电偶安装用垫片的选择:石棉橡胶垫用于温度小于350℃,压力小于4.0MPa的场所;氟塑料垫适用于腐蚀性介质,温度小于200℃,压力小于4.0MPa的场所;石墨复合垫适用于温度小于600℃,压力小于6.3MPa的场所。

3. 压力检测仪表安装

油气田地面工程常用的压力检测仪表主要包括压力表和压力变送器。压力检测仪表的安装分为压力取源部件安装和压力仪表安装两部分。压力检测仪表应根据产品说明书要求安装,安装位置应符合设计及规范要求,安装时应保证有足够长度的直管段,同时介质流向应正确。

1) 压力取源部件安装

压力取源部件由工艺专业焊接在工艺管道上,焊接时所选用的焊接工艺应符合焊接工艺规程要求。安装时,安装位置及方法由仪表专业技术人员现场进行交底。安装要求如下:

(1) 在水平和倾斜的工艺管道上安装时,取压点的方位应按下面要求进行确定:

①测量气体压力时,在管道的上半部。

②测量液体压力时,在管道的下半部与管道的水平中心线呈0°~45°夹角的范围内。

③测量蒸汽压力时,取压点取在工艺管道的上半部,以及下半部与工艺管道水平中心线呈0°~45°夹角的范围内。

(2) 压力取源部件的安装位置应选择在工艺介质流速稳定的管段。

(3) 压力取源部件与温度取源部件在同一管段上时,应安装在温度取源部件的上游侧。

(4) 压力取源部件的端部不应超出工艺设备和工艺管道的内壁。

(5) 在垂直工艺管道上测量带有灰尘、固体颗粒或沉积物等混浊介质的压力时,取源部件应倾斜向上安装,在水平工艺管道上宜顺流速呈锐角安装。

(6) 压力变送器安装位置应光线充足,操作和维护方便,不要安装在振动、潮湿、高温、有腐蚀性和强磁场干扰的地方。

（7）测量气体介质压力时，变送器安装位置宜高于取压点；测量液体或蒸汽压力时，变送器安装位置宜低于取压点，目的在于减少排汽、排液附加设施。

2) 压力表安装

（1）在油泵房等泵出口安装压力表通常安装在手动工艺阀门附近，并便于观察的地方。

（2）当压力表用于测量温度高于60℃的液体、蒸汽和可凝性气体的压力时，就地安装的压力表的取源部件应带有环形或U形冷凝圈（弯）管，如图9-3所示。

3) 压力变送器安装

压力变送器安装方式有两种，一种是直接安装在工艺管道上，如转油脱水站、天然气计量站、含油污水站等工程的压力变送器（图9-4）；一种是采用导压管安装方式，可在现场制作立柱支架，采用U形螺栓卡住，也可采取墙壁支架安装，如注水泵出口的压力变送器（图9-5）。无论采用哪种安装方式，压力变送器应垂直安装，压力变送器的引压管应尽量短，并靠近所检测压力源位置。

图9-3 带冷凝圈（弯）压力表安装图

图9-4 压力变送器在管道上安装

图9-5 压力变送器在支架上安装

4. 流量检测仪表安装

油气田地面工程常用的流量检测仪表包括差压流量计、浮子流量计、涡街流量计、质量流量计、电磁流量计、超声波流量计、椭圆齿轮流量计等。

第九章　自动化仪表工程

流量检测仪表由传感器和转换器两部分组成，根据类型不同，有的流量检测仪表传感器和转换器为一体式的，有的是分体式的。大多数流量检测仪表采用法兰连接方式安装在工艺管道上，安装时一般根据其重量采用吊车或倒链人工安装。

1）节流装置安装

节流装置一般用在天然气深冷、浅冷、计量站等天然气处理工程中。安装要求如下：

（1）节流装置安装位置的上、下游侧直管段长度一般应达到前 $8D$ 后 $5D$（D 为管径，下同）的要求。

（2）孔板、喷嘴和文丘里管等节流件安装时，孔板的锐边或喷嘴的曲面应迎向被测介质的流向，孔板和孔板法兰的端面应和轴线垂直，其偏差不应大于 $1°$。

（3）节流装置在水平的工艺管道上安装时，取压口的方位应符合下列规定：当测量气体流量时，应在工艺管道的水平中心线上半部；当测量蒸汽流量时，应在工艺管道的上半部与工艺管道水平中心线呈 $0°\sim45°$ 夹角的范围内；当测量液体流量时，在工艺管道的下半部与工艺管道水平中心线呈 $0°\sim45°$ 夹角的范围内。节流装置在垂直工艺管道上安装时，流体流向应为自下而上的。

（4）环室安装时，环室上有"＋"号标志的一侧应装在节流元件的上游侧，当环室上有箭头标示流向时，箭头指向应与被测流体的流向一致。当无上述两种标记时，孔板的锐边或喷嘴的圆弧面应迎着被测流体的流向。

（5）工艺管路吹扫时，应将节流件拆下，待试压前安装，与工艺管道一同试压。

2）差压流量计（或差压变送器）安装

差压流量计（或差压变送器）与节流装置配套使用测量流量，安装要求如下：

（1）差压流量计（或差压变送器）正、负压室与测量管道的连接必须正确，引压管倾斜方向和坡度满足规范的要求，液体介质应向下倾斜，气体介质应向上倾斜，并且要有 $1:9\sim1:100$ 的坡度。

（2）差压流量计（或差压变送器）安装位置应选择在节流装置附近安装，最远距离不大于 $15m$。

（3）为保证测量管道和仪表内介质为单一物相，当被测介质为液体时，差压流量计（或差压变送器）的安装位置应低于节流装置；当被测介质为气体时，安装位置应高于节流装置；当被测流体为蒸汽时，安装位置应低于节流装置，确保测量管中只有冷凝液存在避免气液混合，影响测量。

3）浮子流量计安装

浮子流量计一般采用法兰或卡套式连接，如图 9-6 所示，安装要求如下：

（1）浮子流量计必须安装在垂直管线上，被测介质的流向应由下向上，上游直管段长度应大于 $5D$。

（2）浮子流量计安装时，不可对流量计施加压力或扭力，尤其是玻璃管浮子流量计。当浮子带有活动导向杆时，在安装过程中不要碰损。

（3）浮子流量计安装的垂直度要满足仪表说明书的要求。

4）电磁流量计安装

电磁流量计一般用于水流量测量，在油气田含油污水站、注水站、注入站的应用最为广泛。电磁流量计有一体式或分体式两种形式（图 9-7），安装要求如下：

图 9-6　浮子流量计安装图　　　　图 9-7　一体式电磁流量计安装图

（1）分体式电磁流量计安装时，传感器和转换器配套安装，不可随意更换，否则转换器必须重新设定。

（2）传感器安装位置优先选在垂直管道上，且垂直管道内液体必须是自下而上流动，传感器不可安装在工艺管路最高水平管段上。

（3）在水平或倾斜的工艺管道上安装时，传感器上游侧直管段不可小于 $5D$，下游侧直管段不小于 $2D$。

（4）传感器与工艺管道之间采用法兰连接，紧固螺栓时不可拧得过紧，否则会损坏传感器法兰口聚四氟乙烯涂层。

(5) 传感器在水平或倾斜工艺管道上安装时,其两支检测电极应处于水平位置,不允许处在工艺管道的正上方和正下方的位置。

(6) 传感器外壳、被测介质和工艺管道三者必须连成等电位并接地,以消除外界干扰,且要求独立接地,接地电阻小于 10Ω。

(7) 信号转换器安装位置应靠近传感器安装,有利于减小外部电磁干扰对信号传输线的影响和信号强度的损失。

5) 涡街流量计安装

油气田地面工程的锅炉房、换热站等测量气体或蒸汽流量时,一般采用涡街流量计。涡街流量计与工艺管道的连接方式一般有插入式、夹持式和法兰式三种,法兰式连接的涡街流量计现场应用较多。安装要求如下:

(1) 传感器应安装在直管段较长的位置,当上游管道上有调节(控制)阀门时,传感器安装位置上游侧直管段长度应在 20D 以上,传感器的下游侧直管段长度通常在 5D 以上;当上游侧管道上有扩径管(或一个弯头)时,上游侧直管段长度应大于 10D;当上游侧管道上有缩径管时,上游侧直管段长度应不小于 5D。

(2) 传感器与转换器分开安装时,转换器安装的位置应尽可能靠近传感器的位置,并便于维护的地方,两者距离一般不宜大于 20m。

(3) 传感器与转换器之间用设备自带专用屏蔽电缆进行信号传输,应将转换器外壳与传感器同点接地,接地点宜在传感器侧。

(4) 管道吹扫时,应将传感器从管道上卸下来,采用临时管件进行连接,如法兰盖、法兰短接等。吹扫完成后,与工艺管道一起试压。

6) 超声波流量计安装

超声波流量计一般用于油气田天然气计量站的湿气流量测量,分为一体式及分体式两种,一体式采用法兰连接,与其他法兰式连接的流量计安装要求基本相同(图 9-8)。分体式超声波流量计由换能器和转换器两部分组成,下面主要介绍分体式的安装。

图 9-8 超声波流量计安装图

(1) 分体式超声波流量计的非接触式换能器安装一般采用夹装式安装,用专用夹具将换能器捆绑在工艺管道上。

(2) 换能器可安装在水平、倾斜管道上及流体流向自下而上的垂直管道上。工艺管道应有一定的直管段长度，一般换能器上游侧最短直管段长度为10D，下游侧直管段长度为5D；换能器应安装在水平管道段，并与水平中心线呈45°夹角，但不能安装在水平管道顶部、底部位置，且管道表面不得有凸凹现象。

（3）在换能器表面与管壁之间应涂抹足够的耦合剂，接触面之间不可有空隙和固体颗粒。耦合剂可采用硅脂或硅胶，高温条件下可用硅脂（适用温度$\leqslant 200℃$）或其他专用高温耦合剂。耦合剂的作用在于改善声音传播效果。

（4）换能器与转换器之间由专用传输电缆连接。转换器一般为盘装式，转换器与换能器的距离一般为200m，不宜过近，也不可过远，电缆过短不利于反射噪声的衰减，电缆过长信号的衰减过多，都会影响仪表的正常工作。

（5）当被测流体为液态时，换能器应安装在不可能滞留气泡的管段上，气泡的存在将对测量结果带来误差。

7）质量流量计安装

质量流量计在油气田地面工程中应用不多，一般只用在天然气外输的首站和末站，其安装要求如下：

（1）质量流量计应安装在水平管道上，介质为气体时，箱体管（"U"形流量管）应处于工艺管道的上方；介质为液体时，箱体管（"U"形流量管）应处于工艺管道的下方。

（2）安装时应按制造厂家配套出厂的传感器和转换器成套安装，不可互换。传感器应安装在无气、液混相的地方。

（3）质量流量计传感器若安装在泵出口管道上，传感器上游侧直管段长度应为传感器过程连接法兰体间距长度的4倍以上。工艺配管及法兰焊接，传感器上、下游侧管道法兰口轴线、法兰螺栓孔方位应对中，可偏心安装时，工艺管道与传感器间不应有应力。

（4）质量流量计传感器应安装在无振动的管道上，在水平管道上安装时，传感器上、下游侧的工艺管道要安装支架，减少应力。安装转换器时，要与传感器就近安装，不能超出专用电缆的长度许可范围。

（5）传感器和转换器的接线参照产品使用说明书接线，接地必须可靠。接线过程中，应将传感器、转换器的电缆引入孔密封好，以防雨水、湿气进入壳体内。

8）椭圆齿轮流量计安装

椭圆齿轮流量计一般用于转油脱水站外输油管道上，用于流量计量，由于其体积及重量较大，一般都设有混凝土基础，采用地脚螺栓固定。椭圆齿轮流量计典型安装形式如图9-9所示，安装要求如下：

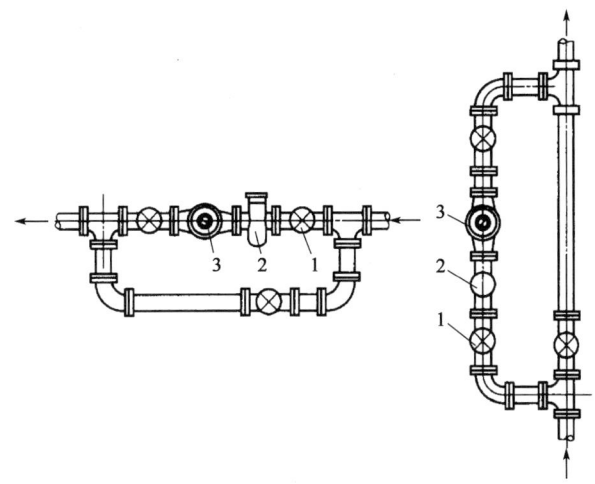

图9-9　椭圆齿轮流量计典型安装形式示意图
1—切断阀；2—过滤器；3—椭圆齿轮流量计

（1）安装时，应在流量计的上游侧加设过滤器，滤去被测介质中的杂质。

（2）椭圆齿轮流量计宜装在水平管道上，管道应设旁路，并在仪表的上、下游侧和旁路管道上设置切断阀，以便于不停产时对过滤器进行拆卸、更换或清洗。

（3）仪表在垂直管道上安装时，管道内流体流向应自下而上。如果被测液体内含有气体时，应在仪表前加装气体分离器。

5．物位检测仪表安装

油气田地面工程常用的检测物位的仪表种类很多，有雷达物位计、浮力式液位计、浮球式液位开关、电容式物位仪、超声波物位计、差压式变送器等，安装要求也不尽相同。寒冷地区安装在室外的超声波液位计，仪表本身要求自带电伴热，并且要进行保温。

1）浮力式液位计安装

（1）光导电子液位计安装。

油气田最典型的浮力式液位计是光导电子液位计，一般用于油库大型储罐液位测量，安装方法如下：

①用经纬仪确定其导向筒支架根部在储罐壁上的位置，确保支架在同一条直线上。

②在储罐抗风圈上，按支架位置开400mm×400mm的方孔。

③安装导向筒，并将其顶部所有的导向轮安装好。

④由导向筒顶端探入大型储罐的导向轮处下放铅锤，确定钢丝固定螺栓的位置，并焊接固定在储罐浮船上。

⑤在罐下导向筒底部连接好格雷码检测箱。

⑥在浮船上固定好导向钢丝（浮船一定要在储罐底部），将钢丝用绳索吊至罐顶，并且穿过第一、第二个导向轮后，加转换接头与格雷码带相连。

⑦格雷码带穿过检测器后用转换接头与小钢带相连接。

⑧将小钢带提升至罐顶，穿过第三个导向轮后与重锤相连。

（2）其他浮力式液位计的安装要求。

①内浮子液位计安装，应在容器内设置导向装置，以防容器内液体涌动，造成浮子大范围漂动。

图 9-10 浮球液位开关安装图

②带有导向筒的内浮子液位计，其导向管管壁宜钻有小孔。管子下端应离开罐底约 200mm，用型钢支撑。导向管垂直安装。

③浮球液位开关安装，在容器上焊接的法兰短管不可过长，否则会影响浮球的行程，应保证浮球能在全行程范围内自由活动。浮球液位开关现场安装如图 9-10 所示。

④外浮筒式液位计安装时，其法兰连接应平整，并且要加装磁性过滤器及切断阀。

2）差压式变送器安装

差压式变送器一般用于油气田锅炉水位、轻烃储罐的液位及界位测量。差压式变送器安装高度通常不应高于被测容器液位下接口标高。若选用双法兰差压变送器测量液位，变送器安装位置只受毛细管长度的限制。毛细管的弯曲半径应大于 50mm，且应对毛细管采取保护措施。差压式变送器应垂直安装，保持"＋"、"－"压室标高一致，"＋"压室与容器的下接口连接，"－"压室与容器的上接口连接。如图 9-11、图 9-12 所示。

3）电容式物位仪安装

油气田地面工程的联合站、转油站中的储罐界位测量大多采用电容式物位仪，安装在卧式容器上一般采用螺纹连接，安装在立式储罐上多为法兰连接。安装时，传感器保护罩壳体应接地，电缆入口应密封良好。

第九章 自动化仪表工程

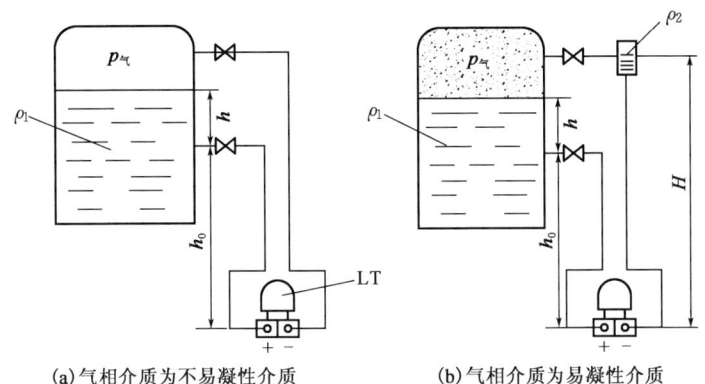

(a) 气相介质为不易凝性介质　　(b) 气相介质为易凝性介质

图 9-11　差压式变送器安装示意图

$p_气$—气体介质压力；ρ_1—液体工艺介质密度；h_0—差压变送器正压室距取压点高度；h—测量的液位高度；
H—差压变送器负压室距取压点高度；ρ_2—隔离液密度；LT—差压变送器

图 9-12　差压式变送器安装图

4）超声波物位计安装

超声波物位计一般用于油气田含油污水站的水池、污油池的液位测量，安装方式主要以法兰连接为主（图 9-13），也有采用螺纹连接的。安装时，在水池、污油池顶部选择一处合适位置，按照传感器法兰连接尺寸制作一个带法兰的立管，立管高度一般不能超过 300mm，预埋或焊接于池顶部即可。传感器中轴线应垂直于被测物的表面。超声波物位检测仪表的检测元件不能承受高温，不宜在高温环境下使用，在低温环境下安装时，要做好保温。

5）雷达物位计安装

雷达物位计一般用于油气田大型储罐的液位测量，如图 9-14 所示。雷达物位计安装于容器的顶部，采用法兰连接，罐体内安装有导波管，导波管全长上开有小孔，导波管下端留有 200mm 空隙。安装时，从容器安装口至容器底部垂直范围内不应有结构性障碍物，并且电缆接线盒出入口应做好密封，仪表本体应接地良好。

6. 分析仪表安装

油气田地面工程常用的分析仪表有可燃气体报警器、火灾探测器、有毒气体分析仪。由于分析仪表的功能是用于检测可燃气体、有毒气体浓度及探测现场火灾等情况，直接涉及运行场所和设备的安全，所以其安装位置非常重要。安装时，应严格按照设计图施工，严禁随意更改安装位置。

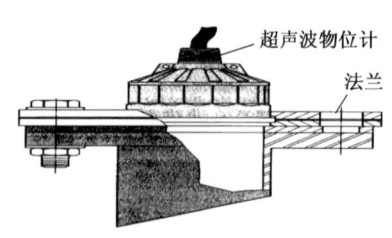

图9-13 超声波物位计法兰安装示意图

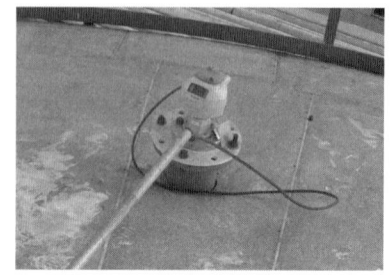

图9-14 雷达物位计安装图

1) 可燃气体报警器安装

可燃气体报警器一般安装在油气田转油站、计量站、天然气处理厂等油气易燃、易爆场所。根据设计及选型的不同，可燃气体报警器可直接安装在电缆管上或在墙壁、地面做支架进行安装。安装要求如下：

（1）安装在易燃、易爆场所报警器的检测器必须符合危险区域的防爆等级。

（2）检测器安装位置应选择在有泄漏可能或气体浓度相对较高处。

（3）检测器安装标高应视被检测气体的相对密度而定，当可燃气体密度大于空气时，检测器应安装在较低处，反之，则安装于较高处。

（4）风向对于露天场所安装检测器，风向判定非常重要，检测器应安装在易泄漏点的下风向处。风向是指区域的主导风向。

（5）为遮挡日照或雨水，检测器在露天安装时应有防护罩。在多尘或污浊的环境中，也应给检测器提供防尘罩。

（6）室内安装检测器，安装位置应避开强制通风或采暖设施的主气流处。

2) 火灾探测器安装

油气田常用的火灾探测器有感温电缆和感烟、感温探测器。感温电缆一般安装在电缆沟内及大型储罐上，感烟、感温探测器一般安装在电气仪表控制室中。

（1）感温电缆在电缆沟内及大型储罐内敷设方法。

①电缆沟中的感温电缆敷应设于电缆的上面，呈S形敷设。

②大型储罐上安装感温电缆前，应用黄铜焊条弯制铜钩。

③在储罐二次密封前，将铜钩固定在挡雨板螺栓上，沿储罐固定一圈，

铜钩间距不大于800mm。

④将感温电缆的始端箱和终端箱固定在浮船上，将感温电缆挂到铜钩上，沿储罐敷设一圈。感温电缆两头分别进入始端箱和终端箱，并且在终端箱处连接4.7kΩ电阻。

（2）感温、感烟探测器安装方法。

①探测器安装应避开通风口，离通风口距离不小于1.5m，离多孔送风顶棚距离不应小于0.5m。

②探测器安装位置周围0.5m内不应有遮挡物。

③探测器离墙壁、梁边的水平距离不应小于0.5m。

④在宽度小于3m的通道顶棚上安装探测器时，宜居中安装。感温探测器之间的安装间距不应超过10m，感烟探测器之间的安装间距不应超过15m。探测器距端墙距离不应大于探测器监测范围的一半。

⑤探测器宜水平安装，当必须倾斜安装时，倾斜角不应大于45°。

⑥探测器底座应固定牢靠。导线连接应采用压接或焊接，焊接时，不得使用带腐蚀性的助焊剂。

⑦接线端子线绝缘层色标，其"＋"线应为红色、"－"线应为蓝色，其余线根据不同用途采用其他颜色。

⑧探测器的警示灯应安装在便于人员观察的位置。

3）有毒气体分析仪安装

有毒气体分析仪在油气田使用不多，聚合物试验站的酸碱配置间一般安装有有毒气体分析仪。安装时，取样点的标高应根据有毒气体的密度来确定，密度大于空气时，取样点应安装在距地面200～300mm的位置；密度小于空气时，取样点应安装在泄漏地段的上方位置。当取样区域烟尘较大时应设置烟尘过滤器。

7. 执行器安装

油气田地面工程常用的执行器包括气动薄膜调节阀、电动阀、电磁阀等。执行器由工艺专业进行安装，安装方法与工艺阀门安装方法相同。工艺管道吹扫时，应将执行器拆除，采用临时短接替代。试压时，与工艺管道同时进行。执行器一般都安装有旁通管路，旁通管道距离阀顶的最小距离要满足操作要求，一般至少为300mm。

1）气动薄膜调节阀安装

气动薄膜调节阀在天然气处理工程中应用较多，如图9-15所示。安装前应对调节阀进行性能试验，内容包括薄膜气室密封、全行程偏差、始点和终点偏差、正反行程变差,以及动作的灵活性,有无松动、卡涩现象等,应符合产品的技术要求。对用于切断阀或重要场合安装的调节阀,应根据用户要求应进行阀体强度试验、密封填料函检验或泄漏量检验。试验合格后进行安装。

2) 电动阀安装

电动阀在油气田含油污水处理站、油库应用较多(图9-16),安装要求如下:

图9-15 气动薄膜调节阀安装图　　图9-16 电动阀安装图

(1) 安装时,电动阀与伺服放大器应配套使用,不可随意更换。

(2) 电动阀安装就位后,仪表专业对电动阀的机械传动、电气部件进行全面检查,检查内容包括清理执行机构内部污垢、杂质,电动机绝缘检查,检查接线有无松动、虚焊现象,检查手动操作机构上、下全行程内阀杆动作是否连续、均匀、灵活,有无空行程和卡涩现象。

(3) 电动阀的驱动及控制部分称为电动执行器。电动执行器的接线较复杂,包括控制器、伺服放大器、电动操作器、伺服电动机、阀位发生器、限位开关、过力矩开关、电源等设备和部件之间的接线,接线之前应认真阅读电动阀的产品使用说明书,并核对设计施工图,核对无误后方可接线。

(4) 安装完成后,应根据说明书及设计要求对电动阀的正、反转控制,限位开关和过力矩开关及阀位反馈进行试验。电力驱动行程试验应反复做2~3次,确认动作正常后,将限位开关固定可靠。

3) 电磁阀安装

电磁阀在自动控制系统中应用广泛,可直接作为执行器应用,也可作为气(液)动执行机构的辅助器件,将电信号转换成气(液)压信号,作用于气(液)动执行机构,实现控制和连锁功能。油气田地面工程中,电磁阀单独应用的情况很少,一般只作为放空阀使用。与气动调节阀配套应用的情况很多,用来控制气动调节阀的气路或作为连锁阀使用。安装要求如下:

(1) 电磁阀安装前应做严密性检验。

(2) 电磁阀的安装形式应根据具体型号确定，如果电磁阀的复位是靠可动铁芯、阀芯的重力来复位，则必须立式安装在水平管道上。靠弹簧复位的电磁阀不受安装方位限制。

(3) 电磁阀的阀体箭头方向应与介质流向保持一致，并应固定可靠，尤其是大口径、直接动作式电磁阀。

(4) 电磁阀绝缘应良好，外接地宜直接接入电气安全接地，也可通过金属保护管接地；内接地可通过电缆，在供电电源一侧与安全接地线可靠接地。

(5) 电磁阀在使用之前应进行动作试验，动作应灵活、无卡涩，外壳无过热现象。

8．仪表盘、箱、柜和操作台安装

1) 仪表盘、柜和操作台安装

(1) 基础制作安装。

仪表盘柜基础采用槽钢制作，基础的制作安装一般由土建完成。槽钢底座的外形尺寸应与仪表盘尺寸一致，仪表盘型钢底座要求外形尺寸应与仪表盘相符。槽钢底座安装时，上表面应保持水平，水平度允许偏差为1mm/m，当槽钢底座的总长度超过5m时，全长允许偏差为5mm。

(2) 开箱及搬运就位。

①开箱时要使用起钉器，禁用大锤砸，防止震动损伤设备。

②仪表盘一般采用吊车将柜体吊到安装室门口，用手动插车或滚杠运输至室内。

③运输顺序应按安装的先后顺序搬运，以便于安装。

(3) 盘柜安装质量要求。

①单独的盘、箱［除保温（护）箱以外的仪表箱］、柜和操作台的安装，应符合下列规定：

——应垂直、平整、牢固；

——垂直度允许偏差为1.5mm/m；

——水平度允许偏差为1mm/m。

②成排仪表盘（操作台）的安装，除应符合单独盘、箱、柜和操作台的安装规定外，还应符合下列规定：

——同一系列规格相邻两盘、柜、台的顶部高度允许偏差为2mm；

——当同一系列规格盘、柜、台间的连接处超过2处时，其顶部高度允许偏差为5mm；

——相邻两盘、柜、台接缝处，正面的平面度允许偏差为1mm；

——当盘、柜、台间的连接超过5处时，正面的平面度允许偏差为5mm；

——相邻两盘、柜、台间接缝的间隙不大于2mm。

2) 仪表保温（护）箱安装

（1）仪表保温（护）箱底座支架一般采用角钢制作，安装高度一般为0.8m，如图9-17所示。

（2）在多尘、潮湿、有腐蚀性气体或爆炸性危险区域内安装的保温（护）箱，其密封性和防爆性能应满足使用要求。

（3）保温（护）箱严禁用气焊开孔或切割。

图9-17　仪表保温箱安装图

（4）保温（护）箱内仪表配管布局要合理，三阀组及阀门的安装位置应便于操作维修。

（5）仪表保温（护）箱安装时，箱体安装要保证垂直、平正、牢固，成排安装时应整齐美观。仪表保温（护）箱的安装位置，如果有振动影响，则需采取减振措施。

三、电缆敷设

仪表电缆敷设方式有直接埋地敷设、电缆桥架内敷设和电缆沟内敷设三种。

1. 施工准备

（1）将电缆槽、沟内清扫干净，电缆槽内部应平整、光洁、无毛刺、无杂物。

（2）电缆的导通试验和绝缘电阻测量合格。

（3）控制室机柜、现场接线箱及保护管已安装完毕。

（4）按电缆敷设长度和电缆到货长度编制电缆敷设表。

（5）仪表电缆敷设时，环境温度不应低于规定要求。

2. 电缆敷设要求

（1）电缆敷设前，应进行外观检查，核对电缆的型号、规格是否符合设计文件规定，并用500V直流兆欧表测量绝缘电阻，100V以下的线路采用250V直流兆欧表测量绝缘电阻，电阻值不应小于5MΩ。

(2) 根据现场电缆分布情况和电缆敷设表,按先远后近,先集中后分散的原则安排敷设顺序。线路应按最短路径集中敷设,要求横平竖直、整齐美观,不宜交叉。

(3) 电缆不应敷设在易受机构损伤、有腐蚀性物质排放、潮湿及有强磁场和强静电场干扰的位置,当无法避免时,应采取防护或屏蔽措施。

(4) 电缆不宜敷设在高温设备、管道的上方,也不宜敷设在具有腐蚀性液体的设备、管道的下方。电缆与绝热的设备、管道绝热层之间的距离应大于200mm,与其他设备、管道表面之间的距离应大于150mm。

(5) 电缆从室外进入室内时,应有防水和封堵措施。电缆进入室外的盘、柜、箱时,宜从底部进入,并应有防水密封措施。电缆的终端接线处以及经过建筑物的伸缩缝和沉降缝处,应留有余度。

(6) 电缆不应有中间头,无法避免时,应在接线箱或拉线盒内接线,接头宜采用压接;如采用焊接时,应用无腐蚀性的焊药。补偿导线应采用压接。

(7) 电缆敷设完毕,应进行校线和标号,并测量电缆的绝缘电阻,测量绝缘电阻应在仪表设备及部件接线前进行,否则必须将已连接上的仪表设备及部件断开。在线路的终端处,应加标志牌。地下埋设的电缆,应有明显的标志。

(8) 在电缆沟敷设电缆时,电缆应放在沟内的电缆支架上,必要时应做绑扎处理;与电力电缆同沟敷设时,应待电力电缆敷设完毕后,将仪表电缆敷设在电力电缆的最上层。多条分层安装时,电缆应按下列要求从上至下排列:仪表信号线路,安全连锁线路,仪表用交流和直流供电线路。

(9) 电缆直接埋地敷设,其上下应铺100mm厚的沙子,沙子上面盖一层砖或混凝土护板,覆盖宽度要超过电缆边缘两侧50mm。电缆要埋在冻土层以下,埋设深度要大于700mm。回填土应高于地平面100mm,待自然沉降后找平。

(10) 电缆在电缆桥架内敷设时,应将不同型号、不同电压等级的电缆分类布置,交流仪表电源线路和安全连锁线路,应用金属隔板与仪表信号线路隔开。

3. 电缆头制作

电缆头的制作分为中间接头和终端头两种。仪表电缆一般情况下不允许中间接头。室内电缆终端头一般采用热缩套进行热缩。电缆头制作要求如下:

(1) 从开始剥切电缆皮到制作完毕,要连续一次完成,以免受潮。

(2) 剥切电缆不得伤及芯线绝缘层。

(3) 铠装电缆应用钢线将电缆钢带和接地线固定。

(4) 屏蔽电缆的屏蔽层要露出保护层15~20mm,用铜线捆扎两圈,焊接在屏蔽网上。

4. 电缆接线

(1) 接线前应校线,线端应有标号;
(2) 剥绝缘层时不应损伤线芯;
(3) 电缆与端子的连接应均匀牢固、导电良好;
(4) 多股线芯端头宜采用接线片,电线与接线片的连接应压接。

5. 仪表保护管的安装

(1) 保护管不应有变形及裂缝,其内部应清洁、无毛刺,管口应光滑、无锐边。

(2) 钢管的内壁、外壁均应做防腐处理,当埋设于混凝土内时,钢管外壁不应涂漆。

(3) 加工制作保护管弯管时,应符合下列规定:保护管弯曲后的角度不应小于90°;保护管的弯曲半径,不应小于所穿入电缆的最小允许弯曲半径;保护管弯曲处不应有凹陷、裂缝和明显的弯扁;单根保护管的直角弯不宜超过2个。

(4) 当保护管的直线长度超过30m或弯曲角度的总和超过270°时,应在其中间加装拉线盒。

(5) 在可能有粉尘、液体、蒸汽、腐蚀性或潮湿气体进入管内的位置敷设的保护管,其两端管口应密封。

(6) 保护管与检测元件或现场仪表之间,应用金属挠性管连接,并应设有防水弯。与现场仪表箱、接线箱、拉线盒等连接时应密封,并将管固定牢固。

(7) 埋设的保护管应选最短途径敷设,埋入墙或混凝土内时,离表面的净距离不应小于15mm。

(8) 保护管应排列整齐、固定牢固,用管卡或U形螺栓固定时,固定点间距应均匀。

(9) 埋设的保护管引出地面时,管口宜高出地面200mm;当从地下引入落地式仪表盘、柜、箱时,宜高出盘、柜、箱内地面50mm。

四、仪表接地

1. 接地的种类

油气田地面工程中仪表接地大体可分为保护接地和工作接地、等电位接地三类。保护接地的作用是为了保护人身安全和设备的安全，需做保护接地的设备有：仪表盘（柜）、操作台、仪表架、仪表箱、系统机柜、供电盘（箱）、用电仪表外壳、电缆桥架、穿线管、接线箱、铠装电缆的铠装、其他辅助设备，以及控制室的防静电活动地板。

工作接地是为了仪表信号传输和抗干扰，工作接地包括信号回路接地、屏蔽接地和本质安全接地。信号回路接地主要是针对非隔离信号回路，隔离信号回路不需要接地，屏蔽电缆的屏蔽层进行接地用来降低电磁干扰。本质安全接地是对本安仪表或安全栅的接地，除了抑制干扰外，还是本质安全的措施，本质安全接地会因设备的要求而采取不同的方式。

等电位接地是为了防止静电对某些有特殊要求的仪表的干扰，目前油田地面仪表工程中，需要做等电位接地的仪表为电磁流量计。

2. 接地的安装

油气田地面工程中的自动化仪表工程的接地装置一般都由电气专业施工，仪表专业一般只负责接地引上线的施工，安装要求如下：

（1）电缆桥架、电缆保护管的接地，设计未要求一点接地时，可多点接地；用接地线每隔30m与就近的接地体或已做接地的金属结构可靠连接。

（2）现场仪表的工作地、同一回路或同一线路的屏蔽层只能在控制室侧单点接地。要求现场接地的仪表，控制室侧不能接地。

（3）在非爆炸危险区域的金属盘、板上安装的按钮、信号灯、继电器等小型低压电器的金属外壳，当与已接地的金属盘、板接触良好时，可不做保护接地。

（4）仪表及控制系统应做工作接地，工作接地包括信号回路接地和屏蔽接地，以及特殊要求的本质安全电路接地，接地系统的连接方式和接地电阻值应符合设计文件规定。

（5）仪表电缆电线的屏蔽层，应在控制室仪表盘（柜）侧接地，同一回路的屏蔽层应具有可靠的电气连续性，不应浮空或重复接地。当有防干扰要求时，多芯电缆中的备用芯线应在一点接地，屏蔽电缆的备用芯线与电缆屏蔽层应在同一侧接地。

（6）仪表盘、柜、箱内各回路的各类接地，应分别由各自的接地支线引至接地汇流排或接地端子板，由接地汇流排或接地端子板引出接地干线，再与接地总干线和接地极相连。各接地支线、汇流排或端子板之间在非连接处应彼此绝缘。

（7）接地系统的连线应使用铜芯绝缘电线或电缆，采用镀锌螺栓紧固，

仪表盘、柜、箱内的接地汇流排应使用铜材，并有绝缘支架固定。接地总干线与接地体之间应采用焊接。

（8）本质安全电路本身除设计文件有特殊规定外，不应接地。当采用二极管安全栅时，其接地应与直流电源的公共端相连。

（9）接地线的颜色应符合设计文件规定，并设置绿、黄色标志；防静电接地应符合设计文件规定，可与设备、管道和电气等的防静电工程同时进行。

（10）供电电压不高于 36V 的仪表设备，当设计无要求时可不做保护接地。本质安全电路设计无要求时，不接地。

五、仪表管道安装

油气田地面工程常见的仪表管道主要包括测量管道、气动信号管道、气源管道三类。仪表测量管道一般使用进口的 TUBE 管路、不锈钢管和无缝碳钢管；气动信号管道一般使用 $\phi 12$ 及以下的紫铜管和不锈钢管；气源管道一般使用 $\phi 22 \sim \phi 114$ 的不锈钢管及镀锌管。

1. 一般要求

（1）仪表工程中的金属管道施工，除应按本专业的规范 GB 50093—2013（《自动化仪表工程施工及质量验收规范》）执行外，还应符合现行国家标准 GB 50235—2010（《工业金属管道工程施工规范》）中的有关规定。

（2）仪表管道使用的管材、管件、阀门等，应具有齐全的产品技术文件，材质、规格及型号应符合设计文件规定。

（3）管道煨弯应用弯管器冷弯，并一次成型，高压钢管的弯曲半径宜大于管子外径的 5 倍，其他金属管的弯曲半径应大于管子外径的 3.5 倍。弯曲后管壁不得有裂纹、凹坑、皱褶等现象。

（4）不锈钢管安装时，不准用铁质工具敲打，不应与碳钢材料直接接触。

（5）直径小于 13mm 的铜管和不锈钢管，宜采用卡套式接头连接，也可采用承插法和套管法焊接。采用承插法焊接时，其插入方向应顺着流体流向。

（6）仪表管道埋地敷设时，管道连接必须采用焊接，并经试压合格和防腐处理后方可埋地。在穿过道路及进、出地面处应穿保护套管。

2. 测量管道安装

（1）测量管道安装的位置，要按现场情况合理安排，避开有碍检修、易受机械损伤、易腐蚀、有振动及影响测量之处。配管不强求集中，但应整齐、美观、固定牢固，尽量少弯和交叉，在满足测量的要求下，按最短的路径敷设。

（2）测量管道穿墙或过楼板时，要加装保护管（罩），管子的接头不准放在保护管（罩）内，管线由防爆厂房或有毒厂房进入非防爆或无毒厂房时，在穿墙或过楼板处应进行密封。

（3）测量管道应根据不同物料的要求分别按1∶10～1∶100的坡度敷设，其倾斜方向应确保能排除气体和冷凝液。如无法满足，应在管道集气处安装排气装置，集液处安装排液装置。

（4）测量差压用的正压管和负压管应敷设在环境温度相同的地方。

（5）测量管道与高温设备、管道连接时，应采取热膨胀补偿措施。

（6）除设计另有规定外，测量管道与设备、工艺管道或建筑物表面之间的距离不能小于50mm。测量油类及易燃、易爆物质的测量管道与热表面的距离不能小于150mm，并且不应平行敷设在其上方。若管道需要隔热时，应适当增大距离。

（7）测量管道应安装一次和二次阀门（变送器直接安装在管道上除外）。一次阀门装在取源部件之后，尽量靠近取源部件；二次阀门装在测量仪表之前便于操作的位置。安装时应将阀门关闭，并使阀门的进、出口方向正确。

3. 气动信号管道安装

（1）气动信号管道安装前，要对管材、管缆进行外观检查，不应有明显的损伤和变形。金属管在安装前要校直。

（2）气动信号管道应采用架空安装方式，不应埋地敷设。敷设时宜汇集成排，但不作强制要求，应根据现场的施工环境确定。气动信号管道的安装路径宜短，配管应横平竖直、整齐美观，尽量少拐弯和交叉。

（3）气动信号管弯制，必须用弯管器冷弯，弯曲半径不宜小于管子外径的3倍，弯曲后的管壁上应无裂纹、凹坑、皱褶等现象。

（4）气动信号管道安装时应避免中间接头，当无法避免时，应采用卡套式中间接头连接。管道与仪表等设备的连接，应采用标准系列的活接头。

（5）管缆不宜在周围环境温度低于0℃时进行敷设，管缆敷设位置应避免热源辐射，其周围环境温度不宜超过60℃。

（6）管缆敷设时，应防止机械损伤及交叉摩擦，敷设后应留有适当的备用管数和备用长度；固定时应保持其自然度，弯曲半径宜大于管缆外径的8倍；管缆的分支处应加管缆盒。

4. 气源管道安装

(1) 气源管道采用不锈钢管时，一般采取焊接方式连接或法兰连接；当采用镀锌管时一般采用螺纹连接，丝扣处采用聚四氟乙烯带加密封胶形式密封。

(2) 气源系统的配管应整齐美观，其末端和集液处应有排污阀。水平干管的支管引出口应在干管的上方。控制室内的气源总管应有不小于1：500的坡度，并在其集液处安装排污阀。

(3) 气源系统安装完毕后应使用合格的仪表空气进行吹扫，吹扫合格后方可投入使用。

(4) 气源装置使用前，应按设计文件规定整定气源压力值。

5. 管道的压力试验

(1) 安装完毕的仪表管道，在试验前应进行检查，不得有漏焊、堵塞和错接的现象，并应断开与仪表的连接。

(2) 仪表管道的压力试验应以液体为试验介质，当仪表管道的设计压力小于或等于0.6MPa时，可采用气体为试验介质，气压试验介质应使用空气或氮气。

(3) 液压试验压力应为1.5倍的设计压力，当达到试验压力后，稳压10min，再将试验压力降至设计压力，稳压10min，以压力不降、无渗漏为合格。

(4) 气压试验压力应为1.15倍的设计压力，试验时应逐步缓慢升压，达到试验压力后，稳压10min，再将试验压力降至设计压力，稳压5min，以发泡剂检验不泄漏为合格。

(5) 当工艺系统规定进行真空度或泄漏性试验时，其内的仪表管道系统应随同工艺系统一起进行试验。

(6) 液压试验介质应使用洁净水，当对奥氏体不锈钢管道进行试验时，水中氯离子含量不得超过25mg/L。试验后将液体排净。在环境温度5℃以下进行试验时，应采取防冻措施。

(7) 仪表管道随同其他管道一起做压力试验时，在管道开始试压前，应先打开仪表管道的一次阀门和排污阀冲洗管道，检查是否畅通无阻，然后关闭一次阀门，检查阀芯是否关严，再关闭排污阀，打开一次阀，待压力升至试验压力后，液压试验稳压10min，气压试验稳压5min，管道各部位应无泄漏现象。

(8) 测量管道压力试验时，变送器不得带压力试验，应关闭靠近变送器的阀门，打开变送器本体上的放空针形阀或丝堵，当试验压力不超过差压变送器的静压力时，可打开三阀组平衡阀进行压力试验。

第四节　仪表系统调试

为了确保工程顺利投产，并且能在投产后平稳运行，生产出合格的产品，仪表安装工作全部结束后，要对所有的仪表系统及回路进行调试。

一、系统调试应具备的条件

（1）仪表设备全部安装完毕，规格、型号符合设计要求。
（2）取源部件位置适当，正、负压管正确无误，导压管经吹扫、试压合格。
（3）气动信号管经导通试验检查，配管与回路图一致性检查，接头紧固，气密性试验符合要求。
（4）气源管线经吹扫、试压、气密性试验合格，已通入清洁、干燥、压力稳定的仪表空气。
（5）电气回路已进行校线及绝缘检查，接线正确，端子牢固，接触良好。
（6）接地系统完好，接地电阻符合设计规定。
（7）电源电压、频率、容量符合设计要求；总开关、各分支开关和保险丝容量符合设计要求。

二、检测系统试验

（1）在系统的信号发生端输入模拟信号，检查系统误差。系统校验点不得少于 0、50%、100% 三点。
（2）检测、调节回路由 PLC、DCS 和一次仪表（如各类变送器、热电阻、热电偶、流量计等）组成时，系统试验用的标准表精度不应低于系统误差值。
（3）热电阻测温系统试验，应拆开热电阻端子上的连接线，将电阻箱接入线路，替代热电阻输入信号进行校验。

（4）热电偶测温系统试验，应拆开热电偶端子上的补偿电缆（导线），将毫伏信号发生器接入线路，替代热电偶输入信号进行校验。

（5）多点测温系统应对重要测点输入信号进行指示校验，并用切换开关逐点切换，各测温点均应指示环境温度，做断偶试验时仪表指示最大，以此检验各点的位号是否与各点的部位相符。

（6）压力、压差系统试验，用压力试验台或气动定值器向变送器输入信号。

（7）其他类型仪表应从现场端输入相应的信号进行系统试验。

三、调节系统试验

（1）按设计规定检查调节器及执行器的动作方向。

（2）在系统的信号发生端给系统输入模拟信号，检查其基本误差、软手动的输出保持特性以及自动和手动操作的双向切换性能。

（3）用手动操作机构的输出信号检查执行器从始点到终点的全行程动作，如有阀门定位器时，则连同阀门定位器一起检查。

四、报警系统试验

（1）系统中的信号输入元件，如压力开关、温度开关、物位开关、流量开关等，应根据设计提出的设定值进行参数整定。

（2）报警系统试验应分三步进行：根据线路原理图，绘出系统的因果关系动作状态表；在外部线路不接入的情况下，对仪表盘内部各仪表进行动作状态检查；在全部线路接通的情况下，从现场端输入相应的模拟或数字试验信号，按动作状态表进行检查。

（3）报警系统的仪表盘内部动作状态应按下列步骤试验检查：报警系统供电，按试验按钮，信号灯应全部亮，对不亮的信号灯应检查灯泡是否损坏，线路是否有误；在仪表盘外部接点输入端子板上断开（或短接）事故输入接点，使各报警回路均处于正常状态；逐个短接（或断开）事故输入接点，使报警回路逐个处于报警状态，按动作状态表检查灯光和音响信号，在报警、销音、复位状态下，灯光和音响均应符合状态表的要求。

（4）在外部线路全部接通的情况下进行报警系统模拟输入试验，试验步骤如下：向系统供电，检查各报警回路的灯光是否与现场各接点的状态相符；

在回路的输入端输入相应的模拟试验信号（有条件时应输入工艺过程模拟信号），检查音响、灯光均应符合设计要求，消音和复位按钮应正常工作；对每个报警回路重复试验。

五、连锁保护系统试验

（1）连锁保护系统应根据逻辑图进行试验检查，确保系统灵敏、准确、可靠。

（2）机泵的自动开停、阀门的自动启闭等连锁系统均应在手动试验合格后进行自动连锁试验，机泵开停或阀门的动作、声光信号、动作时间等均应符合设计要求。

（3）大型机组的连锁保护系统应在润滑油、密封油系统正常运行的情况下进行试验。

（4）电动机驱动的机组启动、停车试验时，应切断电动机的动力供电线路，采用接触器的吸合与断开模拟机组的启动、运行、停车。

（5）汽轮机的启动、停车连锁系统的试验，应切断蒸汽，用执行机构的动作模拟汽轮机的启动、运行、停车。

（6）大型机组的启动、停车连锁系统模拟试验应满足下列要求：所有启动条件均满足时，机器方可启动；任一条件不满足时，机器不应启动；在运行中，某一条件超越停车设定值时，应立即停车；所有停车条件应逐一试验检查，并满足设计要求；启动、运行、停车时音响、灯光均应符合设计要求。

第五节　安全施工措施

一、安全危险源识别

油气田地面工程自动化仪表安装内容比较简单，施工所用的机械设备比较少，吊装作业少，大型设备安装少，基本没有重大安全风险发生的可能性，常见的危险主要有触电、高处坠落、物体打击、机械伤害等。仪表试验主要存在触电的风险；塔类设备及储罐等高处的仪表安装、高空电缆桥架安装及

电缆敷设等施工过程中主要存在高处坠落的风险;盘(柜)安装、电缆敷设等施工过程中主要存在物体打击的风险;涉及吊装的施工,如盘(柜)安装、电缆敷设等施工过程中主要存在机械伤害的风险。

二、安全施工措施

工程开工前,应对自动化仪表施工过程中存在的安全风险进行识别、评估,制定安全预防措施,并在施工前进行安全技术交底。施工过程中,应严格按安全施工措施、安全技术交底的要求执行。

1. 防触电措施

(1) 仪表试验应两人以上方可进行,试验人员应穿戴好个人防护用品。

(2) 检查试验线路连接是否正确,尤其是供电电源线路要正确连接。

(3) 仪表回路送电前,要先进行验电操作。送电时,先送总开关,再送分开关,并检查电压等级是否符合要求。

2. 防高处坠落及物体打击措施

(1) 高处作业时,施工人员应穿戴好个人防护用品。

(2) 安全带固定点要牢固,如无牢固的固定点禁止作业。

(3) 严禁工作人员站在高处作业的垂直下方,高空落物区不得有无关人员通行或逗留。

(4) 高处作业应使用工具袋,工具、器材上下传递应用绳索拴牢传递或转移,并有防止脱落的措施。

3. 防机械伤害措施

(1) 吊装作业区域应用警戒绳围挡,设专人看护。起重机提升重物前,要确认重物的真实重量,不准超载作业。

(2) 起吊时起重臂下不得有人停留和行走,起重臂、物件必须与架空线路保持安全距离。

(3) 电缆敷设时设专人指挥,做到人员放线步调一致。放线盘处设专人看护,控制放线盘匀速出线,防止电缆脱出线盘。

(4) 盘(柜)安装时,人力应足够,指挥应统一,狭窄处应防止挤伤。

4. 其他安全措施

(1) 温度仪表试验时,尤其是高温仪表,应防止烫伤工作人员。

(2) 压力仪表试验时,接头连接要牢固、紧密,防止泄露伤人。

第十章　油气田道路工程施工

油气田道路主要是供油气田生产、生活等各种车辆通行的道路，是油气田地面工程的重要组成部分，属于油气田基础配套工程。油气田道路的设计规模往往同油气田的开发速度、生产规模、交通条件及生活需求密切相关。一般情况下，与油气田道路工程相配套的有地下管线工程、路灯工程、交通工程，条件较好的油气田还包括公共汽车候车亭工程、景观工程，等等。本章主要针对油气田地面工程经常涉及的路基工程、路面基层、路面面层及板桥（涵）工程施工进行简单介绍。

第一节　油气田道路概述

一、油气田道路分类及组成

1. 油气田道路分类

油气田道路按照使用功能、使用性质和交通量分为干路、支路、站内道路。

图 10-1　油气田干路

油气田干路是在油气田道路网中起骨架作用的道路，如图 10-1 所示，各干路相互连接，构成了完整的油气田干路系统。一般油气田干路的通行能力能达到将各种汽车折合成小客车的年平均日交通量 5000 辆以上。

油气田支路（又称井排路）是在油气田道路网中与干路相连的道路或通往油气

井的专用道路，如图 10-2 所示。油气田支路的通行能力较小，一般为将各种汽车折合成小客车的年平均日交通量 5000 辆以下。

油气田站内道路（又称厂内道路）是供油气田区域内部使用的道路，如图 10-3 所示，例如联合站站内道路，采油厂、矿厂内道路等。

图 10-2　油气田支路

图 10-3　站内道路

2. 油气田道路组成

油气田道路主要由路基、路面、排水设施、桥涵及其他附属设施组成。我国的油气田主要分布在西北、东北及东海陆架，且地处平原、海滩、戈壁、沙漠等不同地域，在油气田道路设计时要充分考虑气候、地质、地貌等自然因素，确定基底处理措施、路基的填料和高度、路面结构层厚度、桥涵类型及道路的施工工艺等。

为保证油气田勘探开发的需要，油气田道路必须满足油气田特种车辆通行的要求，一般在油气田道路设计时除了要满足公路工程技术标准的荷载要求外，还要考虑油田特殊荷载的要求。靠近油气田办公区、居民区的道路以及油气田站内道路，要考虑暗管排水、路灯照明等因素，设计时一般按城市道路标准进行设计；地处油气田作业区的道路，设计时一般按公路标准进行设计。因此，油气田道路与公路、城市道路相比有其特殊性，属于厂矿道路。

二、油气田道路施工程序与施工特点

1. 油气田道路施工程序

油气田道路在正式施工之前，由勘测设计单位向施工单位进行交桩和设计技术交底，并建立工地试验室，进行各种材料试验，以便选用合适的材料。

恢复定线测量是油气田道路施工的重要技术准备工作。由于工程在勘测

第十章　油气田道路工程施工

设计阶段所设置的中线桩有可能丢失、损坏或移位，为保证工程施工中道路的中线位置正确，施工前要进行中线复测。

油气田道路施工坚持先地下后地上，先深后浅，先主体后附属，实行平面分段，立体交叉，多专业平行同步流水的施工原则。

油气田道路施工程序一般为：地下管线穿越涵及排水管线施工──→路基施工──→路面基层施工──→路面面层施工──→人行道施工──→路灯工程施工──→交通工程施工──→公共汽车候车亭工程施工──→绿化及景观工程施工。

2. 油气田道路施工特点

油气田作业区道路设计一般比照公路工程各等级标准，结合油气田勘探开发交通需求和油气田特殊车辆荷载条件进行设计；油气田生活区道路或站内道路则参照城市道路工程设计规范和油气田特殊需求进行设计。路面主要以沥青混凝土路面、水泥混凝土路面为主，路面上基层多采用水泥稳定碎石、砾石或天然沙砾，下基层多为水泥粉煤灰综合稳定粒料（碎石、砾石或天然沙砾）或石灰粉煤灰稳定粒料，垫层多采用级配沙砾、天然沙砾、水泥稳定土或石灰稳定土等。

油气田道路施工标准一般采用公路工程的路基、路面基层、路面面层、桥涵等施工技术规范和试验检测规程，必要时参照相关城市道路工程施工技术操作规范、规程。工程质量验收主要执行现行的《石油天然气建设工程施工质量验收规范　道路工程》（SY 4210—2009）和《石油天然气建设工程施工质量验收规范　桥梁工程》（SY 4211—2009）。

按照油气田开发建设的需要，根据施工能力、经济实力、技术水平，坚持科学组织、合理安排、均衡生产，确保高速度、高质量地完成项目建设。根据油气田安全管理、职业健康、环境保护要求，必要时采用封闭式施工，并设置相关标志，派专人指挥现场机械设备及车辆。此外，由于油气田道路要穿越大面积田地或草原，道路工程修建过程中，由于开挖路堑、沟渠，取土填筑路堤等，对山坡及表土搅动较大，使周围植被遭到破坏，若恢复不及时，在雨季极易引起侵蚀，产生局部水土流失，甚至泥石流灾害，危害农田、淤积河道沟、破坏水利设施，并影响周围自然环境和其他产能工程。因此在道路施工时，要认真遵守国家有关环境保护的法律法规，严格按道路基本建设程序施工，注重环境保护，把施工期间各种因素对环境造成的不良影响降低到最低程度，使油气田建设和环境保护同步进行。

油气田特种作业车辆较多，道路竣工投产后要反复承受重型荷载，加之严酷的气候作用，道路破损是不可避免的。为了使道路保持良好状态需要对道路进行经常的养护维修,及时修复破损部分,以保证行车安全、舒适以及道路畅通,节约运输费用和时间,延长道路的使用年限。

第二节 油气田道路施工机械

油气田道路施工机械是用来完成路基、路面、桥涵等工程的施工设备。施工机械的大量使用,可以提高机械化施工水平,加快工程进度,提高工程质量,缩短工期和减轻劳动强度,从而节省劳动力,提高劳动生产率,降低工程造价,对加速油气田产能建设,改变油气田生产、生活环境起着十分重要的作用。

油气田道路施工机械大致分为土石方施工机械、路面施工机械、压实机械等。

一、土石方施工机械

土石方施工中,常使用的机械有推土机、平地机、挖掘机、装载机等。

1. 推土机

推土机(图10-4)适宜于普通土的推运,当用于推运坚硬土和冻土时,必须先进行松土,常见作业方式有直铲作业、侧铲作业、斜铲作业、松土器的劈开作业。

图10-4 推土机

2. 平地机

平地机（图10-5）主要用于公路路基基底处理、整修路堤的断面、开挖路槽和边沟、修刷边坡、清除路面积雪、松土、拌和及摊铺路面基层材料等各类施工和养护工程中。现代平地机具备有铲刀自动调平装置，采用电子控制技术，控制精度高，并装有防倾翻装置。

图10-5 平地机

3. 挖掘机

挖掘机（图10-6）是用来进行土方、石方开挖的工程机械。挖掘机移动灵活，可以挖掘普通土层和爆破后的岩石，据统计，油气田道路施工中，60%~70%的土石方工程是由挖掘机来完成的。

图10-6 挖掘机

4. 装载机

装载机（图10-7）主要用于各种土壤、砂石料、灰料及其他筑路用散状物料等的铲、装、卸、运等作业，也可对岩石、硬土进行轻度铲掘作业，如果换装不同工作装置,还可以扩大其使用范围。在路基工程施工中,装载机主要用于推土、起重、装卸等工作;在料场的物料倒运作业中,主要用于配合拌和站和自卸车。

图 10-7　装载机

二、路面施工机械

油气田道路路面施工机械主要包括稳定土路拌机、稳定土搅拌站、稳定土摊铺机、水泥混凝土搅拌站、沥青混合料搅拌站、沥青混合料摊铺机等。

1. 稳定土路拌机

稳定土路拌机(图 10-8)可将土、无机结合料(石灰、粉煤灰、水泥)、细料(砂、土)、骨料(碎砾石、炉渣)等材料,按照施工配合比在路上直接拌和,然后进行碾压形成路面基层(底基层)。

图 10-8　稳定土路拌机

第十章 油气田道路工程施工

2. 稳定土搅拌站

稳定土搅拌站（图10-9）是将土、碎石、砾石或碎砾石、水泥、石灰粉煤灰、水等材料按施工配合比在固定地点拌和均匀的专用生产设备。稳定土搅拌站按照生产率大小可分为小型（生产率为小于200t/h）、中型（生产率为200~400t/h）、大型（生产率为400~600t/h）和特大型（生产率大于600t/h）四种。

图10-9 稳定土搅拌站

3. 稳定土摊铺机

稳定土摊铺机（图10-10）主要用于摊铺路面基层混合料。

图10-10 稳定土摊铺机

4. 水泥混凝土搅拌站

水泥混凝土搅拌站（图10-11）是将水泥、砂石、水及添加剂等按一定的比例配合进行搅拌，产生出成品混凝土混合料的机械设备，在油气田道路施工中得到广泛应用。水泥混凝土搅拌站按搅拌方式分为自落式、强制式搅拌站两种。

图 10-11　水泥混凝土搅拌站

5. 沥青混合料搅拌站

沥青混合料搅拌站（图 10-12）可将碎石、砂、矿粉和沥青按一定配比拌和成均匀的混合料，按生产能力可分为小型（不大于 60t/h）、中型（率 70~140t/h）和大型（不小于 150t/h）三种。

图 10-12　沥青混合料搅拌站

6. 沥青混合料摊铺机

沥青混合料摊铺机（图 10-13）是铺筑沥青路面的专用施工机械，作用是将拌制好的沥青混凝土均匀地摊铺在路面基层上，并保证摊铺层厚度、宽

图 10-13　沥青混合料摊铺机

度、路面拱度、平整度、密实度等满足规范要求。沥青混合料摊铺机按施工摊铺能力分为大型摊铺机（摊铺宽度9m以上）、中型摊铺机（摊铺宽度5～8m）、小型摊铺机（摊铺宽度小于5m）。

三、压实机械

压实机械是利用机械自重或振动、冲击的方法，对被压实材料重复加载，克服材料之间的黏聚力和内摩擦力，排除材料内部的空气和水分，使之达到一定密实度和平整度的作业机械。压实效果的好坏，直接关系到工程质量的优劣。压实机械一般可分为光轮压路机（静作用碾压机械）、轮胎式压路机、单钢轮振动式压路机、双钢轮振动式压路机、冲击式压路机、振动夯等。

1. 光轮压路机

光轮压路机（图10-14）一般多为二轮二轴式和三轮二轴式两种，多用于压实路基、路面基层初压，也用于路面边界压实、人行道压实等。

图10-14 光轮压路机

2. 轮胎式压路机

轮胎式压路机（图10-15）是通过特制的充气轮胎，利用机械自重静作用力实现压实目的的压实机械，不仅能够有效压实非黏性土、少黏性土和黏性土，而且能够有效压实沥青混合料路面。

3. 单钢轮振动式压路机

单钢轮振动式压路机（图10-16）应用广泛，其中光轮振动式压路机适用于压实砂土、砂砾、碎石、块石及路面各结构层；羊脚（凸块）式振动压路机既可压实非黏性土，又可压实黏性土和细颗粒砂砾，以及碎石土。单钢

图 10-15　轮胎式压路机

轮振动式压路机按质量可分为轻型（10～16t）、中型（20～25t）、重型（30t以上）三种。

图 10-16　单钢轮振动式压路机

4. 双钢轮振动式压路机

双钢轮振动式压路机（图 10-17）具有全液压双轮驱动、全液压双轮振动、振动及洒水手动与自动双重控制、蟹行功能、三级减振、作业速度恒定等性能。双钢轮振动式压路机采用了超高频振动技术，比相同吨位的单钢轮振动式压路机振动频率高出 1.5 倍以上，使压路机迅速达到所需密实度的输出力，提高了压实的速度。

5. 冲击式压路机

冲击式压路机（图 10-18）是用三边形或五边形"轮子"来产生集中的冲击能量达到压实土石填料的目的。冲击式压路机可由配套的重型工业拖车

第十章　油气田道路工程施工

图 10-17　双钢轮振动式压路机

在前方牵引，也可以自行。由于冲击式压路机冲击力大，作用深度深，可以对经过常规压实设备碾压过的路基进行补压，对压实过程中的薄弱环节予以补强压实，尤其是对挖填结合部位和填方路段补压作用尤为明显。

图 10-18　冲击式压路机

6. 振动夯

路基或路面碾压边缘或大型压路机不能碾压的部位，例如涵墙、挡土墙边缘等常采用振动夯（图 10-19）来实现压实。振动夯分为内燃式和电动式，常用的有平板夯冲击夯等。

图 10-19　振动夯

第三节 路基施工

路基是在天然地表面按照道路的设计线形（位置）和设计横断面（几何尺寸）的要求开挖或堆填而成的岩土结构物。路基是道路工程的基础，与路基以上的路面各结构层共同承受行车荷载。路基施工时不仅要达到设计要求的长度、宽度、高度等，而且要达到标准要求的平整度、压实度、强度和稳定性等。

路基工程主要采取机械化为主、人工作业为辅的施工方法。路基、边沟挖土方，一般采用人工配合挖掘机开挖，取土场用推土机集料，用装载机、挖掘机装土，用自卸车运到填方路段。路堤填筑采用分层填筑、分层压实的施工方法，在施工时要严格控制填层厚度、路基宽度、线型等。

一、施工准备

在路基填方、挖方施工前，认真做好测量放样、清理现场等准备工作。

1. 测量放样

路基施工前应先按设计图要求进行测量定线，其内容包括导线、中线、水准点复测，横断面测量工作，并埋设中线控制点和水准点。然后结合路基沿线的现场实际情况放出路基坡脚、边沟、护坡道等具体位置，直线段每20～50m，曲线段每5～10m，分别钉出路基中心桩、路肩桩、坡脚桩、路堑坡顶桩、护坡道桩、取土坑界桩、弃土堆界桩等，划出作业施工边线。

2. 清理现场

油气田道路路基施工前要首先调查沿线地下或临近各类管线的埋置情况，在清除施工现场障碍时，注意对这些管线的保护。清除地面障碍主要包括杂草、树木、房屋、电信线杆、各类管线等。现场清理应确保路基施工时排水通畅，必要时设置临时排水设施。

二、路基用土及路堤填料要求

1. 路基用土

路基填筑应尽量选择稳定性良好的土，要求透水性好、摩阻系数大、强度高、水稳性好。按照土的工程分类，路基用土一般分为四大类，即巨粒土、粗粒土、细粒土和特殊土。

（1）巨粒土：巨粒组（粒径大于60mm）含量大于总质量50%的土称为巨粒土。巨粒土有很高的强度及稳定性，是填筑路基的良好材料。

（2）粗粒土：粗粒组（0.075mm≤粒径≤60mm）含量大于总质量50%的土称粗粒类，其中中砾粒组含量大于砂粒组含量的土称砾类土，砾粒组含量不大于砂粒组含量的土称砂类土。粗粒土透水性强，毛细作用小，具有较大的内摩擦系数，强度和水稳定性均较好，是填筑路基的良好材料。

（3）细粒土：细粒组（粒径小于0.075mm）质量大于或等于总质量50%的土称为细粒类。细粒土包括粉质土、黏质土和石屑等。

粉质土的毛细作用强烈，在季节性冰冻地区，水分积聚现象严重，容易造成严重的冬期冻胀，春融期间出现翻浆。粉质土在水文条件不良时，要采取一定的措施，改善其工程性质。

黏质土透水性很差，黏聚力大，因而干时坚硬，不易挖掘。它具有较大的可塑性、黏结性、膨胀性，毛细现象也很显著，用来填筑路基比粉质土好，但不如砂类土。

（4）特殊土：特殊土包括黄土、膨胀土、红黏土和盐渍土，其中黄土属于大孔和多孔结构，具有湿陷性；膨胀土受水浸湿会发生膨胀，失水则收缩；红黏土失水后体积收缩量较大；盐渍土潮湿时承载力很低。特殊土不应作路基填料。

2. 路堤填料要求

选择路堤填料时，要选用强度高、压缩性小、水稳定性好，能够进行压实施工、而且运输距离不远的土、石材料。用于路堤的填料不得使用腐殖土、生活垃圾、淤泥、沼泽土、冻土块、盐渍土，粒径超过10cm的土块应打碎。

用于填筑路堤的土，其可溶性盐含量不得大于5%，有机质烧失量不宜大于5%。路基填土不得含草、树根等杂物。液限大于50、塑性指数大于26的土和含水量超过规定的土，不得直接作为路堤的填料，当需要应用时，必须采取满足设计要求的技术措施，经检查合格后方可使用。因此在路基填筑前要对路基填料进行天然含水量、颗粒分析、液限、塑限、塑性指数、标准击实（最大干密度和最佳含水量）、CBR等试验，必要时要进行填料的酸碱度、易溶盐等指标的试验。

钢渣、粉煤灰等工业废渣属于矿渣材料，是比较好的填料，可以用作填筑路堤，其他的工业废渣在使用之前，应进行有害物质的含量试验，避免有

害物质超标，污染环境。

三、路基填筑施工方法

1. 路基填筑施工程序

油气田道路施工总结出了路基填筑施工的"三阶段、四区段、八流程"施工法，即准备、施工、整修阶段；填土、平整、碾压、检验区段；施工准备、基底处理、分层填筑、摊铺平整、洒水（或晾晒）、碾压夯实、检验签证、路基整修流程。

为确保路基工程施工顺利进行，需先填筑路基试验段以取得与施工有关的技术参数：

（1）确定合适的路基填料；

（2）确定路基填料的松铺系数；

（3）确定标准施工方法，包括确定最佳含水量，合理的机械组合，压实方式、顺序、厚度和遍数，作业段合理长度和面积，合理的人员分工，等等。

路基填筑施工程序：填料——自卸汽车分运到填筑路段——推土机推平——人工整修——检查摊铺厚度并调整——用振动压路机碾压——检测压实度及其他项目。

2. 路基填筑基本要求

（1）严格控制虚铺厚度。当采用机械压实时，其分层最大的虚铺厚度必须与压实机具的功能相适应。在路基总宽度内，应采用水平分层方法填筑，每层虚铺厚度随压实方法而定。

（2）如果填土将破坏原有地面排水系统时，应在填土前做好新的地面排水系统，以免工程本身或附近农田遭受水害。

（3）严格控制路堤的设计尺寸和坡度。填土宽度每侧要宽于填层设计宽度，压实宽度不得小于设计宽度，最后削坡。

（4）填筑路堤宜采用水平分层填筑法施工，即按照横断面全宽分成水平层次，逐层填压密实。填筑时应先填路中，逐渐填至路边。原地面不平时，要从低处开始填筑。

（5）不同种类的土必须分段分层填筑，不应混杂。潮湿及冻融因素对其体积变化影响较小的优良土应填在上层。如用透水性较差的土填筑路基下层，施工面应为2%～4%的双向横坡（图10-20），以利排水。

(6) 原地面纵坡大于 12% 的地段,可采用纵向分层填筑法施工,沿纵坡分层,逐层填压密实。

(7) 若填方分几个作业段施工,两段交接处不在同一时间填筑时,则先填地段应按 1∶1 坡度分层留台阶,若两个地段同时填筑,则应分层相互交叠衔接,且搭接长度不得小于 1m。

(8) 旧路基加宽须先清除旧路边坡表面松土,再顺旧路边坡做成台阶。台阶高度应为一层填土的压实厚度,其高宽比应大于 1∶1.5,台阶地面应稍向内倾斜,如图 10-20 所示。

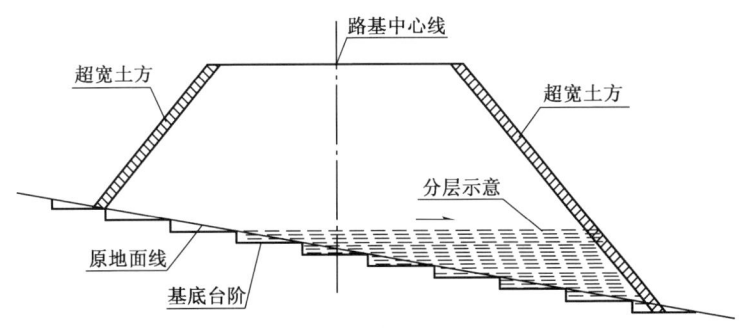

图 10-20 基底台阶与填土横坡图

(9) 土质变化较大地区,应分层取土,防止混杂;地下水位较高地区,取土坑应设集水井,随时抽干井中地下水,以降低土的含水量。

(10) 路基处于地下水位较高与湿软地区时,应设隔离层(图 10-21)。透水隔离层有粒料、土工织物等,不透水隔离层有沥青类材料和各种类型的土工膜等。

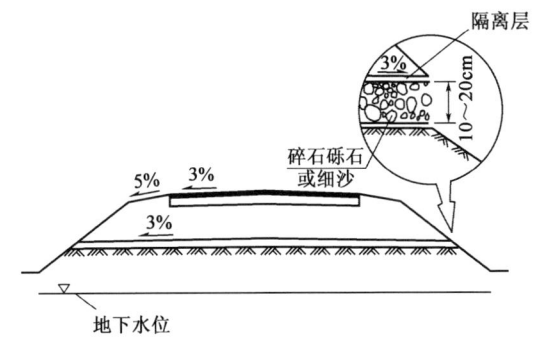

图 10-21 路基填筑隔离层

(11) 对于软弱基底或含水量偏大的土质，根据设计要求采取掺 5%～10%剂量的白灰拌和处理，路拌机拌和 1～2 遍。

(12) 为确保路基稳定，尽量减少桥台或涵背前路基沉降，避免产生桥头跳车，对台后或涵墙处路基采用每 15cm 一层，分层回填的方式。填筑时，桥台与锥坡、桥台内外侧的填筑对称均匀进行，分层填铺，逐层压实逐层检测。

(13) 路基填筑应保证地下构筑物和管线结构安全，使其不受破坏。管线沟槽回填土时，在管线两侧同时对称回填，如使用机械回填，则胸腔部分及检查井周围应先用人工填好后，方可用机械进行大面积回填，碾压密实。

(14) 路基填筑完成后，恢复各控制桩、检查路基的中线位置、宽度、纵坡、横坡、边坡及相应高程，并用机械削坡，人工配合机械使路基成型，多余的土运到指定地点。

四、基底处理

路堤基底是指土石填料与原地面的接触部分，为使两者结合紧密，防止路堤沿基底发生滑动，或者路堤填筑后产生过大的沉降变形，应根据基底的土质、水文、坡度和植被情况及填土高度采取相应的处理措施。

(1) 密实稳定的土质基底处理。当地面横坡度不陡于 1∶5 时，基底应清除杂草；当原地面纵坡大于 12%或横坡陡于 1∶5 时，应按设计要求挖台阶，或设置坡度向内并不大于 4%、宽度大于 2m 的台阶。

(2) 耕地或松土基底处理。路堤基底为耕地或松土时，应先清除有机土、种植土，挖除全部树根、杂草等杂物，平整压实后再进行填筑。清除深度应根据种植土的厚度决定，一般不小于 15cm。

(3) 穿过水网和洼地的道路基底处理。道路经过水田、池塘、洼地或基底受到地下水影响时，应根据具体情况采取排水疏干、堵截、隔离等施工措施，换填水稳定性好的土、粗砂、砂砾、砾石、碎石、块石等材料或无机结合料进行处理，确保路基具有足够的稳定性。

五、石质路堤的填筑方法

石质路堤填筑时，应根据石料粒径大小及组成，采用相应的填筑方法。大粒径石料采用渐进式摊铺法铺料，运料汽车在新填的松料上呈梅花形先低后高、先两侧后中间逐渐向前卸料，推土机随时摊铺整平；对细料含量较多的石料宜采用后退法卸料，运料汽车在已压实的层面上后退卸料，形成梅花形密集料堆，采用推土机摊铺整平。当填筑石块之间空隙较大时，用石碴、石屑、中粗砂扫入空隙，压力水冲入下部，反复多次，使空隙填满。松铺厚度不大于0.5m的大面积路基填石可采用两台推土机并列作业。

路堤填石的石料强度不应小于15MPa（用于护坡的不应小于20MPa），填石路堤石料最大粒径不宜超过层厚的2/3。坡应选用坚硬而不易分化的石料填筑，外层应叠砌，叠砌宽度不应小于1.0m。山坡填筑路堤，当地面横坡陡于1∶2时，可采用石砌护肩、护脚、护墙或设置挡风（雪）墙加固边坡。石质路堤的填筑应先做好支挡结构，叠砌边坡应与填筑交错进行，石质路堤的压实宜选用重型振动式压路机；路床顶的回填碾压轮迹不应大于5mm。

六、路基压实

当路堑、零填路基的路床表面30cm内为换土，其土质符合路基填料最小强度和最大粒径的要求时，应进行压实，压实度须符合设计要求和标准规定。

当路堑、零填路基的路床表面以下30cm内的原状土土质符合路基填料最小强度和最大粒径的要求，但其压实度不符合规定时，应将路床表层原状土翻松后进行压实，其压实度须符合设计要求和标准规定。

路堤的每一层填土，在压路机碾压时应符合下列要求：

（1）在碾压前都应检查其松铺厚度、平整度和含水量，如果符合要求，即可进行碾压。

（2）路基在碾压前，应进行现场压实试验，以确定每层填土的松铺厚度和控制压实遍数。在碾压时应根据提供的松铺厚度和控制压实遍数进行碾压。

（3）压路机碾压，应按先轻后重，先稳后振，先低后高，先慢后快和轮迹重叠等原则进行碾压。碾压应自路边缘向路中进行，压路机轮每次应重叠15～20cm，至表面无显著轮迹，达到要求压实度为止。

（4）应将路基填土向两侧各加宽30～50cm，碾压宽度应超过设计宽度30cm，碾压完成后修整到设计宽度。

（5）压实采用振动压路机碾压，靠近结构物处用手扶式振动夯碾压，施工时尤其注意与结构物相接处及与路基相接处的压实度，并不得对结构物造成损害。

石质路堤填筑宜采用15t以上振动压路机碾压，第一遍先静压，然后由慢到快，由弱振至强振，最大速度不超过4km/h。压路机轮每次应重叠40～

50cm，前后相邻区段重叠 100～150cm。为使石质路堤边缘充分压实，每侧加宽 30～50cm，压实完成后，按设计宽度和坡度刷齐整平。

七、路基工程质量验收

油气田道路路基施工时要严格质量管理，精心组织施工，确保路基每层的压实度、高程、宽度、平整度、整体稳定性，以及表面平整、密实，曲线圆滑，边线顺直，边坡平顺，排水系统无阻水、积水现象，并严格按表 10-1 进行检查和验收。

表 10-1　油气田道路路基检查和验收表

项次	检查项目	规定值		检验数量和检验方法
1	压实度，%	油气田干路≥95	油气田支路≥93	密度法：每 1000m^2 每压实层测 3 处
2	弯沉，0.01mm	不大于设计规定值		弯沉仪：每车道 20m 测一处
3	纵断高程，mm	+10，-20		水准仪：每 200m 测 4 断面
4	中线偏位，mm	≤100		经纬仪：每 200m 测 4 点，弯道加测 2 点
5	宽度，mm	不小于设计值		米尺：每 200m 测 4 处
6	平整度，mm	≤20		3m 直尺：每 200m 测 2 处，每处测 10 尺
7	横坡，%	±0.5%		水准仪：每 200m 测 4 个断面
8	边坡，%	不陡于设计值		尺量：每 200m 测 4 处

第四节　路面基层施工

路基工程完工后进行路面基层施工。油气田道路的路面基层一般为石灰稳定土、石灰粉煤灰土、水泥稳定土等结构类型。

一、石灰稳定土基层施工

石灰稳定土基层就是在经过粉碎的或原来松散的土中，掺入足量的石灰和水，经拌和、摊铺、压实和养生后，形成抗压强度符合规定要求的路面结构层。掺入石灰稳定细粒土称为石灰稳定土；掺入石灰稳定粗粒土，视所用原材料可称为石灰稳定碎石土、石灰稳定砂砾土等。石灰稳定土（碎石土、砂砾土）适用于路面的底基层。

石灰稳定土具有良好的力学性能，并有较好的水稳定性和一定的抗冻性，它的初期强度和水稳定性较低，后期强度较高，但由于有干缩、冷缩特性，易产生裂缝。在冰冻地区的潮湿路段，以及其他地区的过分潮湿路段，不宜采用石灰稳定土做基层。

1. 石灰稳定土基层组成材料

石灰稳定土基层主要由土、石灰、水和掺加料组成。

（1）土：石灰稳定土所用的土以就地取土为宜，通常黏性土、砂性土、粉砂土均可使用，以塑性指数在15～20之间的黏土为最佳，塑性指数偏大的黏性土，应加强粉碎，粉碎后土块的最大尺寸应不大于15mm。

（2）石灰：石灰应使用Ⅲ级以上的新灰、磨细生石灰，可以不消解直接使用。

（3）水：凡是能饮用的水及不含油等杂质的中性水均可使用。

（4）掺加料：当利用级配砾石、砂石等材料时，其最大粒径不应超过0.6倍结构层厚，且不应大于10cm，掺入量应根据设计或试验决定。

2. 石灰稳定土基层施工基本要求

（1）石灰稳定土应在气温较高的季节组织施工。施工期的最低气温应在5℃以上，并在冰冻到来之前1个月完成。

（2）石灰稳定土应采用12t以上的压路机碾压。每层的压实厚度宜控制在15～20cm。采用能量大的振动压路机碾压时，每层的压实厚度可以根据试验适当增加。

（3）石灰稳定土应在当天碾压完成。碾压完成后应保湿养护，不使稳定土层表面干燥，也不应过分潮湿。

（4）石灰稳定土层施工完成后上面结构层施工前，禁止开放交通；当施工中断，临时开放交通时，应采取保护措施，不使基层表面遭破坏。

（5）石灰稳定土结构层施工时，严禁用薄层贴补的办法进行找平。

3. 路拌法施工要点

1）施工程序

石灰稳定土路拌法施工工艺流程如图10-22所示。

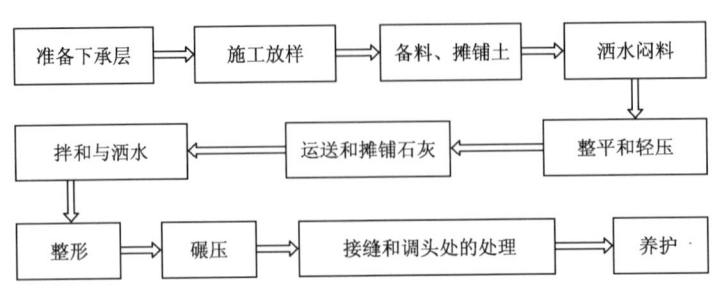

图 10-22　石灰稳定土路拌法施工工艺流程图

2) 施工要点

(1) 备料及摊铺。按照各路段的宽度、厚度、干密度、混合料配比及含水量等,计算出土的松铺厚度及石灰用量。在摊铺土之前,要事先通过试验确定摊铺系数。

(2) 整平和轻压。对人工摊铺的土层整平后,用轻型压路机碾压 1～2 遍,使其表面平整,并有一定的压实度。

(3) 运送和摊铺石灰。根据试验室确定的配合比及计算所得的每车(或每袋)石灰的纵横间距,在路床上卸置石灰,并用刮板将石灰均匀摊开。通常工地实际采用的石灰剂量应比室内试验确定的剂量多 0.5%～1.0%。

(4) 拌和与洒水。用稳定土拌和机、平地机、推土机进行拌和作业(图 10-23)。在拌和开始阶段要反复检查拌和深度,严禁在石灰土层与下承层之间残留一层素土,但也不能侵入下承层太深,以 1～2cm 为宜。拌和完成的标志为混合料色泽一致,无灰条和灰团,无明显粗细骨料离析现象,且水分合适、均匀。

图 10-23　拌和与洒水

(5) 整形与碾压。混合料拌和均匀后,要用平地机或路拱板进行初步整形,并用推土机或轮胎压路机立即在初平的路段上快速碾压一遍,以暴露潜在的不平整,及时予以修整(图10-24)。

图10-24 整形与碾压

整形后,当混合料的含水量符合要求时,立即用轻型压路机在结构层全宽内碾压1~2遍,然后采用振动压路机碾压或18t以上三轮压路机进行碾压。

(6)接缝及养护。相邻两工作段的衔接处应采用搭接拌和。前一段拌和整形后,留5~8m不进行碾压,后一段施工时,前段留下未压部分重新拌和,并与后一段一起碾压。

石灰土在养护期间应保持一定的湿度,养护期要在7天以上,养护可采用洒水、覆盖或采用不透水薄膜等方法。

4. 厂拌法施工要点

石灰稳定土可以在中心站集中拌和,拌和采用强制式拌和机、双转轴桨叶式拌和机等。集中拌和有利于保证配料的准确性、拌和的均匀性。

(1)备料:土块要粉碎,最大尺寸要不大于15mm;骨料的最大粒径和级配都应符合要求;在潮湿多雨地区施工时,还应进行覆盖保护。

(2)拌制:在正式拌制稳定土混合料之前,必须先调试所用的厂拌设备,使混合料的颗粒组成和含水量都达到规定的要求,拌和要均匀。

(3)运输:已拌成的混合料应尽快运送到铺筑现场,如果气温高、运距远,则车上的混合料要加以覆盖,以防止水分过多蒸发。

(4)摊铺:摊铺要采用稳定土摊铺机摊铺混合料,在没有摊铺机的情况下,可以用摊铺箱或平地机摊铺混合料;在摊铺机后面应设专人消除粗、细骨料离析现象,要铲除局部粗骨料窝,并用新混合料填补。

(5)碾压:摊铺后要用振动压路机、三轮压路机和轮胎压路机及时进行碾压。用平地机摊铺混合料时,依照铺筑层的厚度和要求达到的压实干密度计算每车混合料的铺筑面积。将混合料均匀地卸在路幅范围内,用平地机将混合料按松铺厚度摊铺均匀,平地机后面应及时消除粗骨料窝和粗骨料带。整形、碾压及接缝处理与路拌法相同。

(6)横向接缝处理:当天施工碾压完毕后,压路机沿端头斜面开到下承层上,用人工挖成一横向垂直向下的断面,用装载机铲除所有不满足要求的端部混合料。在重新摊铺混合料之前,将下承层顶面清扫干净,重新进行混合料的摊铺,并注意新混合料摊铺的厚度,保证其压实后形成平顺的接缝。

(7)纵向接缝处理:应尽量避免纵向接缝,在不能避免纵向接缝的情况下,纵缝应垂直相接,严禁斜接。

(8)养护及路缘处理:方法与路拌法相同。

二、石灰粉煤灰类基层施工

石灰粉煤灰类基层因具有较高强度和良好的板体性,适用于路面的基层或底基层,可以缓解路面的开裂和变形,且起到延长路面使用寿命的作用。

1. 基层原材料的要求

石灰粉煤灰类基层原材料的要求如下:

(1)土:石灰土所用的土以就地取土为宜,通常黏性土、砂性土、粉砂土均可使用,塑性指数偏大的黏性土,应加强粉碎,粉碎后土块的最大尺寸应不大于15mm。

(2)石灰:石灰应使用Ⅲ级以上的新灰、磨细生石灰,可以不消解直接使用。用块状灰时要在使用前进行消解,未消解的灰块粒径不得大于1cm。

(3)粉煤灰:粉煤灰应为低活性火山灰质材料,其SiO_2与Al_2O_3总含量应大于70%,700℃时烧失量应小于10%,粉煤灰的细度应满足4500孔筛通过量为50%~80%,干密度500~800kg/m³,含水量应为15%~20%。

(4)水:凡是能饮用的水及不含油等杂质的中性水均可使用。

(5)砂砾(碎石):砂砾(碎石)最大粒径应不大于40mm,级配和压碎值等指标应符合设计或规范要求。

2. 路拌法施工

1)施工工艺流程

石灰粉煤灰土(砂砾、碎石)基层施工工艺流程如图10-25所示。

第十章 油气田道路工程施工

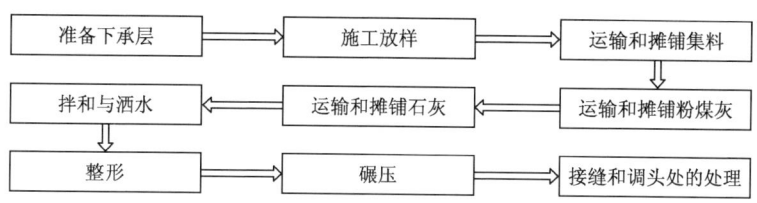

图 10-25 石灰粉煤灰土（砂砾、碎石）基层施工工艺流程图

2）施工要点

（1）备料。

运送到现场的粉煤灰应有足够的水分，并覆盖保湿、扬尘。场地上集中堆放的粉煤灰应予以覆盖，避免雨淋过分潮湿。

石灰应选择路基两侧宽敞，临近水源且地势较高的场地集中堆放。当堆放时间较长时，应覆盖封存。石灰堆放在集中拌和场地时间较长时，也应覆盖封存。

生石灰块应在使用前 7~10d 充分消解。消解后的石灰应保持一定的湿度，不得产生扬尘，也不可过湿成团。消石灰应过孔径 10mm 的筛，并尽快使用。

计算材料用量。按照各路段石灰粉煤灰土（砂砾、碎石）基层的宽度、厚度和预定的干密度，计算各路段需要的干混合料质量，根据混合料的配合比、材料的含水量以及所用运料车辆的吨位，计算各种材料每车的堆放距离。

将两侧路肩培好，路肩料层的压实厚度应与石灰粉煤灰土（砂砾、碎石）基层的压实度相同。在路肩上，每隔 5~10m 应交错开挖临时排水沟。

在预定堆料的下承层上，在堆料前应先洒水，使其表面湿润。

（2）运输和摊铺。

材料装车时，应控制每车料的数量基本相等。按计算出来的各种材料每车料的堆放距离卸置于下承层上，卸料距离应均匀。

应通过试验确定各种材料和混合料的松铺系数。

当采用机械路拌时，应采用层铺法。即每种材料摊铺均匀后，要先用两轮压路机碾压 1~2 遍，然后再运送并摊铺下一种材料。摊铺每层材料时应力求平整，并具有规定的路拱。骨料应较湿润，必要时先洒少量的水。

（3）拌和及洒水。

采用稳定土路拌机拌和时应干拌两遍，其拌和深度要到达稳定层底，侵入下承层 5~10mm，以加强上下层黏结力。随时检查拌和深度和均匀性，禁止在拌和层底部留有素土夹层。

用喷管式洒水车将水均匀地喷洒在干拌后的混合料上。拌和机械应紧跟在洒水车后面进行拌和。含水量应大于最佳含水量1%左右。

（4）整形。

平地机整形。混合料拌和均匀后，先用平地机初步整平和整形。用推土机或轮胎压路机快速碾压1～2遍，以暴露潜在的不平整。再用平地机进行整形，每次整形都要按照规定的坡度和路拱进行。

人工整形。人工用锹和耙将混合料摊平，用路拱板进行初步整形。在初步整形后，检查混合料的松铺厚度，必要时进行补料或减料。

（5）碾压。

混合料的每层压实厚度一般不宜大于20cm，并不小于10cm。应先用轮胎压路机或履带推土机自两侧向路中碾压两遍，然后用12t以上压路机碾压，碾压至表面平整无明显轮迹。

由于工作间断或分段施工，衔接处可留出一定长度不碾压；人工摊铺时约留2m左右，机械摊铺时要留10m左右。也可先把接头压实，待摊铺下一段时，再挖松、洒水、整平、重压。

（6）接缝和调头处的处理。

同日施工的两工作段的衔接处应采取搭接方式，前一段拌和整形后，留5～8m不进行碾压，后一段施工时，前段留下未压部分，再加石灰重新拌和，并与后一段一起碾压。

在施工过程中，每天最后一段的横向接缝应按设计和规范要求采用施工缝的处理。

施工应避免纵接缝，在必须分两幅施工时，纵缝必须垂直相接，不应斜接。

3. **厂拌法施工**

对于油气田快速路和主干路施工，应采用稳定土拌和机集中厂拌混合料。

1）厂拌法工艺流程

石灰粉煤灰土（沙砾、碎石）混合料厂拌法工艺流程如图10-26所示。

2）施工要点

除要满足如下五项外，其他要求同石灰土类基层厂拌法施工要求：

（1）粉煤灰的规格质量应符合规定；不同粒级的砾石及细骨料应分开堆放；石灰、粉煤灰和细骨料都应覆盖堆存，防止雨淋过湿。

（2）粉煤灰、石灰及土（沙砾、碎石）进入下料斗，不应当潮湿。

（3）若拌和石灰粉煤灰沙砾或碎石基层应配备2～3个骨料下料斗，分装粗细骨料。

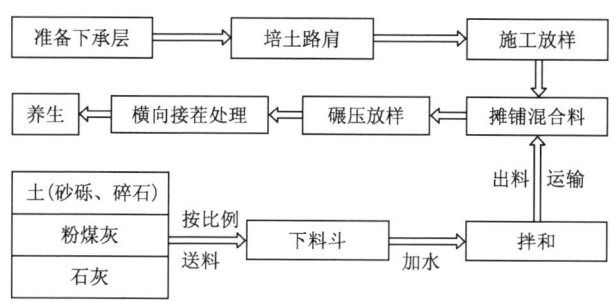

10-26 石灰粉煤灰土（沙砾、碎石）混合料厂拌法工艺流程图

（4）拌成混合料的堆放时间不能超过24h，不应将拌成的混合料长时间堆放。混合料的含水量应略大于最佳含水量，使混合料运到现场摊铺后碾压时的含水量能接近最佳值。

（5）横向接缝处理。当天施工碾压完毕后，压路机沿端头斜面开到下承层上，用人工挖成一横向垂直向下的断面，用装载机铲除所有不满足要求的端部混合料。在重新摊铺混合料之前，将下承层顶面清扫干净，重新进行混合料摊铺，并注意新混合料摊铺的厚度，保证其压实后形成平顺的接缝。

三、水泥稳定土（碎石、砂砾）基层施工

所谓水泥稳定土基层就是在经过粉碎的或原来松散的土中，掺入足量的水泥和水，经拌和、摊铺、压实和养生后，形成抗压强度符合规定要求的路面结构层。掺入水泥稳定细粒土称为水泥稳定土；掺入水泥稳定粗粒土，视所用原材料可称为水泥稳定碎石、水泥稳定砂砾等。水泥稳定土（碎石、砂砾）适用于路面的基层或底基层。

1. 基层原材料的要求

水泥稳定土（碎石、砂砾）基层原材料的要求如下：

（1）水泥：可选用终凝时间较长的32.5或42.5级水泥，水泥的质量要求应符合技术规范规定。

（2）碎石（砂砾）：土（碎石、砂砾）最大粒径应不大于40mm，级配和压碎值等指标应符合设计或规范要求。

（3）水：饮用水及不含油等有机物杂质的中性水均可使用。

2. 厂拌法施工工艺流程

水泥稳定土（碎石、砂砾）厂拌法施工工艺流程如图 10-27 所示。

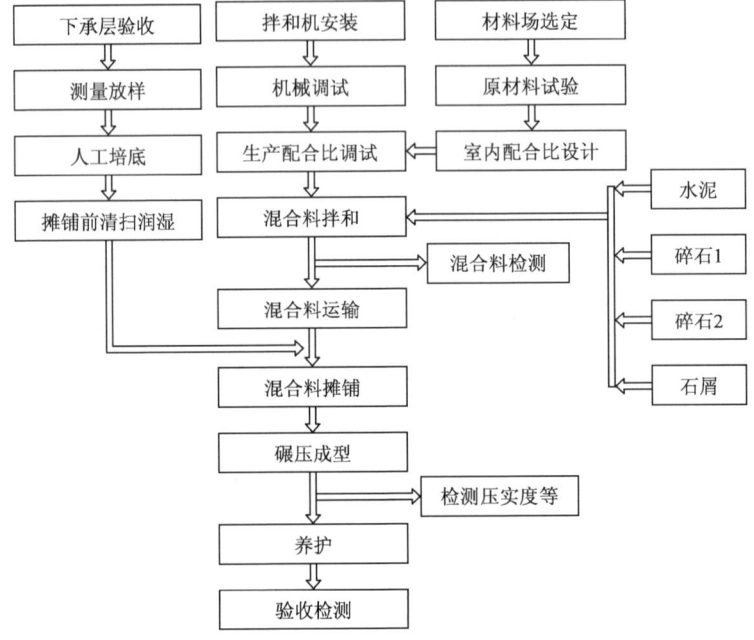

图 10-27　水泥稳定土（碎石、砂砾）厂拌法施工工艺流程图

3. 厂拌法施工要点

1）混合料拌和

水泥稳定土（碎石、砂砾）一般采用专用拌和设备集中拌和（图 10-28），要求混合料配料和比例计算准确、含水量符合施工要求、拌和均匀。拌和设备的生产能力应满足基层摊铺进度的要求。

图 10-28　混合料拌和

2) 摊铺

水泥稳定土（碎石、砂砾）采用专用摊铺机摊铺。摊铺之前，应铺筑试验路段，当试验路段所取得的各种数据完全符合要求后，再进行正式的水泥稳定土（碎石、砂砾）基层的摊铺施工（图 10-29）。在正式摊铺之前，应清除下承层表面的杂物、浮土等，并洒水湿润。

图 10-29 混合料摊铺

3) 碾压

摊铺后应找平、整形、并测定含水量，当含水量等于或略大于最佳含水量时，应及时碾压。在开始碾压时，应先用 12~15t 压路机碾压，再用 25t 以上振动压路机振压，最后用 18t 压路机或轮胎压路机碾压直至达到要求的压实度。

4) 接缝（茬）

在摊铺水泥稳定土（碎石、砂砾）时，应进行全幅摊铺。当分幅摊铺时，应采用两台摊铺机进行摊铺，两台摊铺机应相距 5~8m 同步进行摊铺。在摊铺水泥稳定碎石（砂砾）的纵、横缝处，应采用方木或钢模板作为挡边，挡边的高度应与水泥稳定碎石（砂砾）的厚度相同。在摊铺纵、横缝时，应采用自茬相接。

5) 养护

每一段基层碾压完成并经压实度检查合格后，应立即开始覆盖养护，及时洒水，在整个养护期间保持潮湿状态。

第五节　路面面层施工

路面面层是道路的重要组成部分，直接与行车和空气接触，承受行车荷载的竖向力、水平力、冲击力的作用，和降水侵蚀温度变化的影响，因此要求路面面层具有较高的结构强度、刚度、耐磨性以及不透水性和高温稳定性，并且表面层还要具有良好的平整度和粗糙度。路面面层可由一层或数层组成，例如上面层、中面层、下面层。

油气田道路最常见的路面面层有水泥混凝土路面、沥青混合料路面，其次是沥青表面处治路面、沥青贯入式路面等。

一、水泥混凝土面层施工

水泥混凝土路面是指以水泥混凝土为主要材料做面层的路面，简称混凝土路面。亦称刚性路面，俗称白色路面，水泥混凝土路面有素混凝土、钢筋混凝土等。

水泥混凝土路面具有承载能力大、稳定性好、日常养护费用低等优点，是油气田矿区道路路面的主要类型之一。由于油气田特种作业车辆吨位较大、履带车较多，且许多矿区处于边钻井作业、边道路施工的客观环境，因此水泥混凝土路面更选用于油气田道路。

油气田道路水泥混凝土路面，主要有素混凝土、钢筋混凝土、连续配筋混凝土、钢纤维混凝土等面层板与基（垫）层组成的路面形式。目前采用最广泛的是就地浇筑的素混凝土路面。

下面仅以小型机具施工法为例介绍水泥混凝土路面的施工技术。

1. 施工工艺流程

水泥混凝土面层施工工艺流程如图 10-30 所示。

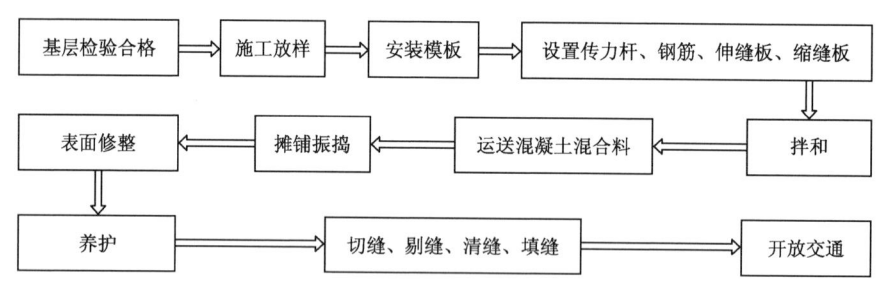

图 10-30 水泥混凝土面层施工工艺流程图

2. 施工要点

1）安装模板和拉杆、传力杆

（1）在摊铺混凝土之前，应先安装模板。钢模可用厚 4~5mm 的钢板冲压制成，或用边宽 40~50mm 的槽钢。弯道和交叉口路缘处，应采用 2~3mm 厚的钢板，以便弯成弧形。

(2) 模板按预先标定的位置安装在基层上，两侧用铁钎打入基层以固定位置，间距应为 0.8~1m，弯道处为 0.5~0.8m。模板与基层间的空隙应堵严，保证振捣时模板不沉，使混凝土板厚度均匀一致。

(3) 模板顶面用水准仪检查其标高，施工时必须经常校验，严格控制。

(4) 模板支好后，在模板内侧涂刷肥皂液、隔离剂或其他润滑剂，以方便拆摸。

(5) 按照设计要求安装拉杆、传力杆。

2) 混凝土的搅拌、运输

混凝土混合料应采用自卸车运输，当运距较远时，应采用搅拌运输车运输。混凝土混合料每盘的搅拌时间，要按照搅拌机的性能和混合料的和易性确定。

3) 混凝土的摊铺和振捣

(1) 摊铺。当运送混合料的车辆运达摊铺地点后，一般直接卸至模板内，并由人工找补均匀。摊铺时应考虑混凝土振捣后的沉降量，虚高可高出设计厚度约 10% 左右。

(2) 振捣。混凝土混合料的振捣器具，应由平板振动器、插入式振动器和振动梁（或三轴整平机）配套组成。

4) 抹面、拉毛

(1) 抹面。第一遍抹面工作是在全幅振捣振实、整平后紧跟进行，使用长塑料抹子用力揉压平整。第二遍抹面工作须接着进行，使用短塑料抹子进一步找平，使混凝土表面均匀一致。第三遍抹面工作与第二遍间隔一定时间，以排出混凝土出现的泌水，间隔时间视气温情况而定，常温为 2~3h；第三遍抹面要求细致，消灭砂眼，使混凝土板面符合平整度要求。

(2) 拉毛。抹面后沿横坡方向用棕刷对混凝土表面进行拉毛，或采用机具压（或刻）纹，压纹深度通常为 1~3mm。

5) 胀缝、横向缩缝、纵缝施工

(1) 胀缝施工。先浇筑胀缝一侧混凝土，去掉胀缝挡板后，再浇筑另一侧混凝土，钢筋支架浇在混凝土内。压缝板条使用前应涂废机油或其他润滑油，应在终凝前将压缝板条抽出。缝隙上部浇灌填缝料，留在缝隙下部的嵌缝板应符合设计要求。

(2) 横向缩缝施工。横向缩缝采用锯缝，切得过早，由于混凝土强度不足，会引起粗集料脱落，使切缝不整齐；切得过迟，由于混凝收缩应力超出其抗拉强度而在非预定位置出现早期裂缝。合适的切割时间应控制在混凝土获得足够的强度，而收缩应力并未超出其强度范围的时间内。影响混凝土路面最佳切缝时间的因素很多，包括季节、温差、养护、混凝土强度等，其中尤以混凝土强度最为突出，而混凝土的龄期与强度之间有着直接的对应关系。通常情况下施工现场均采用监测混凝土龄期的方法确定最佳切缝时间。通过长期的现场摸索和试验统计，最佳的龄期一般在280～310（℃·h）之间。但在不同工程项目的路面施工过程中，由于外界因素难以控制，特别是气象条件差异较大，锯缝的最佳时间也不尽相同。

（3）纵缝施工。应对已浇筑混凝土板的缝壁涂刷沥青，避免涂在拉杆上。浇筑邻板时应靠缝壁浇筑。

6）路面养护、拆模、填缝

（1）拆模。拆除模板时间应根据气温和混凝土强度增长情况确定，采用普通水泥时，一般拆模时间控制在累计温度（每小时测温一次，每次温度累加）400℃左右。拆模不得损坏混凝土板的边、角。

（2）填缝。混凝土板养护期满后，缝槽要及时按设计要求填缝。

（3）养护。混凝土表面修整完毕后，立即进行养生。养生期间，须防止混凝土的水分蒸发和风干，以免产生收缩裂缝；采取覆盖措施减少温度变化，避免混凝土板产生过大的温度应力；进行交管制通，防止人畜和车辆等损坏混凝土板的表面。

混凝土板的养生，可采用湿润养生、喷洒成膜材料养生等方法，通常养生时间为14～21d。湿润养生采用土工布或草袋（帘），在混凝土终凝后覆盖于混凝土板的表面，每天均匀洒水，保持潮湿状态，但注意洒水时不能有水流冲刷。养生期内，每天对含水材料润湿2～3次；在昼夜温差大的地区，混凝土板浇筑3d内应采取保温措施，防止混凝土板产生收缩裂缝。

混凝土板在养生期间和填缝前，应禁止车辆通行。养生期满后方可将覆盖物清除，板面不得留有杂物。

二、沥青表面处治路面施工

沥青表面处治路面是用沥青和集料按层铺或拌和法施工，厚度不大于3cm的路面面层，简称沥青表处路面。由于处治层很薄，一般不起提高强度作用，其主要作用是抵抗行车磨耗和大气的影响，增强防水性，提高平整度，改善路面的行车条件。沥青表处路面一般用于油气田的支线道路或井排路的面层，施工方法有层铺法和拌和法两种。下面以最常用的层铺法（拌和法参见本节热拌沥青混合料路面施工相关内容）为例，介绍沥青表面处治路面的施工方法。

1. 施工程序

沥青表面处治路面层铺法施工施工程序一般为：为清扫基层及放样——洒布第一层沥青——铺撒主层集料——碾压——洒布第二层沥青——铺撒嵌缝料——碾压——开放交通。

2. 施工要点

1）施工前准备

施工之前，路缘石要安装完成，基层要清扫干净。检查沥青洒布车的油泵系统、输油管道、油量表、保温设备等。应先在路上试洒，确定喷洒速度及洒油量。

2）清扫基层及放样

在表面处治层施工前，应将路面基层清扫干净，使基层矿料大部分外露，并保持干燥。对有坑槽、不平整的路段应先修补和整平，若基层整体强度不足，则应先予补强。

3）洒布沥青

沥青的洒布温度按照气温及沥青标号选择，石油沥青要在130～170℃之间洒布，乳化沥青在常温下洒布。分几幅浇洒时，纵向搭接宽度宜为10～15cm。洒布第二、第三层沥青的搭接缝要错开。

4）铺撒主层集料

洒布主层沥青后要立即用集料撒布机或人工铺撒第一层主集料，并及时扫匀，达到全面覆盖、集料不重叠、厚度一致、不露出沥青的要求。局部缺料应当适当找补。两幅搭接处，第一幅洒布沥青要暂留10～15cm宽度不铺撒骨料，待第二幅一起铺撒。

5）碾压

铺撒主集料时，不必等全段铺撒完毕，即可同步用6～8t双钢轮压路机从路边向路中心碾压3～4遍，每次轮迹重叠约30cm。碾压速度开始不宜超过2km/h，以后可适当增加。第二、三层的施工方法和要求应与第一层相同，但是要采用8t以上的压路机碾压。

6）初期养护

沥青表面处治施工后应进行初期养护。当发现有泛油时，应在泛油处补撒嵌缝料，嵌缝料应与最后一层石料规格相同，并应扫匀。

沥青表面处治施工应确保各工序紧密衔接，每个作业段长度应根据压路机数量、沥青、洒布设备及集料撒布机能力等确定，当天施工的路段必须在当天完成。沥青表面处治宜选择在干燥和较热的季节施工，并在雨季前且日最高温度低于15℃以前半个月结束，使表面处治层通过开放交通压实，成型稳定。

三、沥青贯入式路面施工

沥青贯入式路面指的是在初步压实的碎石上，分层浇洒沥青、撒布嵌缝料，或再在上部铺筑热拌沥青混合料封层，经压实而成的路面。在道路施工时，因建立沥青混合料搅拌站困难或其他条件限制的情况下，在设计上采用沥青贯入式路面形式，适用于油气田次干道及支路，也可以作为主干路热拌沥青混合料路面的联结层。

沥青贯入式路面的主层集料可采用摊铺机或人工摊铺，嵌缝料应采用集料撒布机撒布，采用沥青洒布车喷洒沥青。

1. 施工程序

沥青贯入式路面施工程序一般为：施工前准备——浇洒透层或粘层沥青——铺撒主层集料——第一次碾压——浇洒第一层沥青——撒布第一层嵌缝料——第二次碾压——浇洒第二层沥青——撒布第二层嵌缝料——碾压——浇洒第三层沥青——撒布封层料——碾压——开放交通。

2. 施工要点

1) 施工前准备

（1）清扫基层，需要安装路缘石时，要在路缘石安装完成后施工。

（2）测量放样，按照路面的设计宽度和厚度放出路中心线和边线并放好"样砖"，以便控制摊铺主层石料松铺高度。

（3）材料布置，要根据定额计算主层石料用量，分段堆置于已经整理的基础上，并准备好各层嵌缝料。

2) 各工序及施工方法

（1）浇洒透层或粘层沥青。

（2）摊铺主层集料，铺筑后严禁车辆通行。

（3）第一次碾压：采用6~8t双钢轮压路机自路边向路中心碾压，碾压速度2km/h，每次轮迹重叠约30cm，碾压一遍后检验路拱和纵向坡度，当不符合要求时，应调整找平后再压。然后用重型的钢轮压路机碾压，每次碾压轮迹重叠 1/2 左右，应碾压 4～6 遍，直至主层骨料嵌挤稳定，无显著轮迹为止。

（4）浇洒第一层沥青。采用乳化沥青贯入时，为防止乳液下漏过多，可在主层骨料碾压稳定后，先撒布一部分嵌缝料，再浇洒主层沥青。

（5）撒布第一层嵌缝料。撒布后尽量扫匀，不足处要找补。若使用乳化沥青时，石料撒布必须在乳液破乳前完成。

（6）第二次碾压。用 8～12t 双钢轮压路机碾压嵌缝料，轮迹重叠轮宽的 1/2 左右，应碾压 4～6 遍，直至稳定为止。碾压时随压随扫，使嵌缝料均匀嵌入。

（7）按上述方法浇洒第二层沥青、撒布第二层嵌缝料，然后进行碾压，再浇洒第三层沥青。

（8）撒布封层料。按撒布嵌缝料方法撒布封层料。

（9）最后碾压及开放交通。用 6～8t 压路机最后碾压，碾压 2～4 遍，然后开放交通。

四、热拌沥青混合料路面施工

热拌沥青混合料路面以其良好的稳定性、抗滑性和较高强度，以及扬尘少等特性而广泛应用于油气田道路中。按沥青混合料集料的粒径，沥青混合料路面分为：细粒式沥青混凝土，AC-9.5mm 或 AC-13.2mm；中粒式沥青混凝土，AC-16mm 或 AC-19mm；粗粒式沥青混凝土，AC-26.5mm 或 AC-31.5mm。

沥青混合料均应采用集中厂拌法拌和，并采用热拌热铺法施工。

1. 施工工艺流程

热拌沥青混合料路面的施工工艺流程如图 10-31 所示。

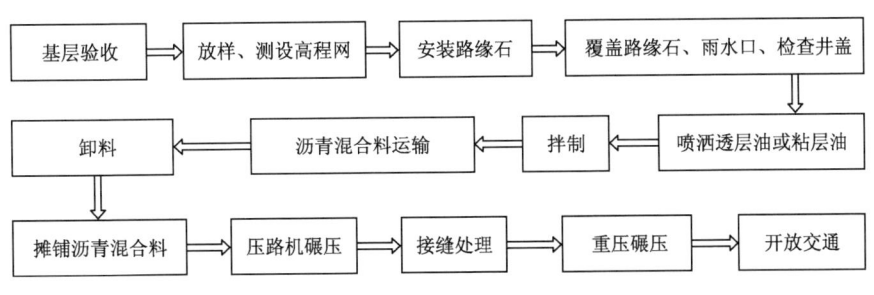

图 10-31 热拌沥青混合料路面施工工艺流程图

2. 热拌沥青混合料的拌制

热拌沥青混合料宜采用间歇式拌和机拌和（图 10-32），并配备计算机设备，拌和过程中逐盘打印沥青用量及混合料拌和量、拌和温度等各种参数。如果数据有异常波动时，应立即停止生产，分析原因。连续式拌和机使用的骨料必须稳定不变，当料源或质量不稳定时，不得采用连续式拌和机。沥青混合料拌和时间根据具体情况经试拌确定，以沥青均匀裹覆骨料为准，拌和好的沥青混合料应色泽均匀、无花白料、无结团料、无粗细料分离现象。沥青混合料出厂时应逐车检测沥青混合料的重量和温度，记录出厂时间。

图 10-32 沥青混合料拌和

3. 热拌沥青混合料的运输

热拌沥青混合料应采用吨位较大的自卸汽车运输，汽车车厢应清扫干净并在内壁涂一薄层油水混合液。从拌和机向运料车上装料时应每装一料斗混合料挪动一下车身，以减小骨料离析现象。运料车应用篷布覆盖以保温、防雨、防污染，夏季运输时间短于 0.5h 时可不覆盖。运料车在摊铺机前 10～30cm 处停住，不得撞击摊铺机。卸料时运料车挂空挡，靠摊铺机推动前进，以利于摊铺平整。

4. 热拌沥青混合料的摊铺

1) 清理、修整基层

沥青面层铺筑前，首先将基层上的杂物清除干净。对基层厚度、密实度、平整度、路拱等进行检查，并做必要的修整。

2) 浇洒透层或粘层沥青

面层铺筑前 4～8h，在基层表面洒布透层沥青。若基层为旧沥青路面或水泥混凝土路面，则在面层铺筑之前，在旧路面上洒布一层粘层沥青。随即按设计要求撒布石屑，并用轻型压路机压实。

3) 摊铺沥青混合料

(1) 如图 10-33 所示,摊铺沥青混合料按路面全宽一次进行铺筑。一台摊铺机不足路宽,可多台平行梯队联合作业。混合料摊铺纵向搭接宽度约 10cm,纵向相邻两台摊铺机的间距约 10~20m。

图 10-33 沥青混合料摊铺

(2) 铺筑多层混合料时,上、下层的接缝应错开,纵缝错开 15cm 以上,横缝错开 1m 以上,主干路面层接缝,要削齐接平,接缝处均应涂刷沥青粘层,接缝表面应予以烫平。

(3) 混合料必须采用配备自动找平装置的摊铺机进行摊铺,同时必须具有振动熨平板或振动夯锤等初步压实装置。

(4) 摊铺机的摊铺速度应与供料、压实速度相平衡,保证连续不断的均衡摊铺,中间不得停顿。热拌混合料的施工温度必须符合表 10-2 的要求。

表 10-2 沥青混合料的施工温度　　　　单位:℃

沥 青 种 类	普通石油沥青	改性沥青
沥青加热温度	150~170	160~170
矿料加热温度	170~190	180~200
沥青混合料出场温度	155~165	165~180
运输到现场温度(不低于)	145	160
摊铺温度(不低于)	135~150	160
初压温度(不低于)	130~145	150
终压温度(不低于)	105~125	110

(5) 松铺系数应根据试铺路段确定,摊铺过程中必须随时检查摊铺层厚度及路拱、横坡,达不到要求时,立即进行调整。

(6) 下面层摊铺必须采用钢丝引导的高程控制方式控制好路面高程,中、上面层摊铺宜采用移动式自动找平基准装置摊铺,以控制路面厚度和平整度。

4) 沥青混合料碾压

沥青混合料的碾压必须在摊铺后立即进行,严禁等候,碾压过程中压路机严禁停机。沥青混合料的碾压按初压、复压、终压3个阶段进行,压路机的碾压速度参照表10-3进行,宜均匀碾压。初压用10t以上的钢轮压路机紧随摊铺机碾压;复压必须在初压完成后紧接着进行,用16~25t轮胎压路机碾压;终压用较宽的钢轮压路机碾压。压路机的碾压遍数及组合方式依据试铺段确定。

表 10-3 压路机碾压速度　　　　单位:km/h

压路机类型	初压		复压		终压	
	适宜	最大	适宜	最大	适宜	最大
钢轮式	2~3	4	2.5~5	5	3~6	6
轮胎式	2~3	4	3~5	6	4~6	8
振动式	2~3 静压或振动	3 静压或振动	3~4.5 振动	5 振动	3~6 静压	6 静压

钢轮压路机静压时,相邻碾压带应重叠15~20cm,振动碾压时相邻碾压带重叠宽度不得超过15~20cm。轮胎压路机碾压时应重叠1/3~1/2碾压轮宽。压路机的启动、停止必须减速缓慢进行。

5) 施工接缝的处理

(1) 纵向施工缝。

对于采用2台或2台以上摊铺机梯队联合摊铺式的纵向接缝,应在前部已摊铺混合料部分留下10~20cm宽暂不碾压,作为后高程基准面,并有5~10cm的摊铺层重叠,以热接缝形式在最后作为跨接缝碾压以消除缝迹。上下层纵缝应错开15cm以上。

(2) 横向施工缝。

横向施工缝采用平接缝。用3m直尺沿路线的纵向,在摊铺段端部呈悬臂状,以摊铺层与直尺脱离接触处定出接缝位置,用锯缝机割齐后铲除;继续摊铺时,应将接缝锯切时留下的灰浆擦洗干净,涂上少量粘层沥青,摊铺机熨平板从接缝后起步摊铺;碾压时用钢轮压路机进行横向压实,从先铺路面上跨缝逐渐移向新铺面层。

第十章 油气田道路工程施工

第六节 板桥（涵）施工

在油气田道路工程中，由于地下各类管线的穿越、道路交叉及跨越河流，桥、涵就成为工程的重要组成部分。由于桥、涵的类型较多，施工方法也因不同的桥、涵各不相同。本节仅就油气田道路工程最常见的板桥或板涵的施工作简单的叙述。

一、桥、涵的类型和特点

1. 桥、涵的类型

桥、涵分类采用两个指标，一个是单孔跨径，另一个是多孔跨径总长。桥、涵的划分，无论有无填土，均以跨径大小为界：凡单孔跨径小于 5m 或多孔跨径总长小于 8m，一律称为涵洞。

桥按跨径大小和多跨总长分为小桥（$8m \leqslant$ 跨径总长 $L \leqslant 30m$ 或 $5m <$ 单孔跨径 $L_0 < 20m$）、中桥（$30m <$ 跨径总长 $L < 100m$ 或 $20m \leqslant$ 单孔跨径 $L_0 < 40m$）、大桥（$100m \leqslant$ 跨径总长 $L \leqslant 1000m$ 或 $40m \leqslant$ 单孔跨径 $L_0 \leqslant 150m$）、特大桥（跨径总长 $L > 1000m$ 或单孔跨径 $L_0 > 150m$）。

桥按结构分为梁式桥、拱桥、刚架桥、缆索承重桥（斜拉桥和悬索桥）四种基本体系，此外还有组合体系桥。

桥按材料类型分为木桥、圬工桥、钢筋混凝土桥、预应力钢筋混凝土桥、钢桥。

2. 桥、涵的特点

桥梁一般由上部结构、下部结构和附属构造物组成，上部结构指主要承重结构和桥面系；下部结构包括桥台、桥墩和基础；附属构造物则指桥头搭板、锥形护坡、护岸、导流工程等。

在油气田道路工程中，由于油气田地域的地形、地貌特点，桥、涵以混凝土板桥和混凝土板涵居多。

（1）梁式桥：包括简支板梁桥、悬臂梁桥、连续梁桥。其中简支板梁桥跨越能力最小，一般一跨径在 8～20m。

(2)拱桥：在竖向荷载作用下，两端支承处产生竖向反力和水平推力，由于水平推力减小了跨中弯矩，使跨越能力增大。按理论推算，混凝土桥拱极限跨度在500m左右，钢桥拱可达1200m。

(3)刚架桥：有T形刚架桥和连续刚构桥，T形刚架桥主要缺点是桥面伸缩缝较多，不利于高速行车；连续刚构桥主梁连续无缝，行车平顺。

(4)缆索承重桥（斜拉桥和悬索桥）：是建造特大型桥梁最好的设计选择，桥面靠钢缆吊在半空，缆索悬挂在桥塔之间。斜拉桥主跨可达900m以上，悬索桥主跨可达2000m左右。

(5)组合体系桥：有梁拱组合体系，如系杆拱，桁架拱，多跨拱梁结构等。

二、板桥（涵）施工方法

1. 板桥（涵）施工工艺流程

一般情况下，油气田道路的板桥（涵）的施工流程为：施工放样——基坑开挖——基础及垫层施工——基础钢筋制作、安装——基础模板安装——基础混凝土浇筑——墩台（涵身）砌筑［或桥（涵）身钢筋制作、安装——桥（涵）身模板安装——桥（涵）身混凝土浇筑］——预制、吊装桥（涵）板（现浇板）——桥面（涵顶）及附属工程施工。

2. 施工放样测量

1) 桥（涵）位中心线测量

当河流无水、浅水或旱桥、河岸与河底高差较小时，可采用钢尺直接丈量法量测桥位控制桩间距。丈量前要用经纬仪定向，有条件时可使用全站仪、红外线测距仪直接测定桥（涵）位中心线控制桩的坐标及其距离。

2) 明挖基础施工放样

在基础开挖前，根据基底尺寸、开挖深度、放坡情况等计算出开挖到设计标高的原地面开挖边线，定出边桩。开挖到设计标高，进行基底平整或基底处理，再在基底上放出墩台中心及其纵横轴线，作为安装模板、浇筑混凝土基础及墩身的依据。

3) 桥梁墩（台）或涵墙施工放样

台身（墩身）或涵墙的细部放样，应以桥（涵）纵横轴线为依据，并校正模板的位置，直至模板中心线位于轴线的方向上。在桥墩（台）帽或涵帽模板安装到位后应再一次进行复测,确保墩(台)帽或涵帽位置符合设计要求,模板位置中心的偏差不得大于规范规定的允许偏差。当混凝土浇筑完成后,应在墩(台)帽或涵帽顶放出墩(台)或涵墙轴线及路中线,并在墩(台)帽或涵帽顶设临时水准点并测定其高程,作为安放支座垫石及安装支座的依据。

4) 盖梁、墩(台)帽或涵帽的放样

盖梁测设可根据墩(台)纵横轴线进行测设,并丈量跨径以确保架梁位置。灌注墩(台)或涵帽至顶部时应埋入中心标及水准点。

3. 明挖基础施工

明挖基础又称扩大基础。

1) 基坑开挖

施工基坑开挖主要工作包括:挖掘、出土、支护、排水、防水、清底以及回填等。为避免雨水冲坏坑壁,基坑顶四周应做好排水,截住地表水,基坑下口开挖的大小应满足基础施工的要求,渗水土质的基底平面尺寸可适当加宽 50~100cm,便于设置排水沟和安装模扳,其他情况可缩加宽尺寸;不设基础模板时,按设计平面尺寸开挖。开挖作业方式以机械作业为主,采用挖掘机配合自卸汽车运输作业辅以人工清槽。挖基土应外运或远离基坑边缘卸土,以免塌方和影响施工。

基坑开挖前,依据设计图提供的勘探资料,先估算渗水量,选择施工方法和排水设备。采用集水坑排水方法施工时,集水坑底应比基坑底面标高低 50~100cm,以降低地下水位保持基底无水,抽水设备可使用离心式水泵或潜水泵。对于基坑土质容易流砂的砂土层,不宜用直接排水法排水,用井点法降低地下水位效果较好。

基坑开挖应连续施工,一次开挖距基础底面设计高程要预留 20~30cm,待验槽前人工一次清除至标高,以保证基坑顶面坚实。坑壁的支撑可选以下几种方式:

(1) 挡扳支撑:适用于基坑断面尺寸较小,可以边挖、边支撑的情况,挡板可竖立或横立,板厚 5~6cm,加方木带,板的支撑用钢、木均可。

(2) 围堰:在有地表水的地段,开挖基坑应设置围堰。根据施工环境和水文情况,围堰可以采用土围堰、草(麻)袋围堰、木板或钢板桩围堰等多种形式,施工时应注重充分利用当地材料和现有设备,在保证安全的前提下,尽可能缩短工期、提高工效。围堰顶面应至少高出施工期最高水位 0.5~1.0m,围堰应尽量减少压缩河床断面,要满足强度和稳定的要求。

2）基础混凝土浇筑

基础施工一般应先浇筑 10cm 左右的混凝土垫层以便在其上支立模扳、绑扎钢筋，混凝土垫层也有利于施工排水。基础施工时，应加强排水，保持在无水的条件下进行基础钢筋绑扎、模板安装。在未设计先浇筑 10cm 混凝土垫层的情况下，基础混凝土浇筑前，干土基要洒水湿润，湿土基要铺以碎石垫层或水泥砂浆层，石质地基要清除松散粒料，才可浇筑基础混凝土。混凝土浇筑应连续进行，当必须间歇时，应在前层混凝土初凝之前将下层混凝土浇筑完毕。

4. 墩（台）或墙身砌筑施工

油气田道路板桥的墩（台）或板涵的墙身设计为浆砌块石或浆砌片石的结构（图 10-34）。墩（台）或墙身可采用块石、片石，要求石材质地应均匀，尺寸、强度符合要求，砌筑砂浆强度应符合设计要求，搅拌均匀，随拌随用，最迟不超过初凝时间。墩（台）或墙身砌筑施工时应注意以下几点：

（1）块石（片石）在使用前应清除表面污泥，且用水湿润表面。

（2）如有地下水，砌筑时需抽水，保证砌体砂浆不被水浸泡。

（3）分层砌筑，每工作段的水平缝应大体一致，竖缝应错开，不得贯通。砌石过程中，不得有孔洞，立面垂直、平整、坚固。片石砌体缝宽不大于 30mm，块石砌体缝宽不大于 15mm。

（4）砌筑砂浆应饱满，空隙用砂浆灌缝，缝隙较大时可在砂浆中添加小石块。

（5）有沉降缝的基础，要求沉降缝的两侧平整，缝整齐竖直，满足沉降的要求。

（6）砌完后，应将表面清扫干净，用草袋或土工布覆盖，洒水湿养护，一般不少于 5 天。

图 10-34 浆砌块石墙身

5. 钢筋混凝土墩（台）或墙身施工

1）模板的制作与安装

板桥（涵）模板尽量采用组合钢模板或刚度较好的竹胶板模板（图 10-35），支撑体系为钢管脚手架。墙壁内模板与顶板底模板交角处用阴角模板；外模板置于混凝土垫层上，外设三排钢管脚手架作为支撑系统；钢制内模板用钢筋抬架，抬架上搁置 100mm×100mm 木方，内模板支承于木方上。内外模板采用 $\phi 12mm$ 的标准对拉螺栓，对拉螺栓两端用塑料连接头，起到既拉又撑的作用。

图 10-35　模板的制作与安装

模板安装之前应清除其表面混凝土残浆，钢模板先除锈，涂刷脱模剂，检查各螺栓的丝牙，防止施工过程中滑丝，模板安装要与钢筋的安放协调进行，妨碍绑扎钢筋的部分应待钢筋安装完毕后安装补全，模板与脚手架除为整体设计外，二者之间不得相连，以免在脚手架上运存材料和工人操作时引起模板变形。模板安装时，轴线、尺寸应符合要求，侧模板应考虑防止模板移位和突出。

2）钢筋绑扎和安装

钢筋使用前应将表面油渍、锈迹清除干净，加工时要符合设计的尺寸、形状。钢筋连接采用搭接电弧焊，双面焊缝长度不应小于 5 倍钢筋直径，单面焊缝长度不应小于 10 倍钢筋直径，焊缝应饱满，焊渣应清除，焊接接头要使连接钢筋处于一轴线上。钢筋的交叉点应用铁丝绑扎结实，必要时可用点焊焊牢，非焊接钢筋骨架的多层筋之间，应用短筋支撑，为保证保护层厚度，应在钢筋与模板间设置水泥砂浆垫块。施工时应注意以下几点：

（1）绑扎钢筋前应认真熟悉图样，核对各部位尺寸、规格、编号，对加工的半成品要检查核对。

(2) 绑扎时可利用基础垫层混凝土的表面画线确定主筋的位置。

(3) 按画线位置进行摆筋。

(4) 绑扎固定已摆好的钢筋。

(5) 大型基础应设架立筋，架立筋固定后，再绑上层筋。

(6) 保护层垫块用铁丝固定，防止移动和掉落，以确保钢筋保护层的厚度。

(7) 为避免钢筋错位，钢筋绑扎后，根据实际情况可在适当的位置加焊焊点。

(8) 预埋钢筋根数和位置要准确，必要时可点焊固定。

3) 混凝土浇筑与养护

混凝土浇筑前应按规定详细检查模板和支架，并对钢筋和预埋件进行隐蔽工程验收，清除模板内的杂物。根据气候条件，适当洒水湿润垫层混凝土，必要时可在垫层或新旧混凝土接触面先浇小量同强度等级的砂浆，以确保连接。

混凝土入模后，采用全面分层法一次整体浇注，即第一层全面浇筑完毕后再浇注第二层，每层的间隔时间以混凝土未初凝为准，如此逐层进行。施工时从短边开始，沿长边进行，必要时也可以从中间或二边向中央进行。除此之外还可以选用分段分层的混凝土浇筑方法。施工前，根据基础尺寸、混凝土数量、初凝时间、分层厚度，选择浇筑方法和混凝土泵、罐车数量及相应的搅拌混合料设备能力。要分层振捣，使用插入式振捣器，振捣方式可以垂直于混凝土面插入振捣棒，或与混凝土面呈 40°～50°倾角斜向插入振捣棒，振捣棒的使用要"快插慢拔"，每一个插点振捣时间以 20～30s 为宜。一般浇筑分层厚度不超过 50cm，插入式振捣器，前后插入距离不超过振捣作用半径的 1.5 倍，上下层混凝土水平距离保持在 1.5m 左右，每层浇筑的时间不超过 2h，若超过初凝时间应按施工缝处理。

大体积混凝土施工时，可在混凝土中填充片石，一般不超过混凝土体积的 15%。如浇筑混凝土下落高度超过 2m 时，混凝土入模要采用串筒，以免混凝土离析。浇筑混凝土时，严禁在混凝土中随意加水，否则会影响混凝土的强度。

混凝土达到初凝后即开始进行塑料布覆盖，为防止混凝土脱水开裂，在塑料布上应再覆盖无纺布。因一般混凝土浇筑后第 3～4 天内部温度最高，以后逐渐降低，所以覆盖的掀除不能过早、过快，一般以 10 天左右为宜。

6. 桥（涵）板施工

钢筋混凝土桥（涵）板施工可分为就地浇筑和预制安装两大类。

第十章 油气田道路工程施工

就地浇筑法：直接以在桥跨下面搭设的支架作为工作平台，然后立模浇筑混凝土梁，当混凝土强度达到要求后，便可拆除或转移施工支架。

预制安装法：当桥梁跨数较多、桥墩较高、河水较深且有通航要求时，通常将桥跨结构沿纵向或横向划分成若干独立的构件，并在桥位附近专门的预制场地或者工厂进行成批的制作，然后将这些构件适时运到桥孔处进行安装就位。

预制混凝土梁（板）应注意以下几点：

（1）预制场地要求平整、坚实，根据地基及气候条件，采取必要的排水措施。

（2）后张法预应力混凝土简支梁的预制台座要坚固、无沉陷，台座表面光滑平整。

（3）预制底模板要根据梁跨度设置预拱度。预应力混凝土梁（板）在预制施工前，应根据设计提供的理论拱度值，结合施工的实际情况，正确预计梁体拱度的变化情况，并采取相应措施。

7．桥面铺装施工

桥面铺装即行车道铺装，多为水泥混凝土和沥青混凝土。

1）沥青混凝土桥面铺装

沥青混凝土桥面铺装施工包括：混合料的制备、运输、摊铺、碾压和养护等步骤。施工中必须注意控制好混合料各阶段的温度、碾压的密实度、面层的平整度和抗滑性等关键技术和指标。其施工方法见本章第五节中"热拌沥青混合料路面施工"所述。

2）水泥混凝土桥面铺装

水泥混凝土铺装施工包括备料、运料、安装模板、绑扎钢筋、摊铺、振捣、接缝施工、表面整修、养护等过程。施工中必须注意振捣密实、接缝平整、养护及时、充分。其施工方法如下：

（1）首先复测梁板顶面高程。根据设计提供的原始水准点施放桥面铺装高程控制点，加密到顺桥向每5m一个横向控制断面，每个横断面3点。若处于加宽段，横向应加密1～2点。

（2）按设计要求的钢筋规格、间距绑扎桥面钢筋网，并保证其搭接长度和位置的准确性。

（3）设置高程控制带。在梁板顶面按事先定好的高程点焊接角钢，底部采用可调式螺栓，便于施工过程中调整，角钢必须具有较强的刚性，不易变形，待混凝土初凝后将其拆除。

（4）浇筑混凝土。浇筑混凝土前要保证梁板表面粗糙、清洁，不得在钢筋上搁置重物或运料小车在钢筋网上推行及人行践踏而使钢筋变位，必须搭设走道支架架空，并在浇筑过程中，随时注意纠正钢筋位置。采用整幅浇筑法，原则上纵向以伸缩缝为界。混凝土浇筑从下坡向上坡进行。

在浇筑混凝土前处理好各构件的预埋，如伸缩缝等，浇筑混凝土采用商品混凝土，用平板振动器与振动棒振捣密实后，用振动梁、刮尺、滚筒梁整平，再进行抹面收浆，初凝前再次进行整平，为了提高粗糙度，待混凝土强度达到5MPa后用钢刷横向刷纹。

（5）养护。混凝土浇筑完毕后，采用浇水养护法养护，用无纺布进行覆盖，以保持混凝土内部湿润和温度、防止阳光暴晒，养护时间间隔以气温而定，必须保持混凝土的潮湿状态。

3）桥面排水设施

桥面泄水管设置的位置、数量和材料应符合设计要求，泄水管口应低于周围的桥面铺装层。泄水管道应远离照明线路及其他电气线路，如有十字交叉情况时，应保证泄水管道不漏水。

第七节　安全环保措施

一、安全施工措施

1. 安全风险源分析

油气田道路施工过程中，主要有高处坠落、触电、机械伤害、车辆伤害、中毒、坍塌、火灾爆炸等安全风险，以下按照工程项目类型进行说明。

（1）临时用电作业：存在电缆埋设时的电缆破损漏电、线路架空时的架线杆倒塌或电线崩断、人员高处坠落等风险；

（2）桥涵基坑开挖：存在土方坍塌、机械伤害等风险；

（3）钢筋加工：存在机械伤害、触电等风险；

（4）桥涵模板、混凝土施工，梁板预制、安装：存在高处坠落、机械伤害、触电等风险；

（5）路基土石方工程：存在车辆失控引起的撞车、翻车等风险；

(6) 沥青混凝土搅拌：存在物体打击、高空坠落、触电、机械伤害、烫伤、交通事故、尘肺、中毒等风险；

(7) 水泥混凝土搅拌：存在物体打击、高空坠落、触电、机械伤害、交通事故、尘肺等风险；

(8) 路面基层、面层施工：物体打击、高空坠落、触电、烫伤、中毒、机械伤害、交通事故、尘肺等风险。

2. 施工现场安全措施

施工现场应建立以项目经理为首的"安全管理小组"，自上而下，专人负责、层层落实，全面监督管理和检查工地安全施工工作。坚决贯彻执行"安全第一，预防为主"、"措施到位，强化管理"的安全方针，将安全工作贯彻到每一项生产经营活动中。

施工现场的临时设施要避开泥沼、悬崖、陡坡，及泥石流、雪崩易发等区域，选在水文、地质良好的地段。施工现场内的各种运输道路，生产、生活房屋，易燃、易爆仓库，材料堆放处，以及动力通信线路和其他临时工程，应按照有关安全规定合理布置并绘制平面图。施工现场的生活、生产房屋，变电所，发电机房，临时油库等均应设在干燥地基上，并应符合防火、防洪、防风、防爆、防震的要求。施工现场内的沟、坑、水塘等边缘应设安全护栏。场地狭小、行人和运输繁忙的区域，应设专人指挥交通。场内道路应经常维护，保持畅通。场内架设的电线应绝缘良好，悬挂高度及线间距离必须符合电业部门的安全规定。对易燃、易爆材料，有害气体等集中存放，并采取切实可行的安全保证措施确保使用安全。

3. 路基施工安全措施

1) 路基基底处理施工安全措施

路基填筑前清除的丛草、树木严禁放火焚烧，以防引起火灾。拆除建（构）筑物前，应制定安全可靠的拆除方案。先将与拆除物有连通的电线，水、油、气管道切断，并在四周危险区域内围设安全护栏，非工作人员不得进入。拆除工序应由上而下、先外后里，严禁数层同时作业。清除淤泥时，应先排除积水，并制定出相应的安全措施后方可作业。

2) 路基土方施工安全措施

人工挖掘土方要保持足够的安全距离，横向间距不小于2m，纵向间距不小于3m；土方开挖要自上而下顺序放坡进行，严禁采用挖空底脚的操作方法。在靠近建筑物、设备基础、电杆及各种脚手架附近挖土时，必须采取安

全防护措施。

作业机械在危险地段作业时，必须设置明显的安全警戒标志，并应设专人站在操作人员能看清的位置指挥。驾驶人员只能接受指挥人员发出的规定信号。机械在边坡、边沟作业时，应与边缘保持必要的安全距离，使轮胎（履带）压在坚实的地面上。配合机械作业的清底、平地、修坡等辅助工作应与机械作业交替进行。机上、机下人员必须密切配合，协同作业。当必须在机械作业范围内同时进行辅助工作时，应停止机械运转后，辅助人员方可进入工作区工作。自卸汽车发动机启动后应检查其翻斗装置，确保良好；严禁在驾驶室外进行操作，翻斗内严禁载人；当装载高度超过车厢栏板时，应平稳行驶，不得突然剧烈加速，也不得紧急制动；卸料起斗时，应检视上空有无电线，防止刮断。

4. 路面工程施工安全措施

1）路面基层施工安全措施

基层施工时，消解石灰不得在浸水的同时边投料、边翻拌，人员应保持安全距离，防止烫伤。装卸、洒铺及翻动粉状材料时，操作人员应站在上风侧，轻拌、轻翻以减少粉尘。散装粉状材料宜使用粉料运输车运输，否则车厢上应采用篷布遮盖。装卸尽量避免在大风天气下进行。

稳定土拌和机舱壁振动器在作业中铁芯和衔铁不得碰撞，如发生碰撞应立即调整振动体的振幅和工作间隙。仓内不出料时，严禁使用振动器。

2）沥青类路面施工安全措施

沥青操作人员均应进行体检，凡患有结膜炎、皮肤病及对沥青有过敏反应者，不宜从事沥青作业。从事沥青作业人员，皮肤外露部分均须涂抹防护药膏。沥青的加热及混合料拌制，宜设在人员较少、场地空旷的地段。拌和设备要增设防尘设施。热沥青用泵抽送进出油罐时，工作人员应避让。

洒布车工作地段应有专人警戒。施工现场的障碍物应清除干净，洒油时作业范围内不得有人。施工现场严禁使用明火。满载沥青的洒布车应中速行驶，遇有弯道、下坡时应提前减速，尽量避免紧急制动；行驶时严禁使用加热系统；喷洒热沥青时，手握的喷油管部分应加缠旧麻袋或石棉绳等隔热材料，操作时，喷头严禁向上，喷头附近不得站人，不得逆风操作。

沥青混合料拌和设备启动、停机必须按规定程序进行。点火失效时，应及时关闭喷燃器油门，待充分通风后再行点火。需要调整点火时，必须先切断高压电源；液化气点火时，必须有减压阀和压力表。燃烧器点燃后，必须关闭总阀门。拌和站投入正常运转后，各工种都要随时监视各部位运转情况，

第十章　油气田道路工程施工

不得擅离岗位，运转过程中如发现有异常情况，应报告机长，并及时排除故障。停机前应首先停止进料，等各部位（拌鼓、烘干筒等）卸完料后，才可停机。再次启动时，不得带负荷启动。运转中严禁人员靠近各种运转机构。搅拌机运行中，不得使用工具伸入滚筒内掏挖或清理。需要清理时必须停机。如需人员进入搅拌鼓内工作时，鼓外要有人监护。料斗升起时，严禁有人在斗下工作或通过。检查料斗时应将保险链挂好。拌和站机械设备需经常检查的部位应设置铁爬梯。采用皮带机上料时储料仓应加防护。

沥青混合料摊铺机摊铺作业驾驶台及作业现场要视野开阔，清除一切有碍工作的障碍物。作业时无关人员不得在驾驶台上逗留。驾驶员不得擅自离开岗位，运料车向摊铺机卸料时，应协调动作，同步进行，防止互撞；运料车换挡必须在摊铺机完全停止时进行，严禁强行挂挡和在坡道上换挡或空挡滑行；熨平板预热时，应控制热量，防止路面因局部过热而变形。熨平板加热过程中，必须有专人看管；摊铺机驾驶力求平稳，不得急剧转向。弯道作业时，熨平装置的端头与路缘石的间距不得小于10cm，以免发生碰撞；用柴油清洗摊铺机时，不得接近明火。

3）水泥混凝土路面施工安全措施

水泥混凝土混合料拌和站运转中严禁人员靠近各种运转机构。搅拌机运行中，不得使用工具伸入滚筒内掏挖或清理，需要清理时必须停机。如需人员进入搅拌鼓内工作时，鼓外要有人监护。料斗升起时，严禁有人在斗下工作或通过。检查料斗时应将保险链挂好。拌和站机械设备需经常检查的部位应设置铁爬梯。采用皮带机上料时储料仓应加防护。自卸汽车运送混凝土拌和物，不得超载和超速行驶，车停稳后方准顶升车厢卸料。车厢尚未放下时，操作人员不得上车清除残料。

装卸钢模时，必须逐片轻抬轻放，不得随意抛掷。使用振捣器时，操作人员要穿戴安全防护用品，电源总开关应放置在干燥处，多台振捣器同时作业，应设集中开关箱，并由专人负责看管。混凝土切缝机锯缝时，刀片夹板的螺母应紧固，各连接部位和安全防护罩应完好正常。切缝前应先打开冷却水，冷却水中断时应停止切缝。切缝时刀片要缓缓切入，并注意割切深度指示器，当遇有较大切割阻力时，应立即升起刀片检查。停止切缝时应先将刀片提离板面后才可停止运转。薄膜养护的溶剂一般具有毒性和易燃等特性，应做好储运、装卸的安全工作。喷洒养护薄膜时应站在上风侧，穿戴安全防护用品。

5. 板桥（涵）工程施工安全措施

1）基坑开挖施工安全措施

开挖基坑时，如对邻近构筑物、各类管线或临时设施有影响时，应采取安全防护措施。

挖掘机等机械在坑顶进行挖基出土作业时，机身距坑边的安全距离应视基坑深度、坡度、土质情况而定，一般应不小于0.1m，堆放的材料及机具距坑边距离应不小于0.8m。

基坑开挖要备有便于出入基坑的爬梯等安全设施。开挖中，当坑沿顶面裂缝、坑壁松塌或遇有涌水、涌砂影响基坑边坡稳定时，应立即加固防护。基坑需抽排水开挖时，须配备足够的抽排水设备，抽水机及管路等要安放牢固。

施工时如不能保证车辆通过时，应事前修好便道或便桥（涵），并在修建桥（涵）的道路两端设置"禁止通行"的标志。

2）模板安装、拆卸施工安全措施

在基坑内支立模板时，应检查基坑有无塌方现象、围堰是否坚固，确认无误后方可操作。向基坑内吊送材料和工具时，应设溜槽或绳索抛掷，如机械吊送应有专人指挥；模板要捆绑结实，基坑内的操作人员要避开吊送的料具。用人工搬运、支立较大模板时，应有专人指挥，所用的绳索要有足够的强度并绑扎牢固。支立模板时，底部固定后再进行支立，防止滑动倾覆。支立模板要按工序操作。当一块或几块模板单独竖立和竖立较大模板时，应设立临时支撑，上下必须紧牢，操作时要搭设脚手架和工作平台。用机械吊运模板时，应先检查机械设备和绳索的安全性和可靠性，起吊后下面不得站人或有人通行，模板下放至距地面1m时，作业人员方可靠近操作。

拆除模板时，应制定安全措施，按顺序分段拆除，不得留有松动或悬挂的模板，严禁硬砸或用机械大面积拉倒。拆下带钉木料应随即将钉子拔掉。拆除模板不得双层作业。高度3m以上的模板拆除时，应用绳索拉住或用起吊设备拉紧，缓慢送下。

3）桥墩（台）或涵墙施工安全措施

就地浇筑桥墩（台）或涵墙施工前必须搭好脚手架及作业平台，并在平台外侧设栏杆。桥墩（台）高在10m以上时，应加设安全网。混凝土吊斗升降应设专人指挥，落斗前，下部的作业人员必须躲开，不得身倚栏杆推动吊斗，严禁吊斗碰撞模板和脚手架。

砌筑桥墩（台）或涵墙施工时，人工搬运或手推车推（抬）石块或预制块件时，脚手跳板应铺满，其宽度、坡度及强度等应满足安全要求。脚手架和作业平台上堆放的物品不得超过设计荷载。砌筑材料应随运随砌。吊机吊运砌筑材料时，应听从指挥信号。砌筑材料吊运到砌筑面时，作业人员应避让，待停稳后方可上前砌筑。

4）桥（涵）板安装施工安全措施

桥（涵）板运输时，速度要缓慢，下坡时要以溜绳控制速度，并用人工拖拉止轮木块跟随前进。轮胎式起重机和履带式起重机吊装桥（涵）板作业，地面应坚实平整，支脚必须支垫牢靠，起重机回转半径内不得有障碍物。起吊时，应先将重物吊离地面10cm左右，停机检查制动器灵敏性和可靠性以及桥（涵）板绑扎的牢固程度，确认情况正常后方可继续工作；作业中不得悬吊重物行走；起升或降下桥（涵）板时，速度要均匀、平稳，保持机身的稳定，防止重心倾斜。

起吊设备要经过检查，如有隐患及不符合安全规定时不得使用。桥（涵）板起吊前，应对其进行全面检查，如吊环部位有无损伤、结合面有无突出外露物、构件上有无浮置物件等；桥（涵）板应垂直起吊，并保持平衡稳定。在接近安装部位时，不得碰撞已安装完的桥（涵）板和其他作业设施。桥（涵）板安装处于悬空高处作业时要搭设脚手架，高处作业人员不得穿拖鞋或硬底鞋，施工所需的材料要事先准备齐全，工具应放在工具袋内。

二、环境保护措施

1. 影响环境的要素分析

油气田道路施工过程中，对作业及周边环境有以下影响：植被破坏、固体废弃物污染、粉尘扬撒、废气排放、产生废水、噪声、泄漏（水泥砂浆、沥青等）和光污染等。

2. 环境污染控制措施

针对上述影响环境的因素，在施工过程中，要强化施工人员绿色施工意识，定期对施工现场绿色施工实施情况进行检查，做好检查记录。施工现场的办公区和生活区应设置明显的有节水、节能、节约材料等具体内容的警示标志，还要根据国家和地方法律、法规的规定，制定施工现场环境保护和人员安全与健康等突发事件的应急预案。油气田道路施工过程中要针对具体情况采取以下预防和控制措施。

1) 减少植被破坏和节能措施

土方开挖施工尽量减少土方开挖面积,最大限度地减少对土地的扰动,保护周边自然生态环境。临时设施的布置与使用要尽量采取节能降耗措施,如照明器具宜选用节能型器具;工程施工使用的材料宜就地取材;积极推广新材料、新工艺,促进材料的合理使用,节省实际施工材料消耗量。

2) 扬尘污染控制

施工现场主要道路应根据用途进行硬化处理,土方应集中堆放;裸露的场地和集中堆放的土方应采取覆盖、固化和绿化等措施;施工现场大门口应设置冲洗车辆设施;施工现场易飞扬、细颗粒散体等材料,应密闭存放;四级以上大风天气不得进行土方回填、转运以及其他可能产生扬尘污染的施工;施工现场办公区和生活区的裸露场地应进行绿化、美化;施工现场应建立封闭式垃圾站,建筑物内施工垃圾清运,必须采用相应容器或管道运输,严禁凌空抛掷。

3) 有害气体排放控制

施工现场严禁焚烧各类废弃物;对含有有害物质的材料进行复检,合格后方可使用;施工中所使用的阻燃剂、混凝土外加剂氨的释放量应符合国家标准。

4) 水土污染控制

混凝土输送泵及运输车辆清洗处应设置沉淀池,废水不得直接排入市政污水管网,可经二次沉淀后循环使用或用于洒水降尘。施工现场存放的油料和化学溶剂等物品应设有专门的库房,地面应做防渗漏处理。废弃的油料和化学溶剂应集中处理,不得随意倾倒。食堂应设隔油池,并应及时清理。施工现场设置的临时厕所化粪池应做抗渗处理。食堂、淋浴间的下水管线应设置过滤网,并应与市政污水管线连接,保证排水畅通。

5) 噪声和光污染控制

并对施工现场场界噪声进行检测和记录,噪声排放不得超过国家标准。应合理安全作业时间,尽量避免夜间施工,必须夜间施工时,应合理调整灯光照射方向,在保证现场施工作业面有足够光照的条件下尽量减少对周围居民生活的干扰。

6) 施工固体废弃物控制

施工中应减少施工固体废弃物的产生。工程结束后,对施工中产生的固体废弃物必须全部清除。施工现场应设置封闭式垃圾站,施工垃圾、生活垃圾应分类存放,并按规定及时清运消除。

第十一章　工程资料管理与竣工验收

工程资料管理是指从工程项目的立项、审批、招投标、勘察、设计、施工、监理及生产准备到建成投产全过程中形成的应归档保存的纸质文件及各类相关电子声像文件的管理。

工程竣工验收指建设工程项目竣工后建设单位会同设计、施工、设备供应单位及工程质量监督部门，对该项目是否符合规划设计要求以及建筑施工和设备安装质量进行全面检验，取得竣工合格资料、数据和凭证。工程竣工验收对促进建设项目及时投产，发挥投资效果，总结建设经验有重要作用。

竣工验收既可申请一次性验收，也可按承包合同约定或报经业主批准，分期、分段、分项、分专业、分系统进行，待全部工程完工后，再办理整个项目的竣工验收手续。中间已竣工并办理移交的单项或单位工程，不再重复参加整个工程项目的竣工验收。

第一节　工程资料管理

一、工程资料收集范围

根据中国石油天然气股份有限公司《油气田地面建设工程（项目）竣工验收手册》（2010年修订版）规定，建设项目竣工资料主要包括：可行性研究报告、任务书，勘察设计文件及上级主管部门批复文件，项目管理文件、施工文件、监理文件，工艺设备文件，涉外文件，消防文件，生产技术准备、试生产文件，财务、器材管理文件以及项目竣工图。施工文件、无损检测文件、监理文件又统称为交工技术文件，需要说明的是：

（1）按有关规定实行设备监理的工程项目，除了《设备监理工作总结》外，竣工文件还应包括国档发《国家重大建设项目文件归档要求与档案整理

规范》(DA/T 28—2002) 中规定的设备监理竣工文件;

(2) 按有关规定实行质量监督的工程,竣工文件还应包括工程质量监督申报注册书、工程质量监督报告等工程质量监督文件,与项目管理文件一并组卷;

(3) 实行第三方无损检测的工程(项目),无损检测竣工文件由无损检测单位单独组卷,内容包括委托无损检测的合同、无损检测计划、无损检测工艺规程、无损检测工作总结以及无损检测完工交接证书、无损检测人员登记表、无损检测焊口布置图、无损检测报告等。

二、工程资料的编制及组卷分工

根据工程资料的分类及资料形成过程中的责任单位主体差别,工程资料的编制和组卷主要由勘察设计单位、建设单位、生产单位、施工单位、无损检测单位、监理单位等完成,其责任分工见表 11-1。

表 11-1 竣工文件编制、组卷分工表

序号	竣工文件分类	编制负责单位	组卷负责单位
1	可行性研究报告、任务书	设计单位	建设单位
2	设计基础文件	勘察设计单位	
3	设计文件	设计单位	
4	项目管理文件	建设单位(项目部)	
5	施工文件	施工单位	施工单位
6	监理文件	监理单位	监理单位
7	无损检测文件	无损检测单位	无损检测单位
8	工艺设备文件	建设单位(项目部)	建设单位(项目部)
9	涉外文件	建设单位(项目部)	
10	环境保护、职业健康、环境卫生、消防、安全设施、档案等专项验收文件	建设单位(项目部)	
11	生产技术准备、试生产文件	建设单位(项目部),生产单位	
12	财务、器材管理文件	建设单位(项目部)	

三、工程资料组卷原则、方法及顺序

工程资料的组卷原则、方法及顺序要符合上级档案部门的有关规定。

第十一章　工程资料管理与竣工验收

1. 文字材料的组卷原则、方法及顺序

(1) 文字资料的组卷遵循文字资料的形成规律，保持案卷内文字资料的系统联系，便于档案的利用和保管。

(2) 同一项目的文字资料和图样，可将文字资料和图样分别合组成一卷或数卷。

(3) 卷内文字资料的排列要求。

组卷时按照项目依据性材料、基础性材料、工程设计（含初步设计、技术设计、施工图设计）、工程施工、工程监理、工程验收等排列，一般按下列原则排序：

①按重要程度或时间顺序排列，重要文件在前、次要文件在后，正件在前、附件在后。

②密不可分的文件资料依序排列，批复在前、请示在后，转发文件在前、被转文件在后。

③文字资料排在前面，图样排在后面。

2. 工程资料组卷的质量要求

(1) 字迹清楚，图样清晰，图表整洁，签字认可手续完备；

(2) 需永久、长期保存的文件不应用易褪色的书写材料（铅笔、圆珠笔、红墨水、纯蓝墨水、复写纸）书写绘制；

(3) 复印、打印的文件字迹、线条应清晰。

3. 项目前期文件、项目管理文件、项目竣工验收文件等整理要求

项目前期文件、项目管理文件、项目竣工验收文件等要按《归档文件整理规则》（DA/T 22 2000）进行整理，由建设单位组卷，如表11-2所示。

表11-2　建设单位组卷资料

序号	资料类别	序号	资料类别
1	可行性研究报告、任务书	6	生产技术准备、试生产资料
2	设计基础资料	7	财务、器材管理资料
3	设计文件	8	工艺设备文件
4	项目管理文件	9	环境保护、职业健康、环境卫生、消防、安全设施、档案等专项验收文件
5	涉外文件	10	项目竣工验收文件

4. 施工文件的组卷方法

施工文件由施工单位进行组卷，宜按已划分的单项工程、单位工程为基本单元进行组卷；或按装置、阶段、结构、专业为基本单元进行组卷；若形成的文件较多，也可按子单位工程或文件的内容分别组成若干案卷。

1) 施工管理资料卷

施工管理资料卷的内容如表11-3所示。

表11-3 施工管理资料案卷

序 号	资 料 类 别	备 注
1	施工通用类记录	TY-04～TY-21
2	机器、设备、仪表、工具交接记录	TY-45
3	施工组织设计	
4	专业施工技术方案	
5	特殊施工方案（措施）	

注：备注栏给出的表编号是中国石油天然气股份有限公司《油气田地面建设工程（项目）竣工验收手册》（2010年修订版）标准样表的编号，如TY-04是手册中《工程说明》表。

2) 各单位工程卷或各专业施工卷

各单位工程卷或各专业施工卷的内容分别如表11-4、表11-5、表11-6、表11-7所示。

表11-4 技术质量资料案卷

序 号	资 料 类 别	备 注
1	施工通用类记录	TY-22～TY-29、TY-31
2	施工质量资料	TY-32～TY-33，TY-35～TY-38
3	重大质量事故处理记录文件及特殊检测综合报告	TY-39

表11-5 材料设备资料案卷

序 号	资 料 类 别	备 注
1	施工通用类记录	TY-46～TY-48
2	各类设备材料及管配件、阀门的检测试验报告	
3	材料设备质量证明资料	
4	理化试验类资料	JC-01～JC-95

表11-6 施工记录案卷

序 号	资 料 类 别	备 注
1	施工通用类记录	TY-40～TY-42
2	土建施工技术记录	TJ-01～TJ-47

第十一章 工程资料管理与竣工验收

续表

序号	资料类别	备注
3	工艺管道施工记录	GY-01～GY-49
4	集输管道施工记录	JS-01～JS-15
5	球罐制造安装施工记录	QG-01～QG-12
6	锅炉安装施工记录	GL-01～GL-61
7	电气安装施工记录	DQ-01～DQ-50
8	自控安装施工记录	ZK-01～ZK-24
9	通信安装施工记录	TX-01～TX-23
10	道桥施工记录	LQ-01～LQ-28
11	隧道施工记录	SD-01～SD-12

表 11-7 经济资料案卷

序号	资料类别	备注
1	现场经济签证	TY-30
2	施工合同	
3	结算书	

3）竣工图卷

竣工图卷应单独组卷。

（1）竣工图是竣工资料的重要组成部分，必须做到齐全、完整、清晰、规范、准确、修改到位，真正反映工程竣工验收时的实际情况。竣工图要做到与设计变更资料、隐蔽工程记录和工程实际情况对应。

（2）竣工图组卷时按专业编排组卷，同专业的图样按图样号（设计档案号）顺序排列。

（3）竣工图应包括所有的施工图，其中属于国家和集团公司的标准图、通用图，可以在目录中注明，不作为竣工图编制。

5. 无损检测交工技术文件组卷方法

无损检测交工技术文件应单独组卷，一般按管理类文件、无损检测报告整理案卷。

6. 监理交工技术文件组卷方法

监理交工技术文件应单独组卷，具体要求应遵从各单位档案部门的规定，如果档案部门没有明确规定时，可参照下述要求进行组卷。

按照监理项目管理、监理指令、监理内业、审核签认文件、工程检验记录五个部分组卷。每个部分包含的具体内容参照表11-8，表中未涵盖的内容可根据相似项目的类别归入对应的卷册内。

表11-8 监理文件组卷参考目录

序 号	文 件 材 料 题 名
一、监理项目管理	
1	监理大纲
2	监理合同
3	监理规划
4	HSE监理规划
5	监理实施细则
6	工程竣工报告/尾项工程验收单
7	监理工作总结
二、监理指令	
1	监理工程师通知单、监理工程师通知回复单
2	工作联系单
3	工程暂停令
三、监理内业	
1	监理月报
2	监理会议纪要
3	监理工作日志（包括日常安全监理记录）
4	其他（包括市场调查、考察报告、情况反映等）
四、审核签认文件	
1	施工现场质量管理检查记录
2	工程开/复工报审表
3	施工组织设计（方案）报审表
4	分包单位资格报审表
5	试验室资格报审表
6	施工人员资质报审表
7	施工机具报审表
8	施工测量放线报审表
9	施工进度计划报审表
10	无损检测报审表
11	无损检测复探报审表
12	工程款支付报审表

第十一章 工程资料管理与竣工验收

续表

序 号	文 件 材 料 题 名
13	工程延期报审表
14	工程变更费用报审表
15	费用索赔报审表
16	工程质量事故处理方案报审表
17	工程款支付证书
18	工程延期审批表
19	费用索赔审批表
20	无损检测指令
21	无损检测复探指令
22	焊口返修指令（检测不合格部位通知单）
23	现场经济签证
五、工程检验记录	
1	施工现场质量管理检查记录
2	工程划分明细表
3	施工测量放线报审表
4	见证取样送检见证备案书
5	原材料、构件及配件检验取样见证单
6	混凝土、砂浆试块取样成型见证单
7	工程材料/构件及配件/设备报审表
8	工程质量事故报告单
9	单位（子单位）工程施工质量竣工预验收报审表
10	单位（子单位）工程质量交工验收申请报告
11	单位（子单位）工程质量验收记录
12	单位（子单位）工程质量控制资料核查记录表
13	分部（子分部）工程施工质量验收报审表
14	分项工程施工质量验收记录
15	检验批施工质量验收记录
16	旁站监理记录
17	平行检验记录
18	工程质量评估报告
19	质量事故处理资料
20	其他（例如：无损检测结果通知单等）

第二节 竣 工 验 收

一、竣工验收遵循的依据

油气田地面建设工程（项目）竣工验收应以工程合同、工程勘察和设计文件、工程（项目）建设期所执行的标准规范、主管部门审批文件以及项目招标投标文件、技术经济合同、设计变更（联络）、经济签证文件等为依据，具体包括：

（1）项目承包合同文件（含补充合同文件）；
（2）承包合同约定的验收标准；
（3）经项目业主或工程师批准的设计文件（含变更设计）；
（4）承包合同约定的设计规范及技术标准；
（5）承包合同约定的工程质量检验评定标准及施工安装验收规范；
（6）项目业主或工程师对承包商"工程竣工报告"的批复意见；
（7）机电或工艺设备技术规格说明书。

引进关键技术或成套设备的建设项目以及中外合资（合作）建设项目，除按照国内竣工验收规定内容进行验收外，还应按照与国外供应商签订的合同、提供的设计文件、技术文件等要求进行竣工验收。

二、竣工验收的条件

对于已具备竣工验收条件的油气田地面建设工程项目，应及时申请和办理竣工验收。国家及股份公司级验收项目应在试运投产后1年内完成竣工验收和移交固定资产手续；油气田分（子）公司级验收项目应在试运投产后6个月内完成竣工验收和移交固定资产手续。如按期竣工验收确有困难，经主管部门批准，可以延长验收期限。

（1）油气田地面建设工程及水、电、路、信等配套工程竣工验收必须达到一定的条件，否则不能进行验收，凡达到下列条件者，应及时组织验收：

①生产性建设项目和辅助公用设施已按批准的设计文件内容配套建成，

能够满足生产需要；

②油气地面工程各类场站（库）、油气水管道及其他工程的主要工艺设备、管道安装及配套设施建设，经联动负荷试车（运）合格，各系统处理能力技术指标、能耗、产品品种和质量等各项指标达到设计要求；

③生产准备工作和必要的生活设施已按设计要求建成，并能适应投产的需要；

④操作人员配备、生产物资准备、检修能力等满足生产需要，相关规章制度齐全；

⑤环境保护、职业健康、环境卫生、安全设施、消防设施已按设计要求与主体工程同时建成投用，各项指标达到国家规范及设计的要求，并通过政府主管（委托）部门专项验收；

⑥竣工文件（含竣工决算）和竣工验收文件按规定编制完成；

⑦竣工决算审计按有关规定已经完成。

（2）对于尚未全部达到竣工验收标准的油气田地面建设工程，一般根据实际情况，做如下处理：

①有的建设项目基本符合竣工验收标准，只是零星建设项目未按规定的内容全部建成，但不影响正常生产，应办理尾项协议，报有关主管部门批准后，亦应办理竣工验收和移交固定资产手续。对尾项工程应按批准的概算留足投资，编制竣工决算时应含尾项部分，并限期完成。

②有的建设项目（如油气管道、天然气净化厂等）投产初期，由于原料供应量不足、原料组分变化等原因，不能达到设计规定的能力，但生产操作正常，报有关部门批准后，应先行办理竣工验收和移交固定资产手续。

③有的建设项目或单项工程，已形成部分生产能力，或实际上生产方面已经使用，但近期不能按设计规模全部建成的，报主管部门批准后，可对已完成的工程组织验收。

④对具备分期建设、分期受益条件的建设项目，部分建成后，只要相应的辅助设施配套，具备生产合格产品的条件，能够正常生产，报有关主管部门批准后，应分期、分批组织验收、交付生产，同时移交固定资产。

⑤对引进设备的项目，按合同建成，在完成人员培训、投产试运、设备考核合格后，组织竣工验收。

三、竣工验收的级别划分

油气田地面建设工程（项目）竣工验收划分为三个级别，即国家级竣工

验收、股份公司级竣工验收和油气田分（子）公司级竣工验收。

1. 国家级竣工验收

凡经国家发展和改革委员会批准建设的项目，由股份公司报请国家主管部门组织竣工验收。

2. 股份公司级竣工验收

（1）新增油田产能规模在年 $20 \times 10^4 t$ 及以上的地面建设项目；新增气田产能规模在年 $10 \times 10^8 m^3$ 及以上的地面建设项目；

（2）投资规模在 5×10^8 元以上的新、改、扩建油气田地面工程项目和油气集输、处理、油气管道、油气储运设施等系统配套项目；

（3）规模和投资小于以上规定，但发展潜力大，有望形成较大规模或对区域发展、技术发展有重要意义的工程项目；

（4）需要报勘探与生产分公司审批开工报告的其他油气田地面建设项目。

3. 油气田分（子）公司级竣工验收

国家和股份公司负责组织竣工验收以外的工程项目和股份公司委托油气田分（子）公司组织竣工验收的工程项目，由各油气田分（子）公司组织竣工验收。

四、竣工验收前的准备工作

竣工验收前的准备工作是一项涉及面广、工作量大且非常重要的工作。油气田地面建设工程竣工验收前的准备工作一般包括以下内容：

（1）检查是否完成合同约定的各项内容和任务，生产性项目和辅助性公用设施按设计要求建完，能满足生产使用要求。

（2）项目经理部对所有工程进行了检查评定，确认工程质量符合合同约定和强制性标准。

（3）环境保护设施、劳动安全卫生设施、消防设施按设计要求与主体工程同时建成使用，并报主管部门进行验收，向项目业主申请提交"工程竣工验收报告"。

（4）检验和试验评定所有工程质量是否达到合格标准。

（5）进行机电或工艺设备安装单体或系统调试和试运行。

（6）编制完整的工程项目技术档案（含竣工图、施工日志）和施工安装过程控制总结。

(7) 检查原材料、成品、半成品、构件和配件、机电设备的质量证明文件、进场验收记录及复试报告是否齐全、有效。

(8) 进行竣工运营投产的各项准备工作,包括技术方案、物资保障、人员培训等,达到满足投产运营和安全生产的需求。

(9) 进行生产线联动负荷试车,能够生产出合格产品,并达到设计的生产能力。

(10) 办理固定资产移交手续。

(11) 项目业主已完成工程价款计量支付批复。

(12) 承包商签署"工程质量保修书"。

(13) 竣工验收之前,由建设单位组织施工、设计及使用等有关单位对工程进行初验。

五、竣工验收的内容

油气田地面建设工程(项目)的竣工验收分为专项验收和总体验收。

1. 专项验收

专项验收主要包括环境保护验收、职业卫生验收、消防验收、安全设施验收和档案验收等。建设单位应该按照国家或行业现行法律、法规及文件的要求,及时办理专项竣工验收手续。

1)环境保护验收

建设单位环境保护主管部门负责与政府环境保护行政主管部门联系并办理环境保护专项(预)验收手续。凡需国家环境保护总局竣工验收的建设项目,油气田分(子)公司应向股份公司环境保护主管部门申请,由环境保护主管部门组织预验收合格后,方可报国家环境保护总局验收。

建设单位环境保护主管部门按照国家环境保护总局有关文件要求,自建设项目投入试生产日起 3 个月内,向审批该建设项目环境影响报告书、环境影响报告表或者环境影响登记表的环境保护行政主管部门,提交《建设项目环境保护设施竣工验收申请报告》和《检验报告》,申请环境保护设施的竣工验收。

试生产期间,建设单位应及时委托政府环境保护主管部门认可的环境保护监测站,对建设项目排污情况及清洁生产工艺和环境设施运转效果进行监测,并取得由环境保护监测站出具的《检验报告》。

建设单位对环境保护设施验收中提出的问题应及时整改,并办理《建设项目环境保护设施竣工验收申请报告》审批手续。

2）职业卫生验收

建设单位职业卫生主管部门负责与政府卫生行政部门联系并办理职业卫生专项验收手续。

建设单位在竣工验收前，应根据卫生部 2006 年发布的《建设项目职业病危害分类管理办法》和 2002 年发布的《职业卫生技术服务机构管理办法》的规定，委托具有相应资质的职业卫生技术服务机构进行职业病危害控制效果评价。职业病危害控制效果评价完成后，由建设单位向原审批职业病危害预评价报告的卫生行政部门提出竣工验收申请，填写《建设项目职业病防护设施竣工验收（备案）申请书》，申请职业卫生专项竣工验收。

3）消防验收

建设单位消防主管部门负责与政府公安消防机构联系并办理建设项目消防验收手续。

建设单位消防主管部门应在建设项目消防设施按批准的设计文件建成、试运投产之前，结合消防自检情况，编写消防设施情况报告，向政府公安消防机构提出验收申请。

建设单位消防主管部门对消防验收中提出的问题应及时组织整改，并办理消防验收手续。

4）安全设施验收

建设单位安全生产主管部门按照国家安全生产监督管理总局文件《关于陆上石油天然气建设项目安全设施设计审查与竣工验收有关事项的通知》（安监总管一［2006］151 号）等要求，负责联系并办理建设项目安全设施验收手续。

建设单位安全生产主管部门要按照《陆上石油和天然气开采业安全评价导则》等的要求，在油气田地面建设工程（项目）竣工、试生产运行正常后，安全设施验收前，委托具有相应资质的安全评价机构，通过对建设项目设施、设备、装置的安全状况和管理状况进行调查分析，查找该项目投产后存在的危险、有害因素，确定其危险程度，提出合理、可行的安全对策、措施及建议，完成安全验收评价，并按分级审查要求提出安全设施验收申请。

建设单位对安全设施验收中提出的问题应及时组织整改，并办理安全设施验收手续。

5）档案验收

建设单位应按照《中国石油天然气股份有限公司建设项目档案管理规定》

第十一章　工程资料管理与竣工验收

等文件的要求，编制档案验收报告，向档案主管部门提出验收申请，并办理建设项目档案验收手续。

凡国家重点建设项目应同时完成《项目档案预验收情况表》、《项目档案正式验收情况表》等的填报工作。

建设单位对档案验收中提出的问题应及时组织整改。

2. 总体验收

股份公司、油气田分（子）公司组织的总体验收分预验收和最终验收两个阶段。各阶段的验收工作内容如表 11-9 所示。参与工程竣工验收的建设、勘察、设计、施工、监理等各方不能形成一致意见时，应协商解决，并重新组织工程竣工验收。在进行竣工验收时，已验收过的单项工程可以不再办理验收手续，但应将单项工程交工验收证书作为最终验收的附件加以说明。整个建设项目进行竣工验收后，建设单位应及时办理固定资产交付使用手续。

表 11-9　竣工验收工作的内容

验收阶段	验 收 组 织	验 收 工 作 内 容
预验收	上级主管部门或建设单位会同施工单位、监理单位、设计单位、使用单位及有关部门组成预验收组	(1) 检查、核实竣工文件的完整性、准确性； (2) 检查项目建设标准、验收质量，对隐患和遗留问题提出处理意见； (3) 检查财务账表是否齐全，数量是否真实，开支是否合理； (4) 检查投产试运情况和生产准备情况； (5) 协调验收中有争议的问题，协调项目与有关方面、部门的关系； (6) 督促问题整改及收尾工程的完工； (7) 初审竣工验收报告书和单项总结； (8) 预验收合格后，油气田分（子）公司的建设项目主管部门或建设单位向负责验收的单位或主管部门提出竣工验收申请报告
最终验收	由股份公司或其他有关主管部门组成的验收委员会主持，建设及有关单位参加	(1) 听取建设各方对项目建设的工作报告； (2) 查验工程建设情况、评审项目质量，对主要工程部位的施工质量进行验收，对工程设计的先进性、合理性、经济性进行评审； (3) 审查竣工项目移交生产使用的各种档案文件； (4) 检查投产试运情况； (5) 核查尾项，对遗留问题提出意见； (6) 审核《竣工验收报告书》，签署《竣工验收鉴定书》，对整个项目做出总的验收鉴定

1) 预验收

建设项目在最终验收之前,由上级主管部门或建设单位组织勘察、设计、施工、监理及使用单位组成验收组进行工程竣工预验收,找出不足之处并进行整改。预验收合格,由油气田分(子)公司的建设项目主管部门或建设单位向负责验收的单位或主管部门提出最终竣工验收申请。

2) 最终验收

负责工程验收的单位或主管部门接到竣工验收申请和竣工验收报告后,经审查符合验收条件时,要及时安排组织竣工验收,组成验收委员会,并在工程竣工验收 7 个工作日前将验收的时间、地点及验收组名单书面通知负责监督该工程的工程质量监督机构。验收委员会分组检查工程建设情况,审查《竣工验收报告书》和竣工验收文件,起草《竣工验收鉴定书》,然后召开竣工验收会议,讨论并签署《竣工验收鉴定书》。

3. 竣工验收中遗留问题的处理

油气田地面建设工程(项目)在竣工验收时,如存在某些影响生产和使用的遗留问题,验收组应提出具体解决意见,做出限期整改要求。常见的遗留问题有以下几个方面:

1) 遗留的尾项

(1) 属于承包合同范围内的遗留尾项,要求承包商在限定的时间内完成。

(2) 分期建设分期投产的建设项目,前一期工程验收时遗留的少量尾项,可以在建设后一期工程时一并组织实施。

2) 工艺技术和设备缺陷

对于工艺技术有问题、设备有缺陷的项目,可根据不同情况区别对待:

(1) 经过投产试运考核,证明设备性能确实达不到设计能力的项目,可在验收中根据实际情况重新核定设计能力。

(2) 作为继续投资项目,要求建设单位进行调整、攻关,以期达到预期生产能力,或提出另行调整用途方面建议。

3) 专项验收项目

涉及环境保护、职业卫生、消防、安全设施、档案等专项验收的不符合项,要严格按照有关专项验收要求整改落实。

六、竣工验收的主要程序

工程竣工验收,一般遵循以下程序:

(1)承包商向建设单位提交申请《工程竣工验收报告》。

(2)由建设单位、使用单位、设计单位、监理单位、承包商等专家组成各专业验收小组,负责现场检查。

(3)制定专业小组检查验收计划。

(4)按照项目业主确定的验收时间及专业小组分工,相关方提前做好准备。

(5)各专业小组按计划、分专业进行现场验收。重点检查工程项目是否达到验收条件,是否存在质量和影响安全生产隐患,竣工文件是否齐全、真实可靠,是否与现场工程实物一致。

(6)专业小组填写现场验收记录。

(7)对各专业小组有争议的问题进行协调处理。

(8)针对存在的质量缺陷,制定纠正措施。

(9)提出有业主代表、监理工程师、承包商和接收单位负责人共同签署的《工程竣工验收报告》。报告内容包括工程概况、工程数量、工程造价、过程控制、验收经过、发现缺陷、纠正措施、综合评价和验收结论等。

(10)业主代表和监理工程师最终确认承包商已按合同约定完成全部工程并达到合格标准后,即可颁发《工程竣工验收证书》。

(11)按项目竣工验收机构确定的时间,将工程移交给接管使用单位。

(12)项目业主返还承包商工程预付款和履约保函。

七、竣工验收应提供的竣工资料

在竣工验收过程中,一般应在现场提供以下资料,便于竣工验收委员会查验和复核。

(1)原材料、成品、半成品、构件和配件、机电和工艺设备出厂合格证。

(2)工程设计图会审、变更设计或洽商记录。

(3)工程各种检验和试验报告。

(4)工程质量检验评定记录。

(5)工程定位测量记录。

(6)隐蔽工程检查验收记录。

(7)机电和工艺设备试运行及系统调试记录。

(8)结构变形及位移监控测量记录。

(9)项目开工、竣工报告。

(10)工程竣工图。

参 考 文 献

[1] 周陆,白玉,孙培林.油田地面工程施工.北京:石油工业出版社,2007.
[2] 崔玉梅,宋常利.建筑施工技术.北京:石油工业出版社,2008.
[3] 《建筑施工手册》编写组.建筑施工手册.北京:中国建筑工业出版社,2003.
[4] 毛鹤琴.土木工程施工.武汉:武汉工业大学出版社,2007.
[5] 何利民,高祁.油气储运工程施工.北京:石油工业出版社,2007.
[6] 游德文.管道安装工程.北京:化学工业出版社.2005年,第1版.
[7] 黄春芳,等.油气管道设计与施工.北京:中国石化出版社,2008.
[8] 康勇.油气管道工程.北京:中国石化出版社,2008.
[9] 湛卢炳.大型贮罐设计的现状与进展(一).化工设备设计,1998,35(4).
[10] 刘佩绅.常压液体储罐工艺系列设计.化工设计,1999,9(4):22-25.
[11] 徐英.球罐和大型储罐.北京:化学工业出版社,2005.
[12] 王嘉麟.球形储罐焊接工程技术.北京:机械工业出版社,1999.
[13] 刘剑峰,等.埋地管道腐蚀机理及应对措施.石油化工腐蚀与防护,2006,23(6).
[14] 胡鹏飞,等.国内外油气管道腐蚀及防护技术研究现状及进展.河南科技大学学报:自然科学版,2003,24(2).
[15] 林永学,等.CO_2腐蚀环境下油管防腐技术方法初探.石油钻探技术,1999,17(3).
[16] 张万杰.非金属管道在油气集输系统的应用.油气田地面工程,2003,22(7).
[17] 万德立,郜玉新,万家瑰.石油管道、储罐的腐蚀及其防护技术.2版.北京:石油工业出版社,2006.
[18] 石仁委,龙媛媛.油气管道防腐蚀工程.北京:中国石化出版社,2008.
[19] 张清玉.油气田工程实用防腐蚀技术.北京:中国石化出版社,2009.
[20] 徐文杰.非金属管道在油田中的应用评价.油气田地面工程,2005,21(3).
[21] 李忠,王宏军.非金属管道在塔里木油田集油系统的应用.油气储运,2003,22(1).
[22] 陈洪权,岳智.仪表工程施工手册.北京:化学工业出版社,2005.
[23] 中国机械工程学会焊接分会编.焊接手册(第一卷).3版.北京:机械工业出版社,2007.
[24] 刘家发.焊工手册——手工焊接与切割.3版.北京:机械工业出版社,2001.
[25] 王树立,高玉明,赵会军.油气储运工程焊接与施工.北京:化学工业出版社,2007.
[26] 刘家发.大型储罐焊接技术的现状与发展.机械工人,2005(1).
[27] 刘家发,郑立娟.焊接技术在石油工程建设中的应用及发展.金属加工(热加工),2009(增刊).
[28] 姚谨英.建筑施工技术.北京:中国建筑工业出版社,2005.